Rationales Herdenverhalten im Licht der Marktversagenstheorie

Europäische Hochschulschriften

Publications Universitaires Européennes
European University Studies

Reihe V
Volks- und Betriebswirtschaft

Série V   Series V
Sciences économiques, gestion d'entreprise
Economics and Management

Bd./Vol. 3153

PETER LANG

Frankfurt am Main · Berlin · Bern · Bruxelles · New York · Oxford · Wien

Eva Ackstaller

Rationales Herdenverhalten im Licht der Marktversagenstheorie

PETER LANG
Europäischer Verlag der Wissenschaften

Bibliografische Information Der Deutschen Bibliothek
Die Deutsche Bibliothek verzeichnet diese Publikation in der
Deutschen Nationalbibliografie; detaillierte bibliografische
Daten sind im Internet über <http://dnb.ddb.de> abrufbar.

Zugl.: Regensburg, Univ., Diss., 2005

Gedruckt auf alterungsbeständigem,
säurefreiem Papier.

D 355
ISSN 0531-7339
ISBN 3-631-53980-0

© Peter Lang GmbH
Europäischer Verlag der Wissenschaften
Frankfurt am Main 2005
Alle Rechte vorbehalten.

Printed in Germany 1 2 3 4 5   7

www.peterlang.de

Vorwort

Die vorliegende Arbeit ist während meiner Tätigkeit als wissenschaftliche Mitarbeiterin am Institut für Volkswirtschaftslehre der Universität Regensburg entstanden. Sie wurde im Januar 2005 von der Wirtschaftswissenschaftlichen Fakultät als Dissertation zur Erlangung des Grades eines Doktors der Wirtschaftswissenschaft angenommen.

Zum Gelingen dieser Arbeit haben verschiedene Personen beigetragen. Zu allererst möchte ich mich bei meinen Betreuern Prof. Dr. Wolfgang Buchholz und Prof. Dr. Lutz Arnold bedanken, die mich während meiner gesamten Promotionszeit begleitet haben. Sie haben mir in Phasen, in denen mich Zweifel plagten, das nötige Feedback gegeben und mir den Wald gezeigt, wenn ich mich in den Bäumen verirrt habe.

Dank gebührt außerdem meinen KollegInnen, die immer bereit waren, mit mir über fachliche Fragen zu diskutieren und jederzeit mit Rat und Tat zur Seite standen. In dieser Hinsicht danke ich vor allem PD Dr. Christoph Knoppik, der mir insbesondere bei technischen Problemen wertvolle Hinweise gegeben hat, die mich so manches Mal vor der Verzweiflung gerettet haben.

Ein ganz besonderer Dank gilt schließlich meinen Eltern und nicht zuletzt meinem Lebenspartner Christian, der mich auch in den nicht so einfachen Phasen meiner Promotionszeit geduldig und verständnisvoll unterstützt hat. Er hat sich außerdem die Mühe gemacht, das gesamte Manuskript einer gründlichen Durchsicht zu unterziehen. Dafür danke ich ihm ganz herzlich.

Freising, im Mai 2005   Eva Ackstaller

Inhaltsverzeichnis

Abbildungsverzeichnis

Tabellenverzeichnis

1 Motivation

Massenbewegungen sind faszinierende Phänomene, die in den verschiedensten Bereichen des täglichen Lebens zu beobachten sind und die wohl jeder schon einmal erlebt hat. Als typische Beispiele lassen sich Situationen anführen, wie etwa Theatervorstellungen, bei denen ein Zuschauer anfängt zu klatschen und das übrige Publikum einstimmt; oder rote Ampeln, die nur von einem der wartenden Fußgänger ignoriert werden müssen, bevor andere die Straße ebenfalls regelwidrig überqueren; oder Lehrveranstaltungen, in denen keiner der Studierenden sich bereit erklärt, eine einfache Rechnung an die Tafel zu schreiben, nachdem ein anderer dies verweigert hat. Neben Situationen wie diesen gelten auch Modeerscheinungen als Massenphänomene, bei denen es einen Trendsetter gibt, dem sich weitere Individuen einfach anschließen. Dies gilt sowohl für Kleidung, als auch für viele andere Güter – insbesondere solche, für die Verkaufslisten (Bestseller, Charts, etc.) geführt werden – sowie für bestimmte Verhaltensweisen, wie etwa die gerade in den letzten Jahren wieder auflebende sportliche Betätigung (Stichwort: Nordic Walking).

Auch in der Geschichte lassen sich Beispiele für Massenphänomene finden. So beschreibt CANTERBERY (1999, 28), dass etwa die Tulpenmanie des 17. Jahrhunderts letztlich nicht ihr tatsächliches Ausmaß erreicht hätte, wenn sich nicht auch einfache Lohnarbeiter vom Handel mit Tulpenzwiebeln hätten anstecken lassen. DASH (2001, 138-39) fragt in diesem Zusammenhang, was „so viele Menschen auf einmal dazu [trieb], ihr Glück in einem Gewerbe zu versuchen, von dem fast keiner eine Ahnung hatte" – und beantwortet diese Frage mit der Aussicht auf hohe Gewinne, die sich mit Tulpen in den vorangegangenen Jahren erwirtschaften ließen.

Ähnliches gilt in heutiger Zeit wohl in analoger Weise für die Börse, an der so manche Entwicklung (insbesondere der Boom in den späten 1990er Jahren und der darauffolgende Crash) vom Herdentrieb der Anleger bestimmt wird. SHILLER (2000, 61; 78; 176) verdeutlicht dies mit der Aussage, dass der Erfolg einiger Anleger weitere zu ähnlichen Geschäften ermutigt, quasi auf den fahrenden Zug aufzuspringen, um die Gewinne mitzunehmen; durch solches Verhalten können allerdings Spekulationsblasen entstehen, die insgesamt zu irrationalen Marktergebnissen führen, bei denen die Preise nicht durch die zugrunde liegenden Fundamentaldaten gerechtfertigt sind.

1.1 Fragestellung und Vorgehensweise

Eine erste Frage, die sich vor diesem Hintergrund stellt, ist, ob menschliche Individuen einfach wie Lemminge „blind" einander folgen – und der Hang zur Imitation schlicht als Instinkthandlung aufzufassen ist. Oder gibt es neben

Instinkt auch rationale Gründe für das so häufig zu beobachtende Phänomen des Herdenverhaltens? Falls Herdenverhalten aber tatsächlich mit Rationalität zu vereinbaren sein sollte, stellt sich eine weitere Frage: Wie lässt es sich erklären, dass es bei rationalem Verhalten aller Akteure zu erheblichen Fehlfunktionen des Marktes kommen kann, die – wie bei einem Börsencrash – mitunter zu drastischen Wohlfahrtseinbußen führen? Dieser Frage folgt schließlich eine weitere: Gibt es Möglichkeiten, die negativen Wirkungen des Herdenverhaltens zu vermindern bzw. völlig zu vermeiden?

Mit diesen Problemen beschäftigt sich die vorliegende Arbeit. Ihr Ziel besteht zum einen darin, Antworten auf die drei eben genannten Fragen zu geben. Dazu werden vorhandene Modelle aus verschiedenen Bereichen der Literatur zusammengetragen und analysiert, wobei der gemeinsame Nenner aller präsentierten Modelle ist, dass es im Gleichgewicht zu Herdenverhalten kommen kann. Sofern dadurch negative Wohlfahrtswirkungen auftreten, werden – über die in der Literatur vorhandenen Darstellungen hinaus – Möglichkeiten diskutiert, mit denen diese vermieden bzw. vermindert werden können. Zum anderen wird der Versuch unternommen, das verschiedentlich diagnostizierte Herdenverhalten in den Kontext der Literatur zum Marktversagen einzuordnen. In diesem Zusammenhang ist anzumerken, dass es gerade zum letzteren Thema in der Literatur bisher keine substanziellen Beiträge gibt; Herdenverhalten per se ist in der Marktversagensliteratur nicht existent – und umgekehrt bezieht sich die Literatur zum Herdenverhalten nicht auf Marktversagensaspekte. Darüber hinaus sind die Modelle zum Herdenverhalten – soweit sie auf einer mikroökonomischen Basis beruhen – in ihren Annahmen weitgehend abstrakt und eher ungeeignet für relevante Anwendungen. Realistischere Modelle beziehen sich dagegen meist auf den Bereich der Finanzmarktliteratur und stellen makroökonomische Aspekte in den Vordergrund, die in der vorliegenden Arbeit wiederum nicht im Zentrum stehen. Es gilt also, die in der Literatur herrschende Kluft zu überwinden und die bestehende Lücke (zumindest ansatzweise) zu schließen.

Dazu wird das folgende Vorgehen gewählt. Nach dieser Übersicht wird zunächst eine Definition für den Begriff des rationalen Herdenverhaltens gegeben, der zu diesem Zweck sowohl von nicht-rationalem als auch von gleichgerichtetem Verhalten abgegrenzt wird. Anschließend werden die der in der Literatur genannten Gründe für Herdenverhalten klassifiziert. In Kapitel 2 folgt dann ein Überblick über die Theorie des Marktversagens sowie die traditionellen Möglichkeiten zur Heilung der infolge von Marktversagen auftretenden Ineffizienzen. Die Kapitel 3 bis 7 enthalten schließlich verschiedene Modelle, mit denen sich rationales Herdenverhalten erklären lässt. Außerdem wird in diesen Kapiteln explizit beschrieben, inwiefern durch Herdenverhalten Ineffizienzen verursacht werden können, wobei die Diskussion eines jeden Modells mit Vorschlägen zu möglichen wohlfahrtserhöhenden Maßnahmen abgeschlossen wird. Kapitel 8 fasst die zentralen Aussagen der analysierten Modelle noch einmal zusammen. Außerdem erfolgt eine Verknüpfung der Herdenthematik mit der Marktversagensliteratur, wobei auch wirtschaftspolitische Implikationen abgeleitet werden. Weiterführende Gedanken schließen die Arbeit in Kapitel 9 ab.

1.2 Abgrenzung und Definition für rationales Herdenverhalten

Um einzelne Situationen (später) überhaupt beurteilen und dem Phänomen des rationalen Herdenverhaltens zuordnen zu können, bedarf es zunächst einer eindeutigen Begriffsbestimmung. Dabei geht es zum einen um Rationalität – die den Mitgliedern einer Herde auf den ersten Blick eher abgesprochen werden mag – und zum anderen um den Begriff des Herdenverhaltens als Ausdruck von Konformität.

1.2.1 Rationale Entscheidungen

Herdenverhalten wird häufig mit einem Bild von Lemmingen assoziiert, die einander quasi blind folgen und schließlich allesamt in den Abgrund stürzen. Vor dem Hintergrund dieses schrecklichen Ausgangs wird daher vielfach unterstellt, dass Herdenverhalten als Instinkthandlung einer rational motivierten Grundlage entbehre und folglich nicht rational sei. Auch wenn in diesem Kontext zugestanden werden muss, dass Herdenverhalten durchaus irrationale, psychologische Ursachen haben kann, kann es gleichwohl vollkommen rational erklärt werden, insofern als es das Ergebnis individueller Entscheidungen darstellt, die von rational handelnden Akteuren getroffen werden. Rationalität erfordert dabei nach GRAVELLE UND REES (2004, 6-7), dass unter Einbeziehung aller verfügbaren Informationen alle möglichen Alternativen anhand einer vollständigen und konsistenten Präferenzordnung bewertet werden, wobei schließlich die Alternative zu wählen ist, die mit dem höchsten Nutzen verbunden ist. FRITSCH, WEIN UND EWERS (1999, 338) ergänzen dazu, dass im Fall von Unsicherheit die möglichen Ereignisse mit ihrer jeweiligen Eintrittswahrscheinlichkeit zu gewichten sind, so dass die individuellen Entscheidungen letztlich durch Maximierung des Erwartungsnutzens getroffen werden. Beim Hinzukommen zusätzlicher Information wird dabei eine Aktualisierung der Erwartungen notwendig, die durch *Bayes'sches Up-Dating*, das heißt durch die Berechnung bedingter Wahrscheinlichkeiten, erfolgt.

Da Rationalität insgesamt hohe Anforderungen an den Informationsstand sowie die geistigen Fähigkeiten der ökonomischen Akteure stellt, weil vorausgesetzt wird, dass sie ihre Entscheidungssituation vollständig überblicken, alle entscheidungsrelevanten Informationen kennen sowie fehlerfrei auswerten und aufgrund der dabei gewonnenen Erkenntnisse alle möglichen Alternativen ohne emotionale Verzerrung bewerten, wird häufig eingewendet, dass reale Individuen vom Idealtypus des *Homo oeconomicus* abweichen. Mit dieser Kritik setzt sich RABIN (1998; 2002) auseinander, indem er beschreibt, an welchen Stellen es zu den erwähnten Abweichungen kommt und wie die ökonomische Theorie angepasst werden müsste, um den bisher vernachlässigten psychologischen Faktoren angemessen Rechnung zu tragen. Die Forschung zu diesem Ansatz der *Behavioral Economics* konzentriert sich dabei insbesondere auf den Finanzbereich. Einen guten Überblick zum Thema *Behavioral Finance* liefern GOLDBERG UND VON NITZSCH (2000) sowie BARBERIS UND THALER (2002); deren Aspekte bleiben im Weiteren jedoch ausgeblendet. Stattdessen wird zur Erklärung von Herdenverhalten durchweg rationales Verhalten – wie es oben umschrieben wurde – bei allen Individuen unterstellt.

1.2.2 Konformität und Herdenverhalten

Eine erste Näherung an den Begriff Herdenverhalten ist die Vorstellung, dass alle dasselbe machen, also die Beobachtung von Konformität im Verhalten von mehreren ökonomischen Akteuren. DEVENOW UND WELCH (1996, 604) beschreiben Herdenverhalten daher in einer allgemeinen Definition als Verhaltensmuster, die über verschiedene Individuen hinweg korreliert sind. Auch GUL UND LUNDHOLM (1995, 1040) weisen darauf hin, dass in der Literatur unter Herdenverhalten häufig Situationen verstanden werden, in denen die betrachteten Akteure dasselbe Verhalten zeigen. Zu beachten ist dabei allerdings, dass mit dieser Definition zwei Arten von Konformität erfasst werden, das sog. *Spurious Herding* und das sog. *Intentional Herding*.

Diese Begriffe verwenden BIKHCHANDANI UND SHARMA (2001, 281), um bewusste Imitation (*Intentional Herding*) von zwangsläufig identischem Verhalten (*Spurious Herding*) abzugrenzen. Der Unterschied zwischen den beiden Formen liegt also darin, dass es beim *Spurious Herding* quasi auf ganz natürliche Art und Weise dazu kommt, dass alle Individuen identisch agieren (zum Beispiel weil sie alle dieselben Präferenzen haben und mit identischen Entscheidungsproblemen konfrontiert sind, das heißt unter Verwendung derselben Informationen zwischen jeweils denselben Alternativen wählen müssen), während es beim *Intentional Herding* zu einer bewussten Nachahmung anderer Wirtschaftssubjekte mit ähnlichen Entscheidungsproblemen kommt, die allein aufgrund der individuellen Ausgangssituationen zunächst nicht zu erwarten ist und auch nicht zwingend scheint (zum Beispiel weil eben *nicht* alle über dieselben Informationen oder Präferenzen verfügen). Diese Unterscheidung macht deutlich, dass Herdenverhalten im engeren Sinne (insbesondere auch im Sinn der vorliegenden Arbeit) *Intentional Herding* meint.

Voraussetzung für das eigentliche Herdenverhalten ist daher – weil es eben *keine* in der bloßen Ausgangssituation liegenden Gründe für das identische Verhalten mehrerer Individuen gibt – ein Koordinationsmechanismus, der darin besteht, dass jedes Herdenmitglied das Verhalten der nachzuahmenden Individuen beobachtet bzw. antizipiert, um es bei der eigenen Entscheidung berücksichtigen zu können. BIKHCHANDANI UND SHARMA (2001, 280) beschreiben Herdenverhalten in diesem Sinn folgendermaßen:

> „*... an individual can be said to herd if she would have made an investment without knowing other investors' decisions, but does not make that investment when she finds that others have decided not to do so. Alternatively, she herds when knowledge that others are investing changes her decision from not investing to making the investment.* ".

Entscheidend für Herdenverhalten ist also, dass das Ergebnis individueller Entscheidungen unterschiedlich ausfällt, je nachdem ob diese Entscheidungen isoliert getroffen werden oder unter Berücksichtigung der Entscheidungen anderer Akteure, die sich in einer vergleichbaren Entscheidungssituation befinden. Die Verwendung des Begriffs *Herdenverhalten* in den folgenden Kapiteln bezieht sich daher auf folgende Definition:

> *Herdenverhalten liegt genau dann vor, wenn die Berücksichtigung des Verhaltens von anderen die Entscheidungen der einzelnen Individuen derart beeinflusst, dass schließlich alle dasselbe Verhalten wählen.*

Mit dieser Definition im Hinterkopf wenden wir uns nun den grundsätzlich möglichen Ursachen für Herdenverhalten zu.

1.3 Klassifizierung der möglichen Ursachen von Herdenverhalten

In der Literatur wird Herdenverhalten fast ausschließlich im Kontext von Investitionsentscheidungen explizit behandelt. Daneben gibt es aber auch Arbeiten zum Herdenverhalten aus dem Bereich der Forschung über Sozialverhalten. Diesen Erkenntnissen folgend zitieren BIKHCHANDANI, HIRSHLEIFER UND WELCH (1998, 152-153) vier Gründe für Konformität, die

- im Vorliegen von Informations-Externalitäten,
- im Vorliegen von Payoff-Externalitäten,
- in einer direkten Präferenz für Konformität sowie
- in Sanktionen für Abweichler

bestehen. Auch wenn alle vier Punkte als Ursache für gleichgerichtetes Verhalten anzusehen sind, können nur die ersten drei Gründe Herdenverhalten im Sinn der oben gefassten Definition erklären.

Durch die vierte Begründung *Sanktionen*, das heißt durch die Androhung von Strafen bei Nichtbefolgen einer vorgegebenen Handlungsweise, kann zwar bei allen Individuen ein bestimmtes (vom „Diktator" gewünschtes) Verhalten durchgesetzt werden, allerdings sind die individuellen Entscheidungen dabei voneinander unabhängig. Das heißt, dass ein „Untergebener", dessen persönliche Einstellung grundsätzlich *gegen* die Erfüllung der vom Diktator aufgestellten Forderungen spricht, sein Verhalten nicht deswegen ändert, weil er einen anderen beobachtet, der sich den Zwängen unterwirft; vielmehr wird ein entsprechendes Verhalten dadurch hervorgerufen, dass der Nutzen bei Nichtbefolgen durch die Sanktionen entsprechend vermindert wird, wodurch es sich nicht lohnt aufzubegehren. Sanktionen werden daher als direkte Ursache für Herdenverhalten ausgeschlossen.

Interessant ist in diesem Zusammenhang jedoch, dass durch die Beobachtung eines „Abtrünnigen" eine kollektive Abkehr von dem vom Diktator gewünschten Verhalten ausgelöst werden und eine Herde (in die entgegengesetzte Richtung) entstehen kann. Es kommt dann *trotz* der Sanktionen zu einem Aufbegehren gegenüber dem Regime, zum Beispiel weil die Aussicht auf Erfolg des gefährlichen Unternehmens umso größer ist, je mehr Mitstreiter vorhanden sind und/oder das Leid der drohenden Strafe umso leichter ertragen wird, je mehr potenzielle Leidensgenossen man hat. Falls – um beim letzten Fall zu bleiben – der eigene Nutzen dabei höher ist, wenn man zusammen mit anderen im Gefängnis sitzt, als wenn man alleine einsitzen muss, sind in der beschriebenen Situation Payoff-Externalitäten als Ursache für Herdenverhalten auszumachen.

Daneben könnten Revolutionen aber auch auf Informations-Externalitäten zurückzuführen sein. So erklärt LOHMANN (1994) am Beispiel der Leipziger Montagsdemonstrationen von 1989-1991, wie durch die Teilnahme an politischen Protesten im Zeitablauf immer mehr Individuen aktiviert werden können. Der Grund dafür liegt darin, dass durch den Protest die eigene Unzufriedenheit mit dem gegenwärtigen Regime zum Ausdruck gebracht werden kann und aus der Entwicklung der Protestbewegung schließlich Rückschlüsse auf den wahren Charakter des Regimes gezogen werden, was schließlich zum Zusammenbruch des Regimes führen kann.

Neben Sanktionen wird im Rahmen der vorliegenden Arbeit auch eine *Konformitätspräferenz* als mögliche Ursache für Herdenverhalten nicht weiter verfolgt, da sie eine triviale und daher relativ uninteressante Erklärung für Konformität liefert: Wenn jedes Individuum einen direkten Nutzengewinn aus übereinstimmendem Verhalten mit anderen erfährt, wird es sich bei seiner eigenen Entscheidung natürlich am Verhalten der anderen orientieren und imitieren.

Nach diesen beiden Ausschlüssen verbleiben letztlich zwei eigenständige Ursachen für Herdenverhalten, die auch BRUNNERMEIER (2000, 147) unterscheidet, nämlich *Informations-Externalitäten* und *Payoff-Externalitäten*. Diese werden im Rahmen der Modellanalysen zum Herdenverhalten in den Kapiteln 3 bis 6 jeweils für sich und in Kapitel 7 schließlich auch in Kombination untersucht. Welche Modellkategorien dabei im einzelnen betrachtet werden, ist der folgenden Abbildung 1-1 zu entnehmen, die darüber hinaus die bisherigen Ausführungen zum Herdenverhalten und seinen Ursachen schematisch zusammenfasst.

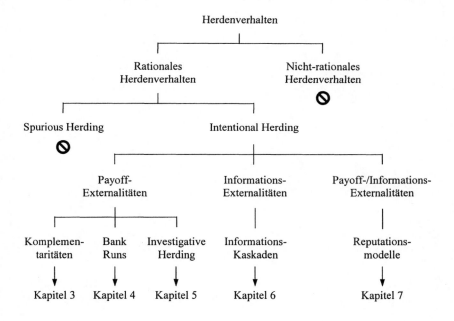

Abbildung 1-1: Schematische Darstellung zum Herdenverhalten und seinen Ursachen

Bevor die einzelnen Modelle aber detailliert präsentiert werden, erfolgt in Kapitel 2 zunächst ein kurzer Abriss der Marktversagenstheorie, in deren Kontext die Modelle zum Herdenverhalten schließlich gestellt werden.

2 Marktversagenstheorie

Ökonomische Vorgänge spielen sich grundsätzlich auf Märkten ab, wobei durch das Verhalten der einzelnen Wirtschaftssubjekte bestimmte Ergebnisse erzielt werden. Diese durch das Marktgeschehen bestimmten Allokationen können unter zwei Aspekten beurteilt werden, nämlich im Hinblick auf ihre *Effizienz-* sowie ihre *Verteilung*seigenschaften. Während sich die Urteile hinsichtlich der Verteilung („Wer sind die größten Gewinner bzw. Verlierer des Marktprozesses?") stark voneinander unterscheiden können, je nachdem welche Gerechtigkeitsvorstellung als Verteilungsnorm bei der Beurteilung zugrunde gelegt wird, gibt es hinsichtlich der Effizienz ein allgemein akzeptiertes Beurteilungskriterium, das der *Pareto-Optimalität* (*Pareto-Effizienz*).

Demnach gilt eine Allokation als (Pareto-)effizient, wenn es keine Möglichkeit gibt, durch eine Re-Allokation mindestens einen Beteiligten besser zu stellen, ohne gleichzeitig einen anderen zu verschlechtern (vgl. hierzu etwa MAS-COLELL, WHINSTON UND GREEN (1995, 313) oder STIGLITZ UND SCHÖN-FELDER (1989, 62)). Diese Definition impliziert, dass in effizienten Allokationen keine Ressourcen verschwendet werden, d. h. dass die Summe der von den einzelnen Wirtschaftssubjekten erzielten ökonomischen Renten – die (Gesamt-)Wohlfahrt – maximal ist.

Gemäß dem *ersten Hauptsatz der Wohlfahrtsökonomie* können wohlfahrtsmaximierende, effiziente Allokationen prinzipiell auf Märkten realisiert werden (vgl. etwa MAS-COLELL, WHINSTON UND GREEN (1995, 326). Allerdings kann es unter bestimmten Umständen auch dazu kommen, dass das Wohlfahrtspotenzial einer Ökonomie im Marktprozess nicht ausgeschöpft wird.

In diesem Fall erleidet die Gesamtheit der Wirtschaftssubjekte reale Einbußen, weil der Markt „versagt", insofern als er keine effiziente Nutzung der verfügbaren Ressourcen bewerkstelligt. Auf welche Ursachen ein solches Marktversagen und die damit verbundenen Effizienzverluste zurückzuführen sind, wird im Rahmen der Marktversagenstheorie erörtert, in deren Kontext auch Aussagen darüber gemacht werden, welche Möglichkeiten es gibt, die mit den Ineffizienzen einhergehenden Wohlfahrtsverluste zu vermindern.

Bevor wir uns aber im Detail den einzelnen Marktversagensgründen und den entsprechenden Heilungsmöglichkeiten zuwenden, wird kurz erörtert, wodurch effiziente Allokationen charakterisiert sind und inwiefern diese auf Märkten realisiert werden. Dabei wird in Antizipation der späteren Anwendungsbeispiele im Zusammenhang mit Herdenverhalten auf eine Analyse im Rahmen des Modells zum Allgemeinen Gleichgewicht verzichtet; stattdessen beschränken wir uns von vornherein auf eine Partialbetrachtung.

2.1 Pareto-effiziente Allokationen im Partialmodell

Im Rahmen des Modells für einen partiellen Gütermarkt, auf dem ein Gut in der Menge x gehandelt wird, kann die effiziente Allokation durch Maximierung des sozialen Überschusses ermittelt werden. Dieser ergibt sich aus der Differenz zwischen dem Bruttonutzen aus dem Konsum $B(x)$ und den Kosten $C(x)$ für die Bereitstellung des Gutes. Zu lösen ist daher das Optimierungsproblem

$$\max_x \ B(x) - C(x),$$

aus dem man nach einmaligem Differenzieren die Bedingung

(2-1) $$B'(x^*) = C'(x^*)$$

für die optimale Allokation erhält. Verbal gefasst besagt (2-1), dass die optimale Menge x^* dadurch gekennzeichnet ist, dass der Grenznutzen der zuletzt produzierten Einheit gerade so hoch ist wie ihre Grenzkosten. Der soziale Überschuss (Wohlfahrt) lässt sich in einer solchen Situation dann weder durch Verknappen noch durch Ausweiten der Gütermenge erhöhen.

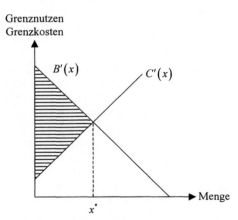

Abbildung 2-1: Pareto-effiziente Allokationen im Partialmodell

Unter der Annahme eines abnehmenden Grenznutzens und steigender Grenzkosten kann die effiziente Allokation wie in Abbildung 2-1 grafisch dargestellt werden. Die maximale Wohlfahrt entspricht der schraffierten Fläche zwischen der Grenznutzen- und der Grenzkostenkurve, die den sozialen Überschuss als

Differenz zwischen dem Bruttonutzen aus dem Konsum der effizienten Menge und den Kosten, die zur Erstellung eben dieser Gütermenge aufgewendet werden müssen, darstellt.

2.2 Effizienz von Konkurrenzmarkt-Gleichgewichten

Laut dem ersten Wohlfahrtstheorem kann die oben ermittelte effiziente Allokation auf einem Konkurrenzmarkt realisiert werden. Um dies zu zeigen, wird ein Markt betrachtet, auf dem vollkommener Wettbewerb herrscht, so dass alle Marktteilnehmer als Preisnehmer agieren und den Preis p des Gutes als exogen gegeben betrachten.

Die Nachfrage der Konsumenten wird dann durch Maximierung ihres Nettonutzens ermittelt, der dem Bruttonutzen abzüglich der Konsumausgaben entspricht. Das Kalkül der Konsumenten lautet also folgendermaßen:

$$\max_{x} B(x) - px.$$

Aus diesem Ansatz folgt über die Bedingung erster Ordnung $B'(x) - p \overset{!}{=} 0$, dass die inverse Nachfragefunktion $p_D(x)$ der Grenznutzenkurve entspricht:

(2-2) $$p_D(x) = B'(x).$$

Das Marktangebot ergibt sich in analoger Weise aus dem Gewinnmaximierungskalkül der Unternehmen, das durch

$$\max_{x} px - C(x)$$

beschrieben wird. Über die Bedingung erster Ordnung $p - C'(x) \overset{!}{=} 0$ folgt dann, dass die inverse Angebotsfunktion $p_S(x)$ der Grenzkostenkurve entspricht:

(2-3) $$p_S(x) = C'(x).$$

Da die Bedingung für ein Gleichgewicht bei vollkommener Konkurrenz erfordert, dass Angebot und Nachfrage übereinstimmen, ist die Gleichgewichtsmenge $\hat{x}$ durch die Bedingung $p_S(\hat{x}) = p_D(\hat{x})$ charakterisiert, die wegen (2-2) und (2-3) äquivalent ist zu

(2-4) $$B'(\hat{x}) = C'(\hat{x}).$$

Ein Vergleich der Bedingungen (2-4) für ein Konkurrenzmarkt-Gleichgewicht und (2-1) für eine effiziente Allokation zeigt, dass die Allokation, die auf einem Markt mit vollkommener Konkurrenz realisiert wird, effizient ist:

$$\hat{x} = x^*.$$

Dies bestätigt die Aussage des ersten Wohlfahrtstheorems, für dessen Gültigkeit neben *vollkommenem Wettbewerb* und dem damit einhergehenden Preisnehmerverhalten auch noch weitere Voraussetzungen erfüllt sein müssen. So ist zum einen außerdem ein *vollständiges Marktsystem* erforderlich, was impliziert, dass es sich bei dem betrachteten Gut um ein *privates Gut* handeln muss, das *keine externen Effekte* verursacht. Zum anderen muss auch *vollständige Information* herrschen, das bedeutet, dass beide Marktseiten gleichermaßen perfekt über die Eigenschaften des betrachteten Gutes informiert sind (vgl. ATKINSON UND STIGLITZ (1980, 347-49)). Nur wenn all diese Voraussetzungen erfüllt sind, funktionieren Märkte effizient; bei einer Verletzung der Anforderungen kommt es zu Marktversagen.

2.3 Marktversagensgründe

Die wesentlichen Gründe für Marktversagen ergeben sich aus den oben genannten Voraussetzungen für die Gültigkeit des ersten Wohlfahrtstheorems; sie werden im Folgenden nach STIGLITZ UND SCHÖNFELDER (1989, 96-105 sowie Kapitel 5 und 8) dargestellt;[1] der Umfang der einzelnen Erläuterungen ergibt sich dabei nach ihrer Bedeutung für die weiteren Ausführungen über Herdenverhalten, in deren Mittelpunkt – wie sich aus der Schilderung der möglichen Ursachen für Herdenverhalten in Kapitel 1 ergibt – Externalitäten stehen.

2.3.1 Mangelnder Wettbewerb

Faktoren wie die *Existenz von Eintrittsbarrieren*, die auf zunehmende Skalenerträge bei der Produktion zurückzuführen sind, sowie *gute räumliche und/oder produktbezogene Abgrenzungsmöglichkeiten*, die sich durch nicht unerhebliche Transportkosten bzw. unzureichende Möglichkeiten zur Substitution des betrachteten Gutes ergeben können, können zu einer Beschränkung des Wettbewerbs führen. Dadurch erlangen die Produzenten bzw. der Produzent Marktmacht. Diese kann im Streben nach maximalen Gewinnen insofern genutzt

---

[1] Zur Darstellung der Problematik um Informationsprobleme, öffentliche Güter und externe Effekte vgl. auch VARIAN (1995, Kapitel 31 und 33), PINDYCK UND RUBINFELD (2003, Kapitel 17 und 18) sowie MAS-COLELL, WHINSTON UND GREEN (1995, Kapitel 11).

werden, als die Produktionsmenge so gewählt wird, dass höhere (über den Grenzkosten liegende) Preise erzielt werden. Aufgrund eines abnehmenden Grenznutzens führt dies zu einer Angebotsverknappung gegenüber der effizienten Lösung, durch die bei unvollkommenem Wettbewerb die Umsetzung der effizienten Allokation verfehlt wird.

2.3.2 Öffentliche Güter

Der wesentliche Unterschied zwischen privaten und öffentlichen Gütern besteht – wie dem in Abbildung 2-2 dargestellten Klassifikationsschema zu entnehmen ist – darin, dass öffentliche Güter durch die beiden Charakteristika *Nicht-Rivalität im* und *Nicht-Ausschließbarkeit vom Konsum* gekennzeichnet sind. Aus diesen Eigenschaften ergibt sich, dass ein öffentliches Gut (wie etwa die Landesverteidigung oder Seuchenbekämpfung), das im Umfang x bereitgestellt wird, von allen Individuen in genau dieser Menge konsumiert werden kann, während bei privaten Gütern aufgrund der Konsumrivalität eine Aufteilung der Gesamtmenge auf die einzelnen Konsumenten erfolgen muss, so dass die Summe der individuellen Konsummengen der aggregierten Gütermenge entspricht. Aus diesen Unterschieden hinsichtlich der Nutzungsmöglichkeiten folgt, dass bei der Aggregation der individuellen Nachfragekurven zur gesamtwirtschaftlichen Nachfrage im Fall eines öffentlichen Gutes die individuellen Grenznutzenfunktionen *vertikal* addiert werden müssen, während bei privaten Gütern über die Menge, also *horizontal*, addiert wird.

		Rivalität im Konsum	
		ja	nein
Ausschließbarkeit vom Konsum	ja	Private Güter	Club-Güter
	nein	Gemeingüter (Allmende-Güter)	Öffentliche Güter

Abbildung 2-2: Güter-Klassifikationsschema

Für die effiziente Bereitstellungsmenge eines öffentlichen Gutes gilt dann grundsätzlich (wie auch bei privaten Gütern), dass die Wohlfahrt, also die Differenz zwischen dem aggregierten Nutzen aus dem Konsum und den Kosten der Bereitstellung des betrachteten Gutes, zu maximieren ist. Die optimale Menge ergibt sich also aus der Bedingung, dass der aggregierte Grenznutzen den Grenzkosten entspricht. Aufgrund der unterschiedlichen Aggregationsweise wird die effiziente Menge eines öffentlichen Gutes nun aber – anders als im Fall privater Güter – dadurch bestimmt, dass die *Summe* der individuellen Grenznutzen den Grenzkosten entspricht (*Samuelson-Bedingung*).

Während die effiziente Allokation bei privaten Gütern – wie der erste Hauptsatz der Wohlfahrtsökonomik besagt – unter idealen Bedingungen immer erreicht wird, können sich bei öffentlichen Gütern insofern Ineffizienzen ergeben, als es zu einer Unterversorgung kommt; im Extremfall wird das Gut überhaupt nicht bereitgestellt, weil sich die Anschaffung für keines der Individuen lohnt, obgleich eine Bereitstellung aus gesamtwirtschaftlicher Perspektive wünschenswert wäre, da die Summe der individuellen Nutzen aus dem Konsum des Gutes seine Kosten übersteigt.

Der Grund für diese Fehlallokationen liegt darin, dass die Individuen bei ihrer Entscheidung nur den eigenen Nutzen aus dem Konsum des Gutes berücksichtigen und nicht beachten, dass auch andere Wirtschaftssubjekte von einer Bereitstellung des Gutes profitieren, ohne dass dies – aufgrund der Nicht-Rivalität im Konsum – ihre eigenen Nutzungsmöglichkeiten einschränkt oder die Kosten erhöht.[2] Ein erster Lösungsansatz läge daher in einer gemeinschaftlichen Finanzierung des öffentlichen Gutes, bei der allerdings ein Anreiz zum Trittbrettfahren besteht, weil das Gut aufgrund seiner Eigenschaft der Nicht-Ausschließbarkeit von Konsum im Fall einer Bereitstellung keinem Individuum vorenthalten werden kann. Die Konsumenten halten sich daher in der Hoffnung, dass „die anderen" die Versorgung mit dem öffentlichen Gut sicher stellen, mit eigenem Engagement zurück, um so von den Beiträgen der anderen profitieren zu können, ohne sich selbst an den Kosten zu beteiligen. Dadurch werden öffentliche Güter schließlich nicht bzw. in zu geringem Umfang, also in ineffizienter Menge, bereitgestellt.

2.3.3 Externe Effekte

Externe Effekte liegen vor, wenn die Nutzenposition eines Individuums durch die Aktion eines anderen beeinflusst wird, ohne dass es zu einer Kompensation für diesen Einfluss kommt, der – außer durch Unterlassen der entsprechenden Handlung – nicht verhindert werden kann. Je nachdem, ob es im Zuge einer Aktion zu einer Erhöhung oder zu einer Senkung der Nutzenposition des bzw. der unabsichtlich betroffenen Individuen kommt, spricht man von positiven bzw. negativen externen Effekten, die sich schließlich darin unterscheiden, dass der *gesamtwirtschaftliche* Nutzen bzw. die *gesamtwirtschaftlichen* Kosten

---

[2] Bei öffentlichen Gütern gilt aufgrund der Nicht-Rivalität im Konsum, dass die Grenzkosten der Bereitstellung für einen zusätzlichen Konsumenten null betragen.

einer mit der Externalität behafteten Handlung den *individuellen* Nutzen bzw. die *individuellen* Kosten dieser Aktion übersteigen.[3] Durch dieses Auseinanderklaffen von privaten und sozialen Nutzen bzw. Kosten wird die Umsetzung der effizienten Allokation, die dadurch gekennzeichnet ist, dass der (aggregierte) Grenznutzen den (aggregierten) Grenzkosten entspricht, in einer Marktlösung jedenfalls verfehlt, weil die Wirtschaftssubjekte nicht alle Konsequenzen ihres Handelns bei der Entscheidung berücksichtigen. Infolge der Vernachlässigung der Nutzen bzw. Kosten, die anderen durch das eigene Handeln entstehen, ergibt sich im Fall von positiven externen Effekten (wie im Fall von öffentlichen Gütern) eine Unterversorgung mit dem betreffenden Gut, während Güter, die mit negativen externen Effekten behaftet sind, im Übermaß bereitgestellt werden.

Im Folgenden wird anhand eines allgemeinen, einfachen Modells genauer dargestellt, wie es unter dem Einfluss von Externalitäten zu einem Marktversagen in Form einer Unter- bzw. Überversorgung mit dem entsprechenden Gut kommt. Dazu greifen wir auf den bei der Beschreibung Pareto-effizienter Allokationen verwendeten Modellrahmen zurück, der nun um die abzubildende Externalität erweitert und insofern modifiziert wird, als zwischen privaten und sozialen Größen unterschieden werden muss.

2.3.3.1 Negative Externalitäten

Für die Behandlung negativer externer Effekte interpretieren wir das verwendete Modell zunächst im Kontext einer typischen Beispielsituation. Wir betrachten dazu den Markt für chemische Düngemittel, deren Menge mit x bezeichnet wird. $B(x)$ repräsentiert dann den Nutzen aus dem Konsum von Dünger, der etwa von Gärtnern und Landwirten wahrgenommen wird. Hinsichtlich der durch die Produktion von Düngemittel verursachten Kosten sind aufgrund des unterstellten externen Effekts zwei Komponenten zu unterscheiden, die *internen* und die *externen* Kosten. Während sich die internen Kosten $C_{int}(x)$ auf die reinen Produktionskosten beziehen, beziffern die externen Kosten $C_{ext}(x)$ die Schäden, die „fremden" Wirtschaftssubjekten durch die Düngerproduktion entstehen. So könnte sich die wirtschaftliche Aktivität einer Düngemittelfabrik, bei der Abwässer anfallen, die in einen Fluss geleitet werden, beispielsweise ertragsmindernd auf eine flussabwärts angesiedelte Fischerei auswirken, die auf sauberes Wasser angewiesen ist. In diesem Fall umfassen die

---

[3] In diesem Zusammenhang zeigt sich, dass öffentliche Güter als Spezialfall eines positiven externen Effekts betrachtet werden können, da die individuellen Nutzenpositionen in diesem Fall durch die Aktivität von anderen (etwa das Leisten von Finanzierungsbeiträgen) beeinflusst werden, ohne dass die Nutznießer ihre(n) Wohltäter dafür kompensieren.

externen Kosten also den entgangenen Gewinn der Fischerei, welcher bei der Ermittlung der effizienten Produktionsmenge für chemischen Dünger in gleicher Weise zu berücksichtigen ist wie die reinen Produktionskosten.

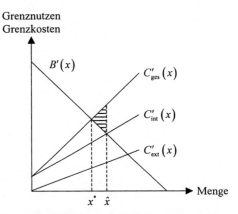

Abbildung 2-3: Allokation im Fall einer negativen Externalität

Zur Bestimmung der effizienten Produktionsmenge für chemischen Dünger ist folglich die Differenz zwischen dem Bruttonutzen aus dem Konsum des Düngers und den bei seiner Erstellung *insgesamt* anfallenden Kosten $C_{ges}(x) = C_{int}(x) + C_{ext}(x)$ zu maximieren. Aus dem Kalkül

$$\max_x \; B(x) - C_{ges}(x)$$

ergibt sich schließlich die effiziente Allokation x^* durch die Bedingung

(2-5) $$B'(x^*) = C'_{ges}(x^*).$$

Dass diese in einer Marktlösung nicht realisiert wird, zeigt die folgende Überlegung. Wie in Abschnitt 2.1 entspricht die (inverse) Nachfrage der Grenznutzenfunktion $p_D(x) = B'(x)$ und die (inverse) Angebotsfunktion der Kurve der marginalen (internen) Produktionskosten, die im betrachteten Fall durch $p_S(x) = C'_{int}(x)$ gegeben ist. Damit bestimmt sich die Markt-Allokation $\hat{x}$ durch die Bedingung $p_S(\hat{x}) = p_D(\hat{x})$, die äquivalent ist zu

(2-6) $$B'(\hat{x}) = C'_{int}(\hat{x}).$$

Wie ein Vergleich der Bedingungen (2-6) für das Konkurrenzmarkt-Gleichgewicht und (2-5) für die effiziente Allokation ergibt, kommt es im Fall negativer Externalitäten mit positiven Grenzkosten $C'_{\text{ext}}(x) > 0$ und abnehmendem Grenznutzen $B''(x) < 0$ wegen $C'_{\text{ges}}(x) = C'_{\text{int}}(x) + C'_{\text{ext}}(x) > C'_{\text{int}}(x)$ zu einer ineffizienten Überproduktion:

$$\hat{x} > x^*.$$

Der dabei auftretende Wohlfahrtsverlust ist in Abbildung 2-3 schraffiert.

2.3.3.2 Positive Externalitäten

Im Fall von positiven externen Effekten lässt sich das Auftreten von Ineffizienzen in analoger Weise zeigen. Ausgangspunkt für die Überlegungen bildet nun die Tatsache, dass andere Wirtschaftssubjekte durch die Handlung eines Individuums, von der eine positive Externalität ausgeht, profitieren. Dies ist etwa der Fall, wenn ein Obstbauer eine Apfelbaumplantage in unmittelbarer Nachbarschaft einer Imkerei pflanzt. In diesem Beispiel zieht sowohl der Obstbauer (der im Herbst Äpfel von den Bäumen ernten und verkaufen kann), als auch der Imker (dessen Bienen in der Plantage Nahrung finden und mehr Honig produzieren, den wiederum der Imker verkaufen kann) einen Nutzen aus den Apfelbäumen, deren Menge mit x bezeichnet wird. Der gesamte Nutzen der Bäume besteht dann aus der Summe der individuellen Nutzen des Bauern $B_{\text{int}}(x)$ und des Imkers $B_{\text{ext}}(x)$: $B_{\text{ges}}(x) = B_{\text{int}}(x) + B_{\text{ext}}(x)$.

Wenn die Kosten einer Plantage in Abhängigkeit von ihrer Größe $C(x)$ betragen, ergibt sich die effiziente Plantagengröße x^* durch Maximierung des sozialen Überschusses der aggregierten Nutzen über die Kosten

$$\max_{x} \; B_{\text{ges}}(x) - C(x)$$

aus der Bedingung

(2-7) $B'_{\text{ges}}(x^*) = C'(x^*).$

Die tatsächlich realisierte Plantagengröße erhält man dagegen durch Maximierung des Gewinns des Obstbauern, der ausschließlich seinen eigenen Nutzen berücksichtigt, der sich aus dem Verkauf der Äpfel ergibt. Die Anzahl $\hat{x}$ der zu pflanzenden Bäume ergibt sich folglich aus dem Kalkül

$$\max_{x} \ B_{\text{int}}(x) - C(x)$$

über die Bedingung

(2-8) $$B'_{\text{int}}(\hat{x}) = C'(\hat{x}).$$

Unter der Annahme konstanter Grenzkosten folgt aus einem Vergleich der Bedingungen (2-7) und (2-8) für die effiziente und die tatsächlich realisierte Produktionsmenge wegen der Annahme eines abnehmenden Grenznutzens $B''(x) < 0$ und des Zusammenhangs $B'_{\text{ges}}(x) = B'_{\text{int}}(x) + B'_{\text{ext}}(x) > B'_{\text{int}}(x)$, dass in einer Marktlösung zu wenig von einem Gut mit positiven externen Effekten produziert wird:

$$\hat{x} < x^{*}.$$

Auch dieses Ergebnis kann aus einer auf Abbildung 2-1 aufbauenden Grafik abgelesen werden; der mit der ineffizient geringen Produktionsmenge $\hat{x}$ verbundene Wohlfahrtsverlust ist in Abbildung 2-4 wieder durch ein schraffiertes Dreieck gekennzeichnet.

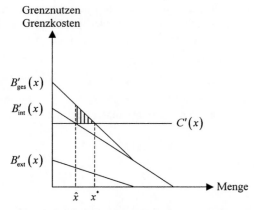

Abbildung 2-4: Allokation im Fall einer positiven Externalität

2.3.4 Informationsprobleme

Im Zusammenhang mit Informationsmängeln unterscheiden FRITSCH, WEIN UND EWERS (1999, 262; 287-294) zwischen *Unkenntnis* (asymmetrischer Information) und *Unsicherheit*. Diese beiden Formen unterscheiden sich darin, dass die fehlenden Informationen im ersten Fall grundsätzlich (wenn auch möglicherweise nur mit entsprechend hohem Aufwand) beschafft werden können, während eine solche Informationsbeschaffung im zweiten Fall aufgrund einer unbekannten zukünftigen Entwicklung generell nicht möglich ist.

2.3.4.1 Unsicherheit

Im Fall von Unsicherheit müssen Erwartungen bezüglich der relevanten Variablen gebildet werden, auf deren Basis schließlich die Entscheidungen getroffen werden. Da sich rationale Wirtschaftssubjekte dabei so verhalten, dass ihr jeweils von der individuellen Risikoeinstellung abhängiger Erwartungsnutzen (bzw. -gewinn) bei gegebenen Eintrittswahrscheinlichkeiten für die möglichen zukünftigen Zustände maximal wird, ergibt sich auch trotz des vorliegenden Informationsproblems eine *ex-ante Pareto-optimale* Allokation. Eine solche liegt nach LAFFONT (1989, 136) dann vor, wenn es keine andere Allokation gibt, die zu einem höheren ex-ante Erwartungsnutzen (-gewinn) führt, welcher unter Verwendung der unbedingten (a-priori) Eintrittswahrscheinlichkeiten für die einzelnen Zustände und die jeweiligen Auszahlungen berechnet wird.

Etwaige auftretende Ineffizienzen infolge von Marktversagen können also nicht auf den Faktor Unsicherheit zurückgeführt werden, so dass sich potenzielle Ineffizienzen aufgrund von Informationsproblemen daher nur auf *asymmetrische Information* zwischen Anbietern und Nachfragern beziehen. Diese liegt vor, wenn die auf einem Markt miteinander handelnden Transaktionspartner in unterschiedlichem Umfang über entscheidungsrelevante ökonomische Variablen informiert sind. Dabei können sich zweierlei Probleme ergeben. Falls sich die differierenden Informationsmengen auf Eigenschaften (wie etwa die Qualität des betreffenden Gutes) beziehen, kommt es zu *adverser Selektion,* falls sich die Informationsunterschiede auf bestimmte Handlungen (etwa den Arbeitseinsatz eines Beschäftigten) erstrecken, tritt *Moral Hazard* auf.

2.3.4.2 Adverse Selektion

Wenn die einzelnen Marktteilnehmer in unterschiedlichem Umfang über die Eigenschaften der relevanten Güter informiert sind, kommt es aufgrund dieser Art von Informationsproblemen zur Bildung eines Durchschnittspreises für *alle* Qualitäten. Dies kann zu einer Verdrängung der höherwertigen Güter führen, wenn deren Reservationspreis über dem Durchschnittspreis liegt. Folglich wird zunächst nur minderwertige Qualität angeboten (adverse Selektion). Infolge des Verschwindens der guten Qualität sinkt jedoch der am Markt für das Gut in beliebiger Qualität zu erzielende Preis, was im Extremfall zum vollständigen Zusammenbruch des Marktes für das betrachtete Gut führen kann, wenn die Zahlungsbereitschaft nicht ausreicht, die Produktionskosten zu decken. Das Gut wird schließlich aufgrund der vorliegenden Informationsprobleme in keiner Qualität mehr gehandelt, auch wenn dies (zumindest für die höheren Qualitätsstufen, für die es eine hohe Zahlungsbereitschaft gibt) aus gesamtwirtschaftlicher Perspektive lohnend wäre.

2.3.4.3 Moral Hazard

Beim Phänomen des Moral Hazard, das insbesondere im Rahmen von Prinzipal-Agent-Beziehungen auftritt, sind bestimmte Handlungen eines Wirtschaftssubjekts für den Transaktionspartner nicht beobachtbar. Aus dieser Beobachtungslücke können sich Anreize zu einer Verhaltensänderung ergeben, die zu Ineffizienzen führen kann, weil sich die Konsequenzen des eigenen Handelns auf das betreffende Individuum und die Gesellschaft als Ganzes in unterschiedlichem Maße auswirken. Als Folge dieser Abweichung des privaten vom sozialen Nutzen bzw. der privaten von den sozialen Kosten kann die effiziente Lösung – ähnlich wie im Fall von externen Effekten – nicht erreicht werden.

2.4 Effizienzerhöhende Maßnahmen bei Marktversagen

Nachdem im vorigen Kapitel die traditionellen Ursachen für Marktversagen erörtert wurden, werden in diesem Kapitel die in der Literatur (etwa bei STIGLITZ UND SCHÖNFELDER (1989, 212-231)) vorhandenen Standardlösungen für Marktversagensprobleme beschrieben. Unter Vorwegnahme der Tatsache, dass die Probleme in den folgenden Teilen der Arbeit über Herdenverhalten auf Externalitäten zurückzuführen sind, beschränke ich mich bei der Darstellung der effizienzerhöhenden Maßnahmen auf eben diesen Problemkreis. Dabei wird zur Beurteilung der einzelnen Situationen hinsichtlich ihrer Effizienz die Summe der individuellen Nutzenpositionen als (utilitaristisches) Wohlfahrtsmaß verwendet, wobei von einer Effizienzsteigerung gesprochen wird, wenn es durch eine der unten besprochenen Maßnahmen zu einer Erhöhung der so definierten Wohlfahrt kommt. Da infolge einer Zunahme der Gesamtwohlfahrt – zumindest durch lump-sum Transfers – in jedem Fall mindestens einer der Beteiligten besser gestellt werden kann, ohne einen anderen gegenüber der Ausgangssituation zu verschlechtern, entspricht diese Form der Effizienzsteigerung dem Pareto-

Kriterium, so dass die Effizienzanalyse durch eine Wohlfahrtsbetrachtung ersetzt werden kann.

2.4.1 Private Lösungsmöglichkeiten

Bevor Möglichkeiten zur Korrektur von ineffizienten Marktergebnissen durch staatliche Interventionen erläutert werden, werden private Lösungen genannt, die zwischen den Beteiligten ohne ein Eingreifen des Staates erreicht werden können. Die Rolle des Staates beschränkt sich dabei allein darauf, gegebenenfalls die nötigen Voraussetzungen dafür zu schaffen, dass private Vereinbarungen getroffen werden können.

2.4.1.1 Internalisierung durch Fusion

Eine erste Möglichkeit, die Ineffizienzen zu vermeiden, die sich durch externe Effekte ergeben, leitet sich direkt aus der Definition für Externalitäten bzw. der Ursache für das Auftreten der Ineffizienzen ab. Vergegenwärtigen wir uns also, dass es bei Vorliegen eines externen Effekts zu Wohlfahrtsverlusten kommt, weil die Folgen des Handels eines Wirtschaftssubjekts nicht nur dieses selbst, sondern auch andere Individuen betreffen, und genau dieser Einfluss bei einer Entscheidung über individuelles Handeln vernachlässigt wird. Da also jeweils nur die internen Kosten bzw. Nutzen berücksichtigt werden, ergibt sich eine Abweichung vom Optimum, die nicht auftreten würde, wenn die externen Größen ebenfalls als interne Größen betrachtet würden und es folglich keinen Unterschied mehr zwischen privaten und sozialen Kosten bzw. Nutzen gäbe. Eine erste Möglichkeit zur *Internalisierung* externer Effekte liegt also schlicht in der Bildung von größeren Wirtschaftseinheiten, die jeweils alle von einer Aktion betroffenen Wirtschaftssubjekte umfassen.

Durch eine solche Fusion kann im Beispiel der Apfelbaumplantage erreicht werden, dass der Obstbauer bei seiner Entscheidung über die Größe der Plantage nicht nur seinen eigenen Nutzen, sondern auch den der seinem Unternehmen angeschlossenen Imkerei berücksichtigt und folglich die gesamtwirtschaftlich optimale (effiziente) Menge wählt.

So positiv diese Möglichkeit vom Ergebnis her zu beurteilen ist, so skeptisch muss sie bezüglich ihrer Durchführbarkeit betrachtet werden. FRITSCH, WEIN UND EWERS (1999, 119) nennen in diesem Zusammenhang drei Argumente, die gegen Fusionen sprechen. Zum einen ist es in der Realität kaum denkbar, die betroffenen Wirtschaftseinheiten zu fusionieren, wenn diese aus Unternehmen auf der einen Seite und Haushalten auf der anderen Seite bestehen. Zum anderen führte eine Fusion der betroffenen Wirtschaftseinheiten – auch wenn diese vor dem Hintergrund des ersten Einwandes möglich wäre, weil es sich ausschließlich um Unternehmen bzw. Haushalte handelt – zu einer Erhöhung der Marktmacht, die ihrerseits zu Ineffizienzen führen kann (vgl. Abschnitt 2.3.1). Und schließlich entstehen bei der Identifizierung der betroffenen Wirtschaftssubjekte, die wegen Vorliegen einer Externalität fusioniert werden sollen, erhebliche Transaktionskosten, welche die Vorteile einer Fusion aufzehren können.

2.4.1.2 Verhandlungen

Eine weitere Möglichkeit zur privaten Lösung der durch externe Effekte hervorgerufenen Ineffizienzen besteht in Verhandlungen zwischen den beteiligten Parteien. Zur Festlegung des Startpunkts für die Verhandlungen müssen aber klar definierte Eigentumsrechte existieren, die vom Staat gesichert werden. Wenn diese Voraussetzung erfüllt ist, kann die effiziente Lösung auf privatem Weg prinzipiell erreicht werden, und zwar unabhängig davon, wie die Eigentumsrechte ursprünglich verteilt sind. Dies ist die zentrale Aussage des *Coase-Theorems*. Der entscheidende Punkt dabei ist, dass durch die Verhandlung über die Menge des mit der Externalität behafteten Gutes praktisch ein Markt für die Externalität geschaffen wird, deren „Preis" sich aus den entsprechenden Kompensationszahlungen ergibt.

Im Folgenden wird kurz dargestellt, wie der Verhandlungsprozess am Beispiel der Chemie-Fabrik ablaufen könnte, wenn *Laisser-Faire* gilt, d. h. wenn die Fabrik das Recht zur uneingeschränkten Nutzung des Flusses besitzt. In diesem Fall wäre die Ausgangssituation für Verhandlungen durch den Punkt A in Abbildung 2-5 gegeben; es würde eine zu große Menge Dünger produziert, die bei der Fischerei Schäden in Form von entgangenem Gewinn infolge einer Ertragsminderung verursacht und gegenüber der effizienten Lösung im Punkt O zu einem Wohlfahrtsverlust in Höhe der Fläche des waagrecht schraffierten Dreiecks ABO führt.

Ausgehend von dieser Situation kann man sich nun vorstellen, dass die Fischerei die Initiative ergreift und der Fabrik eine *take-it-or-leave-it Offerte* macht, in der sie gegen Zahlung einer Kompensation in Höhe von $Z(x)$ die Einschränkung der Düngemittelproduktion auf ein Niveau $x < \hat{x}$ vorschlägt. Damit ein solches Angebot für die Fabrik attraktiv ist, muss die angebotene Kompensationszahlung mindestens so groß sein, wie der Gewinn, auf den die Fabrik infolge der Produktionseinschränkung verzichtet. In Abhängigkeit von der vorgeschlagenen „geduldeten" Produktionsmenge x beträgt die Mindestkompensation also

$$Z_{\min}(x) = B(\hat{x}) - C_{\text{int}}(\hat{x}) - \left[B(x) - C_{\text{int}}(x)\right].$$

Damit sich die Verhandlung aber auch für die Fischerei lohnt, darf die Zahlung nicht größer sein als der durch die Produktionseinschränkung der Fabrik eingesparte Schaden der Fischerei. Die maximale Zahlung beträgt folglich $Z_{\max}(x) = C_{\text{ext}}(\hat{x}) - C_{\text{ext}}(x)$. Da die Fischerei ihr Angebot so konzipiert, dass ihr Vorteil durch die Verhandlung maximiert wird, wählt sie die minimale Zahlung und bestimmt das akzeptierte Produktionsniveau für Dünger durch Maximierung des Verhandlungsgewinns, der dem eingesparten Schaden abzüglich der zu leistenden Kompensationszahlung entspricht. Aus dem Kalkül

$$\max_{x} \underbrace{C_{\text{ext}}(\hat{x}) - C_{\text{ext}}(x)}_{\text{eingesparter Schaden}} - \underbrace{\left[B(\hat{x}) - C_{\text{int}}(\hat{x}) - B(x) + C_{\text{int}}(x)\right]}_{\text{Kompenationszahlung } Z_{\min}(x)}$$

ergibt sich folglich

(2-9)
$$B'(\tilde{x}) = C'_{\text{int}}(\tilde{x}) + C'_{\text{ext}}(\tilde{x})$$

als Bedingung für die in der take-it-or-leave-it Offerte vorgeschlagene Produktionsmenge $\tilde{x}$. Wegen der Definition $C_{\text{int}}(x) + C_{\text{ext}}(x) = C_{\text{ges}}(x)$ und der Bedingung $B'(x^*) = C'_{\text{ges}}(x^*)$ für die effiziente Düngemittelproduktion folgt aus (2-9), dass das vorgeschlagene Produktionsniveau der effizienten Menge entspricht:

$$\tilde{x} = x^*.$$

Da außerdem gilt, dass die Düngemittelfabrik das Angebot der Fischerei annimmt und gegen die Zahlung $Z(x^*) = B(x^*) - C_{\text{int}}(x^*) - \left[B(x^*) - C_{\text{int}}(x^*)\right]$ ihre Produktion von $\hat{x}$ auf x^* reduziert, weil sie dabei perfekt für den entgangenen Gewinn kompensiert wird (und sich folglich durch eine Ablehnung nicht besser stellen könnte), kommt es durch die Verhandlung zur Umsetzung der effizienten Lösung (Punkt O). Die Fläche des waagrecht schraffierten Dreiecks ABO misst dabei den durch die Verhandlung realisierten Wohlfahrtsgewinn, die des schräg schraffierten Dreiecks AOC die Höhe der Kompensationszahlung.

Das Ergebnis, dass die effiziente Lösung durch Verhandlungen umgesetzt werden kann, gilt übrigens unabhängig von der Verteilung der Eigentumsrechte, also auch, wenn das Recht zur uneingeschränkten Nutzung des Flusses ursprünglich bei der Fischerei liegt (*Verursacherhaftung*). Darüber hinaus ist es aus allokativer Sicht auch unerheblich, wer die Verhandlungen eröffnet, gleichwohl sich dabei unterschiedliche Verteilungseffekte ergeben, auf die hier jedoch nicht näher eingegangen wird. Zusammenfassend kann insgesamt festgehalten werden, dass sich die effiziente Lösung immer einstellt, egal ob nun die Fischerei mit einem entsprechenden Angebot bezüglich des Nutzungsrechts am Fluss an die Chemiefabrik herantritt oder umgekehrt die Chemiefabrik der Fischerei einen Vorschlag unterbreitet.

Auch wenn die Gültigkeit des Coase-Theorems unabhängig von der Verteilung der Eigentumsrechte und vom Verhandlungsablauf ist, gilt es nicht völlig uneingeschränkt, was seine praktische Relevanz schmälert. Die Haupteinwände beziehen sich zum einen – wie bei Fusionen – auf die Existenz von Transaktionskosten, die dadurch entstehen, dass eine (große) Anzahl an Betroffenen miteinander in Verhandlungen treten muss. Je nach Anzahl der Verhandlungspartner ergibt sich außerdem eine Möglichkeit für Trittbrettfahrer-Verhalten, wodurch das Erreichen der effizienten Lösung erschwert wird. Darüber hinaus ist für den Erfolg der Verhandlungen perfekte Information über die Kosten bzw. Nutzen der anderen Partei(en) erforderlich, wovon in der Realität nicht auszugehen ist, da Außenstehende üblicherweise weniger gut über die Kosten bzw. Nutzen von anderen Wirtschaftssubjekten informiert sind.

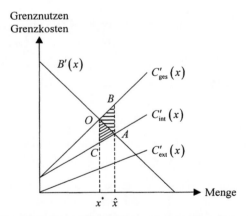

Abbildung 2-5: Coase-Verhandlungen bei negativer Externalität

Als Fazit kann also festgehalten werden, dass private Verhandlungen nur unter bestimmten (idealen) Voraussetzungen gut funktionieren und eine Umsetzung der effizienten Lösung ermöglichen. Im Folgenden wird daher erörtert, über welche Instrumente der Staat verfügt, um Marktversagen zu korrigieren.

2.4.2 Instrumente für staatliche Eingriffe

Hinsichtlich der staatlichen Möglichkeiten zur Korrektur von Marktversagen werden grundsätzlich zwei Kategorien unterschieden, die direkte, mengenmäßige Steuerung durch Auflagen und die indirekte, pretiale Steuerung. Bei der letzteren wird den mit externen Effekten verbundenen Aktivitäten durch eine Steuer bzw. Subvention ein „Preis" zugewiesen, durch den die Externalität im Kalkül des aktiven, den externen Effekt auslösenden Wirtschaftssubjekts Niederschlag findet. Dadurch entstehen Anreize zu einer Verhaltensänderung, durch die das effiziente Aktivitätsniveau erreicht werden kann.[4]

2.4.2.1 Mengenmäßige Steuerung: Auflagen

Die naheliegendste Möglichkeit zur Implementierung der effizienten Allokation durch den Staat liegt wohl darin, Gesetze zu erlassen, die Ge- bzw. Verbote enthalten, in denen das Aktivitätsniveau einer mit negativen externen Effekten verbundenen Handlung auf ein Höchstmaß beschränkt wird. Für mit positiven externen Effekten behaftete Aktivitäten ist ein Mindestniveau vorzuschreiben. Die Einhaltung dieser Auflagen kann jedoch nur gewährleistet werden, wenn für den Fall der Nichtbefolgung hinreichend abschreckende Sanktionen angedroht und die Aktivitäten der einzelnen Wirtschaftssubjekte kontrolliert werden. Entsprechen die vom Staat vorgeschriebenen Höchst- bzw. Mindestmengen den effizienten Niveaus, kann durch das Mittel der Auflagen grundsätzlich die effiziente Allokation umgesetzt werden.

Die Kritik an einer Auflagenlösung richtet sich zunächst an die bei der notwendigen Überwachung und Sanktionierung entstehenden Transaktionskosten. Darüber hinaus ist zur Implementierung der effizienten Allokation ein erhebliches Maß an Information nötig, wobei die statische Effizienz durch pauschale Auflagen insbesondere dann verfehlt wird, wenn es – etwa im Fall von negativen Externalitäten – mehrere Verursacher gibt, die sich hinsichtlich der Vermeidungskosten (Kosten der Produktionseinschränkung) unterscheiden. Doch auch bei nur einem oder mehreren *identischen* Verursachern können Ineffizienzen bestehen bleiben, wenn Unsicherheit bezüglich der Nutzen bzw. Kosten herrscht. Außerdem sind Auflagen anzupassen, wenn sich Nutzen bzw. Kosten im Zeitablauf ändern; bei einer konstanten Politik sind Auflagen im Hinblick auf ihre dynamische Anreizwirkung zu kritisieren, weil von ihnen nur geringe Innovationsanreize ausgehen. In dieser Hinsicht schneiden Abgabenlösungen besser ab, denen der folgende Abschnitt gewidmet ist.

---

[4] Bei entsprechender Ausgestaltung könnten dieselben Anreize wie durch eine Steuer auch durch die Etablierung eines Marktes für handelbare Nutzungsrechte (Zertifikate) geschaffen werden; auf die Darstellung dieses Instruments wird im Rahmen dieser Arbeit aber verzichtet.

2.4.2.2   Preisliche Steuerung: Abgaben

Wie in Abschnitt 2.3.3 dargelegt wurde, entsteht im Zusammenhang mit externen Effekten dadurch ein Problem, dass aufgrund einer Vernachlässigung der externen Kosten bzw. Nutzen bestimmter Handlungen ineffiziente Aktivitätsniveaus gewählt werden, die im Fall negativer externer Effekte zu hoch und im Fall positiver externer Effekte zu niedrig sind. Eine Internalisierung dieser Externalitäten kann daher etwa dadurch erfolgen, dass dem aktiven, die entsprechenden Handlungen ausführenden Wirtschaftssubjekt die *gesamten* Folgen seines Handelns zugerechnet werden, so dass Anreize zu einer Verhaltensänderung in Richtung des effizienten Aktivitätsniveaus entstehen. Dies kann im Fall von schädlichen, mit negativen externen Effekten verbundenen Aktivitäten, die vermindert werden sollen, dadurch erreicht werden, dass eben diese Handlungen mit einer Steuer belegt werden. Im Fall von nützlichen, mit positiven externen Effekten behafteten Handlungen, die zu fördern sind, ist entsprechend eine Subvention (negative Steuer) einzusetzen. Wenn der Steuer- bzw. Subventionssatz dabei so gewählt wird, dass er die privaten und sozialen Kosten bzw. Nutzen gerade ausgleicht (*Pigou-Lösung*), kann die effiziente Allokation umgesetzt werden.

Wie dies konkret funktioniert, wird im Folgenden am Fall eines positiven externen Effekts dargestellt, wobei sich die Überlegungen auf den Fall einer negativen Externalität analog anwenden lassen. Wir beziehen uns jedoch auf das in Abschnitt 2.3.3.2 verwendete Modell, in dessen Rahmen bekanntlich gilt, dass die effiziente Menge x^* an Apfelbäumen durch die Bedingung

$$(2\text{-}10) \qquad\qquad B'_{\text{ges}}\left(x^*\right) = C'\left(x^*\right)$$

gegeben ist (Punkt O in Abbildung 2-6), während in einer unregulierten Ausgangssituation (Punkt A) tatsächlich die Menge $\hat{x}$ gewählt wird, für die

$$B'_{\text{int}}\left(\hat{x}\right) = C'\left(\hat{x}\right)$$

gilt. Um die im Gleichgewicht gewählte ineffizient niedrige Anzahl der Apfelbäume zu erhöhen, wird eine Subvention in Höhe von s pro Baum an den Obstbauern gezahlt, wodurch sich dessen Kalkül zu

$$\max_{x} \; B_{\text{int}}\left(x\right) - C\left(x\right) + sx$$

ändert, so dass sich die für den Bauern optimale Anzahl $\tilde{x}$ an Apfelbäumen aus

(2-11) $$B'_{int}(\tilde{x}) + s = C'(\tilde{x})$$

ergibt. Um durch diese Subvention zu erreichen, dass der Obstbauer dann die effiziente Menge wählt, so dass $\tilde{x} = x^*$ gilt, ist – wie aus einem Vergleich der Bedingungen (2-10) und (2-11) hervorgeht – der Subventionssatz so zu wählen, dass

$$B'_{int}(x^*) + s_P = B'_{ges}(x^*) \quad \Leftrightarrow \quad s_P = B'_{ext}(x^*)$$

erfüllt ist. In der Pigou-Lösung muss der Subventionssatz, der die effiziente Allokation induziert, also dem externen Grenznutzen im Optimum entsprechen; dadurch wird der externe Effekt internalisiert und im Kalkül des Obstbauern berücksichtigt, so dass schließlich die effiziente Menge realisiert wird:

$$\tilde{x} = x^*.$$

Wie auch bei der Auflagenlösung besteht bei einer Abgabenlösung die Notwendigkeit, die Aktivitätsniveaus der einzelnen Wirtschaftssubjekte zu überwachen. Während dabei im Fall einer Auflage kontrolliert werden muss, ob ein vorgegebenen Niveau über- bzw. unterschritten wird, sind im Fall der Abgabenlösung jeweils die *exakten* Mengen zu ermitteln, damit die Steuer- bzw. Subventionszahlungen bestimmt werden können. Die durch diese Überwachung entstehenden Transaktionskosten können bei der Abgabenlösung folglich höher sein als bei einer Auflage.

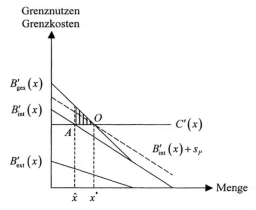

Abbildung 2-6: Pigou-Lösung im Fall einer positiven Externalität

Der Informationsbedarf liegt dagegen bei der Abgabenlösung unter dem der Auflagenlösung; um das gesamtwirtschaftliche Optimum kosteneffizient implementieren zu können, müssen dem Staat bei der Auflage nämlich sämtliche mit der betrachteten Aktivität verbundenen individuellen Kosten und Nutzen bekannt sein, während es bei der Abgabenlösung ausreicht, die aggregierten Größen zu kennen, aus denen der optimale Pigou-Steuer- bzw. Subventionssatz ermittelt werden kann. Da dies dennoch einen hohen Aufwand bedeuten kann, kann der Kritikpunkt des hohen Informationsbedarfs aufrecht erhalten werden.

Daneben kritisieren FRITSCH, WEIN UND EWERS (1999, 122-126) außerdem, dass die Verwendung des durch eine Pigou-Steuer erzielten Steueraufkommens (bzw. die Finanzierung des Subventionsvolumens) nicht geklärt ist; denkbar wäre in diesem Zusammenhang jedoch, das Steueraufkommen im Fall einer negativen Externalität pauschal an die Opfer auszuschütten bzw. im Fall einer positiven Externalität die Nutznießer pauschal an der Finanzierung der Subvention zu beteiligen. Schließlich sei noch erwähnt, dass ein Vorteil der Abgabenlösung darin liegt, dass sie hinsichtlich der dynamischen Anreizwirkung besser abschneidet als Auflagen und somit in höherem Maß innovationsfördernd wirkt.

2.4.3 Implementierbarkeit und Legitimation staatlicher Eingriffe

Unter Bezugnahme auf das Effizienzmotiv, das neben dem Umverteilungs- und dem Stabilisierungsmotiv grundsätzlich als Rechtfertigung für Staatseingriffe akzeptiert ist, können staatliche Aktivitäten zur Vermeidung von Marktversagen unter bestimmten Umständen in Erwägung gezogen werden. Dabei ist allerdings zu beachten, dass sich aus der bloßen Existenz eines Marktversagens noch keine allgemeine Rechtfertigung für staatliche Interventionen ergibt. Als „letzte Instanz" verstanden sollte der Staat nur dann eingreifen, wenn damit zu rechnen ist, dass durch eine Intervention ein besseres Ergebnis erreicht wird, als es vom Markt alleine umgesetzt werden könnte (vgl. hierzu BUCHHOLZ (1994, 581-82) oder RICHTER UND WIEGARD (1993, 179)). Dies gebietet, dass vor einem Eingreifen des Staates in einen Markt immer zu prüfen ist, ob eine Lösung nicht auch auf privatem (Verhandlungs-) Weg zustande kommen kann. In diesem Fall könnte die staatliche Aktivität darauf beschränkt werden, die notwendigen Voraussetzungen für private Lösungen zu schaffen.

Ist eine private Lösung dagegen nicht möglich und ein weitergehender Eingriff notwendig, ist das am besten geeignete Mittel auszuwählen. Dabei ist der Trade-Off zwischen der durch die einzelnen Maßnahmen zu erzielenden Verbesserung (Wohlfahrtsgewinn) und den Kosten ihrer Umsetzung (Kontroll- und Informationskosten) zu berücksichtigen, wobei insgesamt das Instrument gewählt werden sollte, bei dem die Nettowohlfahrtsbilanz am besten ist.

Diese Überlegungen sind in den folgenden Kapiteln zu berücksichtigen, in denen zunächst verschiedene Ursachen für Herdenverhalten und die damit einhergehenden Wohlfahrtseffekte erörtert werden, bevor anschließend jeweils mögliche Maßnahmen zur Erhöhung der Effizienz vorgestellt werden.

3 Herdenverhalten aufgrund von Payoff-Externalitäten: Komplementaritäten

Dieses Kapitel beschäftigt sich mit einem ersten Erklärungsansatz für Herdenverhalten durch Payoff-Externalitäten. Dabei wird – wie bei BRUNNERMEIER (2001, 147) – von Payoff-Externalitäten gesprochen, wenn die Höhe der Auszahlung eines Agenten im Fall eines gegebenen Verhaltens von der Entscheidung anderer Agenten abhängt, d. h. wenn das Verhalten von anderen die eigene Auszahlung beeinflusst. Solche Interdependenzen liegen in vielen Situationen vor und können dazu führen, dass im Gleichgewicht alle Agenten dieselbe Strategie wählen. Dass dabei aber nicht jede Situation, in der alle Agenten dasselbe Verhalten zeigen, als Herdenverhalten bezeichnet werden kann, wird in Abschnitt 3.1 anhand eines Gegenbeispiels gezeigt. Von diesem Negativbefund ausgehend wird in Abschnitt 3.2 erörtert, welche Voraussetzungen erfüllt sein müssen, damit es zu Herdenverhalten aufgrund von Payoff-Externalitäten kommt. Dazu wird Herdenverhalten abstrakt als Ergebnis eines Spiels in der Normalform formuliert. Daran anschließend wird in den Abschnitten 3.3 bis 3.6 anhand komplexerer Modelle schließlich die Dynamik des Herdenverhaltens gewürdigt.

3.1 Produktinnovationen

Im Zusammenhang mit Produktinnovationen ist häufig zu beobachten, dass bestimmte Neuerungen von verschiedenen, miteinander konkurrierenden Unternehmen mit nur kurzen zeitlichen Verzögerungen auf den Markt gebracht werden. Wenn also etwa die Hersteller von Mobiltelefonen neue Handys mit zusätzlichen Funktionen (Kamera, MMS, etc.) anbieten, liegt die Vermutung nahe, dass Herdenverhalten vorliegt. Ob in der Tat von Herdenverhalten im Sinn der Definition aus Kapitel 1 gesprochen werden kann, wenn eine Innovation einheitlich von allen bzw. mehreren aktiven Unternehmen einer Branche durchgeführt wird, wird im Folgenden untersucht. Dazu wird die Entscheidung über die Durchführung einer Produktinnovation in Anlehnung an ein Übungsbeispiel von TIROLE (1988, 404/417) als simultanes Spiel zwischen zwei Unternehmen dargestellt, die im Preiswettbewerb mit differenzierten Produkten zueinander stehen. Als Analyse-Rahmen dient dabei das Modell der linearen Stadt, das auf HOTELLING (1929) zurückgeht und in dem die jeweiligen Auszahlungen der beiden Spieler hergeleitet werden.

3.1.1 Modell der linearen Stadt

Es wird angenommen, dass es zwei Firmen A und B gibt, die auf einem gemeinsamen Markt jeweils eine Variante eines physisch homogenen Gutes anbieten, deren Eigenschaften sie auf einer ersten Stufe wählen. Bei dieser sog. *Standortwahl* geht es also um die Positionierung des jeweiligen Gutes im Produktraum. Auf einer zweiten Stufe konkurrieren die beiden Firmen dann über die Preise um die Nachfrage der Konsumenten. Bei diesem sog. *Preiswettbewerb* gilt – was in dieser Arbeit nicht explizit gezeigt wird – dass die Intensität des Wettbewerbs auf der zweiten Stufe umso geringer ist, je stärker die angebotenen Produkte differenziert sind.[5] Wir gehen daher davon aus, dass die beiden Firmen auf der ersten Stufe *extreme* Standorte wählen und untersuchen die Innovationsentscheidung gegeben diese Standorte.

3.1.1.1 Ausgangssituation

Es gebe ein Kontinuum von Konsumenten, die im Intervall $[0,1]$ gleichverteilt seien. Ihre Nachfrage sei vollkommen unelastisch und betrage eins bzw. null. Der (Brutto)Nutzen aus dem Konsum des von den beiden Unternehmen in Varianten angebotenen Gutes sei für alle Konsumenten identisch und betrage einheitlich $\bar{s}$. Dieser Nutzen vermindert sich um sog. Transportkosten in Höhe von t pro Distanzeinheit (lineare Transportkosten), falls die Position $x \in [0,1]$ eines Konsumenten nicht mit dem Standort einer Firma zusammenfällt.

Die Firmen seien an den Rändern des Intervalls angesiedelt, wobei der Standort von Firma A durch $a = 0$ und der Standort von Firma B durch $(1-b)=1$ gegeben ist. Die Stückkosten bei der Herstellung des Gutes betragen für beide Firmen einheitlich c.

Abbildung 3-1: Lineare Stadt

Wenn davon ausgegangen wird, dass die Preise p_A und p_B der beiden Firmen hinreichend ähnlich sowie hinreichend niedrig sind, so dass alle Konsumenten eine Einheit des Gutes kaufen und beide Firmen über Nachfrage verfügen, reicht

---

[5] Zur Analyse der optimalen Standortwahl vgl. etwa TIROLE (1988, 280-281).

die Nachfrage von Firma A vom linken Rand des Intervalls bis zur Position $\tilde{x}$ desjenigen Konsumenten, der indifferent zwischen Firma A und Firma B ist (vgl. Abbildung 3-1). Die Nachfrage von Firma B ergibt sich aus der Größe des restlichen Intervalls $(1-\tilde{x})$. Die Position $\tilde{x}$ des indifferenten Konsumenten bestimmt sich dabei aus der Bedingung

$$(3\text{-}1) \qquad \bar{s} - p_A - t\tilde{x} = \bar{s} - p_B - t(1-\tilde{x}),$$

bei welcher der Nettonutzen eines betrachteten Konsumenten, wenn er bei Firma A kauft (linke Seite der Gleichung), mit dem Nettonutzen übereinstimmt, der sich ergibt, wenn er bei Firma B kauft (rechte Seite). Daraus folgt für die Nachfrage von Firma A bzw. von Firma B

$$(3\text{-}2) \qquad D_A(p_A, p_B) = \tilde{x} = \frac{p_B - p_A + t}{2t} \qquad \text{bzw.}$$
$$D_B(p_A, p_B) = 1 - \tilde{x} = \frac{p_A - p_B + t}{2t}.$$

Unter Verwendung dieser Ergebnisse lautet der Gewinn von Firma $i = A, B$ dann

$$(3\text{-}3) \qquad \pi_i = (p_i - c)\frac{p_j - p_i + t}{2t} \qquad \text{mit } j \neq i.$$

Dieser Gewinn ist zur Bestimmung des optimalen Preises von Firma i zu maximieren. Über die Bedingungen erster Ordnung, die durch die Ausdrücke $\partial \pi_i / \partial p_i = (p_j - 2p_i + t + c)/2t = 0$ gegeben sind, können die Reaktionsfunktionen der beiden Firmen bestimmt werden:

$$p_i(p_j) = \frac{p_j + t + c}{2}.$$

Daraus ergeben sich dann die gleichgewichtigen Preise

$$p_A^* = p_B^* = c + t,$$

so dass die Nachfrage eines jeden Unternehmens gemäß (3-2) $D_A^* = D_B^* = 1/2$, beträgt, woraus über (3-3) jeweils ein Gewinn in Höhe von $\pi_A^* = \pi_B^* = t/2$ resultiert.

3.1.1.2 Asymmetrisch durchgeführte Innovation

Wir gehen nun davon aus, dass Firma A eine Produktinnovation durchführt, durch die sich die Zahlungsbereitschaft ihrer Kunden um $\Delta s > 0$ erhöht. Falls ein Konsument mit der Position x das Gut jetzt also bei Firma A kauft, erreicht er einen Nettonutzen in Höhe von $\bar{s} + \Delta s - p_A - tx$, während sein Nettonutzen $\bar{s} - p_B - t(1-x)$ beträgt, falls er das Gut bei Firma B kauft, die *keine* Innovation durchführt. Im Fall einer von Firma A asymmetrisch durchgeführten Innovation bestimmt sich die Position des indifferenten Konsumenten also über die Bedingung

$$\bar{s} + \Delta s - p_A - t\tilde{x} = \bar{s} - p_B - t(1-\tilde{x}),$$

so dass die Nachfrage von Firma A bzw. von Firma B durch die Funktion

(3-4)
$$D_A(p_A, p_B) = \tilde{x} = \frac{p_B - p_A + t + \Delta s}{2t} \quad \text{bzw.}$$
$$D_B(p_A, p_B) = 1 - \tilde{x} = \frac{p_A - p_B + t - \Delta s}{2t}$$

gegeben ist. Die Produktionsgewinne der beiden Firmen lauten dann

$$\pi_A = (p_A - c)\frac{p_B - p_A + t + \Delta s}{2t} \quad \text{bzw.} \quad \pi_B = (p_B - c)\frac{p_A - p_B + t - \Delta s}{2t}.$$

Durch Ableiten erhält man daraus die Reaktionsfunktionen

$$p_A(p_B) = \frac{p_B + t + c + \Delta s}{2} \quad \text{und} \quad p_B(p_A) = \frac{p_A + t + c - \Delta s}{2},$$

aus denen die gleichgewichtigen Preise

$$p_A = c + t + \frac{\Delta s}{3} \quad \text{und} \quad p_B = c + t - \frac{\Delta s}{3}$$

bestimmt werden können. Damit beträgt die Nachfrage der beiden Firmen aus (3-4) dann $D_A = (t + \Delta s/3)/2t$ bzw. $D_B = (t - \Delta s/3)/2t$; die Produktionsgewinne erreichen die Niveaus $\pi_A = (t + \Delta s/3)^2/2t$ bzw. $\pi_B = (t - \Delta s/3)^2/2t$.

Eine spiegelbildliche Situation ergibt sich, wenn die Innovation einseitig von Firma B durchgeführt wird. In diesem Fall wird die Position des indifferenten Konsumenten durch die Bedingung

$$\overline{s} - p_A - t\tilde{x} = \overline{s} + \Delta s - p_B - t(1-\tilde{x})$$

bestimmt, so dass die Nachfragefunktionen der beiden Firmen durch

$$D_A(p_A, p_B) = \tilde{x} = \frac{p_B - p_A + t - \Delta s}{2t} \quad \text{bzw.}$$

$$D_B(p_A, p_B) = 1 - \tilde{x} = \frac{p_A - p_B + t + \Delta s}{2t}$$

gegeben sind. Im Vergleich mit (3-4) erkennt man die Symmetrie der beiden Fälle mit asymmetrisch durchgeführter Innovation, so dass die gleichgewichtigen Preise und Gewinne ohne weitere Berechnungen angegeben werden können. Für die Preise gilt jetzt also

$$p_A = c + t - \frac{\Delta s}{3} \quad \text{bzw.} \quad p_B = c + t + \frac{\Delta s}{3},$$

die Gewinne lauten nun

$$\pi_A = (t - \Delta s/3)^2 / 2t \quad \text{bzw.} \quad \pi_B = (t + \Delta s/3)^2 / 2t.$$

Insgesamt kann festgehalten werden, dass der Gewinn einer Firma gegenüber der Ausgangssituation um $\Delta s/3 + (\Delta s/3)^2 / 2t$ erhöht werden kann, wenn die Firma die Innovation im Alleingang umsetzt. Der Gewinn der anderen Firma, die ihre Strategie gegenüber der Ausgangssituation nicht ändert, sinkt für hinreichend schwache Innovationen (mit $\Delta s < 6t$) um den Betrag $\left| -\Delta s/3 + (\Delta s/3)^2 / 2t \right|$.

3.1.1.3 Symmetrisch durchgeführte Innovation

Wenn beide Unternehmen gleichzeitig innovativ tätig werden, ist für die Konsumenten der erhöhte Nutzen sowohl mit dem Konsum des Gutes von Firma A als auch mit dem Konsum des Gutes von Firma B verbunden. Die Position des indifferenten Konsumenten ergibt sich dann aus der Bedingung

$$\overline{s} + \Delta s - p_A - t\tilde{x} = \overline{s} + \Delta s - p_B - t(1 - b).$$

Da diese identisch ist zu (3-1), gelten im Fall symmetrischer Innovation daher wieder dieselben Ergebnisse wie in der Ausgangssituation; insbesondere betragen die Produktionsgewinne der beiden Firmen $\pi_A = \pi_B = t/2$. Bei simultaner Durchführung der Innovation sind gegenüber der Ausgangssituation also keine zusätzlichen Gewinne zu erwirtschaften.

3.1.2 Innovationsentscheidung

Das Entscheidungsproblem einer jeden Firma soll nun darin liegen, ob die Innovation durchgeführt wird oder nicht. Dazu wird die beschriebene Situation als Spiel zwischen den beiden Firmen formuliert, bei dem die Spieler, Firma A und Firma B, jeweils über die Strategien

I : Innovation durchführen   und
$\overline{I}$: Innovation nicht durchführen

verfügen. Die Normalform dieses Innovationsspiels ist in Abbildung 3-2 dargestellt. Die darin ausgewiesenen Auszahlungen geben jeweils die Veränderung des Gewinns gegenüber der Ausgangssituation (mit dem Strategiepaar $(\overline{I},\overline{I})$) an. Sie werden aus den zuvor für die einzelnen Spielausgänge ermittelten Produktionsgewinnen unter Berücksichtigung der mit der Durchführung der Innovation verbundenen Opportunitätskosten bestimmt, welche dem Gegenwartswert des entgangenen Zinseinkommens entsprechen und $rC/(1+r)$ betragen. Die Variablen C und r bezeichnen dabei die Höhe der mit einer Durchführung der Innovation verbundenen Kosten bzw. den Marktzinssatz.

Im Hinblick auf die Höhe der Durchführungskosten wird unterstellt, dass diese hinreichend niedrig sind, so dass die Bedingung

(3-5) $$C < \frac{(1+r)\Delta s}{3r}$$

erfüllt ist. Durch diese Annahme wird gewährleistet, dass eine Durchführung der Innovation auch im Alleingang lohnt. Dies ergibt sich aus der Überlegung, dass eine Firma, welche die Innovation im Alleingang durchführt, gegenüber der Ausgangssituation einen Nettovorteil in Höhe von

$$\left(\frac{(t+\Delta s/3)^2}{2t} - \frac{rC}{1+r}\right) - \frac{t}{2} = \frac{\Delta s}{3} + \frac{(\Delta s/3)^2}{2t} - \frac{rC}{1+r} \approx \frac{\Delta s}{3} - \frac{rC}{1+r}$$

verzeichnen kann. Die Näherung im letzten Schritt gilt dabei für kleine Werte von Δs, weil damit der Term $(\Delta s/3)^2/2t$ vernachlässigbar gering ist.

Die Gewinnveränderung der anderen Firma, die ihr Verhalten im Vergleich zur Ausgangssituation nicht verändert, beträgt im Fall einer asymmetrisch durchgeführten Innovation

$$\frac{(t-\Delta s/3)^2}{2t} - \frac{t}{2} = -\frac{\Delta s}{3} + \frac{(\Delta s/3)^2}{2t} \approx -\frac{\Delta s}{3}.$$

Die Tatsache, dass dieser Wert für echte Innovationen mit $\Delta s > 0$ ungleich null ist, bringt exemplarisch zum Ausdruck, dass im vorliegenden Modell Payoff-Externalitäten vorhanden sind. Im konkreten Fall variiert die Höhe der Auszahlung einer Firma, die Strategie $\overline{I}$ wählt, je nachdem welche Strategie die andere Firma wählt.

Falls die Innovation von beiden Firmen gleichzeitig durchgeführt wird, ist die Gewinnveränderung einer Firma gegenüber der Ausgangssituation durch

$$\left(\frac{t}{2} - \frac{rC}{1+r}\right) - \frac{t}{2} = -\frac{rC}{1+r}$$

gegeben. Aufgrund der Tatsache, dass bei simultaner Innovation keine zusätzlichen Gewinne erwirtschaftet werden können, entspricht sie betragsmäßig den Opportunitätskosten der Innovation.

Bei der Bestimmung der möglichen Gleichgewichte im vorliegenden Innovationsspiel beschränken wir uns auf die Betrachtung von reinen Strategien, da die Analyse vor dem Hintergrund durchgeführt wird, wie das Ergebnis im Hinblick auf Herdenverhalten zu beurteilen ist; die Stochastik, die mit gemischten Strategien einhergeht, passt nicht zur Vorstellung von Herdenverhalten, das einer *bewussten* Imitation von anderen gleichkommt. Unter Ausschluss einer möglichen Randomisierung folgt dann, dass Strategie I für jede Firma *dominant* ist, was in Abbildung 3-2 jeweils durch einen Stern neben der entsprechenden Auszahlung kenntlich gemacht ist.

Die Existenz einer dominanten Strategie ergibt sich dabei aufgrund der Annahme (3-5). Da die darin formulierte Bedingung äquivalent ist zu $\Delta s/3 - rC/(1+r) > 0$, folgt, dass es sich für eine Firma lohnt, die Innovation durchzuführen, wenn die andere Firma ihr Produkt unverändert beibehält.

Gleichzeitig gilt wegen Annahme (3-5) aber auch $-rC/(1+r) > -\Delta s/3$, was impliziert, dass sich die Innovation auch dann lohnt, wenn die andere Firma ebenfalls innovativ tätig wird. Folglich wählt jede Firma unabhängig vom Verhalten der jeweils anderen Strategie I, die somit dominant ist.

		Firma B	
		$\overline{I}$	I
Firma A	$\overline{I}$	$(0,0)$	$\left(-\dfrac{\Delta s}{3}, \dfrac{\Delta s}{3} - \dfrac{rC}{1+r}\right)*$
	I	$*\left(\dfrac{\Delta s}{3} - \dfrac{rC}{1+r}, -\dfrac{\Delta s}{3}\right)$	$*\left(-\dfrac{rC}{1+r}, -\dfrac{rC}{1+r}\right)*$

Abbildung 3-2: Normalform des Innovationsspiels

Auf einen sequenziellen Kontext übertragen bedeutet das, dass die Firma, die als erstes wählt, antizipieren kann, dass die später entscheidende Firma innovieren wird. In Erwartung dieser Innovation(en) muss daher auch die erste Firma die Innovation durchführen, um so auszuschließen, dass sie Nachfrage an die Konkurrenz verliert. Damit das Modell im sequenziellen Kontext uneingeschränkt anwendbar bleibt, muss bei *exogen* gegebener Zugfolge unterstellt werden, dass sowohl die Innovationsentscheidung als auch eine etwaige Durchführung der Innovation stattfindet, bevor die Firmen auf dem Produktmarkt miteinander konkurrieren. Andernfalls müssten zwei Perioden betrachtet werden, wobei für die erste Firma infolge einer Innovation eine vorübergehende Gewinnsteigerung möglich wäre, bis die zweite Firma nachzieht. Bei *endogener* Reihenfolge dagegen, wenn die Firmen also neben der Innovationsentscheidung an sich auch den Zeitpunkt für diese Entscheidung wählen, ist mit simultanen Entscheidungen zu rechnen, bei denen sich beide Firmen für die Innovation entscheiden, um – wenn sie schon nicht die potenzielle Gewinnsteigerung realisieren können – so doch wenigstens einen Wettbewerbs*nachteil* gegenüber der Konkurrenz zu vermeiden. In jedem Fall ergibt sich im Innovationsspiel aber ein eindeutiges Nash-Gleichgewicht, in dem beide Firmen die Innovation umsetzen, auch wenn sie dadurch in eine ineffiziente Situation gelangen. Zu einer Verschlechterung gegenüber dem Status Quo (ohne Innovation) kommt es, da bei beidseitig durchgeführter Innovation keine Gewinnsteigerung durch die Innovation möglich ist, gleichwohl aber die Innovationskosten anfallen.

3.1.3 Beurteilung des Resultats

Wie die Darstellung des Innovationsspiels in der Normalform in Abbildung 3-2 zeigt, entspricht die Spielstruktur offensichtlich der des *Gefangenendilemmas*, bei dem es bekanntlich zu einer impliziten Koordination auf eine für die Spieler inferiore Lösung kommt, in der diese sich identisch verhalten. Im vorliegenden Fall bedeutet das, dass beide Firmen die Innovation durchführen. Zu diesem Ergebnis kommt es, weil jeder Spieler dem anderen mit der Innovation zuvorkommen will, um sich sowohl eine höhere Nachfrage als auch einen höheren Preis zu sichern und dadurch den eigenen Gewinn zu steigern. Da außerdem gilt, dass der Verlust bei beidseitiger Umsetzung der Innovation geringer ist, als wenn man als einziger bei der alten Produktvariante bleibt, liegt in der Durchführung der Innovation eine dominante Strategie. Im Beispiel mit den Herstellern von Mobiltelefonen gilt, dass jede Firma einen Anreiz hat, ihr Produkt zu verbessern, um dadurch ihren Marktanteil zu erhöhen. Gleichzeitig gilt aber auch, dass die Konkurrenten nachziehen werden, sobald eine Firma eine Neuigkeit auf den Markt bringt. Dies führt schließlich dazu, dass alle – unabhängig vom Verhalten der anderen – innovativ tätig werden. Als Fazit bleibt also festzuhalten, dass das beschriebene Innovationsspiel ein Nash-Gleichgewicht in dominanten Strategien aufweist, in dem beide Spieler die Innovation unbedingt durchführen.

Doch auch wenn alle dasselbe machen, liegt in diesem Fall *kein* Herdenverhalten vor. Dies folgt aus der Definition von Herdenverhalten aus Kapitel 1, die fordert, dass sich die individuellen Entscheidungen durch Berücksichtigung des Verhaltens von anderen so verändern, dass schließlich alle dasselbe machen. Herdenverhalten erfordert also einerseits, dass im Gleichgewicht alle dasselbe machen. Andererseits muss die optimale Strategie für jeden Spieler dabei aber darin liegen, immer genau dasselbe zu machen wie die anderen. Die Spieler müssen ihre Strategien also als *Komplemente* betrachten (vgl. BULOW, GEANAKOPLOS UND KLEMPERER (1985, 489)). Im Hinblick auf die Identifikation von Herdenverhalten sind folglich alle Gleichgewichte abzulehnen, die durch dominante Strategien zustande kommen. So liegt zum Beispiel im Zusammenhang mit Contests, mit der privaten Bereitstellung öffentlicher Güter oder mit der Strategischen Handelspolitik bei Exportrivalität auf Drittmärkten kein Herdenverhalten vor, weil die Ergebnisse jeweils auf dominante Strategien zurückzuführen sind.

Welche speziellen Eigenschaften die Payoff-Struktur aufweisen muss, damit Herdenverhalten resultiert, wird im folgenden Abschnitt erörtert.

3.2 Allgemeine spieltheoretische Darstellung von Herdenverhalten

Wie oben festgehalten wurde, kann von Herdenverhalten im Sinn der Definition aus Kapitel 1 nur dann gesprochen werden, wenn alle beteiligten Agenten im Gleichgewicht dasselbe machen *und* die Strategien der einzelnen Spieler dabei Komplemente sind, so dass eine Verhaltensänderung bei einem Spieler mit derselben Verhaltensänderung bei dem/den anderen Spieler(n) beantwortet wird. In diesem Abschnitt wird nun hergeleitet, wie das Auszahlungsschema dafür genau beschaffen sein muss. Die dynamischen Aspekte des Herdenverhaltens werden dabei zunächst außer Acht gelassen. Wir konzentrieren uns stattdessen ausschließlich auf die Nash-Gleichgewichte eines Spiels mit zwei Spielern $i = 1, 2$, die jeweils über zwei mögliche Strategien $S_i = A, B$ verfügen. Ihre Auszahlungen $\pi_i = a, b, ..., h$ lassen sich den einzelnen Spielausgängen wie in Abbildung 3-3 dargestellt zuordnen.

		Spieler 2	
		A_2	B_2
Spieler 1	A_1	$*(a,b)*$	(c,d)
	B_1	(e,f)	$*(g,h)*$

Abbildung 3-3: Normalform eines Spiels mit Herdenverhalten

In dieser Auszahlungsmatrix bezeichnet das erste Element im Auszahlungsvektor wieder den Payoff von Spieler 1 und das zweite Element den Payoff von Spieler 2. Aufgrund der Tatsache, dass Payoff-Externalitäten vorliegen sollen, die Auszahlung eines Spielers bei der Wahl einer bestimmten Strategie also unterschiedlich hoch ist, je nachdem welche Strategie sein Mitspieler wählt, gilt (wie auch im Innovationsspiel)

$$a \neq c, \; e \neq g, \; b \neq f \text{ sowie } d \neq h.$$

3.2.1 Struktur des Auszahlungsschemas

Über die Annahmen bezüglich der einfachen Payoff-Externalitäten hinaus muss nun jedoch wegen der Komplementarität der Strategien außerdem gelten, dass die Auszahlung für jeden nutzenmaximierenden Agenten (dessen Nutzenfunktion streng monoton steigend in der Höhe der individuellen Auszahlung sei) im Fall der Wahl identischer Strategien höher ist als bei unterschiedlichen Strategien, d. h. dass für jeden Spieler i die Beziehung

$$\pi_i\left(S_1 = S_2\right) > \pi_i\left(S_1 \neq S_2\right)$$

gelten muss. In der oben dargestellten, allgemeinen Auszahlungsmatrix müssen also die folgenden vier Ungleichungen erfüllt sein:

(3-6) $a > e,\ g > c,\ b > d$ sowie $h > f$.

Eine solche Payoff-Struktur könnte sich auch im Innovationsspiel des vorherigen Abschnitts ergeben, wenn sich die Innovationskosten bei gemeinsamer Durchführung gegenüber einer Durchführung im Alleingang zum Beispiel halbieren, etwa weil die beiden Firmen in diesem Fall gemeinsam an der Forschung und Entwicklung der Innovation arbeiten können und sich so die anfallenden Kosten teilen können, oder weil es Netzwerk-Effekte (vgl. Abschnitt 3.3) bei der Entwicklung der Innovation gibt, durch welche die Kosten gesenkt werden können.

Wenn in einem derart modifizierten Innovationsspiel dann angenommen wird, dass $C > \left(1+r\right)\Delta s/3r > C/2$ gilt, ergibt sich eine Auszahlungsstruktur, wie sie durch (3-6) beschrieben ist. Wie in Abbildung 3-4 dargestellt ist, lohnt sich für eine Firma die Innovation im Alleingang dann nicht mehr, während sie bei gemeinsamer Durchführung rentabel ist.

		Firma B	
		$\bar{I}$	I
Firma A	$\bar{I}$	*(0,0)*	$\left(-\dfrac{\Delta s}{3}, \dfrac{\Delta s}{3} - \dfrac{rC}{1+r}\right)$
	I	$\left(\dfrac{\Delta s}{3} - \dfrac{rC}{1+r}, -\dfrac{\Delta s}{3}\right)$	$*\left(-\dfrac{rC}{2\left(1+r\right)}, -\dfrac{rC}{2\left(1+r\right)}\right)*$

Abbildung 3-4: Modifiziertes Innovationsspiel

Weitere Beispiele für Situationen mit der durch (3-6) beschriebenen Auszahlungssituation finden sich bei YOUNG (1996, 1998) im Zusammenhang mit Konventionen. Diese sind in Abbildung 3-5 dargestellt.

Das erste Beispiel betrifft eine alltägliche Situation, in der uns die Notwendigkeit zu einer Koordination mittlerweile aufgrund von gebräuchlichen Konventionen, die nicht zuletzt vom Gesetzgeber in der Straßenverkehrsordnung festgehalten sind, kaum mehr bewusst ist. Grundsätzlich bedarf es im Zusammenhang mit dem Straßenverkehr zwischen den Verkehrsteilnehmern jedoch einer Abstimmung darüber, welche Straßenseite sie benutzen wollen (*links* oder *rechts*). So können Kollisionen nur dann vermieden (und die Auszahlungen der Spieler maximiert) werden, wenn zwei entgegenkommende Fahrzeuge jeweils auf ihrer linken bzw. rechten Straßenseite fahren.

Das zweite Beispiel betrifft die Anwendung von alternativen Technologien, im konkreten Fall die Entscheidung über ein bestimmtes Betriebssystem für Computer (MAC oder DOS). Dabei sind die Auszahlungen für beide Spieler höher, wenn sie dieselbe Entscheidung treffen wie ihr Mitspieler, weil ihre Rechner dann miteinander kompatibel sind und Daten einfach ausgetauscht werden können, während andernfalls aufwändige Konvertierungen vorgenommen werden müssten.

Im dritten Beispiel wird eine Situation betrachtet, in der ein Paar über die Konditionen seines Ehevertrags verhandelt, die festlegen, wer nach der Eheschließung das gemeinsame Vermögen verwalten soll (*er*, *sie* oder *beide* gemeinsam). Dabei kommt es nur dann zu dem erwünschten Vertragsabschluss, wenn eine Einigung zwischen den Ehepartnern erfolgt.

	links	rechts			MAC	DOS
links	$*(0,0)*$	$(-1,-1)$		MAC	$*(9,9)*$	$(4,4)$
rechts	$(-1,-1)$	$*(0,0)*$		DOS	$(4,4)$	$*(8,8)*$

	sie	beide	er
sie	$*(5,1)*$	$(0,0)$	$(0,0)$
beide	$(0,0)$	$*(3,3)*$	$(0,0)$
er	$(0,0)$	$(0,0)$	$*(1,5)*$

Abbildung 3-5: Beispiele für Koordinationsspiele

3.2.2 Optimale Strategien und Nash-Gleichgewichte

Wenn die Auszahlungsstruktur dem in (3-6) definierten Schema entspricht, besteht für beide Spieler die optimale Strategie darin, den Mitspieler zu imitieren, das heißt im allgemeinen Fall, Strategie A (B) zu wählen, wenn der Mitspieler A (B) wählt. Dies ist in Abbildung 3-3 jeweils durch einen Stern links (für Spieler 1) bzw. rechts (für Spieler 2) neben dem entsprechenden Auszahlungsvektor gekennzeichnet. Analoges gilt für die Beispiele in Abbildung 3-4 und Abbildung 3-5. Mit den so ermittelten optimalen Strategien ergeben sich dann zwei (bzw. im Beispiel zu den Eheverträgen drei) Nash-Gleichgewichte, in denen die beiden Spieler dasselbe Verhalten wählen.

In der allgemeinen Version in Abbildung 3-3 werden die Nash-Gleichgewichte also durch die Strategiepaare (A, A) und (B, B) beschrieben. Im modifizierten Innovationsspiel liegt folglich ein Gleichgewicht vor, wenn entweder beide Unternehmen die Innovation durchführen oder wenn beide darauf verzichten; im Straßenverkehrs-Beispiel, wenn beide Verkehrsteilnehmer auf der jeweils linken oder beide auf der jeweils rechten Straßenseite fahren; bei der Anwendung von Technologien, wenn beide Nutzer das Betriebssystem von Macintosh oder beide DOS verwenden; und schließlich beim Abschluss eines Ehevertrags, wenn beide Partner übereinkommen, dass das gemeinsame Vermögen von ihr, oder ihm, oder von beiden gemeinsam verwaltet werden soll.

3.2.3 Effizienzbetrachtung

Aufgrund der komplementären Strategien der Spieler, die sich aufgrund der speziellen, in (3-6) definierten Payoff-Struktur ergeben, kann das Auftreten von Herdenverhalten in allen in Abschnitt 3.2 hergeleiteten und in den obigen Abbildungen dargestellten Gleichgewichten bejaht werden. Dabei gilt wegen des speziellen Auszahlungsschemas, dass es in einem Gleichgewicht mit Herdenverhalten in keinem Fall zu einer Pareto-Verschlechterung gegenüber einer (ungleichgewichtigen) Situation kommt, in der die Agenten unterschiedliche Strategien wählen. Da bei der Wahl unterschiedlicher Strategien mindestens ein Agent schlechter gestellt wäre als in einem Gleichgewicht mit Herdenverhalten, ist festzuhalten, dass Herdenverhalten im Fall von Payoff-Externalitäten *per se* nicht schädlich ist. Aus Effizienzgründen können Maßnahmen zur *Vermeidung* von Herdenverhalten daher nicht gerechtfertigt werden.

Allerdings kann sich im Fall multipler Gleichgewichte insofern Handlungsbedarf ergeben, als eine *Koordination* der Spieler auf ein bestimmtes Gleichgewicht erwünscht ist. Ein solcher Koordinationsbedarf besteht prinzipiell immer dann, wenn die möglichen Gleichgewichte aufgrund des Pareto-Kriteriums (oder einer Verteilungsnorm, durch die den einzelnen Ergebnissen Wohlfahrtswerte zugewiesen werden) eindeutig gereiht werden können, so dass ein Optimum zu benennen ist, das zu erreichen erstrebenswert ist.

Ein solches Pareto-Optimum liegt im modifizierten Innovationsspiel bzw. bei der Technologiewahl zum Beispiel darin, dass keiner die Innovation durchführt $(\bar{I},\bar{I})$ bzw. beide das System von Macintosh wählen (MAC, MAC). Da das Erreichen dieser überlegenen Gleichgewichte in einem nicht-kooperativen Rahmen jedoch nicht gesichert ist und sich aufgrund von Koordinationsproblemen grundsätzlich auch die inferioren Gleichgewichte (I,I) bzw. (DOS, DOS) einstellen können,[6] ergibt sich unter Effizienzgesichtspunkten in diesen Fällen eine Rechtfertigung für (staatliche) Eingriffe. Die allgemeine Voraussetzung dafür ist, dass das Gleichgewicht (B, B) durch (A, A) Pareto-dominiert wird, was genau dann der Fall ist, wenn für die Auszahlungen $a > g$ und $b > h$ gilt.

Eine ‚minimal-invasive' Lösung des vorliegenden Koordinationsproblems läge laut COOPER ET AL. (1992, 751) dabei in der Kommunikation zwischen den Spielern, durch die vor der eigentlichen Entscheidung Nachrichten über die individuellen Spielabsichten ausgetauscht werden können.

Wenn eine Reihung der Nash-Gleichgewichte unter Effizienzgesichtspunkten nicht möglich ist, weil jedes der möglichen Gleichgewichte Pareto-effizient ist, kann sich eine Rechtfertigung für Eingriffe auch daraus ergeben, dass – wie im Ehe-Beispiel oder jedem anderen Bargaining-Spiel – Verteilungsunterschiede bestehen. So gewinnt die Frau im Gleichgewicht (*sie, sie*), während der Mann im Gleichgewicht (*er, er*) als Gewinner hervorgeht. Das Gleichgewicht, in dem das Vermögen gemeinschaftlich verwaltet wird, stellt im Hinblick auf die Position der beiden Partner einen Kompromiss dar. Wenn also eine Verteilungsnorm existieren würde, die Gleichberechtigung der beiden Partner zum höchsten Ziel erklärt, wäre im Kompromiss-Gleichgewicht das Optimum zu sehen, das zu erreichen erstrebenswert ist.

In Fällen, in denen weder aus Effizienz- noch aus Verteilungsgründen ein Optimum bestimmt werden kann, weil die möglichen Nash-Gleichgewichte sowohl Pareto-effizient als auch jeweils mit identischen Auszahlungen für die einzelnen Spieler verbunden sind, können Eingriffe nicht gerechtfertigt werden. Falls die möglichen Gleichgewichte also – wie im Straßenverkehrs-Beispiel – wegen $a = b = g = h$ gleichwertig sind, ist es unter Wohlfahrtsaspekten unerheblich, welches Gleichgewicht realisiert wird; alles was zählt ist, dass die Spieler dieselbe Strategie wählen, was sie im Gleichgewicht tun.

---

[6] COOPER ET AL. (1992, 741) belegen durch experimentelle Studien, dass eine potenzielle Ineffizienz bei Koordinationsspielen (mit der Struktur des *Assurance Game*) allgemein darin besteht, dass sich ein Pareto-inferiores Nash-Gleichgewicht durchsetzt. Auch GALE (1995) weist auf diese Koordinationsprobleme hin.

3.2.4 Zwischenfazit

Nachdem in diesem Abschnitt in einem statischen Rahmen erörtert wurde, was unter Herdenverhalten aufgrund von Payoff-Externalitäten zu verstehen ist und unter welchen Voraussetzungen es dazu kommen kann, werden in den folgenden Abschnitten verschiedene Modelle vorgestellt, die Herdenverhalten aufgrund von Payoff-Externalitäten beinhalten. Dabei wird insbesondere auch der Dynamik des Herdenverhaltens Beachtung geschenkt. Der gemeinsame Nenner der betrachteten Modelle ist, dass die Strategien der Spieler aufgrund von Payoff-Interdependenzen komplementär zueinander sind, wobei die Ursache für diese Interdependenzen zum einen in der Existenz von Netzwerk-Effekten und zum anderen in einem speziellen Entlohnungsschema liegt.

3.3 Anwendung neuer Technologien mit Netzwerk-Effekten

Wie bereits im Zusammenhang mit dem modifizierten Innovationsspiel angedeutet wurde, können Netzwerk-Effekte zu einer Payoff-Struktur führen, aufgrund der es zu Herdenverhalten kommen kann. Dies rührt daher, dass in Netzwerken grundsätzlich Komplementaritäten vorhanden sind, aus denen sich positive Externalitäten im Konsum bzw. in der Produktion ergeben. ECONOMIDES (1996, 678-679) erläutert, dass diese sog. *Netzwerk-Externalitäten* auf direktem oder indirektem Weg wirken können. So nimmt im Fall einer *direkten* Konsum-Externalität der Wert eines Gutes unmittelbar mit der Anzahl der Nutzer zu (Beispiel: Telefon), während bei *indirekten* Externalitäten der Nutzen eines Gutes insofern mit der Anzahl der Nutzer (Höhe der Nachfrage) steigt, als durch eine erhöhte Nachfrage zusätzliche Güter angeboten werden, welche die Nutzungsmöglichkeiten des originären Gutes erhöhen (Beispiel: DVD-Player und DVDs).[7] Außerdem kann der Preis eines Gutes umso niedriger sein, je höher die Nachfrage ist, wenn steigende Skalenerträge bei der Produktion des Gutes vorliegen (fallende Durchschnittskosten, z. B. bei hohem F&E Kostenanteil). KATZ UND SHAPIRO (1985, 424) erwähnen darüber hinaus, dass die Anzahl der Kunden eines Unternehmens den Wert des von ihm produzierten Gutes auch dadurch beeinflussen kann, dass die Erfahrung und das Service-Angebot im Zusammenhang mit dem Gut mit der Anzahl der verkauften Einheiten zunehmen. Dies be-

---

[7] Solche indirekte Netzwerk-Externalitäten liegen auch auf Finanzmärkten vor, auf denen das betrachtete Gut im Abschluss einer Transaktion liegt, welche jeweils einen Käufer und einen Verkäufer erfordert, die bereit sind, zu einem gegebenen Preis zu kaufen bzw. zu verkaufen. Dabei gilt, dass es umso wahrscheinlicher ist, den idealen Tauschpartner zu finden (mit dem der Wert des Gutes *Transaktion* maximiert wird), je mehr potenzielle Käufer bzw. Verkäufer insgesamt auftreten. Folglich bewirkt jeder zusätzliche Agent eine positive Externalität im Hinblick auf die anderen Agenten.

trifft insbesondere dauerhafte Konsumgüter mit investivem Charakter (wie zum Beispiel Automobile).

BERNDT, PINDYCK UND AZOULAY (1999) behandeln Netzwerk-Effekte im Zusammenhang mit Arzneimitteln. Dabei entsteht eine Externalität insofern, als der Wert eines Medikaments im Hinblick auf seine Wirksamkeit, Risiken und Nebenwirkungen für potenzielle Konsumenten zunächst unklar ist, jedoch umso genauer abgeschätzt werden kann, je mehr Patienten die Arznei nutzen und über ihre Erfahrungen damit berichten. In diesem Fall steigt der Nutzen eines Gutes also auch mit der Anzahl der Konsumenten. Da der entscheidende Faktor dabei allerdings in einer Informations-Externalität liegt, verlassen wir dieses Beispiel und kehren zur Anwendung von Technologien zurück.

In diesem Zusammenhang wird im Folgenden gezeigt, wie Payoff-Externalitäten durch Netzwerke entstehen und inwiefern dadurch Herdenverhalten auftreten kann. Dazu wird zunächst ein Modell betrachtet, das die Etablierung eines Standards erklärt. Im Anschluss daran wird ein Modell präsentiert, das den Wechsel einer Technologie untersucht, die sich als Standard in einer Industrie bereits etabliert hat. Danach wenden wir uns einem sehr allgemeinen und daher breit anwendbaren Modell zu, das die Entstehung von sog. *Clubs* (zum Beispiel im Hinblick auf eine gemeinsame Währung oder Sprache, die im weitesten Sinn auch als Technologien bezeichnet werden können) abbildet.

3.3.1 Etablierung eines Standards

Die zentrale Aussage im Modell von ARTHUR (1989) ist, dass sich eine einzelne Technologie gegenüber alternativen Technologien industrieweit durchsetzen kann, wenn Netzwerk-Effekte vorliegen, insofern als die Erträge aus der Anwendung der Technologie umso größer sind, je mehr Anwender die Technologie hat. Die Intuition ist, dass durch eine vermehrte Anwendung Erfahrung im Umgang mit der Technologie gewonnen wird, die ihre Weiterentwicklung und Verbesserung fördert, wodurch die Anwendung dieser Technologie gegenüber anderen Technologien quasi automatisch weiter begünstigt wird. Entscheidend für den langfristigen Erfolg einer Technologie ist dabei, dass sich bereits früh ein Vorteil gegenüber den konkurrierenden Technologien einstellt, der den Prozess in Gang setzt, durch den die Konkurrenz verdrängt und folglich eine marktdominierende Stellung erreicht werden kann. Wie es zu dem entscheidenden Startvorteil kommt, bleibt im Modell exogen und wird abstrakt durch sog. „kleine geschichtliche Ereignisse" wie den unerwarteten Erfolg von Prototypen, die Launen der Entwickler oder politische Umstände erklärt.

3.3.2 Modellrahmen

Es gebe eine große Anzahl von Agenten, die nacheinander auftreten und sich jeweils für eine von zwei alternativ zur Verfügung stehenden Technologien A und B entscheiden.[8] Dabei wird unterstellt, dass jeder Agent $i = 1, ..., N$ durch die pure Anwendung (direkt oder indirekt) an der Weiterentwicklung und Verbesserung der von ihm gewählten Technologie mitwirkt, so dass der Nutzen aus der Anwendung einer Technologie mit der Anzahl ihrer Anwender steigt. Diese Eigenschaft *zunehmender Erträge in der Anwendung* wird bei beiden Technologien unterstellt, allerdings soll die Verbesserung jeweils nur den noch folgenden Agenten zugute kommen. Das bedeutet, dass ein Agent i, der sich im Zeitpunkt t_i für eine der beiden Technologien entscheidet, zwar dazu beiträgt, dass seinen Nachfolgern eine verbesserte Version der von ihm gewählten Technologie zur Verfügung steht, selbst jedoch an die alte, im Zeitpunkt seiner Entscheidung gerade aktuelle Version der Technologie gebunden bleibt.

Darüber hinaus wird unterstellt, dass es zwei Typen R und S von Agenten gibt, die insgesamt in gleicher Anzahl vorhanden sind und jeweils eine *natürliche Präferenz* für eine der beiden Technologien haben, wobei R-Typen Technologie A bevorzugen, während S-Typen zu Technologie B tendieren. Dies wird durch die Nutzenkomponenten a_R, b_R, a_S sowie b_S zum Ausdruck gebracht, wobei aufgrund der natürlichen Präferenzen der einzelnen Typen

$$(3\text{-}7) \qquad a_R > b_R \text{ sowie } b_S > a_S$$

gilt. Der Wert einer Technologie hängt damit sowohl von den individuellen Präferenzen eines Agenten als auch vom Stand der Technik im Zeitpunkt der Entscheidung ab, der wiederum durch die Anzahl n_A bzw. n_B der bis dahin vorhandenen Anwender der jeweiligen Technik bestimmt wird. Er betrage für einen

$$R\text{-Typ} \quad \begin{cases} \text{bei Technologie } A: & a_R + r n_A \\ \text{bei Technologie } B: & b_R + r n_B \end{cases}$$

$$S\text{-Typ} \quad \begin{cases} \text{bei Technologie } A: & a_S + s n_A \\ \text{bei Technologie } B: & b_S + s n_B, \end{cases}$$

wobei die Parameter r und s wegen der Annahme zunehmender Erträge in der Anwendung strikt positiv sind:

---

[8] Bei den beiden konkurrierenden Technologien könnte es sich zum Beispiel um verschiedene Möglichkeiten zum Antrieb von Fahrzeugen (Otto- oder Dieselmotor, Brennstoffzellenantrieb etc.) handeln.

(3-8) $r, s > 0$.

Die Höhe der Auszahlung eines jeden Agenten hängt also wesentlich davon ab, wie seine Vorgänger sich entschieden haben. Insbesondere steigt für einen Agenten $i = n+1$ die Auszahlung bei Wahl von Technologie k (mit $k = A, B$) *ceteris paribus*, wenn sein Vorgänger, Agent n, Technologie k wählt. Da die Agenten diesen Effekt bei ihrer Entscheidung aber nicht berücksichtigen, liegt eine Payoff-Externalität vor. Diese ist bei der Bestimmung der optimalen Strategien der einzelnen Agenten zu beachten, aus denen sich schließlich die langfristige Allokation der beiden Technologien ergibt.

3.3.3 Bestimmung der langfristigen Allokationen

Bei der Technologie-Entscheidung wägt jeder Agent $i = n+1$ seinen Nutzen aus der einen Technologie gegen den Nutzen aus der anderen Technologie ab, wobei jeweils die Entscheidungen der n Vorgänger berücksichtigt werden. Wenn wir die Anzahl der Vorgänger, die bereits Technologie A bzw. Technologie B gewählt haben, mit $n_A(n)$ bzw. $n_B(n)$ bezeichnen, wählt der betrachtete Agent – wenn er ein R-Typ ist – genau dann die von ihm prinzipiell präferierte Technologie A, wenn der damit verbundene Nutzen $\pi_A^R = a_R + rn_A(n)$ mindesten so hoch ist wie der Nutzen $\pi_B^R = b_R + rn_B(n)$ bei Anwendung der alternativen Technologie B. Gilt dagegen $\pi_A^R < \pi_B^R$, so weicht ein R-Typ von seiner natürlichen Präferenz ab und entscheidet sich für Technologie B. Letzteres tritt genau dann ein, wenn $a_R + rn_A(n) < b_R + rn_B(n)$ gilt, was auch als Bedingung formuliert werden kann, die einen Schwellenwert für den Unterschied zwischen der Anzahl der Vorgänger, die A gewählt haben, und der Anzahl der Vorgänger, die B gewählt haben, definiert. Ein R-Typ weicht also genau dann von seiner natürlichen Präferenz für Technologie A ab, wenn

(3-9) $$d_n \equiv n_A(n) - n_B(n) < \frac{b_R - a_R}{r} \equiv \underline{d}$$

gilt, d. h. wenn hinreichend viele Vorgänger Technologie B gewählt haben.

In analoger Weise lässt sich eine solche Bedingung auch für einen S-Typen herleiten. Dieser weicht genau dann von der ihm eigentümlichen Präferenz für Technologie B ab, wenn $\pi_A^S = a_S + sn_A(n) > b_S + sn_B(n) = \pi_B^S$ gilt, d. h. wenn die Differenz zwischen den A- und B-Anwendern die Bedingung

(3-10)
$$d_n \equiv n_A(n) - n_B(n) > \frac{b_S - a_S}{s} \equiv \bar{d}$$

erfüllt, wenn sich also hinreichend viele Vorgänger für Technologie *A* entschieden und diese entsprechend weiter entwickelt haben.

In Abbildung 3-6 sind die Bedingungen (3-9) und (3-10), die das Verhalten der Agenten in Abhängigkeit von ihrem Typ und der Vorgeschichte des Spiels beschreiben, grafisch dargestellt. In diesem Zusammenhang sei darauf hingewiesen, dass der Schwellenwert eines *R*-Typen wegen (3-7) und (3-8) negativ ist, während er für einen *S*-Typen positiv ist.

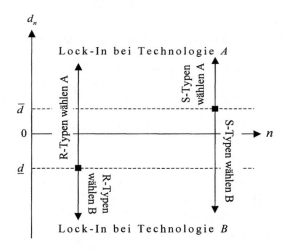

Abbildung 3-6: Technologischer Lock-In Effekt

Aus der Grafik lässt sich ablesen, dass sich beide Agententypen für Technologie *A* bzw. für Technologie *B* entscheiden, sobald die Differenz zwischen der Anzahl von *A*- und *B*-Anwendern den oberen Schwellenwert über- bzw. den unteren Schwellenwert unterschreitet, d. h. sobald die entsprechende Technologie hinreichend viele Anwender gefunden hat und dadurch für *alle* Agenten (insbesondere für jene, deren natürliche Präferenz anders lautet) strikt attraktiver ist als die alternative Technologie. In einem solchen Fall würde die Differenz zwischen *A*- und *B*-Anwendern kontinuierlich weiter steigen bzw. weiter sinken und den bestehenden Trend manifestieren, so dass es schließlich zu einem *Lock-In* bei Technologie *A* bzw. Technologie *B* kommt, bei dem eine Technologie vom Markt verdrängt wird.

Für den zeitlichen Ablauf des Entscheidungsprozesses bzw. die Entwicklung der Differenz d_n zwischen *A*- und *B*-Anwendern gilt, dass diese im Intervall $\left[\underline{d},\overline{d}\,\right]$ einem *Random Walk* folgt. Dies ergibt sich aus der Überlegung, dass der Agent, der als erster entscheidet, die Technologie wählt, die seiner natürlichen Präferenz entspricht. Da der erste Agent aufgrund der Annahme, dass R- und S-Typen jeweils in gleicher Anzahl vorkommen, mit derselben Wahrscheinlichkeit vom Typ R bzw. vom Typ S ist, fällt die erste Entscheidung jeweils mit einer Wahrscheinlichkeit von 1/2 zugunsten von Technologie A bzw. zugunsten von Technologie B aus. Daraus folgt, dass die Differenz zwischen A- und B-Anwendern nach *einer* Entscheidung (d_1) jeweils mit einer Wahrscheinlichkeit von 1/2 1 bzw. −1 beträgt. Solange der Wert d_n noch innerhalb des durch die Schwellenwerte definierten Bandes liegt, entscheidet sich der nächste Agent wieder mit jeweils einer Wahrscheinlichkeit von 1/2 für die Anwendung von Technologie A (falls er ein R-Typ ist) bzw. für die Anwendung von Technologie B (falls er ein S-Typ ist). Das bedeutet, dass sich die Differenz zwischen A- und B-Anwendern nach einer weiteren Entscheidung wieder mit der Wahrscheinlichkeit von jeweils 1/2 entweder um eins erhöht oder um eins verringert. Innerhalb der Grenzen $\underline{d}$ und $\overline{d}$ lässt sich die Differenz zwischen A- und B-Anwendern nach n Entscheidungen folglich durch

$$(3\text{-}11) \qquad d_n = d_{n-1} + \varepsilon_n$$

beschreiben, wobei d_{n-1} dem Wert aus der Vorperiode entspricht und ε_n die Veränderung der Differenz in der aktuellen Periode bezeichnet, die – wie oben erläutert – einen Erwartungswert von null besitzt: $E[\varepsilon_n] = 1/2 \cdot 1 + 1/2 \cdot (-1) = 0$. Durch (3-11) wird daher tatsächlich ein Random Walk beschrieben. Deswegen gilt, dass d_n mit steigendem n volatiler wird und daher mit Sicherheit (irgendwann) eine der Grenzen durchbricht, so dass es früher oder später zu einem technologischen Lock-In kommt.

3.3.4 Lock-In infolge von Herdenverhalten

Bei der Beurteilung, ob das Lock-In Ergebnis auf Herdenverhalten zurückzuführen ist, muss analysiert werden, ob die Entscheidung der Agenten durch Berücksichtigung des Verhaltens von anderen insofern beeinflusst wird, als sie ihr eigenes Verhalten ändern und dem der Vorgänger anpassen. Dies kann im vorliegenden Kontext bejaht werden, da die Agenten ohne Beachtung der anderen grundsätzlich die Technologie wählen würden, die ihrer natürlichen Präferenz entspricht. R-Typen würden sich also strikt für Technologie A entscheiden und S-Typen für B. Langfristig ergäbe sich folglich für jede Technologie ein Marktanteil von $1/2$, da es insgesamt gleich viele R- und S-Typen gibt. Wenn die Agenten jedoch die Entscheidungen der anderen berücksichtigen, kann aufgrund der positiven, durch die Netzwerk-Effekte bedingten Payoff-Externalität für einen R-Typen ein Anreiz entstehen, sich trotz seiner natürlichen Präferenz für Technologie A doch für Technologie B zu entscheiden. Analog wählt ein S-Typ trotz seiner natürlichen Präferenz für B die alternative Technologie A, wenn hinreichend viele Anwender vor ihm die (von ihm) grundsätzlich weniger geschätzte Technologie entsprechend weiter entwickelt und dadurch attraktiver gemacht haben. Dadurch kann es schließlich dazu kommen, dass eine der beiden Technologien so dominant wird, dass sie die andere vom Markt verdrängt. Aufgrund dieser Entwicklung streben die Marktanteile der beiden Technologien langfristig gegen null bzw. eins.

3.3.5 Eigenschaften des Gleichgewichts

Wie gezeigt wurde, gibt es langfristig zwei mögliche Ergebnisse: entweder kommt es zur Dominanz von Technologie A oder von Technologie B. Dabei kann ex ante jedoch nicht gesagt werden, welche der beiden Technologien sich letztlich durchsetzen wird. Dies hängt schließlich davon ab, in welcher Reihenfolge R- bzw. S-Typen auftreten. Kommen anfangs hinreichend viele R-Typen zum Zug, die eine natürliche Präferenz für Technologie A haben und diese folglich auch wählen, kann es aufgrund der Netzwerk-Effekte bereits nach wenigen Runden zur Verdrängung von Technologie B kommen, die sich in einem anderen Fall, in dem anfangs hinreichend viele S-Typen entscheiden, grundsätzlich ebenso durchsetzen kann. Es liegt also eine Pfadabhängigkeit vor, insofern als die langfristige Allokation durch die Reihenfolge bestimmt wird, in der die Agenten entscheiden. ARTHUR (1989, 122) schreibt in diesem Zusammenhang, dass sog. „kleine geschichtliche Ereignisse" das Ergebnis determinieren. Dies gilt insofern, als eine gegebene Sequenz von R- und S-Typen, die zur Dominanz von Technologie A führen würde, durch den Typwechsel eines einzelnen (Schlüssel)Agenten in eine Sequenz umgewandelt werden kann, die in der Dominanz von Technologie B mündet. Ein Typwechsel könnte dabei etwa durch eine unvorhergesehene Personalmaßnahme in der Führungsetage eines Unternehmens verursacht werden, durch die ein anderer Manager, der sich hinsichtlich seines Typs von seinem Vorgänger unterscheidet, als Agent im Rahmen des Modells die Entscheidung über die Technologiewahl trifft.

Wie es durch eine derartige kleine Veränderung dazu kommen kann, dass der gesamte weitere Spielverlauf umgelenkt wird, zeigt das folgende Beispiel. Dazu gehen wir davon aus, dass die Auszahlungsfunktionen durch die Zusammenhänge $\pi_A^R = 4 + n_A, \pi_B^R = 2 + n_B, \pi_A^S = 2 + n_A$ sowie $\pi_B^S = 4 + n_B$ gegeben sind und die Agenten ursprünglich im Hinblick auf ihren Typ in der Sequenz R-S-R-R-S-S-S-S-R-... auftreten. In diesem Fall kommt es, wie anhand der linken Tabelle aus Abbildung 3-7 nachvollzogen werden kann, (wegen $d > \bar{d} = 2$) beim fünften Agenten zu einem Lock-In bei Technologie A, so dass alle folgenden Agenten ebenfalls A wählen und Technologie B vom Markt verdrängt wird.

Wäre der fünfte Agent hingegen (z. B. aufgrund eines Personalwechsels) durch einen S-Typ repräsentiert, würde er seiner natürlichen Präferenz folgen und Technologie B wählen, die bei der entsprechend modifizierten Sequenz (R-S-R-R-S-S-S-S-R-...; rechte Tabelle in Abbildung 3-7) folglich ab dem neunten Agenten dominieren würde.

Agent	Typ	n_A	n_B	π_A	π_B	Wahl	Agent	Typ	n_A	n_B	π_A	π_B	Wahl
1	R	0	0	4	2	A	1	R	0	0	4	2	A
2	S	1	0	3	4	B	2	S	1	0	3	4	B
3	R	1	1	5	3	A	3	R	1	1	5	3	A
4	R	2	1	6	3	A	4	R	2	1	6	3	A
5	$\boxed{R}$	3	1	7	3	A	5	$\boxed{S}$	3	1	5	5	B
6	S	4	1	6	5	A	6	S	3	2	5	6	B
7	S	5	1	7	5	A	7	S	3	3	5	7	B
8	S	6	1	8	5	A	8	S	3	4	5	8	B
9	S	7	1	9	5	A	9	S	3	5	5	8	B
10	R	8	1	12	3	A	10	R	3	6	7	8	B

Abbildung 3-7: Entscheidungstableaus

Wenn es im angegebenen Beispiel nun tatsächlich zu einem Lock-In bei Technologie B kommt, profitieren die S-Typen gegenüber einer Situation mit Lock-In bei Technologie A insofern, als ihre Auszahlung *bei vergleichbarer Entwicklung* der beiden Technologien jeweils um $b_S - a_S (= 2)$ höher ist. (So würde zum Beispiel die Auszahlung des achten Agenten 6 betragen, wenn es zu einem Lock-In bei Technologie A mit vier früheren Anwendern gekommen wäre, während er im Fall des Lock-Ins bei Technologie B mit vier früheren Anwendern eine Auszahlung in Höhe von 8 erhält.) Analog ist die Auszahlung für die R-Typen im Fall eines Lock-Ins bei Technologie B um $|b_R - a_R|$ niedriger, als wenn Technologie A entsprechend viele Anwender gefunden hätte, wie es B tatsächlich gelungen ist. (Die Auszahlung des zehnten Agenten beträgt bei einem Lock-In bei Technologie B mit sechs früheren Anwendern 8; falls es zu einem Lock-In bei A mit sechs früheren Anwendern gekommen wäre, würde er 10 erhalten.)

Das bedeutet, dass in jedem Fall eine Gruppe von Agenten mit dem Lock-In Ergebnis unzufrieden ist. Diese Unzufriedenheit kann auch beide Typen von Agenten betreffen, und zwar dann, wenn das Entwicklungspotenzial der marktbeherrschenden Technologie (B) unter dem der anderen Technologie (A) liegt, so dass die natürliche Präferenz ab einer bestimmten Entwicklungsstufe durch den Netzwerk-Effekt dominiert wird. In der Terminologie des Modells sind in diesem Zusammenhang die Netzwerk-Parameter r bzw. s der einzelnen Typen mit der jeweiligen Technologie zu indexieren, wobei im angegebenen Beispiel $r_A > r_B$ sowie $s_A > s_B$ gelten soll. Daraus folgt, dass auch S-Typen im Fall einer hinreichenden Entwicklung Technologie A präferieren würden. Dies wäre genau dann der Fall, wenn $a_S + s_A n_A > b_S + s_B n_B$ gilt, wobei wegen der Hypothese einer identischen Förderung $n_A = n_B = n_\ell$ unterstellt wird. Durch Umformen erhält man aus dieser Bedingung $n_\ell > \left(b_S - a_S \right) / \left(s_A - s_B \right) \equiv \tilde{n}$. Das heißt, dass auch S-Typen trotz ihrer natürlichen Präferenz für Technologie B lieber Technologie A (mit dem größeren Entwicklungspotenzial) anwenden, sobald die Technologie mehr als $\tilde{n}$ Anwender gefunden hat. Daraus folgt, dass in einem Fall, in dem die beiden verfügbaren Technologien unterschiedliche Entwicklungspotenziale aufweisen und die inferiore Technologie eine marktbeherrschende Stellung erreicht, alle Agenten, die von der Lock-In Situation betroffen sind, unabhängig von ihrem Typ wünschten, die andere (effizientere) Technologie hätte sich durchgesetzt.[9] In diesem Fall kann der Entscheidungsprozess also zu einem ineffizienten Resultat führen, wobei die Ursache für diese Ineffizienz darin liegt, dass die ersten Agenten die langfristigen Effekte ihrer Entscheidung nicht berücksichtigen. Sie achten nur auf die Höhe ihrer Auszahlung *im Entscheidungszeitpunkt*, die aus einer Präferenz-Komponente a_R bzw. b_R und a_S bzw. b_S sowie einer Netzwerk-Komponente $r_A n_A$ bzw. $r_B n_B$ und $s_A n_A$ bzw. $s_B n_B$ besteht, wobei aufgrund noch fehlender bzw. unbedeutender Netzwerke die zweite Komponente eine untergeordnete Rolle spielt. Folglich werden die Entwicklungspotenziale der beiden Technologien anfangs nicht angemessen berücksichtigt, wodurch es bei einer hinreichend starken natürlichen Präferenz der ersten Agenten zu einer Förderung der langfristig unterlegenen Technologie kommt.

---

[9] Unter den getroffenen Annahmen $a_R > b_R$ und $r_A > r_B$ ziehen R-Typen auf jeder beliebigen Entwicklungsstufe n_ℓ Technologie A gegenüber Technologie B vor. Dies gilt, da $a_R + r_A n_\ell > b_R + r_B n_\ell$ für alle $n_\ell > 0$ erfüllt ist.

3.3.6 Maßnahmen zur Vermeidung der potenziellen Ineffizienzen

Wie aus den vorangehenden Überlegungen hervorgeht, kann es zu einem Lock-In bei der inferioren Technologie kommen, der beiden Agententypen schadet, falls die beiden Technologien unterschiedliche Entwicklungspotenziale aufweisen. Aufgrund der damit einhergehenden Ineffizienz ist es gerechtfertigt, über mögliche Korrekturmaßnahmen nachzudenken. Als erstes betrachten wir dazu die Möglichkeit, die Technologie-Entscheidungen der Agenten steuerlich zu beeinflussen.

ARTHUR (1989, 122; 118) stellt in diesem Zusammenhang eine „Inflexibilität" fest, d. h. dass die Allokation durch eine gegebene Steuer oder Subvention auf eine der beiden Technologien nicht beeinflusst werden kann. Dies liegt daran, dass eine Technologie im Fall eines Lock-Ins immer dominanter wird und mit jedem zusätzlichen Agenten einen weiteren Anwender gewinnt, wodurch sich die Differenz zwischen der Auszahlung bei Anwendung der einen und bei Anwendung der anderen Technologie weiter vergrößert, so dass sich die Dominanz verstärkt. Daraus folgt, dass der erforderliche Steuerbetrag auf die dominante bzw. der erforderliche Subventionsbetrag für die unterlegene Technologie, durch welchen die individuellen Auszahlungen so verzerrt werden könnten, dass die Attraktivität der unterlegenen Technologie steigt, mit der Dauer des Lock-Ins (d. h. mit der Anzahl der Agenten) zunimmt.

Auch wenn eine nachträgliche Korrektur eines Lock-Ins also offensichtlich nicht möglich ist, weil die für ein Entkommen aus der Technologie-Falle erforderlichen Beträge für jeden weiteren Agenten zunehmen, kann bei *rechtzeitigem* Einsatz eines steuerlichen Instruments verhindert werden, dass es überhaupt zu einem Lock-In bei der inferioren Technologie kommt. Wenn die Politik dabei von Anfang an zum Ziel hat, die langfristig überlegene Technologie A durchzusetzen, kann sie diese in der Anfangsphase (d. h. bis eine kritische Anzahl $n > \left(b_S - a_S \right)/s_A$ Agenten entschieden haben) mit einem Betrag

$$(3\text{-}12) \qquad\qquad g = b_S - a_S + \sigma \ \ (\text{mit } \sigma > 0)$$

subventionieren, wobei σ infinitesimal gewählt werden kann. Durch eine Subvention in dieser Höhe wird sicher gestellt, dass der erste Agent unabhängig von seinem Typ Technologie A wählt: Wenn er ein R-Typ ist, hat er ohnehin eine (natürliche) Präferenz für Technologie A, die durch die (positive) Subvention nur noch verstärkt wird. Falls er ein S-Typ ist, überkompensiert die Subvention für Technologie A die natürliche Präferenz für B, so dass die Auszahlung bei Anwendung von Technologie A die Auszahlung bei Anwendung von Technologie B unabhängig vom Typ $k = R, S$ des ersten Agenten übersteigt.

Wegen (3-7) und (3-12) gilt für den ersten Agenten (mit $n_A = n_B = 0$) also

(3-13) $$a_k + g > b_k,$$

so dass er sich in jedem Fall für Technologie A entscheidet.

Wenn der erste Agent aber unabhängig von seinem Typ Technologie A wählt, zieht auch der zweite (und jeder folgende) Agent Technologie A vor, da der Vorteil von Technologie A gegenüber Technologie B mit jedem zusätzlichen Anwender infolge des Netzwerk-Effekts verstärkt wird. So gilt wegen (3-13) und $r_A > 0$ auch für den zweiten Agenten mit $n_A = 1$ und $n_B = 0$ unabhängig von seinem Typ k, dass die Auszahlung bei Wahl von Technologie A höher ist als bei Wahl von Technologie B:

(3-14) $$a_k + r_A + g > b_k.$$

Da die Überlegenheit von Technologie A aus Sicht eines beliebigen Agenten i, dessen Vorgänger alle Technologie A gewählt haben, so dass $n_A = n = i - 1$ und $n_B = 0$ gilt, allgemein durch die Ungleichung

$$a_k + r_A (i-1) + g > b_k$$

ausgedrückt werden kann, und die Gültigkeit dieser Ungleichung in (3-13) für $i = 1$ und in (3-14) für $i = 2$ bestätigt wurde, gilt sie per Induktion auch für alle weiteren Individuen. Folglich entscheiden sich unter dem Einfluss der Subvention tatsächlich alle Agenten für Technologie A. Dabei gilt, dass die Subvention zur Steuerung der Agenten überflüssig ist, sobald der Netzwerk-Effekt die natürliche Präferenz der S-Typen (ohne Subvention) überwiegt, d. h. sobald $a_S + s_A n > b_S$ bzw. $n > (b_S - a_S)/s_A$ gilt. Der Grund dafür liegt darin, dass die langfristig überlegene Technologie hinreichend gefördert wurde, so dass es zum Lock-In bei der „richtigen" Technologie kommen konnte.

Ein Problem, das mit der vorgeschlagenen Subventionsmaßnahme verbunden ist, liegt in der Finanzierung der Subventionszahlungen an die frühen Anwender, durch die ein Lock-In bei der richtigen Technologie generiert wird. Eine Lösungsmöglichkeit läge eventuell darin, späte Anwender, die ein echtes Interesse daran haben, dass die richtige Technologie zum Einsatz kommt, über eine Steuer an diesen Kosten zu beteiligen – oder die Lenkung der frühen Agenten gleich über eine Besteuerung der langfristig inferioren Technologie anstatt über eine Subventionierung der langfristig überlegenen Technologie durchzuführen. Durch einen Steuerbetrag $t = b_S - a_S - \tau$, der bei Anwendung von Technologie B fällig wird, könnte dieselbe Wirkung erreicht werden wie durch die oben beschriebene Subvention, ohne dass ein Finanzierungsproblem auftritt. Darüber hinaus müsste niemand jemals eine Steuer zahlen, da es allein durch den Beschluss, eine solche Steuer zu erheben, zur durchgängigen Anwendung der richtigen Technologie A mit folgendem Lock-In kommt.

Statt einer steuer- oder subventionsbasierten Lenkung der Agenten in Richtung der überlegenen Technologie könnte das Ineffizienz-Problem auch dadurch gelöst werden, dass eine übergeordnete Instanz (etwa der Staat) die Anwendung und Entwicklung der überlegenen Technologie schlicht vorschreibt. Diese Maßnahme ist jedoch – wie auch die Steuer- oder Subventionslösung – mit einem tiefer liegenden Problem verbunden. Voraussetzung jeglicher Steuerung ist nämlich, dass ex ante klar ist, welche Technologie die überlegene ist (was in der Realität oft nicht der Fall ist). ARTHUR (1989, 127) nennt daher als klassische Lösung den Patentschutz, über den frühe Anwender als Entwickler einer Technologie an späteren Erträgen beteiligt werden. Durch solche Kompensationszahlungen können insbesondere diejenigen Agenten, aus deren Sicht zunächst die inferiore Technologie mit einer höheren Auszahlung verbunden ist als die langfristig überlegene Technologie, dazu gebracht werden, die bessere Technologie zu wählen und dadurch voranzubringen.

3.4 Wechsel eines Industrie-Standards

FARRELL UND SALONER (1985, 75-83) betrachten eine Industrie mit $n = 2$ Firmen, die ursprünglich dieselbe Technologie X anwenden (Status Quo). Ausgehend von dieser Situation wird untersucht, wie sich die Firmen verhalten, wenn eine neue Technologie Y verfügbar wird. Dabei wird angenommen, dass jede der beiden Technologien Netzwerk-Effekte aufweist. Allerdings gelte, dass die neue Technologie mit der alten nicht kompatibel ist, so dass sich die Größe $m \leq n$ des Netzwerks jeweils durch die Anzahl der Anwender der betrachteten Technologie ergibt. Die (simultane) Entscheidung der Firmen über einen Technologiewechsel erstrecke sich auf zwei Perioden, wobei jede Firma entweder in Periode 1, in Periode 2 oder auch nie wechseln kann. Zu berücksichtigen ist außerdem, dass ein Wechsel nicht mehr rückgängig gemacht werden kann, sobald er einmal durchgeführt wurde.

3.4.1 Modellrahmen

Der Zusatzgewinn (-nutzen), den eine Firma gegenüber dem Status Quo machen kann, wenn sie Technologie $k = X, Y$ mit der Netzwerkgröße $m = 1, 2$ anwendet, betrage (gegebenenfalls nach Abzug der Kosten, die durch einen Technologiewechsel verursacht werden) $B_i(m, k)$. Wegen der Definition des

Status' Quo gilt dabei $B_i(2, X) = 0$.[10] In dieser Terminologie können die oben angesprochenen Netzwerk-Effekte, bei denen der Gewinn einer Firma höher ist, wenn eine gegebene Technologie von *beiden* Firmen eingesetzt wird, als wenn sie nur von der betrachteten Firma angewendet wird, durch

(3-15) $$B_i(2,k) > B_i(1,k) \text{ für } k = X, Y$$

zum Ausdruck gebracht werden. Daraus folgt, dass jede Firma – egal welche Technologie sie schließlich wählt – ein Interesse daran hat, dass die andere Firma sich für dieselbe Technologie entscheidet.

Der Parameter $i \in [0,1]$ in der Nutzenfunktion stellt eine Typvariable bezüglich der Präferenz einer Firma für die Anwendung der neuen Technologie dar. Es wird angenommen, dass die Typen im gegebenen Intervall gleichverteilt sind, d. h. dass alle Typen ex ante mit gleicher Wahrscheinlichkeit auftreten. Außerdem gilt, dass jede Firma ihren eigenen, nicht aber den Typ der anderen Firma kennt. Hinsichtlich der Interpretation der Typvariable wird festgelegt, dass höhere Werte von i eine größere Bereitschaft zum Technologiewechsel (quasi eine ausgeprägtere Fortschrittlichkeit) zum Ausdruck bringen. Dies spiegelt sich in der Annahme wider, dass

(3-16) $$B_i(m, Y) \text{ stetig und streng monoton steigend in } i$$

sei. Das bedeutet, dass eine fortschrittlichere Firma einen höheren Nutzen aus dem Technologiewechsel hat, egal ob sie diesen alleine oder gemeinsam mit der anderen Firma durchführt. Außerdem wird unterstellt, dass die Differenz

(3-17) $$B_i(2, Y) - B_i(1, X) \text{ streng monoton steigend in } i$$

sei. Diese Annahme impliziert, dass eine Firma vom Typ $i' > i$ einen gemeinsamen Technologiewechsel befürwortet, wenn eine weniger fortschrittliche Firma vom Typ i einen solchen Wechsel des Industrie-Standards präferiert. Bezüglich der typabhängigen Präferenzen zu wechseln wird unterstellt, dass

---

[10] CHOI (1997) untersucht Herdenverhalten in einem Modell, das dem von FARRELL UND SALONER (1985) ähnlich ist, sich aber darin unterscheidet, dass der Wert bzw. die Auszahlung der beiden Technologien ex ante nicht bekannt ist, so dass zusätzlich zu den Payoff-Externalitäten aufgrund der Netzwerk-Effekte auch Informations-Externalitäten vorliegen (vgl. Kapitel 7).

(3-18) $B_1(1,Y) > B_1(2,X) = 0$ sowie $B_0(2,Y) < B_0(1,X)$

gilt, d. h. dass eine Firma vom Typ $i = 1$ (maximale Fortschrittlichkeit) lieber allein wechselt, als gemeinsam beim alten Standard zu bleiben, während eine Typ-0 Firma (minimale Fortschrittlichkeit) lieber allein bei der alten Technologie bleibt, als gemeinsam mit der anderen Firma zu einem neuen Standard überzugehen. Anders ausgedrückt haben die extremen Firmentypen eine dominante Strategie, die für Typen mit $i = 1$ darin besteht, in jedem Fall zu wechseln, während sie für Typen mit $i = 0$ darin besteht, in keinem Fall zu wechseln. Zu klären ist also insbesondere, wie die optimale Strategie der „mittleren" Typen aussieht.

3.4.2 Beschreibung der Bandwagon-Strategie

Die Strategie einer Firma beschreibt beim vorgegebenen Spielablauf, welche Aktionen in Periode 1 bzw. in Periode 2 gewählt werden. Diese Entscheidungen hängen jeweils vom Typ i der Firma sowie vom bisherigen Spielverlauf ab. Da das Aktionsspektrum aus den zwei Alternativen

W : (Technologie)Wechsel   und
$\overline{W}$: kein (Technologie)Wechsel

besteht, und ein einmal vollzogener Wechsel nicht wieder rückgängig gemacht werden kann, ergibt sich, dass sich eine Firma, die sich bereits in Periode 1 für einen Wechsel entscheidet, unwiederbringlich an die neue Technologie bindet, so dass eine weitere Entscheidung in Periode 2 entfällt. Es kommt also nur dann zu einer zweiten Entscheidung, wenn die betrachtete Firma in Periode 1 die Aktion $\overline{W}$ gewählt hat. In diesem Fall kann sie sich entweder erneut gegen einen Wechsel entscheiden und endgültig bei der alten Technologie bleiben, oder sozusagen verspätet zur neuen Technologie wechseln. Letzteres scheint allerdings nur dann plausibel, wenn die andere Firma in Periode 1 bereits den Wechsel vollzogen hat. Die Strategie, erst in Periode 2 zu wechseln, wenn sich die andere Firma in Periode 1 *nicht* für die neue Technologie entschieden hat, wird durch die Strategie eines sofortigen Wechsels in Periode 1 dominiert: Wenn eine Firma letztendlich die neue Technologie anwenden will, sollte sie den Wechsel sofort durchführen, weil sie dadurch aufgrund der bestehenden Netzwerk-Effekte eventuell auch noch die andere Firma für die neue Technologie gewinnen und somit ihre eigene Auszahlung erhöhen kann. Insgesamt stehen also drei mögliche Strategien zur Auswahl:

- Strategie 1: $(W, -)$, d. h. in Periode 1 wechseln, wodurch eine weitere Entscheidung in Periode 2 entfällt,
- Strategie 2: $(\bar{W}, W(W))$, d. h. in Periode 1 nicht wechseln und in Periode 2 wechseln, falls die andere Firma in Periode 1 gewechselt ist, sowie
- Strategie 3: $(\bar{W}, \bar{W})$, d. h. weder in Periode 1 noch in Periode 2 (also nie) wechseln.

Intuitiv scheint Strategie 1 hinreichend fortschrittliche Firmen (mit großem i) vorauszusetzen, während die vergleichsweise konservativen Firmen (mit kleinem i) eher Strategie 3 wählen werden. Da diese Vermutung durch die Annahme (3-18) bestätigt wird, ziehen wir den Schluss, dass Firmen mit einem mittleren i-Wert Strategie 2 befolgen, so dass sich die optimalen Strategien der Firmen in der sog. *Bandwagon-Strategie* zusammenfassen lassen. Diese ist dadurch charakterisiert, dass eine Firma vom Typ i mit

$$i < \underline{i}$$ weder in Periode 1 noch in Periode 2 wechselt;

$$\underline{i} \leq i < \bar{i}$$ in Periode 1 nicht und in Periode 2 nur dann wechselt,

(3-19)   wenn die andere Firma in Periode 1 den Wechsel vorgenommen hat;

$$i \geq \bar{i}$$ bereits in Periode 1 wechselt.

Diese Strategien sind in der folgenden Abbildung 3-8 dargestellt.

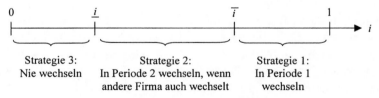

| 0 | $\underline{i}$ | $\bar{i}$ | 1 |

Strategie 3:	Strategie 2:	Strategie 1:
Nie wechseln	In Periode 2 wechseln, wenn	In Periode 1
	andere Firma auch wechselt	wechseln

Abbildung 3-8: Bandwagon-Strategie

Bandwagons sind aus politischen Entscheidungsprozessen bekannt, bei denen es nicht nur darum geht, seine persönliche Meinung zu äußern, sondern auch darum, ob diese Meinung mehrheitsfähig ist.[11] Dabei ist zu beobachten, dass sich vehemente Befürworter einer Maßnahme (z. B. einer Reform) von Anfang

---

[11] Eine ähnliche Situation beschreibt auch KEYNES (1936) im sog. *Beauty Contest*, bei dem die Juroren nicht die Kandidatin wählen, die sie für die Schönste halten, sondern die, der sie die höchsten Siegchancen zurechnen (vgl. Kapitel 7).

an für die Sache einsetzen, während strikte Gegner niemals zugunsten der Sache eintreten werden. Personen, die weder eindeutig dafür noch dagegen sind, bevorzugen es dagegen, bezüglich ihrer Stellungnahme zunächst abzuwarten, um die allgemeine Stimmungslage zu sondieren. Erkennen sie dabei Anzeichen dafür, dass der Reformzug ins Rollen kommt, äußern sie sich positiv; ansonsten fällt ihr Urteil negativ aus.

3.4.3 Bestimmung der Schwellenwerte

Zur Bestimmung der Schwellenwerte $\underline{i}$ und $\bar{i}$ sind jeweils zwei der drei möglichen Strategien gegeneinander abzuwägen. Im Hinblick auf die untere Schwelle ist die Entscheidung in der zweiten Periode zu betrachten. Dabei sind Strategie 2 und 3 gegenüberzustellen. Wählt die betrachtete Firma in Periode 2 wie die andere Firma ebenfalls die neue Technologie (Strategie 2), beträgt ihre Auszahlung $B_i(2,Y)$. Entscheidet sie sich endgültig gegen einen Wechsel (Strategie 3), bleibt sie allein bei der alten Technologie und erhält $B_i(1,X)$. Da der untere Schwellenwert $\underline{i}$ das Maß an Fortschrittlichkeit definiert, bei dem eine Firma gerade indifferent ist zwischen den beiden betrachteten Strategien, wird er bestimmt durch die Bedingung

$$(3\text{-}20) \qquad\qquad B_{\underline{i}}(2,Y) = B_{\underline{i}}(1,X).$$

Der obere Schwellenwert ergibt sich demgegenüber aus einem Vergleich von Strategie 1 und 2. Falls die betrachtete Firma in Periode 1 wechselt (Strategie 1), wenden schließlich beide Firmen die neue Technologie an und erhalten jeweils die Auszahlung $B_i(2,Y)$, vorausgesetzt die andere Firma wechselt ebenfalls in Periode 1 bzw. folgt in Periode 2 nach. Die Bedingung für dieses Ereignis ist, dass die andere Firma hinreichend fortschrittlich, das heißt vom Typ $i > \underline{i}$ ist. Wegen der Gleichverteilung der Typen im Intervall $[0,1]$ beträgt die ex-ante Wahrscheinlichkeit dafür $(1 - \underline{i})$. Mit der Gegenwahrscheinlichkeit ist die andere Firma zu konservativ und bleibt bei der alten Technologie, so dass die Auszahlung an die betrachtete Firma $B_i(1,Y)$ wäre. Die erwartete Auszahlung bei Wahl von Strategie 1 beträgt daher $(1 - \underline{i})B_i(2,Y) + \underline{i}B_i(1,Y)$.

Bei der Wahl von Strategie 2 wechselt die betrachtete Firma zur neuen Technologie, falls die andere Firma bereits in Periode 1 gewechselt ist, falls deren Typvariable also den oberen Schwellenwert übersteigt und $i > \bar{i}$ gilt. Die Wahrscheinlichkeit für dieses Ereignis ist $(1 - \bar{i})$; die Auszahlung für die betrachtete Firma wäre in diesem Fall $B_i(2,Y)$. Andernfalls, d. h. falls die andere Firma nicht fortschrittlich genug ist und $i < \bar{i}$ gilt, was mit der Wahrscheinlichkeit $\bar{i}$ auftritt, bleiben beide Firmen bei der alten Technologie; die individuelle Auszahlung würde in diesem Fall $B_i(2,X) = 0$ betragen. Der Erwartungswert für die Auszahlung der betrachteten Firma bei Anwendung von Strategie 2 ist also $(1-\bar{i})B_i(2,Y)$.

Da der obere Schwellenwert $\bar{i}$ den Typ der Firma festlegt, die gerade indifferent ist zwischen Strategie 1 und 2, ergibt er sich aus der Bedingung

$$(3\text{-}21) \qquad (1-\underline{i})B_{\bar{i}}(2,Y) + \underline{i}B_{\bar{i}}(1,Y) = (1-\bar{i})B_{\bar{i}}(2,Y).$$

Diese Gleichung kann umgeformt werden zu $\left[(\underline{i}-\bar{i})/\underline{i}\right]B_{\bar{i}}(2,Y) = B_{\bar{i}}(1,Y)$. Daraus ergibt sich wegen $\bar{i} > \underline{i} > 0$ zunächst, dass $B_{\bar{i}}(2,Y)$ und $B_{\bar{i}}(1,Y)$ unterschiedliche Vorzeichen haben, so dass zusammen mit Annahme (3-15) schließlich die folgende Beziehung gilt:

$$(3\text{-}22) \qquad B_{\bar{i}}(1,Y) < 0 < B_{\bar{i}}(2,Y).$$

3.4.4 Optimale Strategien und Gleichgewicht

Wenn man unterstellt, dass die andere Firma eine Bandwagon-Strategie aus (3-19) mit den Schwellenwerten $\underline{i}$ und $\bar{i}$, wie sie im letzten Abschnitt definiert wurden, befolgt, ergibt sich, dass es für die betrachtete Firma optimal ist, ebenfalls diese Bandwagon-Strategie anzuwenden. Dies kann in drei Schritten gezeigt werden.

Zunächst gilt, dass der erwartete Vorteil $(\bar{i} - \underline{i})B_i(2,Y) + \underline{i}B_i(1,Y)$ von Strategie 1 gegenüber Strategie 2 wegen Annahme (3-16) und $\bar{i} > \underline{i} > 0$ umso größer ist, je höher der Wert i einer Firma ist. Zusammen mit der Definition des oberen Schwellenwertes, für den dieser Vorteil gerade null beträgt, folgt daraus, dass der Vorteil von Strategie 1 gegenüber Strategie 2 für hinreichend fortschrittliche Firmen mit $i > \bar{i}$ positiv ist, während er für konservativere Firmen negativ ist.

Außerdem gilt wegen (3-17), dass der Vorteil $B_i(2,Y) - B_i(1,X)$ von Strategie 2 gegenüber Strategie 3 umso größer ist, je höher der Wert i einer Firma ist. Da dieser Vorteil wegen der Definition des unteren Schwellenwerts in (3-20) für eine Firma mit $i = \underline{i}$ gerade null beträgt, folgt daraus, dass er für alle konservativeren Typen mit $i < \underline{i}$ negativ ist, während er für alle fortschrittlicheren Typen mit $i > \underline{i}$ positiv ist.

Schließlich kann aus den in den beiden ersten Schritten gewonnenen Einsichten die optimale Strategie einer Firma – gegeben, dass die andere Firma eine Bandwagon-Strategie befolgt – abgeleitet werden. In Abhängigkeit vom Typ der Firma ergibt sich für

$i < \underline{i}$ Strategie 3 ≻ Strategie 2 ≻ Strategie 1;

$\underline{i} \leq i < \overline{i}$ Strategie 2 ≻ Strategie 1, Strategie 3; sowie

$i \geq \overline{i}$ Strategie 1 ≻ Strategie 2 ≻ Strategie 3.

Folglich liegt die optimale Strategie einer Firma gegeben eine Bandwagon-Strategie der anderen Firma ebenfalls in der Anwendung einer Bandwagon-Strategie.

Wenn also beide Firmen eine wie in Abbildung 3-8 grafisch dargestellte Bandwagon-Strategie mit denselben Schwellenwerten spielen, ergibt sich ein eindeutiges symmetrisches Bandwagon-Gleichgewicht, das die Eigenschaften eines perfekten Bayes-Gleichgewichts besitzt. Es gilt also einerseits, dass die Strategien gegeben die Beliefs optimal gewählt sind und andererseits die Beliefs aufgrund der Strategien und des beobachteten Spielverlaufs mit der *Formel von Bayes* bestimmt werden (vgl. TIROLE (1988, 436-438)). Welche Technologien im Gleichgewicht jeweils zur Anwendung kommen und ob dabei von Herdenverhalten gesprochen werden kann, hängt davon ab, welche Firmentypen als Spieler auftreten.

3.4.5 Vorliegen von Herdenverhalten

Bezüglich der möglichen Kombinationen, in der die Typen auftreten können, sind insgesamt sechs Fälle zu unterscheiden. Wie in Abbildung 3-9 dargestellt ist, können die Werte für die Typvariablen der beiden Firmen in der Kombination (*niedrig, niedrig*), (*niedrig, mittel*), (*niedrig, hoch*), (*mittel, mittel*), (*mittel, hoch*) sowie (*hoch, hoch*) auftreten, wobei die Reihenfolge aufgrund der Tatsache, dass beide Firmen grundsätzlich dieselbe Bandwagon-Strategie anwenden, keine Rolle spielt. Die Werte *niedrig, mittel* und *hoch* bezeichnen die drei Bereiche des Intervalls $[0,1]$, die durch die beiden Schwellenwerte $\underline{i}$ und $\overline{i}$ getrennt werden.

Da jedem Bereich jeweils eine der drei Strategien zuzuordnen ist, kommen in den einzelnen Situationen entsprechend die Strategiepaare (3, 3), (3, 2), (3, 1), (2, 2), (2, 1) sowie (1, 1) zum Einsatz, wobei Strategie 1 – zur Erinnerung – impliziert, dass es zu einem unbedingten, sofortigen Technologiewechsel kommt, der bei Strategie 3 nie durchgeführt wird, während er bei Strategie 2 in der zweiten Periode *konditional* stattfindet, das heißt von einem Wechsel der anderen Firma in Periode 1 abhängt.

Im ersten, zweiten und vierten der genannten Fälle wird daher im Gleichgewicht schließlich der alte Standard beibehalten, während es im fünften und sechsten Fall zum Wechsel des Standards kommt. Im dritten Fall wechselt die fortschrittlichere Firma zur neuen Technologie, während die konservativere Firma weiterhin die alte Technologie anwendet.[12]

Fall	Typenkombination	Strategiepaar	Ergebnis	Herdenverhalten
1	$(niedrig, niedrig)$	$(3,3)$	(X,X)	nein
2	$(niedrig, mittel)$	$(3,2)$	(X,X)	ja
3	$(niedrig, hoch)$	$(3,1)$	(X,Y)	nein
4	$(mittel, mittel)$	$(2,2)$	(X,X)	ja
5	$(mittel, hoch)$	$(2,1)$	(Y,Y)	ja
6	$(hoch, hoch)$	$(1,1)$	(Y,Y)	nein

Abbildung 3-9: Selektion der Herden-Gleichgewichte

Bei der Beurteilung der Ergebnisse im Hinblick auf Herdenverhalten sind aufgrund der Definition von Herdenverhalten zwei Punkte zu prüfen. Die erste Voraussetzung für Herdenverhalten ist schlicht, dass im Gleichgewicht alle dieselbe Aktion ausführen. Darüber hinaus wird aber auch gefordert, dass die individuelle Entscheidung durch das Verhalten des Mitspielers so beeinflusst wird, dass schließlich alle dasselbe machen. Dies ist im vorliegenden Spiel nur dann der Fall, wenn mindestens ein Spieler Strategie 2 anwendet, da die eigene Entscheidung in der zweiten Periode nur dann aufgrund der Beobachtung des Mitspielers (gegebenenfalls) revidiert wird. Im Ergebnis kann also nur dann von Herdenverhalten gesprochen werden, wenn hinsichtlich der Firmentypen die Kombination (*niedrig, mittel*), (*mittel, mittel*) oder (*mittel, hoch*) vorliegt.

---

[12] In diesem Zusammenhang sei darauf hingewiesen, dass die wechselnde Firma (etwa Firma 1) ihren frühen Wechsel zur neuen Technologie ex-post betrachtet bereuen kann. Da die andere Firma wegen $i_2 < \underline{i}$ ungeachtet des Verhaltens der ersten Firma bei der alten Technologie bleibt, kann die Auszahlung der ersten Firma nach einem Wechsel negativ sein, was eine Verschlechterung gegenüber dem Status Quo bedeutet. Für Firma 1 kommt es zu einer negativen Auszahlung $B_{i_1}(1,Y) < 0$, falls ihr i-Wert nur wenig über dem oberen Schwellenwert liegt (vgl. (3-20) und (3-16)).

3.4.6 Eigenschaften der Herden-Gleichgewichte

In Abhängigkeit von den Firmentypen i_1 und i_2 sowie der konkreten Form der Nutzenfunktionen $B_i(m,k)$ kann es in einem Bandwagon-/Herden-Gleichgewicht zu zwei Arten von Ineffizienzen kommen. FARRELL UND SALONER (1985, 78-79) bezeichnen diese als *Excess Inertia* bzw. als *Excess Momentum*. Im ersten Fall unterbleibt im Gleichgewicht ein grundsätzlich erwünschter Wechsel des Industrie-Standards, im zweiten Fall wird dieser umgesetzt, obwohl dadurch der Branchengewinn gegenüber der Ausgangssituation sinkt.

3.4.6.1 Excess Inertia

Excess Inertia kann theoretisch im zweiten und vierten Fall aus Abbildung 3-9 auftreten. Konzentrieren wir uns zunächst auf den vierten Fall. Angenommen beide Firmen liegen hinsichtlich ihres Typs knapp unter dem oberen Schwellenwert, so dass für beide $i = \bar{i} - \varepsilon$ gilt, wobei wegen (3-22) in Verbindung mit (3-16) die Beziehung $B_i(2,Y) > B_i(2,X) = 0 > B_i(1,Y)$ gelte. In diesem symmetrischen Fall würde jede Firma zwar lieber die neue Technologie als Industrie-Standard anwenden als die alte, allerdings ist keine der beiden Firmen fortschrittlich genug, um den ersten Schritt zu machen und durch einen Wechsel in Periode 1 den Zug ins Rollen zu bringen. Gleichwohl wäre natürlich jede Firma bereit, auf einen von der anderen Firma in Gang gesetzten Zug aufzuspringen. Beide Firmen verfolgen also Strategie 2, so dass das Spiel grundsätzlich zwei Nash-Gleichgewichte hat. Diese sind in Abbildung 3-10 durch Sterne gekennzeichnet. Allerdings ist nur das Gleichgewicht, in dem es nicht zum eigentlich erwünschen Technologiewechsel kommt, teilspielperfekt (Doppelstern), so dass beide Firmen bei der alten Technologie bleiben. Dadurch kann die potenzielle Erhöhung des Branchengewinns um $2B_i(2,Y)$ nicht realisiert werden.

		Firma 2	
		$\overline{W}$	W
Firma 1	$\overline{W}$	$**B_i(2,X), B_i(2,X)**$	$B_i(1,X), B_i(1,Y)$
	W	$B_i(1,Y), B_i(1,X)$	$*B_i(2,Y), B_i(2,Y)*$

Abbildung 3-10: Excess Inertia im symmetrischen Fall

Excess Inertia kann auch in einem asymmetrischen Fall auftreten, d. h. wenn die beiden Firmen sich hinsichtlich ihres Typs unterscheiden. Dabei soll jetzt gelten, dass wenigstens eine Firma aus dem mittleren Typenbereich mit $\bar{i} > i_1 > \underline{i}$ stammt, während für die andere lediglich angenommen wird, dass $i_2 < \bar{i}$ gilt, so dass hier auch der zweite Fall aus Abbildung 3-9 erfasst wird. Für Firma 1 soll dann weiterhin $B_{i_1}(2,Y) > 0$ gelten, während für Firma 2 $B_{i_2}(2,Y) < 0$ mit $B_{i_1}(2,Y) + B_{i_2}(2,Y) > 0$ gilt. In diesem Fall wenden wieder beide Firmen Strategie 2 an, so dass es beim Status Quo bleibt, obwohl ein Wechsel des Industrie-Standards aus Branchensicht vorteilhaft wäre.

3.4.6.2 Excess Momentum

Zu einem ineffizienten Wechsel des Industrie-Standards (*Excess Momentum*) kann es im sechsten Fall aus Abbildung 3-9 kommen, wenn eine fortschrittliche und eine eher konservative Firma mit $i_1 > \bar{i}$ und $i_2 = \underline{i} + \varepsilon$ aufeinander treffen. Die erste wird aufgrund ihrer hinreichend hohen Fortschrittlichkeit bereits in Periode 1 einen Technologiewechsel durchführen, durch den sich die andere Firma genötigt fühlt nachzuziehen − obwohl sie wegen $B_{i_2}(2,Y) < 0$ grundsätzlich gegen einen Wechsel ist − weil wegen (3-20) zusammen mit (3-17) für $i_2 > \underline{i}$ $B_{i_2}(2,Y) > B_{i_2}(1,X)$ gilt.[13] Im Ergebnis wenden schließlich beide Firmen die neue Technologie an, was ineffizient ist, falls der Zusatzgewinn, den die erste Firma durch die neue Technologie macht, kleiner ist als der Verlust, der der zweiten Firma durch den Technologiewechsel entsteht, falls also $B_{i_1}(2,Y) < |B_{i_2}(2,Y)|$ gilt. Dies ist umso eher der Fall, je kleiner die Werte der Typvariablen der beiden Firmen sind.

3.4.7 Maßnahmen zur Vermeidung der Ineffizienzen

Ausgehend von den Ursachen für die zwei Arten von Ineffizienzen können geeignete Maßnahmen zu deren Vermeidung gefunden werden. Dabei bietet sich im Zusammenhang mit dem Problem von *Excess Inertia*, bei dem ein wünschenswerter Technologiewechsel unterbleibt, weil die Firmen gegeben ihren Typ keinen hinreichend starken Anreiz zu wechseln haben, eine Beeinflussung der Payoffs an, durch welche die neue Technologie attraktiver gemacht wird.

---

[13] Das Problem, dass „Skeptiker" durch „Enthusiasten" in gewissen Situationen zu einem bestimmten Verhalten gedrängt werden, nennt DIXIT (2003) *Entrapment*. Seinen Überlegungen wenden wir uns im Abschnitt 3.5 zu.

Dies kann durch eine Subventionierung der neuen (bzw. Besteuerung der alten) Technologie erreicht werden. Darüber hinaus kann ein von *beiden* Firmen erwünschter Technologiewechsel auch durch eine ex-ante Kommunikation zwischen den beiden Spielern herbeiführt werden, durch die eine Koordination auf das gewünschte Verhalten erreicht wird. Das Mittel der Kommunikation bietet auch eine Lösung für das Problem von *Excess Momentum*, bei dem die konservativere Firma der fortschrittlicheren durch Vortäuschen eines falschen Typs glaubhaft zu vermitteln versucht, dass sie in keinem Fall einen Technologiewechsel nachvollziehen wird, wenn die andere Firma vorlegt. Dadurch kann die fortschrittlichere Firma tatsächlich von einem Technologiewechsel abgehalten werden, wenn sich für sie ein gemeinsamer Wechsel zwar lohnen würde, ein allein durchgeführter Technologiewechsel jedoch zu einer Verschlechterung gegenüber dem Status Quo führte. Wie die Maßnahmen im Einzelnen wirken, wird im Folgenden ausgeführt.

3.4.7.1 Subventionierung der neuen Technologie

Angenommen die Payoffs würden durch fiskalische Maßnahmen derart verändert, dass durch eine Besteuerung der alten bzw. eine Subventionierung der neuen Technologie schließlich die Beziehung

$$B_0(2,Y) > B_0(1,X)$$

gilt. Diese Veränderung impliziert, dass jeder Firmentyp zur neuen Technologie wechseln würde, wenn die andere Firma auch wechselt, d. h. dass Strategie 2 gegenüber Strategie 3 von jedem Typ präferiert würde, so dass unter Wirkung der Steuer bzw. Subvention der untere Schwellenwert auf null sinkt: $\underline{i}^s = 0$.

Die Veränderung wirkt sich aber auch auf die Höhe des oberen Schwellenwerts aus. Durch Einsetzen von $\underline{i}^s = 0$ in (3-21) und Umformen ergibt sich als neue Bedingung für den oberen Schwellenwert $B_{\bar{i}^s}(2,Y) = 0$. Im Vergleich mit der aus (3-21) abgeleiteten Bedingung $B_{\bar{i}}(2,Y) = B_{\bar{i}}(1,Y)\underline{i}/(\underline{i} - \bar{i})$ ergibt sich wegen $\bar{i} > \underline{i}$ und (3-22), dass

$$(3\text{-}23) \qquad\qquad B_{\bar{i}}(2,Y) > 0 = B_{\bar{i}^s}(2,Y)$$

gilt. Daraus folgt, dass der neue obere Schwellenwert unter dem alten liegt: $\bar{i}^s < \bar{i}$. Dies zeigt, dass die Hürde, den Zug durch einen Technologiewechsel in Periode 1 ins Rollen zu bringen, niedriger liegt als ohne die Steuer/Subvention.

Insbesondere gilt aufgrund der Definition des neuen oberen Schwellenwerts, dass jede Firma, aus deren Sicht sich wegen $B_i(2,Y) > 0$ ein Wechsel des Industrie-Standards lohnt, bereits in Periode 1 einen Technologiewechsel durchführt. Wegen $\underline{i}^s = 0$ wechselt die andere Firma in jedem Fall ebenfalls spätestens in Periode 2, so dass schließlich beide Firmen die neue Technologie anwenden. Unter dem Einfluss einer steuerlichen Maßnahme kommt es also immer dann zum Wechsel des Industrie-Standards, wenn mindestens eine Firma für den Wechsel ist. Das bedeutet, dass das Problem von *Excess Inertia* nicht mehr auftritt; allerdings kann es nach wie vor zu einem ineffizienten Technologiewechsel (*Excess Momentum*) kommen. Dies ist genau dann der Fall, wenn $i_1 > \bar{i}^s$ und $0 < i_2 < \bar{i}^s$ mit $B_{i_1}(2,Y) + B_{i_2}(2,Y) < 0$ gilt.

3.4.7.2 Ex-ante Kommunikation zwischen den Spielern

Eine alternative Möglichkeit zur Vermeidung von *Excess Inertia* (sofern diese symmetrisch ist) sowie eine Möglichkeit zur Vermeidung von *Excess Momentum* bietet die Kommunikation zwischen den Spielern. Um die Möglichkeit zur Kommunikation ins Modell zu integrieren, wird angenommen, dass den beiden bisher betrachteten Perioden eine weitere Periode 0 vorgelagert ist, in der jede Firma ein Statement über ihre Präferenzen bezüglich des Technologiewechsels abgeben kann. Die möglichen Aktionen werden in diesem Zusammenhang mit PRO und CONTRA bezeichnet. Dabei ist aus den vorherigen Überlegungen klar, dass jede Firma vom Typ $i \geq i_0$ mit

$$(3\text{-}24) \qquad\qquad B_{i_0}(2,Y) = 0$$

ihre Präferenzen wahrheitsgemäß angeben und PRO vermelden wird; für diese Firmentypen ist ein Wechsel des Industrie-Standards schließlich wünschenswert. Dies ergibt sich aus der in (3-24) angegebenen Definition des Schwellenwertes i_0 in Verbindung mit (3-16), so dass $B_i(2,Y) > 0$ gilt. (Der Schwellenwert i_0 entspricht genau dem Schwellenwert $\bar{i}^s$ aus dem vorherigen Abschnitt; er liegt folglich ebenfalls unter dem oberen Schwellenwert $\bar{i}$ aus dem ursprünglichen Modell (vgl. (3-23)). Außerdem gilt $i_0 > \underline{i}$, da wegen (3-20) in Verbindung mit (3-15) $B_i(2,Y) = B_i(1,X) < 0 = B_i(2,X)$ gilt. In Abbildung 3-11 sind alle relevanten Schwellenwert auf einer Skala abgetragen.

Ebenso ist die wahrheitsgemäße Angabe der Präferenzen für jede Firma vom Typ $i < \underline{i}$ optimal. Wie sich aus der Definition des unteren Schwellenwertes in (3-20) zusammen mit der Annahme (3-17) ergibt, bedeutet ein

Technologiewechsel für diese Firmentypen wegen $B_i(2,Y) < B_i(1,X)$ eine strikte Verschlechterung gegenüber dem Status Quo. Folglich werden sich diese Firmentypen im Rahmen der Kommunikation negativ zum Technologiewechsel äußern und CONTRA angeben.

Für die übrigen Firmentypen i mit $\underline{i} \leq i < i_0$ besteht ein Anreiz zur Täuschung über ihren wahren Typ. Aus der Definition der Schwellenwerte $\underline{i}$ und i_0 in (3-20) und (3-24) gilt für diese Typen wegen (3-17) und (3-16)

$$B_i(1,X) \leq B_i(2,Y) < 0 = B_i(2,X),$$

das heißt sie ziehen es vor, ebenfalls zu wechseln, wenn die andere Firma wechselt. Am liebsten wäre es ihnen aber, wenn alles beim Alten bliebe und die alte Technologie weiterhin als Standard betrachtet würde. Aus diesem Grund werden sie – obwohl sie den Technologiewechsel mitmachen würden, falls die andere Firma wechselt – CONTRA angeben, um die andere Firma möglichst von einem Technologiewechsel abzuhalten.

Bezüglich der Präferenzangabe in Periode 0 gilt folglich die Strategie, PRO genau dann anzugeben, wenn $B_i(2,Y) \geq 0$ gilt, d. h. wenn $i \geq i_0$ vorliegt. Ansonsten wird die Aktion CONTRA gewählt.

Gegeben die Statements aus Periode 0 wählen die beiden Firmen dann ihre Aktionen in Periode 1 und Periode 2. Dabei gilt, dass beide den Technologiewechsel wählen, falls beide PRO angegeben haben. In diesem Fall ist ein Wechsel des Industrie-Standards schließlich für beide erstrebenswert. Falls beide CONTRA angegeben haben, wechselt weder die eine noch die andere Firma. Da sich in diesem Fall für keine der Firmen ein gemeinsamer Wechsel lohnt, ist ein Wechsel im Alleingang aufgrund der Netzwerk-Effekte (vgl. (3-15)) erst recht nicht lohnend. Im Fall dass eine Firma PRO und die andere CONTRA angegeben hat, kommt eine Bandwagon-Strategie analog (3-19) mit den Schwellenwerten $\underline{i}$ und $\tilde{i}$ zum Einsatz.

Das Menü der gleichgewichtigen Strategien lässt sich im Fall mit Kommunikation dann folgendermaßen zusammenfassen:

- Strategie 1K: Statement PRO, falls $i \geq i_0$ und CONTRA, falls $i < i_0$;
- Strategie 2K: $(W,-)$, d. h. Wechsel in Periode 1, falls beide Firmen Statement PRO abgegeben haben;
- Strategie 3K: $(\bar{W},\bar{W})$, d. h. kein Wechsel, falls beide Firmen Statement CONTRA abgegeben haben;

- Strategie 4K: Bandwagon-Strategie mit den Schwellenwerten $\underline{i}$ und $\bar{i}$, falls eine Firma Statement PRO und die andere Firma Statement CONTRA abgegeben hat.

Zur Begründung der Schwellenwerte im Zusammenhang mit der Bandwagon-Strategie (Strategie 4K) betrachten wir zunächst wieder die Entscheidung in Periode 2. Angenommen die PRO-Firma ist bereits in Periode 1 gewechselt. Falls die CONTRA-Firma dann ebenfalls wechselt, erreicht sie die Auszahlung $B_i(2,Y)$. Andernfalls bleibt sie allein bei der alten Technologie und bekommt $B_i(1,X)$. Ein Wechsel in Periode 2 lohnt also genau dann, wenn die Voraussetzung $B_i(2,Y) > B_i(1,X)$ erfüllt ist, so dass sich der erste Schwellenwert aus derselben Bedingung (3-20) ergibt wie im Fall ohne Kommunikation; er lautet somit $\underline{i}$.

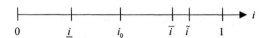

Abbildung 3-11: Schwellenwerte im Modell mit Kommunikation

Damit können wir die Entscheidung in der ersten Periode betrachten, bei der es zu einer Abwägung zwischen einem sofortigen Wechsel und einem späten Wechsel kommt, der von einem frühen Wechsel der anderen Firma abhängig gemacht wird (vgl. Strategie 1 und Strategie 2 aus Abschnitt 3.4.2). Falls die PRO-Firma bereits in Periode 1 zur neuen Technologie wechselt, folgt ihr die andere Firma in Periode 2 mit einer gewissen Wahrscheinlichkeit. Diese Wahrscheinlichkeit entsprach im Fall *ohne* Kommunikation schlicht der ex-ante Wahrscheinlichkeit $(1-\underline{i})$, mit der die Typvariable der anderen Firma über dem unteren Schwellenwert lag. Im Fall *mit* Kommunikation ist bei der Berechnung der Wechsel-Wahrscheinlichkeit die Tatsache zu berücksichtigen, dass die andere Firma das Statement CONTRA abgegeben hat. Da eine Firma nur dann ein solches Statement macht, wenn $i < i_0$ gilt, und anschließend nur dann tatsächlich *nicht* wechselt, wenn $i < \underline{i}$ gilt – was bedeutet, dass sie für $\underline{i} \leq i < i_0$ (also mit der Wahrscheinlichkeit $i_0 - \underline{i}$) schließlich doch wechselt – ergibt sich die Wahrscheinlichkeit für einen Wechsel gegeben ein negatives Statement als $(i_0 - \underline{i})/i_0 = 1 - \underline{i}/i_0$. Mit dieser Wahrscheinlichkeit wenden schließlich beide Firmen die neue Technologie an. Mit der Gegenwahrscheinlichkeit bleibt die andere Firma bei der alten Technologie, so dass die betrachtete Firma allein mit der neuen Technologie operiert. Die erwartete Auszahlung der PRO-Firma beträgt bei einem Wechsel in Periode 1 dann $(1-\underline{i}/i_0)B_i(2,Y)+(\underline{i}/i_0)B_i(1,Y)$.

Im Fall dass die PRO-Firma erst in Periode 2 zur neuen Technologie wechselt, sofern die andere Firma in Periode 1 umgestiegen ist, bliebe der alte Standard erhalten, da die Wahrscheinlichkeit für einen frühen Wechsel der anderen Firma gegeben ihr CONTRA-Statement null beträgt. Die Auszahlung der betrachteten PRO-Firma würde also $B_i(2,X)=0$ betragen.

Ein sofortiger Wechsel ist für die PRO-Firma also lohnend, wenn die Bedingung $(1-\underline{i}/i_0)B_i(2,Y)+(\underline{i}/i_0)B_i(1,Y)>0$ erfüllt ist. Der neue obere Schwellenwert $\tilde{i}$ ist daher aus der Bedingung $(1-\underline{i}/i_0)B_{\tilde{i}}(2,Y)+(\underline{i}/i_0)B_{\tilde{i}}(1,Y)=0$ zu ermitteln; diese ist gleichbedeutend mit

(3-25) $$i_0 B_{\tilde{i}}(2,Y)=\underline{i}\left[B_{\tilde{i}}(2,Y)-B_{\tilde{i}}(1,Y)\right].$$

Für den so definierten neuen oberen Schwellenwert gilt $\tilde{i}>\overline{i}$. Dies ist intuitiv plausibel: Da die Wahrscheinlichkeit $(1-\underline{i}/i_0)$, dass die andere Firma ebenfalls wechselt, im Fall einer vorangegangenen negativen Äußerung bezüglich des Technologiewechsels geringer ist als die ex-ante Wechsel-Wahrscheinlichkeit $(1-\underline{i})$, muss die betrachtete Firma im Fall mit Kommunikation selbst überzeugter (im Sinne einer ausgeprägteren Fortschrittlichkeit) sein, um den ersten Schritt zu wagen. Formal ergibt sich dies aus einem Vergleich der Bedingungen (3-25) und (3-21). Da letztere auch in der Form $\overline{i}B_{\overline{i}}(2,Y)=\underline{i}\left[B_{\overline{i}}(2,Y)-B_{\overline{i}}(1,Y)\right]$ dargestellt werden kann, liegt der alte obere Schwellenwert offensichtlich im Schnittpunkt der Funktionsgraphen zu $iB_i(2,Y)$ und $\underline{i}\left[B_i(2,Y)-B_i(1,Y)\right]$, während der neue obere Schwellenwert im Schnittpunkt der Funktionsgraphen zu $i_0 B_i(2,Y)$ und $\underline{i}\left[B_i(2,Y)-B_i(1,Y)\right]$ liegt. Da die Funktionen $iB_i(2,Y)$ sowie $i_0 B_i(2,Y)$ wegen (3-16) streng monoton steigend in i verlaufen, bei $i=i_0$ eine Nullstelle besitzen und folglich für alle i (außer i_0) $iB_i(2,Y)>i_0 B_i(2,Y)$ gilt, folgt unter Verwendung der Tatsache, dass $\underline{i}\left[B_i(2,Y)-B_i(1,Y)\right]$ für $i>\underline{i}$ eine (betragsmäßig) größere Steigung hat als $iB_i(2,Y)$,[14] dass $\tilde{i}>\overline{i}$ gilt.

---

[14] Dies gilt, weil die Differenz $iB_i(2,Y)-\underline{i}\left[B_i(2,Y)-B_i(1,Y)\right]=(i-\underline{i})B_i(2,Y)+\underline{i}B_i(1,Y)$ der beiden relevanten Funktionen wegen (3-16) für $i>\underline{i}$ streng monoton steigend ist.

Die Implikationen im Modell mit Kommunikation sind folglich zum einen, dass das *Excess-Momentum* Problem aufgrund des höheren oberen Schwellenwertes nur noch abgeschwächt zum Tragen kommt. Dies ergibt sich daraus, dass eine fortschrittliche Firma von einem Technologiewechsel schon *sehr* überzeugt sein muss ($i \geq \tilde{i}$), um durch einen frühen Wechsel (in Periode 1) die Initiative zu ergreifen, durch die der Zug ins Rollen gebracht werden kann. Zum anderen kann durch die Kommunikation das Problem von *Excess Inertia* im symmetrischen Fall vollständig vermieden werden. Da alle Firmentypen, für die ein Wechsel des Industrie-Standards vorteilhaft ist, ihre Präferenzen wahrheitsgemäß angeben, wird ein solcher Wechsel mit Sicherheit durchgeführt, wenn er sich für jede der beiden Firmen lohnt. Im asymmetrischen Fall, in dem sich der Wechsel für eine Firma zwar lohnt, für die andere jedoch nicht, verschärft sich das Problem von *Excess Inertia* infolge des höheren oberen Schwellenwertes allerdings. Im Vergleich zum Fall ohne Kommunikation warten nämlich auch die Firmentypen aus dem Intervall $\left[\bar{i}, \tilde{i} \right)$ die zweite Periode ab, so dass es schließlich *nicht* zum Technologiewechsel kommt, wenn die Möglichkeit zur ex-ante Kommunikation besteht; ohne die Möglichkeit zur Kommunikation wären diese Firmen bereits in Periode 1 gewechselt und hätten so den Zug ins Rollen gebracht.

3.5 Netzwerk-Effekte in Clubs

Der Ansatzpunkt von DIXIT (2003) liegt in der Beobachtung, dass im Zusammenhang mit der Anwendung neuer Technologien oder auch der Schaffung neuer Institutionen im Nachhinein von manchen Teilnehmern (Mitgliedern) beklagt wird, dass sie „von einer Strömung erfasst" worden seien und sich aufgrund von Netzwerk-Effekten nicht mehr hätten entziehen können, obwohl sie am liebsten alles beim Alten belassen hätten. Als aktuellstes Beispiel nennt Dixit die Schaffung der Europäischen Währungsunion, deren Vorteil für alle Mitgliedsstaaten in der Senkung von Transaktionskosten liegt und mit der Größe der Union zunimmt. Demgegenüber besteht der Vorteil von Nicht-Mitgliedern darin, dass sie eine eigenständige Geld- und Wechselkurspolitik betreiben können, um auf heimische Schocks zu reagieren. Mit zunehmender Größe der Währungsunion können von dieser jedoch größere Schocks für die Nicht-Mitglieder ausgehen, so dass die Bedeutung ausschließlich heimischer Schocks abnimmt und ebenso der Vorteil des Nicht-Beitritts. Folglich kommt es ab einer bestimmten Größe der Union zur Entfaltung einer Sogwirkung, die dazu führt, dass schließlich alle potenziellen Kandidaten beitreten, auch wenn nur einige (wenige) wirklich überzeugt sind.[15] Dieses Beispiel klingt zunächst nach Herdenverhalten, allerdings sind im Modell, das Dixit dazu anführt, Einschränkungen zu machen. Diese werden im Folgenden erörtert.

3.5.1 Grundversion des Modells

Es wird eine Gruppe von N Spielern betrachtet, bei denen es sich jeweils um Individuen, Firmen oder Länder handeln kann. Jeder Spieler steht vor der Entscheidung, eine von zwei möglichen Aktionen zu wählen, konkret: eine neue Technologie anzuwenden oder bei der alten zu bleiben bzw. einer Gemeinschaft beizutreten oder autonom zu bleiben. Verallgemeinernd werden die möglichen Aktionen im Folgenden IN und OUT genannt, wobei sie dadurch umschrieben werden können, dass ein potenzielles Mitglied dem Club beitritt bzw. fernbleibt. Wenn sich n andere Spieler für einen Beitritt entschließen, beträgt die Auszahlung von Spieler $i = 1,2,...,N$ $B(i,n)$, falls er sich selbst für einen Beitritt entscheidet. Andernfalls erhält er $S(i,n)$. Dabei gilt, dass die Spieler in absteigender Reihenfolge nach ihrer individuellen Beitrittsbereitschaft geordnet sind, d. h. dass die überzeugteren Spieler einen niedrigen Index haben, während die weniger überzeugten einen hohen Spielerindex haben. Es wird unterstellt, dass der Nutzen aus einem Club-Beitritt umso höher und der Nutzen aus dem Nicht-Beitritt umso niedriger ist, je überzeugter ein Spieler vom Beitritt ist. Folglich gilt, dass

B negativ und S positiv von i abhängig

sind. Darüber hinaus sollen sowohl im Club als auch außerhalb Netzwerk-Effekte bestehen, so dass

(3-26) B mit n steigt, während S mit steigendem n sinkt.

Konkret werden die (linearen) Zusammenhänge

(3-27)
$$B(i,n) = \beta + \gamma n - \delta i \quad \text{und}$$
$$S(i,n) = \sigma i - \tau n$$

---

[15] DOWD UND GREENAWAY (1993) beschäftigen sich ebenfalls mit Netzwerk-Effekten einer gemeinsamen Währung. Sie weisen außerdem darauf hin, dass dieselbe Problematik auch bei der Verwendung von (Fremd)Sprachen auftritt. Denkbar wäre darüber hinaus auch eine Anwendung des Modells auf die Reform der deutschen Rechtschreibung von 1996 in Deutschland.

unterstellt, wobei angenommen wird, dass es mindestens einen Spieler gibt, der die Aktion IN wählt. Da dies am ehesten für den enthusiastischsten Spieler $i = 1$ erfüllt ist, muss also $B(1,0) > S(1,0)$ bzw. $\beta - \delta > \sigma$ gelten. Dies ist äquivalent zur Annahme

$$(3\text{-}28) \qquad\qquad \beta > \delta + \sigma.$$

Außerdem soll gelten, dass ein Beitritt grundsätzlich für alle Spieler attraktiv sein kann. Dazu muss angenommen werden, dass der Effekt, der sich aufgrund der mit i sinkenden individuellen Beitrittsbereitschaft ergibt, durch den Netzwerk-Effekt, den ein zusätzlicher Teilnehmer im Club bewirkt, kompensiert wird. Es muss also die folgende Beziehung erfüllt sein:

$$(3\text{-}29) \qquad\qquad \gamma + \tau \geq \delta + \sigma.$$

Mit diesen Annahmen wollen wir nun die Entscheidung eines Spielers $i \geq 2$ analysieren. Dazu bestimmen wir den Vorteil, den ein Club-Beitritt gegenüber dem Draußenbleiben hat. In Abhängigkeit von der Club-Größe n beträgt dieser Vorteil für Spieler i allgemein $B(i,n) - S(i,n)$. Für $n = i - 1$, d. h. falls alle Spieler beitreten, deren Beitrittsbereitschaft höher ist als die des betrachteten Individuums, ergibt sich dann mit (3-28) und (3-29)

$$(3\text{-}30) \quad B(i,i-1) - S(i,i-1) = \left[\beta - (\delta + \sigma)\right] + \left[(\gamma + \tau) - (\delta + \sigma)\right](i-1) > 0.$$

Das bedeutet, dass jeder Spieler beitreten wird, wenn alle überzeugteren Spieler beitreten. Unter Verwendung von Annahme (3-26), die besagt, dass der Nutzen aus dem Club umso größer ist, je mehr Mitglieder dieser hat, und der Nutzen aus dem Draußenbleiben umso geringer ist, je mehr Spieler dem Club beitreten, ergibt sich, dass der Anreiz beizutreten umso größer wird, je mehr andere Spieler beitreten. Anders formuliert gilt, dass der Nettonutzen aus dem Beitritt zu einem Club mit einer bestimmten Größe (Mitgliederzahl) positiv ist, wenn er für einen Club mit weniger Mitgliedern positiv ist:

$$(3\text{-}31) \qquad B(i,n) - S(i,n) > 0 \Rightarrow B(i,n+1) - S(i,n+1) > 0.$$

3.5.2 Gleichgewicht im simultanen Spiel

Mit den getroffenen Annahmen und Überlegungen lassen sich die optimalen Strategien der Spieler im Fall simultaner Entscheidungen herleiten. Zunächst gilt für den überzeugtesten Spieler $i = 1$ wegen (3-28), dass der Nettonutzen aus einem Beitritt – selbst wenn kein anderer Spieler beitritt – positiv ist: $B(1,0) - S(1,0) > 0$.[16] Mit (3-31) ergibt sich daraus, dass sich eine Club-Mitgliedschaft auch dann – erst recht – lohnt, wenn eine beliebige Anzahl der Mitspieler ebenfalls beitritt, d. h. dass $B(1,n) - S(1,n) > 0$ für alle $n = 1, 2, ..., N - 1$ erfüllt ist. Für den überzeugtesten Spieler ist ein Club-Beitritt also unabhängig vom Verhalten der anderen Spieler lohnend. Spieler 1 hat folglich eine dominante Strategie IN.

Wenn der enthusiastischste Spieler also in jedem Fall beitritt, lohnt es sich auch für Spieler $i = 2$ beizutreten. Wegen (3-30) gilt schließlich $B(2,1) - S(2,1) > 0$, woraus sich wegen (3-31) ableiten lässt, dass auch $B(2,n) - S(2,n) > 0$ für alle $n = 2, 3, ..., N - 1$ erfüllt ist. Folglich hat auch Spieler $i = 2$ in den relevanten Situationen, in denen Spieler $i = 1$ beitritt, eine (konditional) dominante Strategie IN.

Durch eine analoge Argumentation kann auch für alle weiteren Spieler abgeleitet werden, dass IN eine (konditional) dominante Strategie darstellt, so dass es ein eindeutiges Nash-Gleichgewicht gibt, in dem alle Spieler dem Club beitreten und eine Auszahlung in Höhe von $B(i, N - 1)$ erhalten.

3.5.3 Gleichgewicht im sequenziellen Spiel

Im Rahmen von sequenziellen Entscheidungen wird davon ausgegangen, dass ursprünglich kein Spieler Club-Mitglied ist, der Club also neu gegründet wird. Es gebe eine endliche Anzahl an Entscheidungsknoten, wobei jeweils ein Spieler eine Entscheidung über seinen Status trifft. Jeder Spieler kommt mindestens einmal zum Zug und kann dann dem Club beitreten oder austreten. Die Reihenfolge, in der die Spieler ziehen sei exogen und willkürlich gewählt. Die Payoffs werden am Ende des Spiels ausgezahlt.

Für Spieler $i = 1$ gilt auch in diesem Rahmen, dass er einen Beitritt präferiert, wenn kein anderer beitreten will, und daher erst recht beitreten wird, wenn eine beliebige Anzahl seiner Mitspieler beitritt. Folglich wird er insbesondere bei seinem letzten Zug IN wählen, woraus sich aufgrund der Tatsache, dass er nicht weiß, welches sein letzter Zug ist, ableiten lässt, dass er von Anfang an unbedingt IN spielt.

---

[16] Dixit weist in diesem Zusammenhang darauf hin, dass die Bezeichnung „Club" für eine Gemeinschaft, die nur ein Mitglied hat, unpassend ist; ein 1-Personen-Club kann jedoch auch dahingehend interpretiert werden, dass die Gründung eines Clubs in Aussicht gestellt wird, wodurch gleichzeitig eine Einladung an weitere potenzielle Mitglieder ergeht beizutreten.

Spieler $i = 2$ kann den letzten Zug von Spieler 1 entweder beobachten oder, falls sein letzter Zug vor dem letzten Zug von Spieler 1 stattfindet, antizipieren, dass Spieler 1 sich letztlich für IN entscheiden wird. Gegeben die Beitrittsentscheidung von Spieler 1 lohnt sich dann auch für Spieler 2 ein Beitritt. Er wird daher ebenfalls – zumindest bei seinem letzten Zug – Strategie IN wählen. Da er allerdings auch nicht weiß, wann sein letzter Zug stattfindet, wird er bereits von Anfang an IN spielen.

Analoge Überlegungen können nun wieder für alle weiteren Spieler durchgeführt werden. Dabei ergibt sich in den relevanten Situationen, in denen sich alle enthusiastischeren Individuen für den Club-Beitritt entscheiden, dass die optimale Strategie eines jeden Spielers darin besteht, IN zu wählen. Im Ergebnis stellt sich daher wieder ein Nash-Gleichgewicht (in bedingt dominanten Strategien) ein, in dem alle Spieler dem Club beitreten und die Auszahlung $B(i, N-1)$ erhalten.

3.5.4 Beurteilung der Ergebnisse

In der Definition für Herdenverhalten wurde festgelegt, dass nicht von Herdenverhalten zu sprechen ist, wenn das Ergebnis mit identischem Verhalten aller Spieler auf dominanten Strategien beruht. Da dies in der bisher dargestellten Modellversion der Fall ist, was auf Annahme (3-28) zurückzuführen ist, wird im nächsten Abschnitt eine modifizierte Version analysiert, in der diese Annahme aufgegeben wird. Dabei beschränken wir uns auf die Betrachtung von zwei Spielern.

3.5.5 Modifizierte Modellversion

Wenn wir das Spiel aus Abschnitt 3.5.1 für zwei Spieler darstellen und dabei unterstellen, dass die Ungleichungen

$$(3\text{-}32) \qquad \beta < \delta + \sigma < \beta + \gamma < 2(\delta + \sigma) < \beta + \gamma + \tau$$

erfüllt sind, ergeben sich zwei Nash-Gleichgewichte, in denen beide Spieler dieselbe Aktion wählen, also entweder gemeinsam dem Club beitreten oder gemeinsam draußen bleiben. Die einzelnen Auszahlungen bestimmen sich dabei nach (3-27). Falls zum Beispiel Spieler 1 IN wählt, und Spieler 2 sich für OUT entscheidet, ergibt sich die Auszahlung für Spieler 1 als $B(1,0) = \beta - \delta$ und für Spieler 2 als $S(2,1) = 2\sigma - \tau$. Dieser Fall ist in der Auszahlungsmatrix in

Abbildung 3-12 rechts oben dargestellt. Die Auszahlungen für die anderen Felder ergeben sich durch ein analoges Vorgehen.

Wegen der Annahmen in (3-32) ergibt sich nun, dass die optimale Strategie eines jeden Spielers darin liegt, immer dasselbe zu machen wie sein Mitspieler, d. h. dass jeder Spieler IN wählt, wenn der Mitspieler IN wählt, und sich andernfalls für OUT entscheidet. Folglich resultieren im simultanen Spiel zwei Nash-Gleichgewichte mit den Aktionen (*IN*, *IN*) bzw. (*OUT*, *OUT*).

Diese Gleichgewichte sind Pareto-effizient, da ein Abweichen vom Gleichgewicht in eine beliebige andere Situation jeweils mindestens einen Spieler schlechter stellt. Aus einer Verteilungsperspektive ist zu vermerken, dass Spieler 1 das Club-Gleichgewicht (*IN*, *IN*) präferiert, während Spieler 2 aufgrund seiner geringeren Überzeugung den Status Quo (*OUT*, *OUT*) vorzieht. Dies ergibt sich, weil wegen Annahme (3-32) gilt, dass die Auszahlung von Spieler 1 im Club größer ist als seine Auszahlung im Status Quo:

$$B(1,1) - S(1,0) = \beta + \gamma - \delta - \sigma > 0.$$

Für Spieler 2 ist dies gerade umgekehrt, d. h. dass seine Auszahlung im Status Quo die Auszahlung im Club-Gleichgewicht übersteigt:

$$S(2,0) - B(2,1) = 2\sigma - (\beta + \gamma - 2\delta) > 0.$$

Dieses Ergebnis bestätigt die anfangs aufgegriffene These, dass in bestimmten Situationen zu beobachten ist, dass nicht alle Beteiligten mit dem Ergebnis, an dessen Zustandekommen sie selbst beteiligt waren, zufrieden sind. Verantwortlich dafür ist die Spielstruktur, die der des Geschlechterkampfs entspricht, bei dem zwar effiziente Ergebnisse resultieren, die sich jedoch hinsichtlich der Verteilung erheblich unterscheiden.

| | | Spieler 2 | |
		IN	*OUT*
Spieler 1	*IN*	*$(\beta + \gamma - \delta, \beta + \gamma - 2\delta)$*	$(\beta - \delta, 2\sigma - \tau)$
	OUT	$(\sigma - \tau, \beta - 2\delta)$	*$(\sigma, 2\sigma)$*

Abbildung 3-12: Normalform des Club-Beitrittsspiels

Aus den unterschiedlichen Nutzenpositionen der einzelnen Individuen in den beiden Gleichgewichten folgt aufgrund der Tatsache, dass die optimalen Strategien darin liegen, immer dasselbe zu machen wie der Mitspieler, dass das Gleichgewicht im sequenziellen Spiel (in dem jeder Spieler genau einen Zug hat) von der Zugfolge abhängig ist. Da jeder Spieler damit rechnen kann, dass ihm sein Mitspieler folgt, wird er – wenn er den ersten Zug hat – die Aktion wählen, die in die von ihm präferierte Lösung führt. Der erste Spieler kann also mit seiner Entscheidung Fakten schaffen und – in Antizipation der besten Antwort seines Mitspielers, die in der Imitation besteht – das Ergebnis in die gewünschte Richtung lenken. Falls Spieler 1 zuerst zieht, wird er daher IN wählen, woraufhin sich Spieler 2 ebenfalls für IN entscheidet, so dass sich schließlich das Club-Gleichgewicht einstellt. Falls Spieler 2 zuerst zieht, wählt er OUT, woraufhin Spieler 1 ebenfalls den Beitritt ausschlägt, so dass sich als Gleichgewicht der Status Quo ergibt. Die jeweiligen Spielbäume sind in Abbildung 3-13 und Abbildung 3-14 dargestellt. Dabei bringen durchgezogene Linien die optimalen Strategien der einzelnen Spieler zum Ausdruck. Das Gleichgewicht im sequenziellen Spiel liegt also dort, wo man ausschließlich über durchgezogene Linien durch den Spielbaum gelangt.

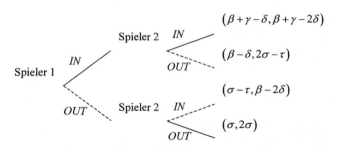

Abbildung 3-13: Extensive Form des Club-Beitrittsspiels (Spieler 1 zieht zuerst)

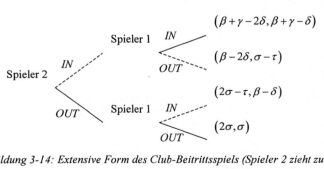

Abbildung 3-14: Extensive Form des Club-Beitrittsspiels (Spieler 2 zieht zuerst)

Wenn die Reihenfolge nicht – wie bisher implizit unterstellt wurde – exogen gegeben ist und wenn mehrere Runden möglich sind, ist zu erwarten, dass Spieler 2 dem Club zunächst nicht beitreten wird. Da er jedoch nicht glaubhaft versichern kann, dass er einen Beitritt dauerhaft ablehnt, weil er aufgrund seiner optimalen Strategie sofort nachzieht, sobald Spieler 1 seinen Beitritt erklärt hat, wird Spieler 1 durch seinen Beitritt Fakten schaffen. Dadurch wird schließlich auch der Beitritt des Mitspielers bewirkt, der den Status Quo zwar nur ungern verlässt, für den ein Beitritt – gegeben den Beitritt des anderen – jedoch besser ist, als allein draußen zu bleiben.

3.5.6 Wohlfahrtsbetrachtung

Auch wenn das Club-Gleichgewicht aus Sicht von Spieler 2 schlechter ist als der Status Quo, muss es nicht notwendigerweise auch aus gesamtwirtschaftlicher Sicht schlechter sein. Dem Verlust von Spieler 2 steht nämlich ein Gewinn von Spieler 1 gegenüber, der bei einer gesamtwirtschaftlichen Betrachtung mit berücksichtigt werden muss. Da die Gesamtwohlfahrt im Club-Gleichgewicht

$$W_C = B(1,1) + B(2,1) = 2\beta + 2\gamma - 3\delta$$

beträgt und im Status Quo durch

$$W_{SQ} = S(1,0) + S(2,0) = 3\sigma$$

gegeben ist, bedeutet das Zustandekommen eines Clubs folglich nur dann auch aus der Sicht eines Planers eine Verschlechterung, wenn der folgende Zusammenhang gilt:

(3-33) $$2(\beta + \gamma) < 3(\delta + \sigma).$$

3.5.7 Maßnahmen zur Vermeidung einer ineffizienten Lösung

Aufgrund der Tatsache, dass in einem Fall, in dem ein gesamtwirtschaftlich ineffizienter Club zustande kommt, immer unzufriedene Mitglieder vorhanden sind, besteht eine Möglichkeit, die Bildung des Clubs von vornherein dadurch zu verhindern, dass die nicht überzeugten Spieler die Enthusiasten durch Kompensationszahlungen davon abhalten, ihren Beitritt zu erklären. Im betrachteten Zwei-Spieler Beispiel muss die Kompensationszahlung von Spieler 2 an Spieler 1 dazu mindestens so groß sein, wie der Gewinn, den Spieler 1 durch das Zustandekommen des Clubs machen würde, also

$$Z \geq B(1,1) - S(1,0) = \beta + \gamma - \delta - \sigma .$$

Damit sich die Zahlung aber auch für Spieler 2 lohnt, darf sie höchstens so groß sein, wie der Gewinn, den Spieler 2 durch Verhinderung des Clubs (im Sinn eines vermiedenen Verlusts) erfährt. Es muss also auch

$$Z \leq S(2,0) - B(2,1) = 2\sigma - (\beta + \gamma - 2\delta)$$

gelten. Insgesamt müssen daher die Bedingungen

$$2\sigma - (\beta + \gamma - 2\delta) \geq Z \geq \beta + \gamma - \delta - \sigma$$

erfüllt sein. Dies ist äquivalent zur Bedingung $3(\delta + \sigma) \geq 2(\beta + \gamma)$, die genau jene Situationen charakterisiert, in denen ein Club gesamtwirtschaftlich nicht lohnend ist (vgl. (3-33)). Eine ineffiziente Club-Bildung kann also durch Kompensationszahlungen der Skeptiker an die Enthusiasten vermieden werden. Dabei kommt es gegenüber dem Status Quo zu einer Umverteilung zwischen den Spielern, durch die ein Wohlfahrtsverlust vermieden wird.

3.6 Spezielle Formen der Manager-Entlohnung

Anstatt durch Netzwerk-Effekte können Payoff-Externalitäten auch durch ein spezielles Entlohnungsschema bedingt sein. In diesem Zusammenhang beschreibt PALLEY (1995) Herdenverhalten in einem Modell mit zwei risikoaversen Managern, die für ihren Prinzipal jeweils eine Investitionsentscheidung treffen und in Abhängigkeit ihres Erfolgs *im Vergleich zu ihrem Konkurrenten* (also in Abhängigkeit ihrer *relativen Performance*) entlohnt werden.[17] Als Anwendungssituation könnte man sich ebenso zwei Wissenschaftler vorstellen, die für eine Institution arbeiten und hinsichtlich ihrer Forschungstätigkeit miteinander konkurrieren.

---

[17] Durch ein solches Entlohnungsschema werden rein konjunkturelle Einflüsse eliminiert, die das Ergebnis (bzw. die Performance) des Managers (mit)beeinflussen; ein Manager wird also nur dann gut bzw. schlecht entlohnt, wenn er kompetenter bzw. weniger kompetent ist als sein Konkurrent, und nicht, wenn sich die Wirtschaft gerade im Aufschwung bzw. im Abschwung befindet.

3.6.1 Modellrahmen

In der Ausgangssituation verfügt jeder Manager über eine Einheit Kapital, die er in zwei riskante Projekte investieren kann. Wenn X_i und Y_i mit $X_i, Y_i > 0$ jeweils die Beträge bezeichnen, die Manager A bzw. Manager B in Projekt i ($i = 1, 2$) investieren, lautet die Ressourcenbeschränkung

(3-34)
$$X_1 + X_2 = 1 \quad \text{für Manager } A \text{ bzw.}$$
$$Y_1 + Y_2 = 1 \quad \text{für Manager } B.$$

Das Risiko bei der Entscheidung über die Allokation der Anfangsausstattung liegt darin, dass von den beiden Projekten nur eines erfolgreich verläuft, während das andere fehlschlägt. Zustand i bezeichne jeweils den Fall, in dem Projekt i von Erfolg gekrönt ist. Im Erfolgsfall betrage die (exogene) Ertragsrate bei beiden Projekten gleichermaßen r, so dass der Rückfluss x_i bzw. y_i aus der Investition im Zustand i

(3-35)
$$x_i = (1 + r) X_i \quad \text{für Manager } A \text{ bzw.}$$
$$y_i = (1 + r) Y_i \quad \text{für Manager } B$$

beträgt. Die Höhe Z_i bzw. W_i der Entlohnung von Manager A bzw. B in Zustand i ergebe sich dann als eine Kombination aus absoluter und relativer Performance mit den Gewichten a und b, wobei $a, b > 0$ gelten soll. Folglich beträgt der Lohn in Zustand i

(3-36)
$$Z_i = ax_i + b(x_i - y_i) \quad \text{für Manager } A \text{ und}$$
$$W_i = ay_i + b(y_i - x_i) \quad \text{für Manager } B.$$

Die Manager wählen ihre optimale Ressourcenallokation dann jeweils durch Maximierung des individuellen Erwartungsnutzens

(3-37)
$$EU_A = pZ_1^c + (1 - p)Z_2^c \quad \text{für Manager } A \text{ bzw.}$$
$$EU_B = qW_1^c + (1 - q)W_2^c \quad \text{für Manager } B,$$

der unter Berücksichtigung der jeweiligen Nutzenfunktion der beiden Agenten $u(Z) = Z^c$ bzw. $u(W) = W^c$ mit $0 < c < 1$ sowie deren subjektiver Wahrscheinlichkeit p bzw. q für das Eintreten von Zustand 1 gebildet wird. Bei der Wahl des eigenen Verhaltens wird die Entscheidung des jeweils anderen – wie im

Cournot-Modell – als gegeben betrachtet. Wenn die Nebenbedingungen (3-34) bis (3-36) in die Zielfunktionen (3-37) eingesetzt werden, ergeben sich die vereinfachten Optimierungsprobleme der Manager:

$$\max_{X_1} EU_A = (1+r)^c \left[p\{aX_1 + b(X_1 - Y_1)\}^c + (1-p)\{a(1-X_1) + b(Y_1 - X_1)\}^c \right]$$

$$\max_{Y_1} EU_B = (1+r)^c \left[q\{aY_1 + b(Y_1 - X_1)\}^c + (1-q)\{a(1-Y_1) + b(X_1 - Y_1)\}^c \right].$$

Durch Ableiten und Kürzen erhält man die Bedingungen erster Ordnung

(3-38)
$$p\{aX_1 + b(X_1 - Y_1)\}^{c-1} - (1-p)\{a(1-X_1) + b(Y_1 - X_1)\}^{c-1} = 0 \quad \text{bzw.}$$
$$q\{aY_1 + b(Y_1 - X_1)\}^{c-1} - (1-q)\{a(1-Y_1) + b(X_1 - Y_1)\}^{c-1} = 0,$$

aus denen sich die Reaktionsfunktionen der beiden Agenten bestimmen lassen. Diese beschreiben jeweils die beste Antwort des betrachteten Managers gegeben die Investitionsentscheidung des anderen.

3.6.2 Herleitung des Gleichgewichts

Da das Gleichgewicht durch wechselseitig beste Antworten charakterisiert ist, stellt das Paar (X_1^*, Y_1^*) eine gleichgewichtige Allokation dar, wenn damit die beiden Gleichungen in (3-38) simultan erfüllt werden.

Grafisch liegt das Gleichgewicht also im Schnittpunkt N der beiden Reaktionsfunktionen (vgl. Abbildung 3-15), deren Steigungen man durch totales Differenzieren der (impliziten) Reaktionsfunktionen aus (3-38) erhält. Diese betragen

(3-39)
$$\left.\frac{dX_1}{dY_1}\right|_{EU_A} = \left.\frac{dY_1}{dX_1}\right|_{EU_B} = \frac{b}{a+b} > 0,$$

woraus folgt, dass sich die Entscheidungsvariablen der beiden Agenten komplementär zueinander verhalten. Das bedeutet, dass die Investitionsentscheidung eines jeden Managers positiv von der Entscheidung des anderen abhängt, so dass jeder Manager umso mehr in Anlage i investiert, je mehr der andere in eben dieses Projekt anlegt.

Die Intuition hinter diesem Verhalten ist, dass die Manager ihren Anlagemix immer so an die Entscheidung des anderen anpassen, dass sie unter keinen Umständen leistungsmäßig zurückliegen. So würde sich ausgehend von einer gleichgewichtigen Allokation das Ergebnis von Manager B in Zustand 1 relativ verschlechtern, wenn Manager A seine Investition in Projekt 1 erhöht. Um dies zu vermeiden, reagiert Manager B also, indem er ebenfalls seine Investition in Projekt 1 erhöht.

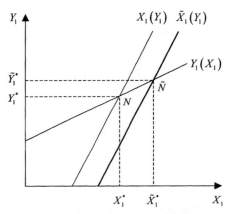

Abbildung 3-15: Cournot-Nash-Gleichgewicht

3.6.3 Dynamik des Herdenverhaltens

Für gegebene Modellparameter ergibt sich ein Gleichgewicht, wie es durch den Punkt N in Abbildung 3-15 dargestellt ist. Ein solches Gleichgewicht kann nun zum Beispiel dadurch gestört werden, dass sich Manager A's Erwartungen bezüglich des Eintretens von Zustand 1 verbessern und er von der revidierten Eintrittswahrscheinlichkeit $\tilde{p} > p$ ausgeht.[18] Dadurch kommt es – gegeben die Investitionsentscheidung Y_1 von Manager B – zu einer Neugestaltung seines Anlagemix' in der Weise, dass Manager A den Investitionsbetrag in Projekt 1 erhöht. Dieser Zusammenhang ergibt sich aus der Ableitung von X_1 nach p, welche durch Anwendung des impliziten Funktionen-Theorems auf die Bedingung erster Ordnung (3-38) aus Manager A's Entscheidungsproblem zu erhalten ist:

---

[18] Die folgenden Ausführungen gelten – ohne dass dies explizit ausgeführt wird – in analoger Weise für eine Situation, in der sich Manager B's Erwartungen bezüglich des Eintretens von Zustand 1 von q auf $\tilde{q} > q$ verbessern.

$$\left.\frac{dX_1}{dp}\right|_{Y_1} = -\frac{\overbrace{Z_1^{c-1}+Z_2^{c-1}}^{+}}{\underbrace{(c-1)}_{-}\underbrace{(a+b)}_{+}\underbrace{\left(pZ_1^{c-2}+(1-p)Z_2^{c-2}\right)}_{+}} > 0.$$

Diese Ableitung besagt, dass Manager A einen umso größeren Betrag in Projekt 1 investiert, je höher seine subjektive Eintrittswahrscheinlichkeit für Zustand 1 ist. Grafisch kommt Manager A's „spontaner Optimismus" bezüglich Projekt 1 darin zum Ausdruck, dass sich seine Reaktionsfunktion nach rechts verlagert, was in Abbildung 3-15 durch die Gerade $\tilde{X}_1(Y_1)$ dargestellt ist. Gegeben die Investitionsentscheidung von Manager B erhöht Manager A infolge seiner neuen Wahrscheinlichkeitseinschätzung den Investitionsbetrag X_1, was aufgrund der Komplementarität im Hinblick auf die Entscheidungsvariablen der beiden Manager (vgl. (3-39)) schließlich dazu führt, dass Manager B – ohne dass sich dessen Wahrscheinlichkeitseinschätzung bezüglich des Eintretens der beiden möglichen Zustände verändert hätte – ebenfalls von Projekt 2 nach Projekt 1 umschichtet. Das neue Gleichgewicht liegt dann im Punkt $\tilde{N}$; die neuen Investitionsbeträge belaufen sich auf $\tilde{X}_1^*$ und $\tilde{Y}_1^*$.

Bei der Reaktion von Manager B ist dabei insofern Herdenverhalten zu diagnostizieren, als er seine eigene Investition in Projekt 1 nur deswegen erhöht, weil Manager A eine entsprechende Veränderung vorgenommen hat, und nicht etwa, weil zusätzliche Informationen bekannt geworden wären, welche die von ihm durchgeführte Umschichtung rechtfertigen.

3.6.4 Ursachen für das Auftreten von Herdenverhalten

Als Ursachen für die positive Feedback-Reaktion von Manager B auf eine Veränderung des Investitionsbetrags in Projekt 1 durch Manager A sind zwei Punkte zu nennen. Zunächst wird durch die Eigenschaft der Risikoaversion (mit $c<1$) sicher gestellt, dass die Erwartungen des jeweils anderen (über dessen Investitionsbeträge) die optimale Investitionsentscheidung eines Managers überhaupt beeinflussen[19]. Darüber hinaus ist für das Auftreten von Herdenverhalten auch die Tatsache vorausgesetzt, dass die Entlohnung der Manager zumindest teilweise auf Basis ihrer *relativen* Performance erfolgt, d. h. dass $b>0$ gilt. Wie anhand von (3-39) leicht zu überprüfen ist, wären die Investitionsträge der beiden (risikoaversen) Manager für $b=0$ voneinander unabhängig, d. h. dass eine Veränderung der Strategie des einen Managers keine Auswirkungen auf das Verhalten des anderen hätte, falls diese ausschließlich aufgrund ihrer *absoluten*

---

[19] ...was bei Risikoneutralität (mit $c=1$) nicht der Fall wäre (vgl. (3-38)).

Performance entlohnt würden. Durch die *relative* Beurteilung der Manager wird jedoch die Leistung des Konkurrenten für die Höhe der eigenen Entlohnung relevant.

Durch einen echt positiven Wert für den Parameter b entsteht also durch das Verhalten des jeweils anderen eine Payoff-Externalität, die bewirkt, dass die eigene Auszahlung im Zustand i bei gegebener eigener Strategie sinkt, wenn der Investitionsbetrag des anderen in Projekt i steigt. Im Gegenzug steigt gleichzeitig natürlich die eigene Auszahlung aus dem anderen Projekt. Wie die Kreuzableitungen

$$\frac{\partial^2 EU_A}{\partial X_1 \partial Y_1} = -(1+r)^c \, c\underbrace{(c-1)}_{-} b(a+b)\left[pZ_1^{c-2} + (1-p)Z_2^{c-2} \right] > 0$$

für Manager A bzw.

(3-40)

$$\frac{\partial^2 EU_B}{\partial Y_1 \partial X_1} = -(1+r)^c \, c\underbrace{(c-1)}_{-} b(a+b)\left[qW_1^{c-2} + (1-q)W_2^{c-2} \right] > 0$$

für Manager B

zeigen, nimmt der Grenznutzen aus einer Investition in Projekt i dadurch zu, während der Grenznutzen aus einer Investition in das andere Projekt sinkt. Beides zusammen führt zu einer Verletzung der Optimalitätsbedingung (3-38), welche durch eine geeignete Anpassungsreaktion wiederhergestellt werden kann. Die optimale Anpassung besteht darin, den Investitionsbetrag für Projekt i ebenfalls zu erhöhen, wodurch der Investitionsbetrag für das andere Projekt sinkt, so dass die eigene Auszahlung im Zustand i zu- und im anderen Zustand abnimmt. Dadurch kommt es wieder zu einer Übereinstimmung der Grenznutzen, die im Gleichgewicht vorliegen muss.[20]

3.6.5 Verallgemeinerung

Die für einen Fall mit zwei Managern abgeleiteten Ergebnisse lassen sich grundsätzlich auch auf Situationen mit n Managern verallgemeinern. Allerdings ist dabei das Kriterium der relativen Performance genauer zu spezifizieren. Die Resultate gelten dabei unverändert weiter, wenn man sich vorstellt, dass die Manager in einem Kreis angeordnet sind und jeweils im Vergleich zu ihrem

---

[20] Die Ableitungen in (3-40) liefern übrigens die formale Begründung dafür, dass die Investitionsbeträge, über welche die Manager entscheiden, *strategische Komplemente* im Sinn von BULOW, GEANAKOPLOS UND KLEMPERER (1985, 489; 494; 500) sind, was eine Einordnung des Modells von PALLEY (1995) in das vorliegende Kapitel begründet.

rechten Nachbarn entlohnt werden. In diesem Fall löst eine Erwartungsänderung und eine ihr folgende Veränderung des Anlagemix' eines betrachteten Managers Anpassungsreaktionen bei seinem linken Nachbarn aus, die sich dann domino-artig durch den Kreis fortsetzen, bis die neue gleichgewichtige Allokation er-reicht ist. Falls die relative Performance hingegen am durchschnittlichen Erfolg aller Manager gemessen wird, hängen die individuellen Entscheidungen von den Entscheidungen aller anderen Manager ab, allerdings sinkt der Einfluss eines einzelnen Managers auf die anderen mit zunehmender Anzahl n der Manager.

3.6.6 Konsequenzen des Herdenverhaltens

Ein grundsätzliches Problem, das sich durch das oben beschriebene Her-denverhalten ergibt, kann darin gesehen werden, dass – im Zwei-Manager-Fall – nicht nur Manager A, der (aus welchem Grund auch immer) zu einer optimisti-scheren Einschätzung der Erfolgschancen von Projekt 1 gekommen ist, seine Investition in dieses Projekt erhöht, sondern auch Manager B, dessen Erwartun-gen bezüglich der Erfolgschancen der beiden Projekte unverändert sind, zu einer Umschichtung seiner Investitionsbeträge veranlasst wird. Dadurch ergibt sich im ersten Fall, im dem das favorisierte Projekt 1 tatsächlich erfolgreich abgeschlos-sen wird und das andere Projekt 2 scheitert, ex-post betrachtet insofern ein Vor-teil, als sowohl die individuellen als auch die aggregierten Investitionserträge $x_1 = (1+r)X_1$ und $y_1 = (1+r)Y_1$ bzw. $(x_1 + y_1) = (1+r)(X_1 + Y_1)$ sowie die Summe der Manager-Einkommen[21] $a(1+r)(X_1 + Y_1)$ zunehmen. Spiegelbildlich kommt es allerdings im anderen Fall, in dem das favorisierte Projekt scheitert, aufgrund einer Reduzierung der Investitionen X_2 und Y_2 in Projekt 2 zu einer Verminde-rung der individuellen sowie der aggregierten Investitionserträge $x_2 = (1+r)X_2$ und $y_2 = (1+r)Y_2$ bzw. $(x_2 + y_2) = (1+r)(X_2 + Y_2)$ sowie der Summe der Mana-ger-Einkommen $a(1+r)(X_2 + Y_2)$.

Hinsichtlich der Einkommensänderungen gilt dabei, dass die im jeweiligen Zustand entstehenden Gewinne bzw. Verluste vollständig von Manager A getra-gen werden. Die Höhe der Entlohnung von Manager B bleibt aufgrund der opti-malen Anpassung von Manager B auf Veränderungen der Investitionsentschei-dung von Manager A, die sich durch den Zusammenhang

---

[21] Die Summe der Manager-Einkommen ist ausschließlich von der absoluten Performance der beiden Manager abhängig, da sich die Komponenten, die jeweils auf der relativen Perfor-mance basieren, gegenseitig aufheben. So gilt:

$$\sum (Z_i + W_i) = ax_i + b(x_i - y_i) + ay_i + b(y_i - x_i) = a(x_i + y_i) = a(1+r)(X_i + Y_i).$$

(3-41) $$\Delta Y_i = \frac{a}{a+b} \Delta X_i$$

beschreiben lässt, in beiden Fällen unverändert. Da sich für die Höhe der Entlohnung von Manager B aus (3-36) mit (3-35) $W_i = (1+r)\big[(a+b)Y_i - bX_i\big]$ ergibt, gilt für die Einkommensänderung bei Manager B grundsätzlich

$$\Delta W_i = (1+r)\big[(a+b)\Delta Y_i - b\Delta X_i\big],$$

woraus schließlich durch Einsetzen von (3-41)

$$\Delta W_i = (1+r)\left[(a+b)\frac{b}{(a+b)}\Delta X_i - b\Delta X_i\right] = 0$$

folgt. Manager B nimmt also keinen Schaden aus dem Herdenverhalten, auch wenn er durch einen enthusiastischen Manager A zu einer hohen Investition in ein bestimmtes Projekt getrieben wird. Der Grund dafür liegt darin, dass Manager B eventuell auftretende Nachteile einer schlechten absoluten Performance durch eine gute relative Performance ausgleicht und sein Einkommen in jedem Zustand stabilisieren kann. Dadurch ändert sich auch an seinem ex-ante Erwartungsnutzen nichts.

Auch wenn sich durch das Herdenverhalten keine problematischen Verteilungseffekte zwischen den beiden Managern ergeben, stellt der bestehende Anreiz zum Herdenverhalten ein Problem dar, weil „lokaler Optimismus" eine Allokationsverzerrung hervorrufen kann, bei der das verfügbare Kapital exzessiv, das heißt mehr als es den individuellen Einschätzungen bezüglich der Erfolgschancen entspricht, in ein einzelnes Projekt gelenkt wird. Dadurch kann es zu einem Abzug von Kapital aus einem anderen, grundsätzlich soliden Projekt kommen, das schließlich zugunsten eines möglicherweise weniger soliden, aber von (zumindest) einem Manager stark favorisierten Projekts nicht mehr durchgeführt werden kann.[22] Da die Agenten bei einer effizienten Risikoallokation ihre Investitionsentscheidungen entsprechend ihren individuellen Wahrscheinlichkeitseinschätzungen treffen, ist zur Vermeidung von Ineffizienzen dafür zu sorgen, dass das Ausmaß von Herdenverhalten minimiert wird.

---

[22] An dieser Stelle sei noch einmal erwähnt, dass der Einfluss eines einzelnen Managers auf die anderen umso geringer ist, je höher die Gesamtanzahl der Agenten ist. Nichtsdestotrotz besteht eine Manipulationsmöglichkeit, solange die anderen dem eigenen Vorbild folgen.

3.6.7 Maßnahmen zur Vermeidung von Herdenverhalten

Da Herdenverhalten im Modell von PALLEY (1995) ausschließlich bei risikoaversen Agenten auftritt, deren Entlohnung sich zumindest teilweise auf deren relative Performance gründet, sind die Ansatzpunkte für Maßnahmen zur Vermeidung von Herdenverhalten in diesem Fall die Risikoaversion und das Entlohnungsschema (vgl. Abschnitt 3.6.4). Während von einer übergeordneten Instanz kaum etwas für oder gegen die Risikoeinstellung der Agenten getan werden kann, läge eine triviale Lösung darin, ausschließlich Entlohnungsmodelle zuzulassen, bei denen die Agenten in Abhängigkeit ihres absoluten Erfolgs vergütet werden. Da die Einkommen der Manager dadurch aber rein konjunkturabhängig wären (vgl. Fußnote 17), und die Manager insbesondere für Ereignisse belohnt bzw. bestraft würden, die sie nicht zu verantworten haben, erscheint eine solche radikale Lösung unfair. Ein Kompromiss könnte darin liegen, eine Obergrenze für den Wert der Variable b vorzugeben, um auf diese Weise das Ausmaß, in dem die Manager einem enthusiastischen Kollegen im Hinblick auf seine Investitionsentscheidung folgen (und damit ihrer Ansicht nach solideren Projekten Kapital entziehen), möglichst gering zu halten. Wie in (3-39) zum Ausdruck kommt, ist der Herdeneffekt ja umso geringer, je kleiner b ist.

4 Bank Runs

Bank Runs gelten landläufig als ein klassisches Beispiel für Herdenverhalten, da sie häufig mit einem Bild assoziiert werden, in dem Sparer panisch in ihre Bank stürmen, um ihre Guthaben abzuheben, und die sich dabei ergebende Warteschlange noch mehr Sparer mit demselben Ansinnen anzieht. Um zu klären, ob Bank Runs tatsächlich unsere Definition für Herdenverhalten erfüllen, sind die Ursachen genau zu analysieren, wozu zunächst das Modell von DIAMOND UND DYBVIG (1983) in einer Version wie etwa bei FREIXAS UND ROCHET (1999, 20-23 und 192-95), BRUNNERMEIER (2001, 213-217) oder GONTERMANN (2003, 51-56 und 182-86) präsentiert wird. Im Anschluss daran wird herausgearbeitet, inwiefern die in diesem Modell erklärten spekulativen Bank Runs als ein Beispiel für Herdenverhalten infolge von Payoff-Externalitäten gesehen werden können. Dabei wird auch eine Parallele zu den Modellen aus dem vorigen Kapitel aufgedeckt.

4.1 Version eines Bank-Run Modells

Den Rahmen des Modells von DIAMOND UND DYBVIG (1983) bildet eine Ökonomie, in der es N ex-ante identische Haushalte und ein homogenes Gut gibt, das sowohl investiv als auch konsumtiv verwendet werden kann. Es werden drei Perioden betrachtet. Jeder Haushalt verfüge in der Periode $t = 0$ über eine Einheit des Gutes. Diese Anfangsausstattung kann investiert werden, bevor in den Perioden $t = 1$ bzw. $t = 2$ Konsum stattfindet. Dabei gilt, dass in der Planungsperiode 0 eine individuelle Unsicherheit darüber besteht, wann Konsum benötigt wird. Mit der Wahrscheinlichkeit π_1 ist ein betrachteter Haushalt ungeduldig, so dass für ihn nur Konsum in $t = 1$ (*früher* Konsum) nutzenstiftend ist. In diesem Fall beträgt sein Nutzen $u(C_1)$. Mit der Gegenwahrscheinlichkeit $\pi_2 = 1 - \pi_1$ handelt es sich bei dem Haushalt um einen geduldigen Agenten, für den nur Konsum in $t = 2$ (*später* Konsum) Nutzen stiftet. Wenn der Nutzen der zweite Periode mit dem Diskontierungsfaktor $\rho \leq 1$ bewertet wird, beträgt der Nutzen eines geduldigen Haushalts im Gegenwartswert $\rho u(C_2)$. Damit ergibt sich ex-ante für alle Agenten derselbe erwartete Nutzen

$$(4\text{-}1) \qquad E\big[u(C)\big] = \pi_1 u(C_1) + \pi_2 \rho u(C_2).$$

Die Nutzenfunktion $u(C)$ sei monoton steigend und konkav, so dass sie die üblichen Annahmen eines positiven, abnehmenden Grenznutzens erfüllt. Es gilt also $u'(C) > 0$ und $u''(C) < 0$.

Da die Wahrscheinlichkeiten π_1 und π_2 als allgemein bekannt gelten und als Anteil der ungeduldigen bzw. geduldigen Haushalte an der Gesamtpopulation interpretiert werden können, besteht auf aggregierter Ebene *keine* Unsicherheit bezüglich der Typen; auf individueller Ebene entfällt diese Unsicherheit – wie bereits erwähnt wurde – am Anfang von Periode 1, wenn die Haushalte erfahren, ob sie ungeduldig oder geduldig sind.

Bezüglich der Investitionsmöglichkeiten gebe es zwei Technologien, eine kurzfristige (liquide) Anlage, bei der das Vermögen zwar kosten-, aber auch zinslos von einer Periode zur nächsten transferiert werden kann (*Lagertechnologie*), sowie eine langfristige (illiquide) Anlage, bei der das Vermögen für produktive Zwecke eingesetzt wird und nach zwei Perioden zu einer Auszahlung in Höhe von $R > 1$ pro eingesetzter Einheit führt (wobei konstante Skalenerträge in der Produktion unterstellt werden, so dass jeder beliebige Teil der Anfangsausstattung zu gleichen Konditionen investiert werden kann). Wird die langfristige Investition vorzeitig, das heißt bereits nach einer Periode liquidiert, entstehen Verluste insofern, als die Auszahlung pro eingesetzter Einheit dann nur $L < 1$ beträgt.

Die folgende Darstellung gibt eine Übersicht über die Investitionsmöglichkeiten und die Auszahlungen in den einzelnen Perioden. Dabei wird mit I der Teil der Anfangsausstattung bezeichnet, der (langfristig) in die illiquide Technologie investiert wird.

	$t = 0$	$t = 1$	$t = 2$
liquideTechnologie	$-(1-I)$	$(1-I)$ $-(1-I)$	$(1-I)$
illiquideTechnologie	$-I$	$\begin{cases} IL \\ 0 \end{cases}$	$\begin{matrix} 0 \\ IR \end{matrix}$

Abbildung 4-1: Investitionsmöglichkeiten und Periodenauszahlungen

4.1.1 Autarkie-Lösung

Wenn davon ausgegangen wird, dass ein Haushalt in der Periode 0 den Betrag I langfristig investiert und den Rest $(1-I)$ kurzfristig anlegt, kann er im Fall, dass er in Periode 1 konsumieren muss (also *ungeduldig* ist), ein Konsumniveau in Höhe von

$$(4\text{-}2) \qquad\qquad C_1 = (1-I) + IL = 1 - I(1-L)$$

realisieren. Über den kurzfristig angelegten Betrag $(1-I)$ kann ja jederzeit verfügt werden und die langfristige Investition erbringt bei vorzeitiger Liquidation IL. Im Fall, dass der Haushalt mit seinen Konsumaktivitäten bis Periode 2 warten kann (also *geduldig* ist), beträgt sein Konsumniveau aufgrund einer analogen Überlegung

(4-3) $$C_2 = (1-I) + IR = 1 + I(R-1).$$

Ein autarker Haushalt wählt den optimalen Investitionsbetrag für die langfristige Anlage dann so, dass sein erwarteter Nutzen aus (4-1) – gegeben die erreichbaren Konsumniveaus aus (4-2) und (4-3) – maximiert wird. Im Folgenden wird aus Vereinfachungsgründen $\rho = 1$ unterstellt, so dass das Optimierungsproblem durch

(4-4)
$$\max_I E\big[u(C)\big] = \pi_1 u(C_1) + \pi_2 u(C_2)$$
u. d. NB. (1) $C_1 = 1 - I(1-L)$

(2) $C_2 = 1 + I(R-1)$

gegeben ist. Die im Autarkie-Fall optimale Kapitalallokation erhält man schließlich unter Verwendung der Nebenbedingungen aus der Bedingung erster Ordnung

(4-5) $$\pi_1(1-L)u'\big(C_1^A\big) = \pi_2(R-1)u'\big(C_2^A\big).$$

Zum Autarkie-Ergebnis sind folgende Anmerkungen zu machen:

- Wie aus den Nebenbedingungen hervorgeht, liegen die erreichbaren Konsumniveaus in Periode 1 bzw. Periode 2 – je nachdem, wie hoch der langfristig investierte Betrag I^A mit $0 \le I^A \le 1$ gewählt wird – zwischen L und 1 bzw. zwischen 1 und R. Wegen $L < 1 < R$ gilt also $C_2^A \ge C_1^A$. Daraus ergibt sich aufgrund des abnehmenden Grenznutzens, dass die Beziehung $u'\big(C_1^A\big) \ge u'\big(C_2^A\big)$ gilt.

- Damit ein Haushalt in Periode 0 überhaupt in die langfristige Anlage investiert und $I^A > 0$ wählt (wodurch die potenziellen Konsummöglichkeiten in Periode 2 auf Kosten der Konsummöglichkeiten in Periode 1 erhöht werden, so dass sich $C_1^A < C_2^A$ ergibt und $u'\big(C_1^A\big) > u'\big(C_2^A\big)$

folgt), muss wegen der Bedingung erster Ordnung aus (4-5) das Verhältnis $\pi_1(1-L) < \pi_2(R-1)$ erfüllt sein, d. h. dass der erwartete Abschlag wegen vorzeitiger Liquidation kleiner sein muss als der erwartete Gewinn aus der langfristigen Anlage.

- Die Allokation im Autarkie-Fall mit $L < C_1^A < 1$ und $1 < C_2^A < R$ ist ex-post betrachtet *ineffizient*, da es für ungeduldige Haushalte das Beste wäre, ausschließlich kurzfristig zu investieren, um die gesamte Anfangsausstattung in Periode 1 konsumieren zu können, während geduldige Haushalte ausschließlich langfristig investieren sollten, um den Konsum in Periode 2 auf dem höchst möglichen Niveau R zu realisieren. Diese ex-post effiziente Allokation mit $C_1^K = 1$ und $C_2^K = R$ könnte erreicht werden, wenn es einen Kapitalmarkt gäbe, auf dem alle ungeduldigen Haushalte in Periode 1 ihre Ansprüche auf die Erträge aus dem langfristigen Projekt, in das sie in Periode 0 investiert haben, an geduldige Haushalte verkaufen könnten. Dadurch würden für die ungeduldigen Agenten Verluste wegen vorzeitiger Liquidation vermieden. Gleichzeitig würde den geduldigen Haushalten eine Möglichkeit eröffnet, mit den Mitteln, die sie ursprünglich kurzfristig (zinslos) investiert hatten, sozusagen verspätet in die langfristige (verzinsliche) Anlage einzusteigen. Ohne das Gleichgewicht (mit dem Gleichgewichtspreis $p = 1/R$ für die Wertpapiere und dem optimalen Investitionsbetrag I^K für die langfristige Anlage) explizit herzuleiten, wird an dieser Stelle festgehalten, dass durch Kapitalmarkt-Transaktionen der beschriebenen Art sowohl C_1 als auch C_2 gegenüber der Autarkie-Lösung erhöht werden kann, wodurch der Erwartungsnutzen eindeutig zunimmt. Allerdings gibt es bei der ex-post effizienten (Kapitalmarkt-)Lösung noch Verbesserungspotenzial im Hinblick auf die Risikoteilung.

4.1.2 (Ex-ante) Optimale Allokation

Eine optimale Allokation bietet den Haushalten einen (indirekten) Versicherungsschutz gegen das ex-ante Liquiditätsrisiko, das dadurch zustande kommt, dass sie ihren Typ (ungeduldig bzw. geduldig) erst in Periode 1 erfahren, *nachdem* sie in Periode 0 ihre Investitionsentscheidung getroffen haben.[23] Dabei ist der optimale Investitionsbetrag für die illiquide Technologie so zu

---

[23] Da die Information über die eigenen Liquiditätspräferenz privater Natur ist, kann das Liquiditätsrisiko auf *direktem* Weg nicht versichert werden, weil nicht objektiv verifizierbar ist, wann überhaupt ein „Schadensfall" (in Form eines frühen Liquiditätsbedarfs) vorliegt.

wählen, dass der Erwartungsnutzen gegeben die Konsumniveaus maximiert wird, die sich dadurch ergeben, dass die jeweils in der Ökonomie verfügbaren (liquiden) Mittel auf die Haushalte, die aktuell Liquiditätsbedarf haben, aufgeteilt werden; das ist in Periode 1 der π_1-te und in Periode 2 der π_2-te Teil der Bevölkerung. Dadurch ergeben sich die Ressourcenbeschränkungen

$$C_1 = (1-I)/\pi_1 \text{ und } C_2 = IR/\pi_2 \ .$$

Das optimale I^* ergibt sich also als Lösung des Problems

$$\max_I E\big[u(C)\big] = \pi_1 u(C_1) + \pi_2 u(C_2)$$

(4-6)   u.d.NB.   (1) $C_1 = \dfrac{1}{\pi_1}(1-I)$

$$(2) \quad C_2 = \dfrac{1}{\pi_2} IR \ .$$

Die Bedingung erster Ordnung lautet in diesem Fall dann

(4-7) $$u'(C_1^*) = Ru'(C_2^*) \ .$$

Falls die Nutzenfunktion die Eigenschaft $d\big(Cu'(C)\big)/dC < 0$ erfüllt, was äquivalent ist zu $-Cu''(C)/u'(C) > 1$ und dahingehend interpretiert werden kann, dass der Koeffizient, der das Ausmaß der relativen Risikoaversion misst, größer ist als eins (was bei DIAMOND UND DYBVIG (1983, 406) explizit unterstellt wird), ergibt sich für die ex-post effizienten Konsumniveaus $C_1^K = 1$ und $C_2^K = R > 1$

(4-8) $$1 \cdot u'(1) > R \cdot u'(R) \ ,$$

so dass für die ex-ante optimalen Konsumniveaus, die durch (4-7) definiert sind, abgeleitet werden kann, dass $C_1^* > 1$ und $C_2^* < R$ gilt.

Die Haushalte ziehen es gegenüber den ex-post effizienten Konsumniveaus also vor, auf einen Teil des späten Konsums zu verzichten, um im Fall, dass sie früh Liquidität benötigen, ein höheres Konsumniveau realisieren zu können. Durch diese partielle Angleichung bei den Konsumniveaus kommt es zu einer Reduzierung des Risikos, das mit dem Liquiditätsschock verbunden ist, und der Erwartungsnutzen steigt, wie Abbildung 4-2 zeigt.

Bei der Grafik ist zu beachten, dass die Budgetlinien in der Autarkie-Lösung A bzw. bei der ex-ante optimalen Allokation B jeweils durch die Nebenbedingungen aus den entsprechenden Optimierungsproblemen (4-4) bzw. (4-6) bestimmt werden. Der Punkt K bezeichnet die ex-post effiziente Allokation. Die Indifferenzkurven verlaufen aufgrund der Eigenschaften der Nutzenfunktion fallend und konvex; sie bringen ein höheres Erwartungsnutzenniveau zum Ausdruck, je weiter rechts außen sie liegen. Es gilt also offensichtlich, dass der Autarkie-Nutzen kleiner ist als bei der ex-post sowie der ex-ante effizienten Allokation, wobei die ex-ante effiziente Allokation die Lösung mit dem höchsten Erwartungsnutzen darstellt, das heißt es gilt

(4-9) $$E\left[u^A\right] < E\left[u^K\right] < E\left[u^B\right],$$

wobei $E\left[u^i\right] = \pi_1 u\left(C_1^i\right) + \pi_2 u\left(C_2^i\right)$ mit $i = A, K, B$ gilt.

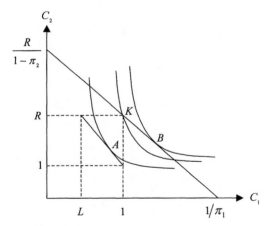

Abbildung 4-2: Autarkie-Lösung und ex-post sowie ex-ante optimale Allokation

4.1.3 Umsetzung der optimalen Allokation durch Banken

Sofern es keinen Kapitalmarkt gibt, kann die ex-ante optimale wohlfahrtsmaximierende Allokation durch Banken implementiert werden. Dazu wird angenommen, dass es eine Bank gibt, die den gesamten (kompetitiven) Bereich der Finanzintermediation repräsentiert. Diese Bank bietet den Haushalten Depositenkontrakte an, in denen geregelt ist, welche Auszahlungen C_1 bzw. C_2 ein Haushalt in Periode 1 bzw. Periode 2 erhält, wenn er seine Anfangsausstattung in Periode 0 der Bank überlassen hat. Dabei gilt, dass jeder Haushalt nur einmal eine Auszahlung erhält, also entweder in Periode 1 oder in Periode 2, so dass die zwei alternativen Auszahlungspläne durch $(C_1 > 0, C_2 = 0)$ und $(C_1 = 0, C_2 > 0)$ dargestellt werden können.[24]

Die Bank legt das in Periode 0 eingesammelte Kapital in die verfügbaren Projekte an, wobei aufgrund des unterstellten Wettbewerbs im Bankensektor gilt, dass die Investitionsentscheidung so getroffen wird, dass die für die Kunden beste Lösung erreicht wird, welche deren Erwartungsnutzen gegeben die vereinbarten Auszahlungsbeträge (bzw. die damit verbundenen Konsumniveaus) maximiert. Für die Auszahlungsbeträge gilt dann: Wenn die Bank pro Kunde jeweils den Betrag I langfristig anlegt und den Rest $(1-I)$ kurzfristig investiert, stehen in Periode 1 (ohne vorzeitige Liquidation der langfristigen Anlage) $(1-I)$ Einheiten und in Periode 2 IR Einheiten pro Kopf für eine Auszahlung zur Verfügung. Da der Anteil der ungeduldigen Haushalte bekanntermaßen π_1 beträgt und nur in diesem Umfang zum frühen Zeitpunkt Liquiditätsbedarf besteht, kann die Bank (wegen dem *Gesetz der Großen Zahlen*) davon ausgehen, dass nur jeder $1/\pi_1$ -te Kunde seine Einlagen früh abheben wird, so dass die individuelle Auszahlung in Periode 1 $C_1 = (1-I)/\pi_1$ betragen kann. Analog ergibt sich für eine späte Auszahlung in Periode 2 ein Betrag in Höhe von $C_2 = IR/\pi_2$. Daraus folgt, dass das Optimierungsproblem der Bank dem Problem aus (4-6) entspricht, so dass die im Depositenkontrakt zwischen einem Haushalt und seiner Bank vereinbarten Auszahlungsbeträge den Werten C_1^* bzw. C_2^* aus der optimalen Allokation entsprechen.

Bei dieser Lösung ist nun allerdings zu beachten, dass die Bank ihre Verpflichtungen gegenüber den Haushalten nur dann planmäßig erfüllen kann, wenn sich die Haushalte *diszipliniert* verhalten und nur im Fall eines akuten Liquiditätsbedarfs abheben, das heißt ungeduldige Haushalte in Periode 1 und geduldige Haushalte erst in Periode 2. Diese Selbstdisziplin ist deswegen so wichtig, weil die Variable über den Typ der Agenten (d. h. deren Liquiditätspräferenz) private Information darstellt und die Bank also insbesondere nicht kontrollieren kann, ob ein Kunde, der in Periode 1 eine Auszahlung fordert, auch wirklich vom Typ 1 ist.

Im Hinblick auf ihre Disziplin ist zu den ungeduldigen Haushalten zu sagen, dass sie in jedem Fall früh abheben werden, da eine späte Auszahlung für sie völlig wertlos ist. Ungeduldige Haushalte haben also eine dominante Strategie, die darin besteht, sich gemäß ihrer wahren Liquiditätspräferenz (diszipliniert) zu verhalten und früh abzuheben. Damit erfüllen sie die Erwartungen der Bank hinsichtlich ihres Verhaltens.

---

[24] Wir verkürzen diese im Weiteren jeweils auf die echt positiven Auszahlungsbeträge.

Geduldige Haushalte (mit einem späten Liquiditätsbedarf) hingegen könnten es in Erwägung ziehen, bereits früh abzuheben und den ausgezahlten Betrag
C_1^* zinslos für eine weitere Periode bis zum Konsumzeitpunkt in Periode 2 zu
lagern, anstatt auf die späte Auszahlung C_2^* zu warten.[25] Dies würde sich in jedem Fall lohnen, wenn der Betrag, der in Periode 2 zu erhalten ist, weniger
Konsummöglichkeiten eröffnen würde als der Betrag, der in Periode 1 ausgezahlt wird, falls also $C_1 > C_2$ gilt. Da sich aus (4-7) wegen $R > 1$ und $u''(C) < 0$
aber $C_2^* > C_1^*$ ergibt, d. h. dass eine späte Auszahlung höher ist als eine frühe,
haben die Geduldigen grundsätzlich keinen Anreiz, Ungeduld vorzutäuschen
und früh abzuheben. Dabei wird natürlich implizit vorausgesetzt, dass sie in Periode 2 auch tatsächlich die vereinbarte Auszahlung erhalten, d. h. dass die Bank
in Periode 2 zahlungsfähig ist.

Eine Zahlungsfähigkeit der Bank bedeutet, dass die liquiden Mittel der
Bank (in jeder Periode) mindestens dafür ausreichen, die gestellten Ansprüche
zu bedienen. Es kann also von einer Zahlungsfähigkeit ausgegangen werden,
solange sich alle geduldigen Haushalte tatsächlich geduldig verhalten und erwarten, dass alle anderen Geduldigen sich auch gedulden (*optimistische Erwartungen*). Nur dann kommt es tatsächlich dazu, dass in Periode 1 ausschließlich
ungeduldige Haushalte Ansprüche gegen die Bank stellen und die Geduldigen
bis Periode 2 warten. In diesem Fall ergeben sich für die Bank in Periode 1 bzw.
in Periode 2 Forderungen in Höhe von $\pi_1 N C_1^* = N(1 - I^*)$ bzw. $\pi_2 N C_2^* = N I^* R$,
welche jeweils genau den verfügbaren Mitteln entsprechen; pro Kopf wurde
schließlich I^* langfristig und $(1 - I^*)$ kurzfristig angelegt, so dass in Periode 1
ein Gesamtbetrag von $N(1 - I^*)$ für Auszahlungen zur Verfügung steht, ohne
dass langfristige Projekte vorzeitig liquidiert werden müssen, so dass in Periode 2 über einen Betrag von $N I^* R$ verfügt werden kann. Im Fall von optimisti-
schen Erwartungen auf Seiten der geduldigen Haushalte verfügt die Bank also in
jeder Periode über ausreichend liquide Mittel, um alle Ansprüche zu bedienen,
wodurch die Erwartungen der geduldigen Haushalte bezüglich der Zahlungsfähigkeit der Bank erfüllt werden.

Gegeben dass die anderen geduldigen Haushalte erst spät abheben, besteht
die optimale Strategie eines geduldigen Haushalts dann darin, ebenfalls erst spät

---

[25] Wie bereits erwähnt wurde, handelt es sich bei der Angabe über die Liquiditätspräferenz
eines Haushalts um private Information, die nicht anhand objektiver Kriterien überprüft werden kann. So ist es den Banken eben nicht möglich, die Aktivitäten eines Haushalts zu verfolgen, nachdem dieser seine Auszahlung in Periode 1 erhalten hat. Es kann also nicht nachvollzogen werden, ob der Haushalt, der vorgegeben hat, ungeduldig zu sein, wirklich ungeduldig
ist und sofort konsumiert oder ob er den ausgezahlten Betrag für eine weitere Periode kurzfristig anlegt, weil er in Wahrheit geduldig ist.

abzuheben. In diesem Sinn stellt die Strategie-Kombination *Alle Ungeduldigen heben früh ab, alle Geduldigen spät* ein (effizientes) Nash-Gleichgewicht dar, in dem die Haushalte die optimalen Konsumniveaus realisieren können und die Bank solvent bleibt.

4.1.4 Auftreten von Bank Runs

Neben dem eben beschriebenen (effizienten) Gleichgewicht, bei dem die optimale Allokation erreicht wird, existiert ein weiteres (ineffizientes) Gleichgewicht, bei dem es zu einem Bank Run kommt. Dieser ist mit Wohlfahrtseinbußen verbunden *„by interrupting production (when loans are recalled) and by destroying optimal risk sharing among depositors"* (DIAMOND UND DYBVIG (1983, 403)). Die volkswirtschaftlichen Kosten eines Bank Runs liegen also einerseits darin, dass aufgrund einer suboptimalen Risikoteilung die optimale Allokation nicht mehr erreicht wird, und andererseits darin, dass die Bank zu vorzeitiger Liquidation langfristiger (rentabler!) Projekte gezwungen ist, wodurch es zu Störungen im Produktionsprozess und damit zu realen Schäden kommen kann.

Voraussetzung für dieses ineffiziente Gleichgewicht ist, dass die geduldigen Haushalte *pessimistische Erwartungen* haben und jeweils davon ausgehen, dass die anderen geduldigen Haushalte (wie die ungeduldigen) bereits in Periode 1 abheben. Da die Bank zu diesem Zeitpunkt aber nur über so viele liquide Mittel verfügt, dass sie die Ansprüche der ungeduldigen Kunden bedienen kann, ist sie bei einem erhöhten Ansturm in Periode 1 dazu gezwungen, die langfristige Anlage vorzeitig zu liquidieren. Dabei ergibt sich hinsichtlich Periode 2 insofern ein Zahlungsproblem, als für jeden zusätzlichen geduldigen Kunden, der eine frühe Auszahlung fordert, *mehr* als eine Einheit aus der langfristigen Anlage vorzeitig aufgelöst werden muss/müsste.[26] Da für jeden geduldigen Haushalt aber im Schnitt nur I^* mit $0 < I^* < 1$ (langfristig) angelegt wurde, folgt einerseits, dass die durchschnittliche Auszahlung an einen geduldigen Haushalt, der tatsächlich erst in Periode 2 abhebt, unter dem vereinbarten Betrag C_2^* liegt.[27] Andererseits folgt, dass das Bankvermögen in Periode 1 nicht ausreichen kann, um eine frühe Auszahlung an *alle* Kunden zu leisten, selbst wenn die

---

[26] ...und zwar in doppelter Hinsicht: Zum einen liegt der Betrag einer frühen Auszahlung über eins ($C_1^* > 1$) und zum anderen wird bei vorzeitiger Liquidation ein Abschlag fällig ($L < 1$).

[27] Durch die vorgetäuschte Ungeduld eigentlich geduldiger Agenten ergibt sich also eine negative Payoff-Externalität hinsichtlich der wirklich geduldigen Haushalte, die in Abschnitt 4.2.2 genauer beschrieben wird.

Bank alle langfristigen Engagements vorzeitig liquidiert.[28] Bei vollständiger Liquidation stünde pro Kopf ein Betrag in Höhe von $(1-I^*)+I^*L = 1-I^*(1-L)$ zur Verfügung. Dieser Betrag ist allerdings kleiner als eins und damit erst recht kleiner als die frühe Auszahlung $C_1^* > 1$. Die Bank kann in Periode 1 also nicht alle Kunden vertragskonform bedienen, so dass eine *Rationierung* erforderlich wird, durch welche die (erwartete) Auszahlung gegenüber dem im Depositenkontrakt festgelegten Betrag sinkt.

Im Fall einer *Sequential Service Constraint* – wie sie bei DIAMOND UND DYBVIG (1983, 408) unterstellt wird – werden die Kunden in der Reihenfolge bedient, in der sie an den Bankschalter kommen. Dabei besteht für die Bankkunden die Gefahr leer auszugehen. Aufgrund der limitierten Ressourcen erhalten nämlich nur die ersten $N^r(<N)$ Kunden die vereinbarte Auszahlung C_1^*; für diejenigen, die zu spät kommen, ist nichts mehr übrig. Die Anzahl der Kunden, die bedient werden können und also die Auszahlung C_1^* erhalten, bestimmt sich über die Gleichung

$$N^r C_1^* = N\left[(1-I^*)+I^*L\right],$$

wobei auf der linken Seite der Wert der insgesamt möglichen Auszahlungen steht, die aus den in Periode 1 maximal verfügbaren Mitteln (rechte Seite) bestritten werden können. Es gilt also

(4-10) $$N^r = \frac{N\left[(1-I^*)+I^*L\right]}{C_1^*} < N.$$

Der Quotient N^r/N kann dann als Wahrscheinlichkeit interpretiert werden, mit der ein Kunde in Periode 1 bedient wird. Mit $C_1^* = (1-I^*)/\pi_1$ ergibt sich also für die Wahrscheinlichkeit $\Pr(s_1)$, in Periode 1 bedient zu werden:

(4-11) $$\Pr(s_1) = \frac{N^r}{N} = \frac{(1-I^*)+I^*L}{(1-I^*)/\pi_1}.$$

---

[28] Dabei wird zunächst von anderen institutionellen Regelungen, durch welche die Bank aus der Zahlungsunfähigkeit gerettet werden könnte, abgesehen.

Mit der Gegenwahrscheinlichkeit $\left(1-\Pr\left(s_1\right)\right)$ geht ein Haushalt leer aus. Da ein geduldiger Haushalt im Fall pessimistischer Erwartungen – falls überhaupt, so nur in Periode 1 – eine Auszahlung erhält, besteht für ihn ein Anreiz, bereits in Periode 1 abzuheben. Die optimale Strategie eines geduldigen Haushalts liegt dann darin, früh abzuheben, wenn er davon ausgeht, dass alle anderen früh abheben. Mit pessimistischen Erwartungen heben schließlich *alle* Haushalte, das heißt sowohl die ungeduldigen als auch die geduldigen, früh ab.

Dieses Ergebnis beschreibt das zweite Nash-Gleichgewicht im Diamond-Dybvig Modell; es wird als *Bank Run* bezeichnet, weil alle beteiligten Agenten simultan (und unabhängig von ihrer Liquiditätspräferenz) ihre Einlagen aus Furcht vor einem Zusammenbruch der Bank bereits in Periode 1 zurückfordern. Gerade dadurch gerät die Bank aber erst in Zahlungsschwierigkeiten und bricht schließlich tatsächlich zusammen, wodurch sich die Erwartungen der geduldigen Haushalte erfüllen. Ein Bank Run tritt also genau dann auf, wenn die Agenten – aus welchen Gründen auch immer – erwarten, dass er passiert.

4.1.5 Kritische Anmerkungen

Wir haben gesehen, dass es in einer Ökonomie mit Banken im Fall von pessimistischen Erwartungen der Haushalte zu einem Bank Run kommt, bei dem die Banken in die Zahlungsunfähigkeit getrieben werden und schließlich zusammenbrechen. Die erwartete Auszahlung eines (beliebigen, das heißt ungeduldigen oder geduldigen) Haushalts beträgt in diesem Fall

$$(4\text{-}12) \qquad E\left[C^r\right] = \Pr\left(s_1\right) \cdot C_1^* = \left(1-I^*\right) + I^* L = 1 - I^*\left(1-L\right) < 1 .$$

Sie liegt damit unter den ex-post effizienten, *sicheren* Werten $C_1^K = 1$ und $C_2^K = R$, die in Eigenregie (also ohne die Dienstleistungen einer Bank in Anspruch nehmen zu müssen) durch Kapitalmarkt-Transaktionen realisiert werden könnten. Für $I^* > I^A$ liegt die erwartete Auszahlung im Fall eines Bank Runs sogar unter C_1^A, der Auszahlung, die ein Haushalt in der Autarkie-Lösung mindestens erreicht. Vor diesem Hintergrund stellen sich also zwei Fragen:

- Warum bieten die Banken nicht einen *anderen* Kontrakt an, der resistent gegen Bank Runs ist, diese also erst gar nicht entstehen lässt?

- Warum nutzen die Haushalte überhaupt Banken, wenn sie an deren Zahlungsfähigkeit zweifeln?

Die erste Frage greift einen wichtigen Kritikpunkt am Diamond-Dybvig Modell auf, in dem eine Reaktion der Bank auf die Gefahr eines Bank Runs völlig außer Acht gelassen wird. Wenn dem Ereignis eines Bank Runs schon eine positive Wahrscheinlichkeit beizumessen ist, schiene es vernünftig, dass die Banken entsprechende anreizkompatible Verträge anböten, die insbesondere die geduldigen Agenten davon abhalten, sich *nicht* entsprechend ihres Typs zu verhalten. Wie eine solche Reaktion aussehen könnte, wird in Abschnitt 4.4.2.1 anhand der Ergebnisse von COOPER UND ROSS (1998) beschrieben.

Zur Beantwortung der zweiten Frage ist zunächst zu sagen, dass die Entscheidung für oder gegen die Nutzung von Banken in der Planungsperiode 0 getroffen wird, wobei der erwartete Nutzen, der im Szenario mit Banken erreicht werden kann, gegen den erwarteten Nutzen in einem alternativen Szenario (z. B. der Autarkie) abzuwägen ist. Da aus der Perspektive in Periode 0 im Szenario mit Banken neben dem (schlechten) Bank-Run Gleichgewicht mit einem Erwartungsnutzen in Höhe von $E[u^r] = \Pr(s_1) \cdot u(C_1^*) + (1 - \Pr(s_1)) \cdot u(0)$[29], auch das effiziente Gleichgewicht mit dem Erwartungsnutzen $E[u^B]$ erreicht werden kann, das alle alternativen Lösungen streng dominiert (vgl. (4-9)), ergibt sich für den erwarteten Nutzen im Fall, dass sich ein Haushalt für die Inanspruchnahme von Bank-Dienstleistungen entscheidet, der Ausdruck

$$(4\text{-}13) \qquad (1 - \Pr(run)) \cdot E[u^B] + \Pr(run) \cdot E[u^r],$$

wobei mit $\Pr(run)$ die Wahrscheinlichkeit bezeichnet wird, mit der es zu einem Bank Run kommt. Ein Haushalt wird sich in Periode 0 also trotz der Gefahr eines Bank Runs für die Inanspruchnahme von Bank-Dienstleistungen entscheiden, solange der damit verbundene erwartete Nutzen aus (4-13) den Nutzen einer alternativen Lösung übersteigt, d. h. solange der Erwartungsnutzen aus (4-13) hinreichend hoch ist. Dies ist wegen $E[u^B] > E[u^r]$ genau dann der Fall, wenn die Bank-Run Wahrscheinlichkeit hinreichend niedrig ist.

---

[29] Der Erwartungsnutzen im Fall eines Bank Runs ergibt sich dadurch, dass ein Haushalt nur mit der Wahrscheinlichkeit $\Pr(s_1)$ eine Auszahlung in Höhe von C_1^* erhält, die den Nutzen $u(C_1^*)$ stiftet, während er mit der Gegenwahrscheinlichkeit $(1 - \Pr(s_1))$ leer ausgeht und den Nutzen $u(0)$ verbucht.

4.2 Zusammenfassende Bewertung

Die Ausführungen im letzten Abschnitt haben gezeigt, dass früh abheben für einen ungeduldigen Haushalt eine dominante Strategie ist, während die optimale Strategie für einen geduldigen Haushalt darin besteht, sich so zu verhalten, wie er es von den anderen Geduldigen erwartet. Folglich existieren zwei Nash-Gleichgewichte: ein effizientes, in dem die Agenten gemäß ihrer individuellen Liquiditätspräferenz abheben, und eines mit einem Bank Run, in dem alle Haushalte unabhängig von ihrer Liquiditätspräferenz – insbesondere also auch die geduldigen – früh abheben, wodurch sie ohne reale Ursachen auf die potenziellen Erträge aus der langfristigen Anlage verzichten. Ziel des folgenden Abschnitts ist es nun genauer herauszuarbeiten, wie es dazu kommt, dass die geduldigen Agenten ihre optimale Strategie ändern, wenn sich ihre Erwartungen bezüglich des Verhaltens der anderen ändern, und inwieweit in diesem Verhalten Herdenverhalten gesehen werden kann. Bevor wir uns aber den Bank Runs an sich widmen, soll zunächst geklärt werden, wodurch eine Veränderung der Erwartungen und damit der Bank Run überhaupt ausgelöst wird.

4.2.1 Auslöser eines Bank Runs

Welches Gleichgewicht von den beiden möglichen tatsächlich erreicht wird, hängt von den Erwartungen der Geduldigen ab. Sind diese optimistisch, stellt sich das effiziente Gleichgewicht ein. Liegen pessimistische Erwartungen vor, die Zweifel an der Zahlungsfähigkeit der Bank begründen, scheint beim Abheben Eile geboten, um mögliche Verluste zu vermeiden. Daher kommt es schließlich zum Bank Run. DIAMOND UND DYBVIG (1983, 404) schreiben dazu: *„a bank run in our model is caused by a shift in expectations, which could depend on almost anything"*. Zunächst lassen die Autoren also offen, welcher Mechanismus hinter der Koordination der Erwartungen steckt, bis auf Seite 410 dann verschiedene Möglichkeiten genannt werden, unter anderem negative Gewinnmitteilungen. Allgemeiner formuliert können die Zweifel der Geduldigen an der Zahlungsfähigkeit der Bank also auf schlechte Informationen über die Fundamentaldaten der Bank zurückzuführen sein.[30] Es wird jedoch explizit darauf hingewiesen, dass der Koordinationsmechanismus nicht notwendigerweise die Fundamentaldaten betreffen muss, sondern dass insbesondere auch sog. *Sun Spots* als Erklärung in Frage kommen.

---

[30] FREIXAS UND ROCHET (1999, 196) verweisen in diesem Zusammenhang darauf, dass die Erklärungslücke auch durch die Annahme geschlossen werden kann, dass einige Agenten ein Signal erhalten, das einen Hinweis auf die Wahrscheinlichkeit eines Bank Runs gibt. Man spricht dann von sog. *information-based bank runs*, wie sie bei POSTLEWAITE UND VIVES (1987) beschrieben sind, worauf hier jedoch nicht näher eingegangen wird.

BRUNNERMEIER (2001, 50) beschreibt das Phänomen der *Sonnenflecken* als öffentlich beobachtbares extrinsisches Ereignis, das weder Produktionstechnologien, Präferenzen, Ausstattungen noch die verfügbaren Informationen über Fundamentaldaten beeinflusst und dennoch eine entsprechende Stimmung (z. B. einen allgemeinen Pessimismus) erzeugt, auf deren Grundlage alle Wirtschaftssubjekte identische Erwartungen bilden, so dass es im Fall multipler Gleichgewichte zu einer Auswahl kommt. Im vorliegenden Modell könnte sich also das Bank-Run Gleichgewicht einstellen, wenn Sonnenflecken zu beobachten sind, weil dadurch eine allgemeine pessimistische Stimmung hervorgerufen wird und alle Geduldigen mit einem Zusammenbruch der Bank bzw. des Bankensystems rechnen.

4.2.2 Beschreibung der negativen Payoff-Externalität

Gehen wir nun davon aus, dass ein allgemeiner Pessimismus herrscht und ein geduldiger Agent sich dazu entschließt, früh abzuheben. Weil die Bank aber in Periode 1 nur mit den ungeduldigen Agenten gerechnet hat (die jedenfalls früh abheben), ist sie nun zu einer vorzeitigen Liquidation ihrer langfristigen Projekte gezwungen, um den erhöhten Bedarf an liquiden Mitteln zu decken. Dadurch sinken die Reserven der Bank, was negative Auswirkungen auf ihre zukünftige Zahlungsfähigkeit hat. Dies soll anhand des folgenden Beispiels konkretisiert werden.

Betrachtet werden drei Haushalte, von denen einer ungeduldig und zwei geduldig seien, so dass der Anteil der ungeduldigen Haushalte bei $\pi_1 = 1/3$ liegt. Die Nutzenfunktion eines jeden Haushalts sei durch $u(C) = -1/C$ gegeben und der Diskontierungsfaktor betrage (wie bereits zuvor unterstellt) $\rho = 1$. Außerdem gelte $R = 4$ sowie $L = 1$.

Unter den Voraussetzungen des Diamond-Dybvig Modells betragen die in einem Depositenkontrakt vereinbarten Auszahlungen $C_1^* = 1,5$ und $C_2^* = 3,0$; sie entsprechen den Werten aus der optimalen Allokation, die durch Lösen des Problems (4-6) bestimmt werden. Sie ergeben sich also aus der Maximierung des Erwartungsnutzen

$$E\left[u(C)\right] = -1/(3C_1) - 2/3C_2$$
u. d. NB: (1) $C_1 = 3(1-I)$ und (2) $C_2 = 6I$.

Dabei erhält man den optimalen Investitionsbetrag $I^* = 0,5$, mit dem unter Verwendung der Nebenbedingungen die oben angegebenen Konsumniveaus berechnet werden können.

Wenn davon ausgegangen wird, dass jeder der $N = 3$ Haushalte seine gesamte Anfangsausstattung (in Höhe von einer Einheit) in Periode 0 bei einer Bank deponiert und diese pro Kopf einen Betrag von $I^* = 0,5$ in die illiquide Technologie investiert, werden insgesamt $NI^* = 1,5$ Einheiten langfristig angelegt; der Rest $N(1 - I^*) = 1,5$ wird in liquider Form gehalten, so dass die vereinbarte Auszahlung $C_1^* = 1,5$ in Periode 1 genau an einen Kunden geleistet werden kann, ohne vorzeitig Teile der langfristigen Anlage liquidieren zu müssen.

Falls auch tatsächlich nur ein Kunde (der ungeduldige) früh abhebt, steht der Bank in Periode 2 ein Betrag in Höhe von $RNI^* = 6$ für Auszahlungen zur Verfügung, so dass die beiden geduldigen Kunden mit dem vereinbarten Betrag bedient werden können und jeweils $C_2^* = 3$ erhalten.

Beansprucht dagegen neben dem ungeduldigen auch einer der beiden geduldigen Kunden bereits in Periode 1 eine (frühe) Auszahlung, muss ein Betrag λ vorzeitig liquidiert werden, so dass der Liquidationserlös genau der Höhe der frühen Auszahlung entspricht. Da also $\lambda L = C_1^*$ gelten muss, ergibt sich im Beispiel mit $L = 1$ $\lambda = C_1^* = 1,5$. Das bedeutet, dass sich die langfristigen Ressourcen der Bank vermindern und im vorliegenden Zahlenbeispiel sogar komplett aufgelöst werden. In jedem Fall ergibt sich dadurch, dass die Bank in Periode 2 nicht in der Lage sein wird, die Ansprüche der geduldigen Kunden, die gewartet haben, zu bedienen, so dass der zweite geduldige Kunde im Beispiel leer ausgeht. Das frühe Abheben des einen Geduldigen wirkt sich also negativ auf die Höhe der Auszahlung des anderen Geduldigen aus.

Durch diese negative Payoff-Externalität entsteht für jeden Geduldigen ein Anreiz, ebenfalls früh abzuheben, wenn er erwartet, dass der andere Geduldige nicht warten wird, weil seine eigene (erwartete) Auszahlung in diesem Fall immerhin strikt positiv (und damit größer als die Auszahlung im Fall des Wartens) ist. Falls alle drei Kunden früh abheben wollen, ist die Bank zur vorzeitigen Liquidation sämtlicher Reserven gezwungen, so dass sie in Periode 1 insgesamt über $N(1 - I^*) + NI^* L = 3$ Einheiten verfügt. Mit diesem Betrag können dann im Fall der *Sequential Service Constraint* $3/C_1^* = 2$ Kunden vertragskonform bedient werden. Das bedeutet, dass die Wahrscheinlichkeit bedient zu werden im vorliegenden Beispiel $2/N = 2/3$ beträgt, so dass sich eine erwartete frühe Auszahlung in Höhe von $2/3 \cdot C_1^* = 1$ ergibt.

Im Fall einer *Pro-Rata* Auszahlungsregelung bekäme jeder Kunde einen gleichen Anteil des zur Verfügung stehenden Auszahlungsbetrags, also $3/N = 1$.

4.2.3 Bank Runs als Ausdruck von Herdenverhalten

Aufgrund der negativen Payoff-Externaltität, die durch frühes Abheben von geduldigen Agenten auf andere Geduldige entsteht, ergibt sich, dass die optimale Strategie eines geduldigen Haushalts vom Verhalten der anderen Geduldigen abhängt. Dies ist in Abbildung 4-3 dargestellt, in der die oben beschriebene Beispielsituation als Spiel zwischen den beiden Geduldigen formuliert ist. Dabei haben die beiden geduldigen Spieler jeweils die Möglichkeit, zu warten und *spät* abzuheben oder *früh* zur Bank zu gehen.

Gegeben die oben berechneten Auszahlungen, die entsprechend in die Auszahlungsmatrix eingetragen sind, ist es für jeden geduldigen Haushalt also nur dann optimal zu warten und spät abzuheben, wenn der andere Geduldige ebenfalls wartet. Hebt der andere geduldige Mitspieler dagegen früh ab, ist es die beste Antwort, auch früh abzuheben. Dadurch ergeben sich zwei Nash-Gleichgewichte, in denen entweder alle Geduldigen abwarten und erwartungsgemäß *spät* abheben oder zusammen mit den Ungeduldigen bereits *früh* in Periode 1 ihre Ansprüche gegen die Bank geltend machen (Bank Run). Dabei gilt, dass das Bank-Run Gleichgewicht, in dem alle früh abheben, ineffizient ist, weil die erwartete Auszahlung und der erwartete Nutzen für jeden Haushalt erhöht werden könnte, wenn die beiden Geduldigen warten und erst spät abheben würden.

		Spieler 2	
		spät	früh
Spieler 1	spät	*(3,3)*	$(0,1\frac{1}{2})$
	früh	$(1\frac{1}{2},0)$	*(1,1)*

Abbildung 4-3: Bank Run als Gleichgewicht in einem Spiel

Die Situation der geduldigen Haushalte im Diamond-Dybvig Modell entspricht damit der Form eines *Assurance Game*. Da für diesen Spieltyp in Kapitel 3 bereits die Herden-Eigenschaft festgestellt wurde, liegt bei spekulativen Bank Runs folglich Herdenverhalten vor. Wie von der Definition für Herdenverhalten aus Kapitel 1 gefordert wird, verändert sich die Entscheidung eines (geduldigen) Agenten durch Berücksichtigung des Verhaltens von anderen (von *spät* zu *früh* abheben), so dass letztlich alle (das heißt Ungeduldige und Geduldige) dasselbe machen und früh abheben.

4.3 Modellerweiterungen

Im Diamond-Dybvig-Modell werden Bank Runs durch pessimistische Erwartungen der (geduldigen) Haushalte ausgelöst, welche in Anbetracht der die Bank betreffenden Fundamentaldaten nicht gerechtfertigt sind. Schließlich sind die Investitionsprojekte sicher, weil L und insbesondere R deterministisch sind. Daraus folgt, dass Bank Runs in diesem Rahmen rein *spekulativ* motiviert sind. Ein *fundamentaldatenbasiertes Motiv* für Bank Runs ergibt sich demgegenüber dann, wenn der Bruttoertrag R der langfristigen Anlage (illiquide Technologie) stochastisch modelliert wird. Dadurch ergibt sich eine Unsicherheit bezüglich der verfügbaren Mittel der Bank in Periode 2, so dass für Agenten, die von einer schlechten Performance der Bank ausgehen, ein Anreiz entsteht, (einen Großteil ihres Guthabens bei der Bank) bereits früh abzuheben.

4.3.1 Fundamentaldatenbasierte Bank Runs

Wie es zu fundamentaldatenbasierten Bank Runs kommen kann, wird anhand des Modells von JACKLIN UND BHATTACHARYA (1988) skizziert, ohne jedoch genauer auf die einzelnen Formalia einzugehen. Die wesentlichen Unterschiede ihres Modells zum Diamond-Dybvig-Rahmen bestehen darin, dass

- angenommen wird, dass beide Typen von Haushalten sowohl aus frühem als auch aus spätem Konsum Nutzen ziehen, d. h. dass die Nutzenfunktion eines Haushalts von Typ i durch den Zusammenhang $V(C_{1i}, C_{2i}, i) = u(C_{1i}) + \rho_i u(C_{2i})$ gegeben ist, wobei wegen $0 < \rho_1 < \rho_2 \leq 1$ die Typ-2 Agenten weiterhin als die geduldigen bezeichnet werden können, weil sie späten Konsum vergleichsweise höher schätzen.

- der Bruttoertrag aus der langfristigen Anlage als Zufallsvariable $\tilde{R}$ modelliert wird[31], über deren Ausprägung einige Agenten (ein Anteil α der Geduldigen) in Periode 1 ein Signal erhalten, das es ihnen ermöglicht, die Wahrscheinlichkeitsverteilung durch *Bayes'sches Updating* zu aktualisieren. In einem parametrisierten Beispiel zu ihrem Modell gehen die Autoren dabei davon aus, dass der Bruttoertrag mit einer Wahrscheinlichkeit von $(1 - \theta)$ den Wert $R_H > 1$ annimmt, während er mit der Wahrscheinlichkeit θ R_L beträgt, wobei $0 < R_L < R_H$ gilt.

---

[31] Die Tilde kennzeichnet im Folgenden Zufallsvariablen.

- unterstellt wird, dass die langfristige Anlage nicht vorzeitig liquidiert werden kann, d. h. dass die Auszahlung bei vorzeitiger Liquidation in Periode 1 $L = 0$ beträgt.

Aufgrund der ersten Annahme bietet die Bank in diesem Modell ein Menü aus zwei Depositenkontrakten an, die für jede in Periode 0 eingezahlte Einheit die Auszahlungen x_1 in Periode 1 und $\tilde{x}_2$ in Periode 2 bzw. y_1 und $\tilde{y}_2$ versprechen, wobei sich die beiden Kontrakte im Wesentlichen darin unterscheiden, in welchem Verhältnis frühe und späte Auszahlung (Konsum) zueinander stehen. Die unsicheren Auszahlungen in Periode 2 erklären sich jeweils dadurch, dass diese natürlich davon abhängen, welche Realisation $\tilde{R}$ annimmt. So soll im Fall von $R = R_H$ gelten, dass die Beträge $\tilde{x}_2 = x_2$ und $\tilde{y}_2 = y_2$ ausgezahlt werden, während die Auszahlungen im Fall von $R = R_L$ entsprechend niedriger ausfallen und $\tilde{x}_2 = x_2 R_L / R_H$ bzw. $\tilde{y}_2 = y_2 R_L / R_H$ betragen.

Da die ungeduldigen Haushalte frühen Konsum höher schätzen als die geduldigen Haushalte, ziehen sie grundsätzlich den Kontrakt vor, bei dem das Verhältnis zwischen früher und später Auszahlung relativ hoch ist, so dass sie immer den Kontrakt wählen, der ihnen von der Bank zugedacht ist.

Die Geduldigen, die keine Information erhalten haben, wählen aufgrund einer analogen Überlegung ebenfalls den Kontrakt, den die Bank für sie konzipiert hat. Die Information über die Zufallsvariable $\tilde{R}$, unter der die Bank den Kontrakt entworfen hat und unter der die uninformierten geduldigen Haushalte operieren, ist schließlich identisch. Im Unterschied zu den Ungeduldigen präferieren sie jedoch ein niedriges Verhältnis von früher zu später Auszahlung.

Ein Anreizproblem kann sich nur bei den informierten geduldigen Haushalten ergeben, die aufgrund ihres Signals eine a-posteriori Einschätzung bezüglich der Performance vornehmen können, die in der a-posteriori Wahrscheinlichkeit $\hat{\theta}$ für die niedrige Auszahlung reflektiert wird. Erscheint ihnen aufgrund eines schlechten Signals eine niedrige Auszahlung in Periode 2 hinreichend wahrscheinlich, das heißt liegt die a-posteriori Wahrscheinlichkeit über einem Schwellenwert $\bar{\theta}$, werden sie aufgrund von bestehenden Arbitragemöglichkeiten den „falschen" Kontrakt wählen.[32] Da sich dann (im Fall eines schlechten Signals) nicht nur die Ungeduldigen für den Typ-1 Kontrakt mit der relativ hohen frühen Auszahlung entscheiden, sondern auch die informierten Geduldigen,

---

[32] Durch die Wahl des „falschen" Kontrakts ist zwar das Verhältnis zwischen früher und später Auszahlung höher als bei der Wahl des „richtigen" Kontrakts. Allerdings ermöglicht der „falsche" Kontrakt im Fall, dass die Rendite der langfristigen Anlage tatsächlich niedrig ist, das Verhältnis zwischen frühem und späten Konsum *effektiv* zu senken, indem ein Teil der frühen Auszahlung, der das gewünschte frühe Konsumniveau übersteigt, mittels der liquiden Lagertechnologie in die nächste Periode transferiert wird.

wird in diesem Fall von einem Bank Run gesprochen. Allerdings werden Zahlungsschwierigkeiten der Bank per Annahme dadurch vermieden, dass die Bank nur an so viele Kunden die frühe Auszahlung aus dem Typ-1 Kontrakt leistet, wie es Typ-1 Agenten gibt; darüber hinaus kann eine frühe Auszahlung nur in Höhe des Typ-2 Kontrakts erhalten werden (vgl. JACKLIN UND BHATTACHARYA (1988, 578)).

Im Fall eines guten Signals wählen alle Haushalte die ihnen von der Bank zugedachten Kontrakte. Zusammenfassend kann also festgehalten werden, dass im Modell von JACKLIN UND BHATTACHARYA (1988) ein eindeutiges Gleichgewicht existiert, das abhängig von der Information ist, welche die informierten Geduldigen in Periode 1 erhalten. Ein Bank Run resultiert, falls die Information hinreichend schlecht ist, so dass die a-posteriori Wahrscheinlichkeit für eine niedrige Auszahlung in Periode 2 einen Schwellenwert $\bar{\theta}$ übersteigt, d. h. falls $\hat{\theta} > \bar{\theta}$ gilt. Die Autoren haben gezeigt, dass dieser Schwellenwert umso niedriger liegt, je größer die Varianz von R ist, d. h. dass fundamentale Bank Runs umso wahrscheinlicher sind, je riskanter die langfristige Anlage ist.

Insgesamt kommt es in diesem Modell zwar insofern zu einem Bank Run, als nicht nur die Ungeduldigen einen Typ-1 Kontrakt haben möchten, sondern auch ein Teil der Geduldigen. Allerdings liegt aufgrund der Tatsache, dass die Bank nicht vorzeitig liquidieren kann ($L = 0$), keine (periodenübergreifende) Payoff-Externalität vor, durch die wegen übermäßigem frühen Abheben die Auszahlungen in Periode 2 nicht gewährleistet werden könnten. Der Payoff in Periode 2 ist zwar unsicher, dies ist aber allein durch die Stochastik der Zufallsvariable R bedingt. Die Payoff-Externalität im Rahmen des vorliegenden Modells bezieht sich ausschließlich darauf, dass durch die Entscheidung für einen Typ-1 Kontrakt von Typ-2 Haushalten eine Konkurrenz um die Typ-1 Kontrakte entsteht, wodurch es passieren kann, dass nicht alle Typ-1 Haushalte auch tatsächlich den „richtigen" Vertrag bekommen. Die Payoff-Externalität besteht hier also ausschließlich in Periode 1 zwischen informierten geduldigen und uninformierten Haushalten und ist daher als Ursache für den Bank Run abzulehnen. Im Bank Run ist daher schließlich auch kein Herdenverhalten zu sehen. Die Entscheidungen der Agenten sind unabhängig vom Verhalten der anderen; sie basieren allein auf den jeweils verfügbaren Informationen.

4.3.2 Kombination von fundamentaldaten-basierten und spekulativen Bank Runs

Eine andere Erweiterung des Diamond-Dybvig Modells stellt das Modell von CHARI UND JAGANNATHAN (1988) dar, in dem es informierte geduldige Haushalte – ähnlich wie bei JACKLIN UND BHATTACHARYA (1988) – im Fall eines schlechten Signals vorziehen, früh abzuheben. Allerdings kommt hier noch dazu, dass nicht informierte geduldige Haushalte im Fall einer großen Anzahl von Haushalten, die früh abheben, auf schlechte Signale und damit eine schlechte Performance schließen, so dass sie ebenfalls früh abheben. Diese Entscheidung kann insofern falsch sein, als hinter einen großen Anzahl an frühen Abhebungen nicht notwendigerweise (viele) schlechte Signale stecken müssen. Eine hohe Anzahl von frühen Abhebungen kann vielmehr auch auf einen hohen Anteil an ungeduldigen Haushalten zurückzuführen sein, welche ausschließlich an frühem Konsum interessiert sind.

Aus dieser kurzen Einführung ergeben sich bereits die wesentlichen Modifikationen gegenüber dem Diamond-Dybvig-Modell. So gilt jetzt vor allem, dass

- eine Technologie als Investitionsanlage zur Verfügung steht, die im Fall, dass die Investition bis Periode 2 fortgeführt wird, einen stochastischen Bruttoertrag $\tilde{R}$ pro investierter Einheit hat, wobei mit der Wahrscheinlichkeit p ein hoher Wert R_H realisiert wird, während mit der Gegenwahrscheinlichkeit $(1-p)$ ein niedriger Wert $R_L = 0$ resultiert. Dabei wird unterstellt, dass die Investition a priori lohnend ist, d. h. dass $pR_H + (1-p)R_L = pR_H > 1$ gilt. Über die Höhe der Auszahlung R erhält ein Anteil α der geduldigen Haushalte ein perfektes Signal, das also den wahren Wert von R preisgibt. Die Zufallsvariable $\tilde{\alpha}$ nimmt mit Wahrscheinlichkeit q den Wert $\bar{\alpha}$ an, mit der Gegenwahrscheinlichkeit beträgt der Anteil der Geduldigen, die ein Signal erhalten, null.

- Bei vorzeitiger Liquidation in Periode 1 ist die Auszahlung pro investierter Einheit abhängig vom aggregierten Investitionsniveau, das heißt von der Anzahl K der langfristigen Engagements, die bis zur zweiten Periode fortgeführt werden. Dabei gilt: Werden viele Investments fortgeführt (bzw. wenige vorzeitig liquidiert), das heißt gilt $K \geq \bar{K}$, kann jeweils der ursprüngliche Investitionsbetrag zurückgezahlt werden. In der bisher verwendeten Notation bedeutet dies $L = L_H = 1$. Andernfalls entstehen Liquidationskosten insofern, als die Auszahlung pro investierter Einheit unter eins liegt, also $L = L_L < 1$. Der Schwellenwert $\bar{K}$ wird dabei als exogen unterstellt.

- Bezüglich der Präferenzen der ungeduldigen und geduldigen Haushalte wird unterstellt, dass die geduldigen nur aus frühem Konsum Nutzen ziehen, während für die geduldigen sowohl früher als auch später Konsum Nutzen stiftet. Es gilt also $V^i(C_1, C_2) = u(C_1) + \beta^i u(C_2)$, wobei $\beta^2 = 1$ gilt und β^1 unendlich nahe bei null liegt. Ihren Typ $i = 1, 2$ erfahren die Haushalte wieder zu Beginn von Periode 1.

- Der Anteil der ungeduldigen Haushalte t ist stochastisch und den Haushalten nicht bekannt. Allerdings kennen sie seine Verteilung: Es wird angenommen, dass t die Werte 0, t_1 bzw. t_2 mit den Wahrscheinlichkeiten r_0, r_1 und r_2 annimmt.

- Sämtliche individuelle Informationen sind privater Natur. Die einzige allgemein beobachtbare Größe ist die Anzahl der Engagements, die über Periode 1 hinaus fortgeführt werden.

Banken kommen in diesem Modell insofern ins Spiel, als es den Haushalten nicht möglich ist, direkt in die verfügbare Technologie zu investieren. Also führen sie die Investition über eine Bank durch. Frühes Abheben bedeutet dann, dass ein Haushalt seine Investition vorzeitig liquidiert und nicht bis zur zweiten Periode fortführt. Dabei kann das gegebene Auszahlungsschema dahingehend interpretiert werden, dass die Banken eine *Pro-Rata* Auszahlungsregel (statt einer *Sequential Service Constraint* wie im Diamond-Dybvig Modell) anwenden: Die Bankkunden werden nicht in der Reihenfolge, in der sie ihre Ansprüche erheben, mit einem vorher festgelegten Betrag bedient, sondern sie erhalten – je nach der Anzahl der fortzuführenden Engagements – ihre Anlagebeträge oder entsprechend weniger zurück.

Der zeitliche Ablauf ist wie folgt: In der Planungsperiode 0 investieren alle Haushalte ihre gesamte Anfangsausstattung von einer Einheit, da sie in Periode 0 nicht konsumieren. In Periode 1 steht dann die Entscheidung über eine vorzeitige Liquidation an. Dabei erfahren die einzelnen Haushalte zunächst ihren Typ, das heißt die Variable t wird realisiert. Dann erhalten einige der geduldigen Agenten gegebenenfalls ein perfektes informatives Signal über die Höhe der Auszahlung in Periode 2.

Aufgrund der unterstellten Präferenzen ergibt sich, dass alle Ungeduldigen immer früh abheben, weil sie schließlich nur aus frühem Konsum Nutzen ziehen. Die Ungeduldigen haben also keinen Anreiz, ihre Investition fortzuführen bzw. zu re-investieren.

Die Geduldigen, die ein Signal über die Höhe der Auszahlung in Periode 2 erhalten haben, liquidieren ihre Investition nur dann vorzeitig, wenn sie ein schlechtes Signal erhalten haben. Ein schlechtes Signal bedeutet ja, dass die Auszahlung in Periode 2 $R_L = 0$ betragen wird, so dass es allemal besser ist, Kosten wegen vorzeitiger Liquidation in Kauf zu nehmen und überhaupt noch eine positive Auszahlung zu erhalten, als zu warten und leer auszugehen.

Im Fall eines guten Signals beträgt die Auszahlung in Periode 2 $R_H > 1/p > 1$; sie liegt damit auf jeden Fall über der Auszahlung, die bei vorzeitiger Liquidation im besten Fall erreicht werden kann. Ein informierter geduldiger Haushalt trifft seine Investitionsentscheidung in Periode 1 also in Abhängigkeit seines Signals und re-investiert, wenn er ein gutes Signal erhält, während er nicht re-investiert (d. h. früh abhebt), wenn er ein schlechtes Signal bekommt. Aufgrund dieses eindeutigen Zusammenhangs zwischen dem Verhalten und dem Signal der informierten Geduldigen und aufgrund der Tatsache, dass die Anzahl der frühen Abhebungen gegeben die (unbekannte) Anzahl der ungeduldigen Agenten umso höher ist, je mehr informierte geduldige Haushalte früh abheben, konditionieren die nicht informierten geduldigen Haushalte ihre Entscheidung über eine vorzeitige Liquidation bzw. eine Re-Investition auf die Anzahl der zu beobachtenden frühen Abhebungen. Da sie also aus einer hohen (bzw. niedrigen) Anzahl an frühen Abhebungen schließen, dass die informierten geduldigen Haushalte schlechte (bzw. gute) Signale haben, die auf eine schlechte (bzw. gute) Performance in Periode 2 hindeuten, entscheidet sich ein uninformierter geduldiger Agent also genau dann dafür, ebenfalls früh abzuheben, wenn er beobachtet, dass *viele* andere Haushalte früh abheben. Dies liegt daran, dass es auch für die nicht informierten geduldigen Agenten besser ist, früh abzuheben und Kosten wegen vorzeitiger Liquidation in Kauf zu nehmen, als die Investition fortzuführen und alles zu verlieren, sollte es in Periode 2 tatsächlich zu einer schlechten Performance kommen.

Im Gleichgewicht mit rationalen Erwartungen, das von den tatsächlichen Ausprägungen der drei Zufallsvariablen (Anteil $\tilde{t}$ der ungeduldigen Haushalte, Anteil $\tilde{\alpha}$ der geduldigen Haushalte, die ein Signal erhalten, und Höhe einer späten Auszahlung $\tilde{R}$) abhängt, kommt es also zu einem Bank Run, das heißt dazu, dass neben den ungeduldigen auch geduldige Agenten früh abheben, wenn

- die informierten Geduldigen schlechte Signale bekommen und/oder

- insgesamt eine hohe Anzahl an frühen Abhebungen zu beobachten ist.

Bank Runs können im Modell von CHARI UND JAGANNATHAN (1988) also sowohl fundamentaldaten-basiert sein als auch auf spekulativen Motiven beruhen. Insbesondere können sie auch dann auftreten, wenn eindeutige Signale eine gute Performance prophezeien, die informierten Geduldigen ihre Investments also fortführen, jedoch aufgrund eines hohen Anteils an Ungeduldigen eine große Anzahl an frühen Abhebungen zu beobachten ist. Da die nicht informierten Geduldigen aufgrund des unbekannten Anteils der Ungeduldigen nicht unterscheiden können, ob eine große Anzahl an frühen Abhebungen von einem hohen Anteil an Ungeduldigen oder von schlechten Signalen herrührt, ziehen sie also aus einer hohen Anzahl an frühen Abhebungen falsche Rückschlüsse auf eine schlechte Performance und heben ebenfalls früh ab. Dadurch lösen sie einen Bank Run aus und begründen durch Überschreiten des Schwellenwerts $\bar{K}$ an frühen Abhebungen eine negative Payoff-Externalität im Hinblick auf alle anderen, die früh abheben. Da sich diese Payoff-Externalität hier (im Unterschied zum Diamond-Dybvig Modell) allerdings ausschließlich auf die Auszahlungen in Periode 1 bezieht, kommt sie in diesem Fall als Ursache für einen Bank Run nicht in Betracht.

Auch wenn die Bank Runs im Modell von CHARI UND JAGANNATHAN (1988) also kein Beispiel für Herdenverhalten aufgrund von Payoff-Externalitäten darstellen, beschreiben sie Herdenverhalten. Dies gilt, da die Berücksichtigung des Verhaltens von anderen (eine hohe Anzahl früher Abhebungen) die Entscheidung eines uninformierten Geduldigen von einer späten zu einer frühen Abhebung verändert. Allein aufgrund der a-priori Information würde er schließlich abwarten, da die erwartete Auszahlung in Periode 2 höher ist als die Best-Case Auszahlung in Periode 1. Als Grund ist aber eine Informations-Externalität zu nennen, die dadurch entsteht, dass es einen eindeutigen Zusammenhang zwischen dem Signal und dem Verhalten der informierten geduldigen Agenten gibt. Dadurch sind grundsätzlich Rückschlüsse aus der Beobachtung von frühen Abhebungen auf die Signale und damit auf die Performance in Periode 2 möglich, auch wenn diese Rückschlüsse aufgrund des unbekannten Anteils an ungeduldigen Agenten nicht perfekt sind und Fehler auftreten können. Nichtsdestotrotz kann es zu Bank Runs kommen, die fundamental nicht gerechtfertigt sind (im Szenario mit guten Signalen und einem hohen Anteil an Ungeduldigen).[33, 34]

4.4 Wohlfahrtserhöhende Maßnahmen bei Bank Runs

Von den bisher vorgestellten Bank-Run Modellen liegt Herdenverhalten aufgrund von Payoff-Externalitäten (in der reinen Form) nur bei Diamond und Dybvig vor. In diesem Modell existieren zwei Gleichgewichte, wobei im schlechten Bank-Run Gleichgewicht nicht nur die ungeduldigen Haushalte (mit akutem Liquiditätsbedarf) in der ersten Periode abheben, sondern auch an und für sich geduldige Haushalte, die Liquidität erst später benötigen. Dadurch wird die Bank dazu gezwungen, langfristige Engagements mit einer hohen Rendite vor Fristablauf zu kündigen, um ihren unerwartet hohen Zahlungsverpflichtungen nachzukommen. Aufgrund von Kosten wegen vorzeitiger Liquidation werden schließlich nicht nur rentable Projekte behindert, sondern auch die Ressourcen der Bank vermindert, was diese letztendlich in die Insolvenz treibt und eine optimale Risikoallokation unmöglich macht. Insgesamt entstehen bei einem

---

[33] Für eine genauere Analyse zum Herdenverhalten aufgrund von Informations-Externalitäten wird auf Kapitel 6 verwiesen.

[34] Das Element einer Informations-Externalität wird im Modell von CHEN (1999) mit einer *Sequential Service Constraint* kombiniert, so dass Bank Runs in diesem Fall sowohl durch Informations- als auch durch Payoff-Externalitäten erklärt werden. Bank Runs dieser Art bringen auch Herdenverhalten zum Ausdruck.

Bank Run also Wohlfahrtsverluste, die nach möglichen Maßnahmen zur Verbesserung des Ergebnisses suchen lassen.

4.4.1 Mindestreserve-Vorschriften (*Narrow Banking*)

Wenn man das Hauptproblem eines Bank Runs in der Zahlungsunfähigkeit der Bank sieht, die nicht im Stande ist, alle Kunden zu bedienen, die in einer Periode ihren im Depositenkontrakt geregelten Anspruch auf eine festgelegte Auszahlung geltend machen wollen, muss die zu ergreifende Maßnahme daran ansetzen, dass die liquiden Mittel nicht ausreichen, Auszahlungen zu leisten, die grundsätzlich jedem einzelnen Kunden garantiert wurden. Damit die Zahlungsfähigkeit also zu jeder Zeit gesichert ist, darf die in einer Periode versprochene Leistung (pro Kopf) nicht größer sein, als die zu dieser Zeit vorhandenen liquiden Mittel (pro Kopf). In dieser strengen Version bedeutet das formal

(4-14)   (1) $C_1 \leq 1 - I$ und (2) $C_2 = IR$ bzw.

(4-15)   (1) $C_1 \leq 1 - I + IL$ und (2) $C_2 \leq 1 - I + IR$,

wenn man zulässt, dass die Bank langfristige Anlagen vorzeitig liquidieren kann, falls die kurzfristigen (liquiden) Mittel nicht ausreichen.

Wenn die Bank diese Restriktionen einhält, ist sie für alle Eventualitäten gewappnet, das heißt sie ist generell in *jeder* Periode in der Lage, *alle* Kunden zu bedienen (so diese es wollen), da die jeweils versprochene Auszahlung nicht höher ist, als die pro Kopf bereitgehaltenen liquiden Mittel. Da die Zahlungsfähigkeit also stets gesichert ist, besteht keine Gefahr von Bank Runs. Allerdings gilt es bei dieser Lösung des sog. *Narrow Banking* (vgl. FREIXAS UND ROCHET (1999, 197)) zu bedenken, dass sich für die möglichen Konsumniveaus im besten Fall (vgl. (4-15)) die Mengen aus der Autarkie-Lösung ergeben, welche die Haushalte auch direkt (ohne Banken) erreichen können. Der erreichbare Nutzen in diesem restringierten Bankenszenario ist folglich suboptimal; insbesondere leidet die Risikoteilung zwischen den Haushaltstypen, so dass als Fazit festgehalten werden kann, dass durch die vorgeschlagene Maßnahme zwar Bank Runs vermieden werden können, allerdings leider nur auf Kosten des Versicherungseffekts, der ja gerade den Vorzug der Bankenlösung ausmachte.

Unter Wohlfahrtsgesichtspunkten sind Mindestreserve-Vorschriften insgesamt abzulehnen. Eine solche Regulierungsmaßnahme würde nämlich nur in einer Situation ergriffen werden, in der die Banken von den Haushalten angenommen werden, d. h. falls eine Banken-Lösung (trotz der Gefahr von Bank Runs) der Autarkie vorgezogen wird und also der Erwartungsnutzen in der Banken-Lösung (unter Berücksichtigung der Möglichkeit eines Bank Runs) höher ist als der Autarkie-Nutzen. (Wie in Abschnitt 4.1.5 hergeleitet wurde, ist dies der Fall, wenn die Bank-Run Wahrscheinlichkeit hinreichend niedrig ist.) Sollte in einer solchen Situation die Gefahr eines Bank Runs durch Mindestreserve-Vorschriften eliminiert werden, käme es selbst im Fall der milderen Mindestreserve-Vorschrift maximal zum Autarkie-Nutzen, was ex ante eine Verschlechterung gegenüber der Banken-Lösung bedeutet, die nicht beabsichtigt sein kann.

4.4.2 Anpassung der Depositenkontrakte

Eine andere Möglichkeit, mit der Gefahr von Bank Runs umzugehen, findet sich bei COOPER UND ROSS (1998), die Vorschläge machen, wie die Banken bei der Ausarbeitung der Depositenkontrakte auf die Möglichkeit reagieren können, dass es zu Bank Runs kommen kann. Dazu wird zunächst ein sog. Bank-Run resistenter Depositenkontrakt (*Runs Preventing Contract, RPC*) beschrieben, unter dem Bank Runs völlig ausgeschlossen sind. Dieser wird dann einem anderen Kontrakt gegenüber gestellt, mit dem es zwar zu Bank Runs kommen kann, der aber so konzipiert ist, dass der Erwartungsnutzen maximiert wird (*Optimaler Run-Kontrakt*). Schließlich folgen Auswahlbedingungen, wann welcher Kontrakt zu wählen ist.

4.4.2.1 Runs Preventing Contract (RPC)

Um den Kontrakt herzuleiten, unter dem keine Bank Runs auftreten, muss der Modellrahmen von DIAMOND UND DYBVIG (1983) in zwei Punkten verändert bzw. erweitert werden.

▪ Um mit einem Kontrakt Bank Runs ausschließen zu können, dürfen die geduldigen Agenten keinen Anreiz haben früh abzuheben. Dies ist genau dann der Fall, wenn die in Periode 1 pro Kopf verfügbaren Mittel mindestens so groß sind wie die frühe Auszahlung, d. h. falls (1) $1 - I\tau \geq C_1$ gilt.[35] In diesem Fall stellt die Alternative *spät abheben* eine dominante Strategie für die Geduldigen dar.

▪ Es wird zugelassen, dass die Bank über *zwei* Perioden liquide Mittel halten darf. Den Betrag, der quasi zweimal hintereinander in die kurzfristige Anlage investiert wird, bezeichnen wir mit I_2. Damit ergeben sich

---

[35] In Anlehnung an ROSS UND COOPER (1998) werden im Folgenden die Kosten bei vorzeitiger Liquidierung τ explizit notiert. Verglichen mit der im Diamond-Dybvig Modell verwendeten Notation gilt: $\tau = 1 - L$.

für die möglichen Auszahlungsbeträge (2) $C_1 = (1 - I - I_2)/\pi$ und
(3) $C_2 = (IR + I_2)/(1 - \pi)$.

Der Run-resistente Kontrakt ergibt sich dann durch Maximierung des Erwartungsnutzens gegeben die *No-Run Bedingung* (1) und die beiden Ressourcenbeschränkungen (2) und (3). Ohne eine formale Herleitung wird anhand der Möglichkeitsmenge, die durch die drei Nebenbedingungen gegeben ist, gezeigt, dass mit dem *RPC* immer eine Lösung erreicht wird, die mindestens so gut ist wie die Autarkie. Aus den drei Bedingungen ergibt sich die Grenze der Möglichkeitsmenge als

(4-16)
$$C_2 = \frac{R - 1 + \tau}{\tau(1 - \pi)} - \frac{R - 1 + \pi\tau}{\tau(1 - \pi)} C_1,$$

wobei zu beachten ist, dass aus (1) wegen $I, \tau \geq 0$ folgt, dass $C_1 \leq 1$. Außerdem muss berücksichtigt werden, dass $I_2 > 0$ erfüllt sein muss, so dass (4-16) nur relevant ist, solange $C_1 > (1 - \tau)/(1 - \tau\pi)$ gilt.[36] Für $C_1 \leq (1 - \tau)/(1 - \tau\pi)$ gilt die Budgetbeschränkung

(4-17)
$$C_2 = \frac{R}{1 - \pi} - \frac{R\pi}{1 - \pi} C_1,$$

die sich aus (2) und (3) mit $I_2 = 0$ ergibt (und die bei der Herleitung der optimalen Allokation als Nebenbedingung dient).

Insgesamt wird die Möglichkeitsmenge also durch (4-16) und (4-17) begrenzt; dies ist in Abbildung 4-4 dargestellt. Diese Grafik bringt zum Ausdruck, dass für Investitionspläne, die relativ kleine C_1-Werte erzeugen, die Möglichkeitsmenge schlicht durch die Ressourcenbeschränkungen (2) und (3) bzw. die Gerade zur Gleichung (4-17) beschrieben wird. Die No-Run Bedingung (1) bindet erst ab Punkt P, wenn also ein kritischer C_1-Wert überschritten wird. Dies liegt daran, dass die Wahrscheinlichkeit leer auszugehen steigt, je höher der Betrag einer frühen Auszahlung ist, weil dann für jeden zusätzlichen Kunden, der in Periode 1 abheben will, ein umso größerer Betrag vorzeitig liquidiert werden muss, was die verbleibenden Reserven umso stärker vermindert. Um

---

[36] Wenn (1) mit Gleichheit erfüllt ist, gilt $I = (1 - C_1)/\tau$, was in Bedingung (2) eingesetzt $I_2 = (C_1(1 - \tau\pi) - (1 - \tau))/\tau$ ergibt. Daraus kann abgeleitet werden, dass $I_2 > 0$ nur dann gilt, wenn $C_1 > (1 - \tau)/(1 - \tau\pi)$ vorliegt.

Bank Runs zu vermeiden, muss für große C_1-Werte also eine Überschussliquidität gebildet werden ($I_2 > 0$), welche die Zahlungsfähigkeit der Bank signalisiert, allerdings auch den Möglichkeitsraum gegenüber der reinen Ressourcenbeschränkung beschneidet (rechts von P liegt die Gerade (4-16) unterhalb der Gerade (4-17)).

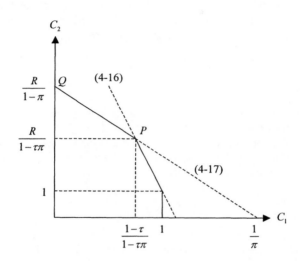

Abbildung 4-4: Runs Preventing Contract

Das Ausmaß, in dem die No-Run Bedingung bindet und Überschussliquidität gebildet werden muss, ist abhängig von der Höhe der Liquidationskosten τ. Sind diese hoch, so bringt eine vorzeitige Liquidation nur wenig zusätzliche Mittel, die für unvorhergesehene Auszahlungen verwendet werden können, so dass es wahrscheinlich ist leer auszugehen. In diesem Fall müssen selbst relativ niedrige C_1-Werte durch die Bildung von Überschussliquidität gestützt werden. Grafisch schlägt sich dieser Zusammenhang darin nieder, dass sich die Gerade (4-16) bei steigenden Liquidationskosten im Punkt $(1,1)$ nach unten dreht. Dadurch wandert der Punkt P auf der Gerade (4-17) nach links oben, so dass sich das steilere Segment der Budgetbeschränkung vergrößert und die Möglichkeitsmenge kleiner wird. Im Extremfall mit $\tau = 1$ verbindet die Gerade (4-16) die Punkte $(1,1)$ und Q. (Im anderen Extrem mit $\tau = 0$ dreht sich die Gerade (4-16) im Punkt $(1,1)$ in eine senkrechte Position, so dass für alle Werte einer frühen

Auszahlung $C_1 \leq 1$ keine Bildung von Überschussliquidität notwendig ist und im gesamten Bereich die Ressourcenbeschränkung (4-17) gilt.)

Der Run-resistente Depositenkontrakt (RPC) wird dann durch Maximierung des Erwartungsnutzens gegeben die durch (4-16) und (4-17) beschriebene Möglichkeitsmenge ermittelt. Der RPC kann dann je nach Präferenzen im Bereich links von P liegen, in dem die No-Run Bedingung bindend ist und Überschussliquidität gebildet werden muss. Dies ist genau dann der Fall, wenn die Grenzrate der Substitution zwischen einer frühen und einer späten Auszahlung im Punkt P größer ist als der Betrag der Steigung der Gerade (4-16), falls also

$$(4\text{-}18) \qquad GRS_{C_1,C_2}(P) > \frac{R-1+\tau\pi}{\tau(1-\pi)}$$

gilt. In jedem Fall aber ergibt sich, dass der RPC mindestens genau so gut ist, wie die Autarkie-Lösung (die das zur Banken-Lösung alternative Szenario darstellt). Um dies zu erkennen, rufen wir uns die Budgetbeschränkung in der Autarkie-Situation in Erinnerung: Aufgrund der darin möglichen Konsumniveaus $C_1 = 1 - I + IL$ und $C_2 = 1 - I + IR$ ergibt sich

$$(4\text{-}19) \qquad C_2 = \frac{R-1+\tau}{\tau} - \frac{R-1}{\tau}C_1.$$

Die durch diese Gleichung beschriebene Gerade verläuft von Punkt $(1,1)$ ausgehend flacher als die Gerade (4-17), so dass die Möglichkeitsmenge der Autarkie-Situation vollständig in der RPC-Möglichkeitsmenge enthalten ist und also der RPC die Autarkie-Lösung immer (schwach) dominiert. Ein Run-resistenter Depositenkontrakt ist der Autarkie-Lösung also vorzuziehen. Allerdings ist noch zu klären, ob man durch die Maßnahmen, die zur vollständigen Eliminierung der Bank-Run Gefahr ergriffen werden müssen, nicht unnötig Wohlfahrtspotenzial aufgibt. Unter bestimmten Umständen könnte es ex ante nämlich besser sein, Bank Runs zuzulassen und sich mit einem sog. *Optimalen Run-Kontrakt* anzupassen.

4.4.2.2 Optimaler Run-Kontrakt

Gegeben, dass der Depositenkontrakt so konstruiert wird, dass Bank Runs nicht von vornherein ausgeschlossen sind, sondern mit der (bekannten) Wahrscheinlichkeit $\Pr(run) \equiv q$ auftreten, und die Banken wieder Überschussliquidität $I_2 \geq 0$ halten können, sind hier nur die Ressourcenbeschränkungen (2) und

(3) aus dem vorherigen Abschnitt als Nebenbedingungen zu berücksichtigen. Der optimale Depositenkontrakt, bei dem es nach wie vor zu einem Bank Run kommen kann, maximiert dann den Erwartungsnutzen

$$(1-q)\left[\pi u(C_1)+(1-\pi)u(C_2)\right]+q\left[\frac{1-I\tau}{C_1}u(C_1)+\left(1-\frac{1-I\tau}{C_1}\right)u(0)\right]$$

(4-20)　u. d. NB.　(1) $C_1 = \dfrac{1-I-I_2}{\pi}$

$\qquad\qquad\qquad$ (2) $C_2 = \dfrac{IR+I_2}{1-\pi}$

$\qquad\qquad\qquad$ (3) $I_2 \geq 0$,

wobei der Ausdruck in der eckigen Klammer im ersten Summanden den Erwartungsnutzen beschreibt, falls kein Bank Run auftritt, und die eckige Klammer im zweiten Summanden für den Erwartungsnutzen im Fall eines Bank Runs steht. Der Ausdruck $(1-I\tau)/C_1$ gibt die Wahrscheinlichkeit an, mit der ein Bankkunde im Fall eines Bank Runs eine Auszahlung erhält. Wenn man wie COOPER UND ROSS (1998) davon ausgeht, dass $u(0)=0$ gilt, entfällt der zweite Term in der eckigen Klammer des zweiten Summanden. Die Lösung zum Problem (4-20) sei dann durch einen Depositenkontrakt $\delta(q)$ gegeben, der die Höhe der Auszahlungen in Periode 1 und Periode 2 festlegt. Mit dem Kontrakt $\delta(q)$ wird der höchstmögliche Erwartungsnutzen $V(q)$ erreicht, der unter Inkaufnahme von Bank Runs zu erzielen ist.

4.4.2.3 Auswahl des absolut besten Kontrakts

Wenn nun der Erwartungsnutzen, der mit dem *RPC* verbunden ist, mit V^{nr} (*no run*) bezeichnet wird, kann eine Auswahlbedingung angegeben werden, die festlegt, wann welcher Depositenkontrakt zum Einsatz kommen soll. Dabei ist klar, dass immer der Kontrakt gewählt werden soll, mit dem der höchste Erwartungsnutzen verbunden ist. So ist der *RPC* nur dann zu wählen, wenn in einem Szenario *mit* Bank Runs keine bessere Lösung erreicht werden kann als bei Verhinderung von Bank Runs, wenn also $V^{nr} > V(q)$ gilt. COOPER UND ROSS (1998) haben dazu gezeigt, dass diese Bedingung dann erfüllt ist, wenn die Bank-Run Wahrscheinlichkeit hinreichend hoch ist und einen Schwellenwert $\hat{q} \in (0,1)$ übersteigt, wenn also $q > \hat{q}$ gilt. Bank Runs sind also durch entsprechende Kontrakte nur dann zu unterbinden, wenn sie hinreichend wahrscheinlich sind. Ansonsten sind Bank Runs unter optimaler Anpassung in Kauf zu nehmen.

Insgesamt kann durch Anpassung des Depositenkontrakts gegenüber dem Bank-Run Gleichgewicht mit dem Kontrakt $\delta^* = \left(C_1^*, C_2^*\right)$, der die Auszahlungen gemäß der optimalen Allokation enthält und in dem der Erwartungsnutzen $V^r \equiv E\left[u^r\right]$ beträgt, in jedem Fall eine Wohlfahrtserhöhung erreicht werden:

- Falls die Bank-Run Wahrscheinlichkeit niedrig ist, sollte der optimale Run-Kontrakt $\delta(q)$ zum Einsatz kommen, der den Erwartungsnutzen gegeben Bank Runs maximiert, so dass definitionsgemäß in diesem Fall $V(q) > V^r$ gilt.

- Falls die Bank-Run Wahrscheinlichkeit hoch ist, sollte der Run-resistente Kontrakt gewählt werden, der – wie oben erläutert wurde – mit einem Erwartungsnutzen verbunden ist, der höher ist als beim optimalen Run-Kontrakt, so dass in jedem Fall $V^{nr} > V^r$ gilt und eine Wohlfahrtserhöhung gegenüber dem Bank-Run Gleichgewicht zu verzeichnen ist.

Das Gesamtfazit dieses Abschnitts ist also insofern positiv, als es Möglichkeiten zur Wohlfahrtssteigerung gibt, auch wenn festzuhalten ist, dass durch die geschilderten Anpassungen nicht die optimale Allokation umgesetzt werden kann. Wodurch dies erreicht werden könnte, ist Gegenstand des nächsten Abschnitts.

4.4.3 Aussetzung der Zahlungsverpflichtung

Den Vorschlag zum Aussetzen der Zahlungsverpflichtung machen bereits DIAMOND UND DYBVIG (1983, 410). Als Maßnahme zur Abwehr von Bank Runs schlagen sie vor, dass die Bank die Anzahl der frühen Auszahlungen auf ein Maximum beschränken soll, so dass die Budgetrestriktion der Bank gegeben den Depositenkontrakt stets eingehalten wird. Dadurch können vorzeitige Liquidationen vermieden werden und die Zahlungsfähigkeit ist gesichert. Insbesondere sind auch in Periode 2 ausreichend Mittel vorhanden, um den Forderungen der geduldigen Agenten nachzukommen. Für geduldige Haushalte schwindet folglich der Anreiz, aus Furcht leer auszugehen früh abzuheben. Die effiziente Lösung kann also erreicht werden, wenn die maximale Anzahl $\bar{N}_1$ an frühen Auszahlungen der Anzahl $\pi_1 N$ der ungeduldigen Agenten entspricht. Dies ergibt sich unter Berücksichtigung der Ressourcenbeschränkung $C_1 = (1 - I)/\pi_1$ über die Budgetrestriktion der Bank in Periode 1: $\bar{N}_1 C_1 = N(1 - I)$. Wenn diese Bedingung nach $\bar{N}_1$ aufgelöst wird, ergibt sich

(4-21) $\bar{N}_1 = \pi_1 N$.

Wenn die Bank also von Anfang an glaubhaft versichern kann, dass sie in Periode 1 höchstens so viele Kunden bedienen wird, wie ungeduldige Haushalte vorhanden sind, besteht für die geduldigen Agenten kein Anreiz früh abzuheben, weil die Bank solvent bleiben wird. Ein Bank Run kommt dann erst gar nicht zustande und die Bank muss die Zahlung zu keiner Zeit aussetzen. Folglich existiert ein eindeutiges Nash-Gleichgewicht (in dominanten Strategien), in dem die optimale Allokation erreicht wird. Der Erwartungsnutzen beträgt dabei $V^* \equiv E\left[u^*\right]$.

Diese Maßnahme ist unter den bisher dargestellten die beste, auch wenn sie einen Nachteil hat: sie ist nur umsetzbar, wenn der Anteil der Ungeduldigen bekannt ist. Im Fall eines stochastischen π kann die Bank zwar in Periode 0 auch eine maximale Anzahl an frühen Auszahlungen, die sie leisten wird, festlegen (z. B. indem sie sich am Erwartungswert von π orientiert), allerdings stellt dies kein probates Mittel zur Vermeidung von Bank Runs dar.

*Über*schätzt die Bank nämlich die Anzahl der Ungeduldigen, investiert sie *zu viel* in die kurzfristige Anlage, wodurch sie in der Lage ist, in Periode 1 mehr Kunden als nur die Ungeduldigen zu bedienen. Gleichzeitig wird zu wenig langfristig angelegt, wodurch in Periode 2 die verfügbaren Mittel nicht ausreichen werden, um die versprochene Auszahlung C_2 an die tatsächlich (unerwartet) hohe Anzahl an Geduldigen zu leisten. Es besteht also nach wie vor die Gefahr leer auszugehen, so dass für die Geduldigen weiterhin ein Anreiz besteht, früh abzuheben. Wichtig ist dabei die Erkenntnis, dass sich dieser Anreiz schlicht aus der Tatsache ergibt, dass die Bank zu wenig langfristig anlegt; er kann folglich auch durch die Aussetzung der Zahlungsverpflichtung nicht eliminiert werden, so dass Bank Runs im Fall eines stochastischen Anteils der Ungeduldigen auf diesem Weg nicht vermieden werden können.

(Im Fall einer *Unter*schätzung des Anteils der Ungeduldigen wird entsprechend *zu wenig* kurzfristig und *zu viel* langfristig angelegt. Daraus folgt, dass die liquiden Mittel in Periode 1 angesichts der wahren Anzahl an Ungeduldigen planmäßig zu knapp sind, was im Fall, dass die Zahlung bei Erreichen der erwarteten Anzahl an Ungeduldigen ausgesetzt wird, dazu führt, dass nicht alle ungeduldigen Haushalte bedient werden. Es käme in diesem Fall also zu einer Rationierung der Ungeduldigen, während in Periode 2 schließlich aufgrund der Überinvestition in die langfristige Anlage Mittel übrig bleiben.)

4.4.4   (Staatliche) Einlagenversicherung

Ein geeignetes Mittel zur Vermeidung von Bank Runs (vor allem auch im Fall eines stochastischen Anteils der Ungeduldigen) stellt die sog. *Einlagenversicherung* dar, bei der die im Depositenkontrakt versprochene Auszahlung an alle geleistet wird, die in der betreffenden Periode abheben möchten. Eine solche Garantie kann gegeben werden, wenn eine Versicherung existiert, die einspringt und die Auszahlungen an die Haushalte übernimmt, sobald die Ressourcen der Bank erschöpft sind. Da private Unternehmen aber ihrerseits (wie die Bank) beschränkte Ressourcen haben, plädieren DIAMOND UND DYBVIG (1983, 413-416) für eine staatliche Organisation der Einlagenversicherung, die über eine Steuer finanziert und am Ende von Periode 1 (wenn die Anzahl der frühen Abhebungen feststeht) von allen, die früh abgehoben haben, erhoben wird.

Die Höhe der Steuer bemisst sich grundsätzlich nach der Anzahl F der frühen Abhebungen bzw. dem Anteil $f(\equiv F/N)$ der Agenten, die früh abheben, sowie der Höhe der im Depositenkontrakt vereinbarten frühen Auszahlung, die in diesem Zusammenhang mit r_1 bezeichnet wird. Falls dann insgesamt höchstens so viele Agenten früh abheben wie es der maximal möglichen Anzahl an Ungeduldigen (bestimmt durch die größte Ausprägung $\bar{\pi}$ der Zufallsvariable $\tilde{\pi}$) entspricht, d. h. falls $f \leq \bar{\pi}$ gilt, ergibt sich die Höhe der Steuerzahlung $T(f)$ als Differenz zwischen der von der Bank geleisteten Zahlung r_1 und der Höhe des optimalen Konsumniveaus $C_1^*(f)$, das sich für den aus der Beobachtung der frühen Abhebungen abgeleiteten Anteils f an (offensichtlich) Ungeduldigen ergibt. Falls $f > \bar{\pi}$ gilt, haben neben den Ungeduldigen in jedem Fall auch Geduldige eine frühe Auszahlung eingefordert; in diesem Fall sind vorzeitig Liquidationen notwendig, die pro Kopf einen Betrag $1 - I + IL$ verfügbar machen, so dass die Steuerzahlung $r_1 - (1 - I + IL)$ betragen muss. Die Steuerbetragsfunktion lautet also

(4-22)
$$T(f) = \begin{cases} r_1 - C_1^*(f) & \text{falls } f \leq \bar{\pi} \\ r_1 - (1 - I + IL) & \text{falls } f > \bar{\pi}. \end{cases}$$

Für die Nettoauszahlung in Periode 1 $r_1^{net}(f) = r_1 - T(f)$, die für die Haushalte letztendlich bei der Wahl des Auszahlungszeitpunkts entscheidend ist, ergibt sich daher

$$(4\text{-}23) \qquad r_1^{net}(f) = \begin{cases} r_1 - \left(r_1 - C_1^*(f) \right) = C_1^*(f) & \text{falls } f \leq \bar{\pi} \\ r_1 - \left(r_1 - (1 - I + IL) \right) = 1 - I + IL & \text{falls } f > \bar{\pi}. \end{cases}$$

Mit $C_1^*(f) = \left(1 - I(f) \right)/f$ und $C_2^*(f) = RI(f)/(1-f)$ gilt dann für die Nettoauszahlung $r_2^{net}(f) = R\left(1 - r_1^{net}(f)f \right)/(1-f)$ in Periode 2

$$(4\text{-}24) \qquad r_2^{net}(f) = \begin{cases} \dfrac{R\left(1 - C_1^*(f)f \right)}{1-f} = C_2^*(f) & \text{falls } f \leq \bar{\pi} \\ \dfrac{R\left(1 - [1 - I + IL]f \right)}{1-f} & \text{falls } f > \bar{\pi}. \end{cases}$$

Im Hinblick auf die einzelnen Werte der Nettoauszahlungen der Agenten gilt einerseits, dass die Auszahlungen in Periode 1 in jedem Fall positiv sind, so dass die ungeduldigen Haushalte in Periode 1 abheben werden, und andererseits, dass die Auszahlungen in Periode 2 in jedem Fall höher sind als in Periode 1,[37] so dass die geduldigen Haushalte in keinem Fall einen Anreiz haben früh abzuheben. Die dominanten Strategien bestehen also darin, dass die ungeduldigen Agenten in Periode 1 abheben und die geduldigen in Periode 2.

Wenn sich alle Agenten unabhängig von dem, was die anderen machen, gemäß ihrem Typ wie oben beschrieben verhalten, ergibt sich ein eindeutiges Nash-Gleichgewicht, in dem alle Ungeduldigen früh und alle Geduldigen spät abheben, so dass $f = \pi$ ($\leq \bar{\pi}$) gilt. Dabei wird (wie den Formeln (4-23) und (4-24) zu entnehmen ist) die dem tatsächlichen Anteil an ungeduldigen Agenten entsprechende optimale Allokation mit $C_1^*(\pi)$ und $C_2^*(\pi)$ erreicht.

Zusammenfassend kann als Fazit festgehalten werden, dass durch eine staatliche, steuerfinanzierte Einlagenversicherung ein Bank Run vermieden und die optimale Allokation implementiert werden kann. Dabei gilt im besonderen Fall eines nicht-stochastischen (bekannten) Anteils π, dass die pure Existenz einer solchen Einlagenversicherung ausreicht, um das effiziente Gleichgewicht zu gewährleisten. Da sich in diesem Fall wegen $r_1 = C_1^*(\pi)$ aus (4-22) ergibt, dass die zu erhebende Steuer $T(\pi) = 0$ beträgt, wird im Gleichgewicht gar keine Steuerzahlung fällig wird und die Versicherung muss nicht aktiv werden.

---

[37] Es gilt: $(1 - I + IL) < C_1^*(f) < C_2^*(f) < R\left(1 - [1 - I + IL]f \right)/(1-f).$

5 Investigative Herding

Neben den Bank-Run Modellen können auch die Modelle zum *Investigative Herding* als Spezialfall von Herdenverhalten aufgrund von Payoff-Externalitäten betrachtet werden. Sie analysieren das Verhalten von Anlegern im Zusammenhang mit der Beschaffung von Informationen, welche die Grundlage für Investitionsentscheidungen bilden. Dabei kann gezeigt werden, dass es zu einer Konzentration auf einzelne Informationen und damit auch zu identischem Anlageverhalten kommen kann, wenn die Agenten ihre Positionen glattstellen, bevor der wahre Wert des Assets bekannt wird (kurzfristige Investitionen). In diesem Fall hängen die zu erwirtschaftenden Gewinne nämlich nicht vom wahren Vermögens(end)wert, sondern vom Marktpreis ab, zu dem die Positionen glattgestellt werden können. Für einen einzelnen Anleger fallen diese Gewinne folglich umso positiver aus, je günstiger sich der Preis während der Halteperiode entwickelt, das heißt je mehr Agenten nach ihm dieselbe Anlageentscheidung treffen. Die Voraussetzung dafür ist, dass die Agenten über dieselben Informationen verfügen. Insgesamt folgt daraus, dass eine bestimmte Information für einen Agenten umso wertvoller ist, je mehr andere Agenten über gerade diese Information verfügen. So erklärt es sich, dass die Agenten bei der Informationsbeschaffung diejenigen Daten auswählen, von denen sie denken, dass sie die Grundlage für die Entscheidungen von anderen sein werden, so dass es zu einer Konzentration auf einzelne Daten kommt. Dies stellt jedoch eine ineffiziente Informationsnutzung dar, die Wohlfahrtsverluste verursachen kann, da die ausgewählten Informationen nicht notwendigerweise die besten Indikatoren für den wahren Assetwert sein müssen und im Extremfall in dieser Hinsicht sogar völlig irrelevant (*Noise*) sind.[38] KEYNES (1936) hat die Börse daher mit einem Schönheitswettbewerb (*Keynes' Beauty Contest*) verglichen, bei dem die Juroren ihre Stimme der Kandidatin geben, von der sie glauben, dass sie die meisten Stimmen erhalten und also gewinnen wird, anstatt für die Kandidatin zu stimmen, die sie für die schönste halten.

Die in der Literatur behandelten Modelle zum *Investigative Herding* unterscheiden sich im Wesentlichen in der Begründung für ein vorzeitiges Glattstellen der Positionen. BRUNNERMEIER (2001, 191) nennt in diesem Zusammenhang eine begrenzte Lebensdauer der Agenten (wie bei FROOT, SCHARFSTEIN UND STEIN (1992) oder BRENNAN (1999)), Risikoaversion der Anleger (wie bei HIRSHLEIFER, SUBRAHMANYAM UND TITMAN (1994)) sowie Prinzipal-Agent-Beziehungen zwischen Kapitalgebern und Investoren bzw. Fondmanagern (wie bei

---

[38] Anders verhält es sich, wenn die Agenten ihre Positionen bis zum Bekanntwerden des wahren Assetwerts (langfristig) halten und zu einem Preis, der dem wahren Wert entspricht, glattstellen. In diesem Fall kommt es zu einer gleichmäßigen Verteilung der Agenten auf die verfügbaren Informationen, weil dadurch vermieden wird, dass ein bestimmtes Datum im Marktpreis überrepräsentiert wird und einigen Anlegern Verluste bereitet.

GÜMBEL (1999)), wobei im Folgenden das Modell von FROOT, SCHARFSTEIN UND STEIN (1992) betrachtet wird.

5.1 Markt-Mikrostruktur des Modells

Das Modell von FROOT, SCHARFSTEIN UND STEIN (1992), das Herdenverhalten im Bezug auf die Informationsbeschaffung von Agenten erklärt, baut auf einem Modell mit strategisch handelnden, informierten Agenten auf, wie es sich bei KYLE (1985) findet. Daher werden zunächst die wesentlichen Bausteine dieses zugrunde liegenden Modells dargestellt (vgl. auch O'HARA (1996, 91-100)).

5.1.1 Markt und Marktteilnehmer

KYLE (1985) betrachtet einen Markt für einen riskanten Vermögensgegenstand mit dem wahren Wert $\tilde{v}$, der normalverteilt ist mit dem Erwartungswert p_0 und der Varianz Σ_0. Auf dem Markt für diesen Asset agieren drei Typen von risikoneutralen Agenten:

- ein (informierter) *Insider*, der ein perfektes Signal über den wahren Wert des Assets erhält und seine Nettonachfragemenge durch Maximierung seines erwarteten Gewinns wählt, wobei er den Einfluss seines Handelns auf den Marktpreis berücksichtigt,

- mehrere uninformierte *Noise Traders*, deren Marktverhalten zufällig ist, sowie

- kompetitive *Market Makers*, die anhand des beobachteten Auftragsvolumens Preise festsetzen, die im Sinn der Hypothese über effiziente Märkte (*Efficient Market Hypothesis, EMH*) in der mittelstarken Form effizient sind, d. h. dass sie alle öffentlich verfügbaren Informationen widerspiegeln.

Aufgrund seiner Monopolstellung im Bezug auf die private Information kann der Insider positive Gewinne machen, wobei ihm die Noise Traders helfen, die Information, die in seiner Nettonachfragemenge steckt, vor den Market Makers zu verbergen, so dass die private Information nur allmählich im Preis Niederschlag findet (vgl. Formel (5-6)).

5.1.2 Zeitlicher Ablauf

Der Handel wird in aufeinanderfolgenden Auktionen dargestellt, wobei jede Handelsrunde in zwei Phasen zerlegt werden kann. In der ersten Phase wählen der Insider und die Noise Traders simultan jeweils ihre Nettonachfragemenge (erteilen also sog. *Market Orders*, die in jedem Fall zu einem noch zu bestimmenden Preis ausgeführt werden[39]). Dabei verfügt der Insider bei der Wahl seiner Nachfragemenge $\tilde{x}$ über seine private Information (das heißt den wahren Wert $\tilde{v}$ des Assets) sowie vergangene Preise und die von ihm in der Vergangenheit gehandelten Mengen. In der einfachsten Version wird nur eine Runde betrachtet, so dass sich die Nachfragemenge des Insiders als eine Funktion des wahren Assetwerts ergibt: $\tilde{x} = X(\tilde{v})$. Die Nachfragemenge $\tilde{u}$ der Noise Traders wird zufällig gewählt und ist unabhängig von vergangenen und aktuellen Mengen. $\tilde{u}$ sei normalverteilt mit einem Erwartungswert von null und der Varianz σ_u^2.

In der zweiten Phase setzen die Market Makers anhand des beobachteten Auftragsvolumens $\tilde{x} + \tilde{u}$ einen markträumenden Preis $\tilde{p}$ und wickeln alle Aufträge ab. Sie können dabei nur die *Summe* der beiden Nachfrage-Komponenten beobachten, nicht jedoch die einzelnen Nachfragemengen, geschweige den wahren Assetwert. Der Marktpreis ergibt sich folglich als eine Funktion des gesamten Auftragsvolumens: $\tilde{p} = P(\tilde{x} + \tilde{u})$.

Der Gewinn des Insiders lautet dann $\tilde{\pi} = (\tilde{v} - \tilde{p})\tilde{x}$ und ist folglich – wie auch der Marktpreis – sowohl von der Funktion X als auch von der Preisfunktion P abhängig.

5.1.3 Gleichgewichtsbedingungen

Zu bestimmen ist ein Bayesianisches Gleichgewicht mit rationalen Erwartungen (wie bei GROSSMAN UND STIGLITZ (1980)), in dem sowohl die Gewinnmaximierungsbedingung als auch die Markteffizienzbedingung erfüllt sein muss. Zum einen muss also die gewählte Strategie X des Insiders seinen erwarteten Gewinn maximieren, das heißt der erwartete Gewinn des Insiders muss gegeben die gleichgewichtige Funktion P für jedes beliebige v für die Funktion X mindestens so hoch sein wie für eine alternative Funktion X':

---

[39] Neben *Market Oders* werden in der Finanzmarktliteratur auch sog. *Limit Orders* und *Stop (Loss) Orders* unterschieden, die insofern mit einem Risiko verbunden sind, als sie nur ausgeführt werden, wenn der Marktpreis über/unter einem Schwellenwert liegt bzw. sobald der Marktpreis einen bestimmten Schwellenwert unter-/überschreitet (vgl. BRUNNERMEIER (2001, 60)).

$$E\left[\tilde{\pi}(X,P)\big|\tilde{v}=v\right]\geq E\left[\tilde{\pi}(X',P)\big|\tilde{v}=v\right].$$

Diese Bedingung bringt zum Ausdruck, dass der Insider seinen Vorteil, Information über den wahren Assetwert zur Verfügung zu haben, gewinnbringend ausnutzt. Zum anderen muss der Marktpreis entsprechend dem bedingten Erwartungswert des wahren Assetwerts gegeben das beobachtete Auftragsvolumen gewählt werden:

(5-1) $$\tilde{p}(X,P)=E\left[\tilde{v}\big|\tilde{x}+\tilde{u}\right].$$

Wegen einer Unabhängigkeitsannahme bezüglich aller auftretenden Zufallsvariablen ergeben sich ausschließlich lineare Zusammenhänge, so dass eine Lösung explizit formuliert werden kann.

5.1.4 Explizite Bestimmung der Gleichgewichtslösung

Wie bereits erwähnt wurde, berücksichtigt der Insider bei der Bestimmung seines Auftragsvolumens (Nettonachfragemenge) den Einfluss, den er damit auf den Preis ausübt. Dazu antizipiert er die Preissetzungsregel, die von den Market Makers in der zweiten Phase der Handelsrunde angewendet wird. Diesbezüglich wird der allgemeine lineare Zusammenhang

(5-2) $$P(y)=\mu+\lambda y$$

unterstellt, wobei die Hilfsvariable $y\equiv x+u$ für das beobachtete Auftragsvolumen verwendet wird. Mit (5-2) ergibt sich für den erwarteten Gewinn des Insiders

(5-3) $$E\left[\left(\tilde{v}-P(x+\tilde{u})\right)x\big|\tilde{v}=v\right]=(v-\mu-\lambda x)x.$$

Durch Maximierung des Erwartungsgewinns aus (5-3) erhält man über die Bedingung erster Ordnung $v-\mu-2\lambda x=0$ für die optimale Nachfragemenge des Insiders $x=-\mu/2\lambda+v/2\lambda$, so dass sich – gegeben die lineare Preisfunktion – für die Funktion X tatsächlich ein linearer Zusammenhang der Form

(5-4) $$X(v)=\alpha+\beta v \quad \text{mit } \beta=\frac{1}{2\lambda} \quad \text{und } \alpha=-\frac{\mu}{2\lambda}=-\beta\mu$$

ergibt. Wenn die Market Makers diesen Zusammenhang beachten, stellt sich das Auftragsvolumen $\tilde{y} = \alpha + \beta\tilde{v} + \tilde{u}$ aus ihrer Sicht als Summe zweier normalverteilter Zufallsvariablen dar, die ebenfalls wieder normalverteilt ist und den Erwartungswert $\alpha + \beta p_0$ sowie die Varianz $\beta^2\Sigma_0 + \sigma_u^2$ besitzt. Für den Marktpreis folgt daraus wegen der Effizienzbedingung in (5-1) unter Beachtung der Gesetze über bedingte Verteilungen normalverteilter Zufallsvariablen[40]

$$\tilde{p} = p_0 - \frac{\beta\Sigma_0\left(\alpha + \beta p_0\right)}{\beta^2\Sigma_0 + \sigma_u^2} + \frac{\beta\Sigma_0}{\beta^2\Sigma_0 + \sigma_u^2} \cdot y.$$

Dieses Ergebnis bestätigt den in (5-2) unterstellten linearen Zusammenhang im Hinblick auf den Preis. Für die beiden Preissetzungsparameter gilt also

(5-5) $\qquad \lambda = \dfrac{\beta\Sigma_0}{\left(\beta^2\Sigma_0 + \sigma_u^2\right)} \qquad$ und $\mu = p_0 - \lambda\left(\alpha + \beta p_0\right).$

Die Formeln in (5-4) und (5-5) enthalten vier Gleichungen für die endogenen Parameter α, β, μ und λ, aus denen sich in Abhängigkeit der Verteilungsparameter der Zufallsvariablen konkrete Werte bestimmen lassen. Durch rekursives Lösen ergibt sich

$$\alpha = -\beta p_0, \quad \beta = \left(\frac{\sigma_u^2}{\Sigma_0}\right)^{1/2}, \quad \mu = p_0 \quad \text{und} \quad \lambda = \frac{1}{2} \cdot \left(\frac{\sigma_u^2}{\Sigma_0}\right)^{-1/2}.$$

Mit diesen Ergebnissen lauten die gleichgewichtige Strategie des Insiders sowie die Preissetzungsregel der Market Makers dann

(5-6) $\qquad X(v) = \beta\left(v - p_0\right) \quad$ sowie $\quad P(x+u) = p_0 + \lambda\left(x+u\right).$

5.2 Modell zum Investigative Herding

Wie bereits erwähnt wurde, wird im Modell von FROOT, SCHARFSTEIN UND STEIN (1992) erklärt, dass Anleger, die aufgrund einer begrenzten Lebensdauer einen kurzen Zeithorizont haben, bei der Informationsbeschaffung dieselben Daten auswählen und schließlich dieselben Anlageentscheidungen treffen. Dabei gilt, dass jeder Agent die Information wählt, die für ihn den größten Wert hat,

---

[40] Insbesondere gilt $E\left[\tilde{v}|y\right] = E\left[\tilde{v}\right] + \dfrac{Cov(\tilde{v}, y)}{Var(y)}\left(y - E\left[y\right]\right)$ mit $Cov(\tilde{v}, y) = \beta\Sigma_0$.

das heißt auf deren Basis eine Investitionsentscheidung getroffen wird, die mit dem höchsten erwarteten Gewinn verbunden ist. Da dieser im Fall eines kurzen Zeithorizonts (bei dem die Position glattgestellt wird, *bevor* der wahre Assetwert bekannt wird) von der kurzfristigen Preisentwicklung abhängig ist, ist zunächst zu analysieren, welche Preise sich bei einer gegebenen Informationsallokation einstellen. Wenn das Gleichgewicht, das sich beim Handel auf dieser zweiten Stufe ergibt, dann ermittelt ist, kann die Entscheidung der Agenten im Hinblick auf die Informationsbeschaffung auf der vorgelagerten ersten Stufe untersucht werden. Wir beginnen also mit der zweiten Stufe, das heißt mit dem Handel.

5.2.1 Agenten und Informationsstruktur

Betrachtet wird ein Markt für einen Asset, dessen Angebot völlig unelastisch sei. Der Wert v des Assets werde bestimmt durch die Summe von zwei unabhängigen normalverteilten Zufallsvariablen a und b, die jeweils den Erwartungswert null und die Varianz σ_a^2 bzw. σ_b^2 haben. Daraus ergibt sich, dass der Wert des Assets ebenfalls normalverteilt ist und den Erwartungswert null sowie die Varianz $\sigma_a^2 + \sigma_b^2$ besitzt:

(5-7) $$v = (a+b) \sim N\left(0, \sigma_a^2 + \sigma_b^2\right).$$

Wie bei KYLE (1985) gibt es drei Gruppen von risikoneutralen Agenten, sog.

- Market Makers,

- informierte *Speculators* und

- nicht informierte *Liquidity Traders,*

wobei das Verhalten der Speculators im Mittelpunkt steht. Im Unterschied zum Modell von KYLE (1985) kann nun *keiner* der drei Typen den wahren Wert v des Assets perfekt beobachten. Allerdings erhält jeder der insgesamt n Speculators ein (unvollständiges) Signal über den wahren Wert des Assets. Dabei wird unterstellt, dass eine Anzahl n_a den Wert der Variable a und eine Anzahl $n_b (= n - n_a)$ den Wert der Variable b erfährt. Erst im zweiten Schritt der Betrachtung (welcher der oben erwähnten ersten Stufe entspricht) wird die Anzahl n_a bzw. n_b endogen bestimmt. Wie bei KYLE (1985) hat die Nachfrage der Speculators einen Einfluss auf den Marktpreis, den diese bei der Wahl ihrer optimalen Strategie berücksichtigen.[41]

Die Nachfrage der Liquidity Traders ist wieder völlig unelastisch, das heißt sie kaufen bzw. verkaufen eine bestimmte Menge des Assets unabhängig vom herrschenden Marktpreis. Dadurch verhindern sie, dass der Preis alle in der Ökonomie vorhandenen Informationen widerspiegelt, wodurch Informationsgewinne zu erwirtschaften sind.

Die Market Makers führen schließlich wieder die *Market Orders* der anderen beiden Typen aus. Dabei können sie nur das gesamte Auftragsvolumen beobachten, nicht jedoch die informativen Aufträge der Speculators von den uninformativen Aufträgen der Liquidity Traders unterscheiden. Aufgrund ihrer Risikoneutralität und der Annahme vollkommenen Wettbewerbs erwirtschaften die Market Makers Nullgewinne, so dass der Marktpreis dem Erwartungswert des Assetwerts entspricht, der auf das beobachtete Auftragsvolumen und die daraus abgeleiteten Informationen über den wahren Assetwert bedingt ist.

5.2.2 Zeitlicher Ablauf

Betrachtet werden insgesamt vier Perioden, wobei die Periode $t = 0$ (erste Stufe), in der die Speculators entscheiden, welche Information (a oder b) sie verwenden möchten, vorerst ausgeblendet wird. Wie erwähnt gehen wir zunächst davon aus, dass einer gegebenen Anzahl n_a der Speculators Information a und den restlichen $n_b = n - n_a$ Speculators Information b vorliegt.

Die zweite Stufe besteht aus drei Handelsrunden. In Periode $t = 1$ erteilen die Speculators ihre Aufträge, wobei zufällig die Hälfte dieser Aufträge noch in derselben Periode ausgeführt wird, während die andere Hälfte erst in Periode $t = 2$ abgewickelt werden kann. Dies trägt dem Umstand Rechnung, dass es bei der Ausführung der Aufträge zu zeitlichen Verzögerungen kommen kann, wobei die Autoren ein solches Transaktionsrisiko in der Realität für gering halten. Als alternative Interpretation führen sie daher an, dass die Agenten ihre Informationen unterschiedlich schnell auswerten, so dass die eine Hälfte der Speculators ihre Aufträge eben früher abwickeln kann als die andere Hälfte. Jedenfalls führt die gestaffelte Ausführung der Aufträge dazu, dass die Information der Speculators erst nach und nach im Preis Niederschlag findet, so dass Aufträge, die in Periode 1 ausgeführt werden, bereits in Periode 2 Gewinne bringen können, falls

---

[41] Ohne diesen strategischen Effekt wäre die Nachfrage der (risikoneutralen) Speculators im Fall eines hinreichend positiven Signals unendlich groß, während sie im Fall eines hinreichend negativen Signals eine unendlich große Menge des Assets verkaufen wollten. Durch das strategische Verhalten der Speculators kommt es jedoch zu einer Begrenzung der Nachfrage. Derselbe Effekt könnte durch die Annahme von Risikoaversion erreicht werden. (vgl. FROOT, SCHARFSTEIN UND STEIN (1992, 1465) sowie BRUNNERMEIER (2001, 61)).

weitere gleichartige Aufträge (*Kaufen*/*Verkaufen*) eingehen. In Periode $t = 3$ stellen schließlich alle Agenten ihre Positionen glatt.

Die Nachfrage der Liquidity-Traders ist – wie bereits erwähnt – unabhängig vom Marktpreis und soll in Periode 1 bzw. in Periode 2 ε_1 bzw. ε_2 betragen. Es wird unterstellt, dass die Nachfrage ε_t mit $t = 1,2$ normalverteilt ist mit einem Erwartungswert von null und der Varianz σ_ε^2. Da auch die Liquidity Traders ihre Positionen in Periode 3 glattstellen, ergibt sich für ihre Nachfrage in Periode 3 $\varepsilon_3 = -(\varepsilon_1 + \varepsilon_2)$.

Wenn des weiteren die gleichgewichtige Nachfrage eines Speculators mit q_a bzw. q_b bezeichnet wird, je nachdem auf welcher Information die Transaktion beruht, ergibt sich für das gesamte Auftragsvolumen in Periode t, $t = 1,2$

$$F_t = \frac{n_a}{2} q_a + \frac{n_b}{2} q_b + \varepsilon_t.$$

Da in Periode 3 alle Agenten ihre Position glattstellen, ergibt sich aus dem Auftragsvolumen in Periode 3 keine neue Information über den wahren Assetwert, so dass dieses Volumen einfach der Summe der Auftragsvolumina in den beiden vorausgehenden Perioden mit umgekehrtem Vorzeichen entspricht:

(5-8) $$F_3 = -(F_1 + F_2).$$

Da eine wesentliche Leistung des Modells darin liegt zu erklären, wie die Entscheidung bezüglich der Informationswahl mit der Länge des Zeithorizonts (*kurz* vs. *lang*[42]) variiert, bedarf es schließlich noch einer Variable, durch die Länge des Zeithorizonts zum Ausdruck gebracht wird. Dies geschieht im Modell durch den Parameter α, der die Wahrscheinlichkeit angibt, mit welcher der wahre Assetwert bereits in Periode 3 bekannt wird und die Positionen folglich zu einem Preis glattgestellt werden, der dem Fundamentalwert entspricht. Mit der Gegenwahrscheinlichkeit wird der wahre Assetwert erst später bekannt, insbesondere erst nachdem die Agenten ihre Positionen (in Periode 3) zum geltenden Marktpreis glattgestellt haben. Ein langer Zeithorizont liegt demzufolge für $\alpha = 1$ vor, während der Horizont umso kürzer wird, je kleiner der Parameter α ist.

Wenn die Agenten also wie unterstellt in Periode 3 ihre Positionen glattstellen und der wahre Assetwert bereits bekannt ist, entspricht der relevante

---

[42] Von einem *langen* Zeithorizont wird gesprochen, wenn die Investition bis zur Liquidation gehalten wird, das heißt bis der wahre Assetwert bekannt wird. Entsprechend kürzere Engagements sind mit *kurzen* Zeithorizonten verbunden.

Marktpreis dem wahren Assetwert und es gilt $p_3 = v$. Andernfalls bleibt der Marktpreis auf dem Niveau der Vorperiode, da – wie aus (5-8) folgt – in Periode 3 aufgrund der beobachteten Transaktionen keine neuen Informationen bekannt werden. In diesem Fall gilt $p_3 = p_2$.

5.2.3 Preissetzung durch die Market Makers

Die Preissetzung erfolgt allgemein anhand des beobachteten Auftragsvolumens und unter Antizipation der optimalen Strategien der Speculators, deren Nachfrage grundsätzlich informativ ist, da q_a und q_b schließlich von den Realisationen der Variablen a bzw. b abhängen. Wie bei KYLE (1985) ergibt sich der Preis auch hier allgemein als Summe aus dem a-priori Erwartungswert $E[v]$ des wahren Assetwerts und dem Auftragsvolumen F_1, das mit einem Faktor λ_1 multipliziert wird. Dabei steht der Faktor λ_1 (wie der Faktor λ im Modell von KYLE (1985), vgl. Formel (5-6) in Verbindung mit Fußnote 40) für den Quotienten aus der Kovarianz zwischen dem Assetwert und dem Auftragsvolumen und der Varianz des Auftragsvolumens; er bringt so zum Ausdruck, dass eine Preisanpassung nur in dem Ausmaß vorgenommen wird, in dem das Auftragsvolumen informativ ist. Da der unbedingte Erwartungswert von v null beträgt (vgl. (5-7)), ergibt sich für den Preis in Periode 1 also $p_1 = \lambda_1 F_1$, wobei

$$\lambda_1 = \frac{Cov(v, F_1)}{Var(F_1)} = \frac{Cov\left(a + b, \frac{n_a}{2} q_a + \frac{n_b}{2} q_b + \varepsilon_1\right)}{Var\left(\frac{n_a}{2} q_a + \frac{n_b}{2} q_b + \varepsilon_1\right)}$$

gilt. In analoger Weise ergibt sich auch der Preis in Periode 2. Vorausgesetzt dass die Zusammensetzung des Auftragsvolumens im Hinblick auf die Nachfrage der Speculators in Periode 1 und Periode 2 identisch ist und die Varianzen der Nachfrage der Liquidity Traders in beiden Perioden übereinstimmen (was in Abschnitt 5.2.2 unterstellt wurde), gewichten die Market Makers die Auftragsvolumina aus Periode 1 und Periode 2 gleich, so dass sich der Preis in Periode 2 gegeben das *gemittelte* Auftragsvolumen

$$\left(F_1 + F_2\right)/2 = \left(n_a/2\right) q_a + \left(n_b/2\right) q_b + \left(\varepsilon_1 + \varepsilon_2\right)/2$$

ergibt, wobei $p_2 = \lambda_2 \left(F_1 + F_2\right)/2$ gilt. Der Parameter λ_2 beträgt somit

$$\lambda_2 = \frac{Cov\left(v, \left(F_1 + F_2\right)/2\right)}{Var\left(\left(F_1 + F_2\right)/2\right)} = \frac{Cov\left(a + b, \frac{n_a}{2} q_a + \frac{n_b}{2} q_b + \frac{1}{2}\left(\varepsilon_1 + \varepsilon_2\right)\right)}{Var\left(\frac{n_a}{2} q_a + \frac{n_b}{2} q_b + \frac{1}{2}\left(\varepsilon_1 + \varepsilon_2\right)\right)}.$$

5.2.4 Bestimmung der Nachfrage der Speculators

Bei der Herleitung ihrer optimalen Strategie maximieren die Speculators ihren erwarteten Gewinn gegeben ihre private Information $k = a, b$, wobei sie die Anzahl der anderen Speculators, denen auch Information k vorliegt, deren jeweilige Nachfrage $\bar{q}_k$ sowie das Preissetzungsverhalten der Market Makers als gegeben betrachten. Der erwartete Gewinn eines Speculators i mit der Information k, dessen Nachfragemenge mit q_k^i bezeichnet wird, ergibt sich dann allgemein aus der Differenz zwischen dem Preis, zu dem die Position glattgestellt wird, und dem Preis, zu dem die Position eingenommen wurde, multipliziert mit der individuellen Nachfragemenge. Wenn man nun berücksichtigt, dass ein in Periode 1 erteilter Auftrag jeweils mit einer Wahrscheinlichkeit von 1/2 in Periode 1 bzw. in Periode 2 ausgeführt wird, ergibt sich der erwartete Einstandspreis als $\left(p_1 + p_2\right)/2$, so dass der erwartete Gewinn eines Speculators allgemein

$$q_k^i \cdot E\left[p_3 - \left(p_1 + p_2\right)/2 \big| k\right]$$

beträgt. Der Ausstandspreis p_3 entspricht – wie bereits erwähnt wurde – mit der Wahrscheinlichkeit α dem wahren Assetwert v und mit der Gegenwahrscheinlichkeit $\left(1 - \alpha\right)$ dem Marktpreis p_2 aus Periode 2. Insgesamt ergibt sich die Zielfunktion eines Speculators i mit Information k daher als

(5-9)
$$U_k^i = q_k^i \left\{ \alpha E\left[v - \frac{p_1 + p_2}{2} \big| k\right] + \left(1 - \alpha\right) E\left[p_2 - \frac{p_1 + p_2}{2} \big| k\right] \right\}$$

$$= q_k^i \cdot E\left[\alpha v - \frac{p_1}{2} + \left(1 - 2\alpha\right) \frac{p_2}{2} \big| k\right].$$

Aufgrund seiner Information kann der betrachtete Agent einen a-posteriori Erwartungswert für den wahren Assetwert bestimmten. Dieser lautet $E\left[v | k\right] = k$.

Darüber hinaus kann er die in Periode 1 bzw. Periode 2 ausgeführten Aufträge aller Agenten prognostizieren, die dieselbe Information haben wie er selbst. So gilt für diese Größe

$$E\left[n_k q_k/2\,|k\right] = E\left[q_k^i + \left(n_k/2 - 1\right)\bar{q}_k\,|k\right] = q_k^i + \left(n_k/2 - 1\right)\bar{q}_k\,.$$

Über die Strategien der Speculators, die über die andere Information $\bar{k}$ verfügen, kann nichts ausgesagt werden, so dass $E\left[n_{\bar{k}}q_{\bar{k}}/2\,|k\right] = 0$ gilt. Zudem gilt natürlich auch $E\left[\varepsilon_t\,|k\right] = 0$.

Unter Verwendung dieser Zwischenergebnisse ist eine Berechnung des auf die private Information bedingten Erwartungswerts für den Preis in Periode 1 und den Preis in Periode 2 möglich. Folglich gilt für den gegeben die Information k erwarteten Preis in Periode 1

$$E\left[p_1\,|k\right] = \lambda_1 E\left[F_1\,|k\right] = \lambda_1\left(q_k^i + \left(\tfrac{n_k}{2} - 1\right)\bar{q}_k\right)$$

sowie für den erwarteten Preis in Periode 2

$$E\left[p_2\,|k\right] = \lambda_2 E\left[\left(F_1 + F_2\right)/2\,|k\right] = \lambda_2\left(\left(q_k^i + \left(n_k - 1\right)\bar{q}_k\right)/2\right).$$

Damit lässt sich die Zielfunktion aus (5-9) zu

$$(5\text{-}10)\quad U_k^i = q_k^i\left\{\alpha k - \frac{\lambda_1}{2}\left(q_k^i + \left(\frac{n_k}{2} - 1\right)\bar{q}_k\right) + \frac{\lambda_2}{4}\left(1 - 2\alpha\right)\left(q_k^i + \left(n_k - 1\right)\bar{q}_k\right)\right\}$$

umformulieren. Wenn (5-10) durch Wahl von q_k^i maximiert wird, führt dies über die Bedingung erster Ordnung

$$\alpha k - \frac{\lambda_1}{2}\left(q_k^i + \left(\frac{n_k}{2} - 1\right)\bar{q}_k\right) + \frac{\lambda_2}{4}\left(1 - 2\alpha\right)\left(q_k^i + \left(n_k - 1\right)\bar{q}_k\right) + q_k^i\left(-\frac{\lambda_1}{2} + \frac{\lambda_2}{4}\left(1 - 2\alpha\right)\right) = 0$$

zur optimalen Nachfragemenge eines Speculators i mit der Information k in Höhe von

$$(5\text{-}11)\qquad q_k^i = \frac{4\alpha k - 2\lambda_1\left(\dfrac{n_k}{2} - 1\right)\bar{q}_k + \lambda_2\left(1 - 2\alpha\right)\left(n_k - 1\right)\bar{q}_k}{4\lambda_1 - 2\lambda_2\left(1 - 2\alpha\right)}\,.$$

5.2.5 Gleichgewicht auf der zweiten Stufe

Zur Bestimmung des (Handels-)Gleichgewichts auf der zweiten Stufe, in dem die Anzahl der Speculators, welche die Information a bzw. b zur Verfügung haben, als gegeben betrachtet wird, sind die Preissetzungsparameter λ_1 und λ_2 sowie die optimalen Nachfragemengen q_a und q_b der a- und b-Speculators zu ermitteln. Wenn wir uns auf symmetrische Lösungen konzentrieren, in denen alle Speculators mit derselben Information k identisch handeln, so dass $q_k^i = \bar{q}_k \equiv q_k$ gilt, ergibt sich aus (5-11)

$$(5\text{-}12) \qquad q_k = \frac{4\alpha k}{\lambda_1\left(n_k+2\right)-\lambda_2\left(n_k+1\right)\left(1-2\alpha\right)} \equiv \delta_k \cdot k \,.$$

Wie aus dieser Formel hervorgeht, können die individuellen Nachfragemengen der Speculators als Produkt aus dem Wert der Informationsvariable k und einem Faktor δ_k dargestellt werden. Dieser Faktor kann als *Handelsaggressivität* interpretiert werden, da er angibt, wie stark ein Speculator mit seiner Nachfrage auf die ihm vorliegende Information reagiert. Solange die Preissetzungsparameter als gegeben betrachtet werden, gilt dabei, dass die Handelsaggressivität mit zunehmender Anzahl von Agenten, die dieselbe Information verwenden, im Fall von langen Zeithorizonten sinkt, während sie im Fall von kurzen Zeithorizonten steigt, d. h. dass sich ein Speculator mit langem (kurzem) Zeithorizont umso weniger (mehr) engagiert, je mehr andere Agenten auf Basis derselben Information handeln. Der Wert der Handelsaggressivität ist – wie die Definition in (5-12) zeigt – abhängig von den Preissetzungsparametern λ_1 und λ_2, für die sich nach Berechnung der entsprechenden Varianzen und Kovarianzen[43]

$$\lambda_1 = \frac{2\left(n_a\delta_a\sigma_a^2 + n_b\delta_b\sigma_b^2\right)}{n_a^2\delta_a^2\sigma_a^2 + n_b^2\delta_b^2\sigma_b^2 + 4\sigma_\varepsilon^2} \qquad \text{und} \qquad \lambda_2 = \frac{2\left(n_a\delta_a\sigma_a^2 + n_b\delta_b\sigma_b^2\right)}{n_a^2\delta_a^2\sigma_a^2 + n_b^2\delta_b^2\sigma_b^2 + 2\sigma_\varepsilon^2}$$

schreiben lässt. Ein Vergleich der beiden Werte zeigt, dass sich die Preissetzungsparameter ausschließlich im dritten Summanden des Nenners unterscheiden, wobei $\lambda_2 > \lambda_1$ gilt. Das bedeutet, dass die Preise in Periode 2 stärker auf das

---

[43] Es gelten: $Cov\left(v, F_1\right) = Cov\left(v, \left(F_1 + F_2\right)/2\right) = \dfrac{n_a}{2}\delta_a\sigma_a^2 + \dfrac{n_b}{2}\delta_b\sigma_b^2$

$$Var\left(F_1\right) = \frac{n_a^2}{4}\delta_a^2\sigma_a^2 + \frac{n_b^2}{4}\delta_b^2\sigma_b^2 + \sigma_\varepsilon^2$$

$$Var\left(\left(F_1 + F_2\right)/2\right) = \frac{n_a^2}{4}\delta_a^2\sigma_a^2 + \frac{n_b^2}{4}\delta_b^2\sigma_b^2 + \frac{1}{2}\sigma_\varepsilon^2 \,.$$

beobachtete Handelsvolumen reagieren als in Periode 1, da das gemittelte Auftragsvolumen informativer ist als das der ersten Periode.

Das Gleichgewicht auf der zweiten Stufe ist schließlich durch die Werte der vier endogenen Variablen δ_a, δ_b, λ_1 und λ_2 bestimmt. Da diese wechselseitig voneinander abhängig sind, ergeben sich diese Gleichgewichtswerte als Lösung des nicht-linearen Gleichungssystems

$$\delta_a = \frac{4\alpha}{\lambda_1(n_a+2) - \lambda_2(n_a+1)(1-2\alpha)}$$

$$\delta_b = \frac{4\alpha}{\lambda_1(n_b+2) - \lambda_2(n_b+1)(1-2\alpha)}$$

$$\lambda_1 = \frac{2(n_a\delta_a\sigma_a^2 + n_b\delta_b\sigma_b^2)}{n_a^2\delta_a^2\sigma_a^2 + n_b^2\delta_b^2\sigma_b^2 + 4\sigma_\varepsilon^2}$$

$$\lambda_2 = \frac{2(n_a\delta_a\sigma_a^2 + n_b\delta_b\sigma_b^2)}{n_a^2\delta_a^2\sigma_a^2 + n_b^2\delta_b^2\sigma_b^2 + 2\sigma_\varepsilon^2} ,$$

welche nicht explizit formuliert werden kann. Wenn jedoch unterstellt wird, dass eine Lösung existiert, erhält man die Gleichgewichtswerte für die Variablen, die auf der zweiten Stufe bestimmt werden, in Abhängigkeit von n_a (und $n_b = n - n_a$), das heißt für eine gegebene Anzahl von a- und b-Speculators.

5.2.6 Bemerkungen zu den Ergebnissen der zweiten Stufe

Aus den oben gewonnenen Resultaten kann einerseits abgeleitet werden, dass das Verhalten der einzelnen Agenten eine Payoff-Externalität für die anderen Agenten mit derselben Information erzeugt, die im Fall langer Zeithorizonte negativ und im Fall kurzer Zeithorizonte positiv ist. Andererseits folgt, dass die Strategien (Nettonachfragemengen) der Agenten im ersten Fall mit langem Zeithorizont *strategische Substitute* und im zweiten Fall mit kurzem Zeithorizont *strategische Komplemente* (wie bei BULOW, GEANAKOPLOS UND KLEMPERER (1985)) sind. Schließlich zeigen die Ergebnisse, dass die Preise insofern (mittelstark) effizient sind, als sie alle öffentlich verfügbaren Informationen reflektieren. Während der letzte Punkt unmittelbar einsichtig ist, bedürfen die ersten beiden Aussagen einer kurzen Überprüfung.

Aus (5-10) ergibt sich, dass der Erwartungsnutzen von k-Speculator i durch die Nachfragemenge $\bar{q}_k$ der anderen k-Speculators beeinflusst wird, wobei der Zusammenhang allgemein durch die Ableitung

(5-13)
$$\frac{dU_k^i}{d\bar{q}_k} = q_k^i \left\{ -\frac{\lambda_1}{2}\left(\frac{n_k}{2}-1\right) + \frac{\lambda_2}{4}(1-2\alpha)(n_k-1) \right\}$$

gegeben ist. Je nach der Länge des Zeithorizonts eines Agenten kommt man dabei zu unterschiedlichen Ergebnissen. So ergibt sich im ersten Extremfall eines langen Horizonts mit $\alpha = 1$ für den Zusammenhang aus (5-13)

$$\frac{dU_k^i}{d\bar{q}_k} = q_k^i \left\{ -\frac{\lambda_1}{2}\left(\frac{n_k}{2}-1\right) - \frac{\lambda_2}{4}(n_k-1) \right\} < 0,$$

d. h. dass der Zusammenhang zwischen der Strategie der anderen, gleich informierten Agenten und dem erwarteten Nutzen eines betrachteten Agenten *negativ* ist. Der erwartete Gewinn des betrachteten Speculators fällt *ceteris paribus* also umso geringer aus, je größer die Aufträge der anderen k-Speculators sind. Dies liegt daran, dass *langfristig* nur in dem Ausmaß Gewinne gemacht werden können, in dem man aufgrund von Informationen handelt, die *noch nicht* im Preis enthalten sind.

Im anderen Extremfall eines kurzen Zeithorizonts mit $\alpha = 0$ ergibt sich für den Zusammenhang aus (5-13)

$$\frac{dU_k^i}{d\bar{q}_k} = q_k^i \left\{ -\frac{\lambda_1}{2}\left(\frac{n_k}{2}-1\right) + \frac{\lambda_2}{4}(n_k-1) \right\} > 0.$$

Diese Ableitung bringt wegen

(5-14) $\lambda_2(n_k-1) > \lambda_1(n_k-2)$

einen *positiven* Zusammenhang zum Ausdruck, so dass der Erwartungsnutzen eines k-Speculators i umso höher ist, je größer die Nachfragemenge der anderen k-Speculators ist. *Kurzfristig* ist es für jeden einzelnen Agenten eben von Vorteil, wenn andere Agenten aufgrund derselben Information, über die er auch selbst verfügt, möglichst viel handeln, weil dadurch der (Ausstands-)Preis in Periode 3 in eine für ihn günstige Richtung getrieben wird und die eigene Position gewinnbringend glattgestellt werden kann, sofern der Auftrag bereits in Periode 1 ausgeführt wurde.

Neben den dadurch beschriebenen Payoff-Externalitäten ergeben sich für die *Strategien* der einzelnen Agenten auf der zweiten Stufe ebenfalls spezielle Zusammenhänge. Zunächst lässt sich der Zusammenhang zwischen der Nachfragemenge eines k-Speculators und der Nachfragemenge der anderen k-Speculators, die über dieselbe Information verfügen, direkt aus (5-11) herleiten. Er wird allgemein durch

$$(5\text{-}15) \qquad \frac{dq_k^i}{d\overline{q}_k} = \frac{-\lambda_1\left(n_k-2\right)+\lambda_2\left(1-2\alpha\right)\left(n_k-1\right)}{4\lambda_1-2\lambda_2\left(1-2\alpha\right)}$$

beschrieben. Wenn wir uns wieder auf die beiden Extremfälle mit $\alpha = 1$ und $\alpha = 0$ konzentrieren, so ergibt sich im ersten Fall eines langen Zeithorizonts für die Ableitung in (5-15) ein negativer Wert:

$$\frac{dq_k^i}{d\overline{q}_k} = \frac{-\lambda_1\left(n_k-2\right)-\lambda_2\left(n_k-1\right)}{4\lambda_1+2\lambda_2} < 0\,.$$

Das bedeutet, dass die individuelle Nachfragemenge eines k-Speculators umso geringer gewählt wird, je größer die Aufträge der anderen k-Speculators sind, d. h. dass die Strategien von Agenten, die über dieselbe Information verfügen, *strategische Substitute* sind. Wie es der Definition von BULOW, GEANAKOPLOS UND KLEMPERER (1985, 489; 494) entspricht, sinkt infolge einer aggressiveren Verhaltensweise der anderen k-Speculators der Grenznutzen eines betrachteten k-Speculators mit langem Horizont:

$$\frac{\partial^2 U_k^i}{\partial q_k^i \partial \overline{q}_k} = -\frac{\lambda_1}{2}\left(\frac{n_k}{2}-1\right)-\frac{\lambda_2}{4}\left(n_k-1\right) < 0\,,$$

was eine Anpassung der eigenen Strategie erforderlich macht. Aufgrund eines abnehmenden Grenznutzens $\partial^2 U_k^i\big/\partial\left(q_k^i\right)^2 = -\lambda_1 - \lambda_2/2 < 0$ besteht eine optimale Anpassung darin, *weniger* zu handeln, weil dadurch der Grenznutzen wieder steigt und den Wert null erreicht, wie es im Optimum erfordert wird.

Im zweiten Fall eines kurzen Zeithorizonts mit $\alpha = 0$ beträgt die Ableitung in (5-15)

$$\frac{dq_k^i}{d\overline{q}_k} = \frac{-\lambda_1\left(n_k-2\right)+\lambda_2\left(n_k-1\right)}{4\lambda_1-2\lambda_2} > 0\,,$$

was wegen $2\lambda_1 > \lambda_2$ und der Beziehung aus (5-14) einen positiven Zusammenhang beschreibt. So ist die Nachfragemenge eines k-Speculators umso größer, je größer die Aufträge der anderen k-Speculators sind. Die Aktionen der Agenten sind in diesem Fall also *strategische Komplemente*. Die Intuition hinter diesem Zusammenhang ist, dass der Grenznutzen eines betrachteten k-Speclators infolge einer aggressiveren Verhaltensweise der anderen k-Speculators (wegen (5-14)) zunimmt:

$$\frac{\partial^2 U_k^i}{\partial q_k^i \partial \overline{q}_k} = -\frac{\lambda_1}{2}\left(\frac{n_k}{2}-1\right)+\frac{\lambda_2}{4}\left(n_k-1\right)>0.$$

Dadurch kommt es zu einer Verletzung der Optimalitätsbedingung, die aufgrund eines abnehmenden Grenznutzens, der im Fall eines kurzen Zeithorizonts mit $\alpha = 0$ durch $\partial U_k^i/\partial q_k^i = -\lambda_1 + \lambda_2/2 < 0$ gegeben ist, wieder hergestellt werden kann, indem die individuelle Nachfragemenge (wie die der anderen k-Speculators) ebenfalls *erhöht* wird.

5.2.7 Gleichgewicht auf der ersten Stufe

Nachdem nun das Gleichgewicht auf der zweiten Stufe für gegebene Werte von n_a (und damit auch für $n_b = n - n_a$) ausführlich analysiert wurde, kann schließlich die Entscheidung bezüglich der Informationsbeschaffung auf der ersten, dem Handel vorgelagerten Stufe betrachtet werden, bei der die Anzahl n_a (und damit auch n_b) endogen bestimmt wird. Bei dieser Entscheidung orientieren sich die Speculators (da sie die Realisation der Informationsvariablen noch nicht kennen) am ex-ante Erwartungsnutzen EU_a bzw. EU_b, der jeweils erreicht werden kann, wenn Information a bzw. Information b verwendet wird. EU_a und EU_b ergeben sich unter Verwendung der Gleichgewichtswerte der auf der zweiten Stufe implizit bestimmten Variablen.

Bei der Herleitung der Gleichgewichtsbedingungen auf der ersten Stufe ist dann zu berücksichtigen, dass grundsätzlich ein Anreiz besteht, von einer bestimmten Informationswahl abzuweichen und die andere Informationsquelle zu wählen, solange der Erwartungsnutzen eines a- bzw. eines b-Speculators höher ist als der eines b- bzw. eines a-Speculators. Im Gleichgewicht müssen also die Erwartungsnutzen von a-Speculators und b-Speculators übereinstimmen, so dass schließlich

(5-16) $EU_a = EU_b$

gilt. Darüber hinaus muss zusätzlich die Bedingung

(5-17) $\dfrac{dEU_k}{dn_k} < 0$ für $k = a, b$

erfüllt sein, d. h. dass der Erwartungsnutzen eines k-Speculators bei Erhöhung der Anzahl der k-Speculators sinken muss. Nur dann besteht in einer Situation mit einer Informationsallokation, für die Bedingung (5-16) gilt, kein Anreiz, von der einen Information zur anderen Information zu wechseln.

Durch den Wechsel eines Speculators von Information a zu Information b würde ja die Anzahl n_a abnehmen, während n_b steigen würde. Wenn dabei der Nutzen des b-Speculators steigen würde, bestünde ein Anreiz zu wechseln, so dass die ursprüngliche Allokation *kein* Gleichgewicht sein kann. Im Gleichgewicht muss also Bedingung (5-17) erfüllt sein, so dass sich eben kein Speculator besser stellen kann, indem er von seiner ursprünglichen Entscheidung abweicht und zur anderen Informationsquelle wechselt.

Als allgemeines Resultat ist festzuhalten, dass sich die gleichgewichtige Informationsallokation in Abhängigkeit von der Länge α des Zeithorizonts ergibt. Dabei gilt, dass die Lösung mit $n_a = n_b$, bei der sich die Speculators gleichmäßig auf die beiden verfügbaren Informationsquellen verteilen, ein Gleichgewicht darstellt, falls die Speculators einen langen Horizont haben, α also hinreichend nahe beim Wert eins liegt. In diesem Fall besteht ein monotoner, negativer Zusammenhang zwischen Erwartungsnutzen eines Speculators und der Anzahl von Agenten, die über dieselbe Information verfügen, so dass ein eindeutiges Gleichgewicht resultiert, das für den Fall eines numerischen Beispiels von FROOT, SCHARFSTEIN UND STEIN (1992, 1473) in Abbildung 5-1 skizziert wird.

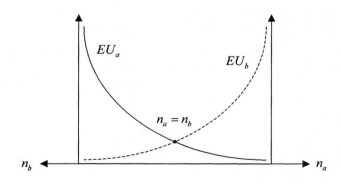

Abbildung 5-1: Gleichgewicht mit langem Horizont

Die in Abbildung 5-1 dargestellte symmetrische Lösung stellt für eine hinreichend niedrige Wahrscheinlichkeit α, also bei *kurzem* Horizont der Speculators, *kein* Gleichgewicht dar; stattdessen kommt es im Gleichgewicht mit kurzem Horizont zu einer Konzentration auf eine der beiden Informationsquellen. In diesem Fall liegt ein nicht-monotoner Zusammenhang zwischen dem Erwartungsnutzen eines Speculators und der Anzahl von Agenten mit derselben Information vor, der – wieder in Anlehnung an ein numerisches Beispiel von FROOT, SCHARFSTEIN UND STEIN (1992, 1473) – in Abbildung 5-2 skizziert ist.

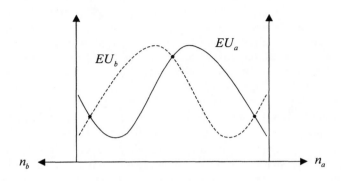

Abbildung 5-2: Gleichgewicht mit kurzem Horizont

Diese Abbildung zeigt, dass der Zusammenhang zwischen dem Erwartungsnutzen und der Anzahl von Agenten mit derselben Information positiv ist, wenn die Informationsallokation mehr oder weniger gleichmäßig ist (mittlerer Bereich). Dadurch ergeben sich nun drei Punkte, in denen der Erwartungsnutzen von a- und b-Speculators übereinstimmt, allerdings ist die zweite Gleichgewichtsbedingung (5-17) nur in den beiden äußeren Punkten erfüllt, so dass es im Gleichgewicht zu einer Konzentration auf eine der beiden Informationsquellen kommt (rechter Punkt: Information a, linker Punkt: Information b). Dabei gilt, dass die Lösung umso extremer ausfällt und sich der Randlösung nähert, je kleiner die Wahrscheinlichkeit α ist.

Diese Ergebnisse sind intuitiv plausibel und ergeben sich aus der Logik, dass man kurzfristig nur Gewinne machen kann, wenn auch andere Agenten die Information benutzen, über die man selbst verfügt. Wenn alle anderen Agenten Information a benutzen, gelangt die Variable b nicht in den Preis, so dass keine Chance besteht, mit Information b Gewinne zu machen. Dagegen kann die Verwendung von Information a lukrativ sein, wenn der eigene Auftrag früh aufgeführt wird, so dass der Asset z. B. zu einem niedrigen Preis gekauft wird, der Preis aufgrund der positiven Nachfrage der anderen bis zum Verkaufstermin steigt und der Asset zu einem hohen Preis verkauft werden kann.

Entscheidend für den Erfolg der Speculators ist im Fall eines kurzen Zeithorizonts also, dass möglichst viele Agenten aufgrund derselben Informationen agieren, um den Marktpreis in eine günstige Richtung zu lenken. Dabei kommt es noch nicht einmal darauf an, dass die verwendeten Informationen möglichst präzise Auskunft über den wahren Wert des Assets geben, so dass es sogar dazu kommen kann, dass sich ein rationaler Agent bei seiner Entscheidung auf völlig irrelevante Informationen stützt, wenn die anderen Marktteilnehmer ebenfalls aufgrund dieser *Noise*-Information agieren. Falls die Position nämlich definitiv vor Bekanntwerden des wahren Assetwerts glattgestellt wird, ist es rational, ebenfalls auf Basis von *Noise* zu handeln, wenn alle anderen ebenso verfahren, da fundamentale Informationen erst im Preis in Periode 4 enthalten sein werden, wenn der wahre Assetwert bekannt wird. *Noise*-Information wird dagegen aufgrund der entsprechenden Transaktionen bereits früher im Preis reflektiert, so dass – falls überhaupt – nur durch *Noise*-Trading ein Gewinn gemacht werden kann.

5.2.8 Effizienzeigenschaften der Informationsallokation

Wenn die beiden Informationsquellen im Hinblick auf ihre Zuverlässigkeit identisch sind, d. h. falls $\sigma_a^2 = \sigma_b^2$ gilt – was fortan unterstellt wird, ist eine informationseffiziente Allokation durch $n_a = n_b$ gegeben. Dies gilt, da bei einer solchen Informationsallokation beide Assetwert-Variablen gleichermaßen im Preis repräsentiert werden und dieser folglich den wahren Wert des Assets bestmöglich abbildet.

Da es im Fall mit langem Zeithorizont im Gleichgewicht ebenfalls zu einer symmetrischen Informationsnutzung kommt, ist das Gleichgewicht auf der ersten Stufe für $\alpha = 1$ (informations)effizient. Falls die Agenten einen kurzen Zeithorizont mit $\alpha = 0$ haben, liegt im Gleichgewicht hingegen eine informations*in*effiziente Allokation vor. Im Vergleich zur optimalen Allokation, die – wie bei FROOT, SCHARFSTEIN UND STEIN (1992, 1472) – etwa die mittlere quadratische Abweichung der Preise vom wahren Assetwert minimiert, kommt es durch die Konzentration auf eine der beiden Informations-Variablen zu einer *Über*repräsentation dieses Datums im Preis, während das andere Datum *unter*repräsentiert ist. FROOT, SCHARFSTEIN UND STEIN (1992, 1481) weisen in diesem Zusammenhang darauf hin, dass dies einerseits dazu führt, dass Preise schlechte Signale für die wahren Assetwerte sind und die Anreize für produktive Investitionsentscheidungen verzerrt werden. Andererseits eröffnet sich die Möglichkeit, Marktpreise in eigennütziger Art und Weise zu manipulieren.

5.3 Herdenverhalten bei der Informationsbeschaffung

FROOT, SCHARFSTEIN UND STEIN (1992, 1479) sprechen im Fall eines kurzen Zeithorizonts der Agenten von Herdenverhalten. Dabei beschaffen die Speculators im Aggregat zu viel von der einen und zu wenig von der anderen Information. Im Gleichgewicht entscheidet sich ein Speculator ja genau dann für Information *a*, wenn die anderen Speculators genau diese Information verwenden. Rationale Agenten orientieren sich bei der Informationswahl also am antizipierten Verhalten der anderen. Ein solches Verhalten erfüllt die Definition für Herdenverhalten aus Kapitel 1, die ja fordert, dass die eigene Entscheidung durch die Berücksichtigung des Verhaltens von anderen beeinflusst wird. Während sich ein Agent *ohne* Berücksichtigung des Verhaltens der anderen − vorausgesetzt, dass beide Informationsdaten gleich zuverlässig sind, das heißt dieselbe Varianz haben − zufällig für eine der beiden verfügbaren Informationen entscheiden würde, entscheidet er sich bei Berücksichtigung des Verhaltens der anderen bewusst für die Information, die vermutlich auch von den anderen genutzt wird. Folglich verwenden im Gleichgewicht mit kurzem Horizont alle dieselbe Information. Schließlich ist es für jeden einzelnen Agenten von Vorteil, wenn es zu einer Verständigung auf eine gemeinsame Information kommt, selbst wenn diese − wie bereits erwähnt − wenig bzw. gar nichts über den wahren Wert des Assets aussagt.[44]

5.4 Maßnahmen zur Vermeidung der Ineffizienzen

Wie oben erörtert wurde kommt es zu einer Verzerrung der Preise, wenn sich die Anleger bei der Beschaffung von Informationen, auf die schließlich die Investitionsentscheidungen gestützt werden, auf einzelne Daten konzentrieren. Durch die damit einhergehende Beeinträchtigung der Signalwirkung der Preise können schließlich insofern reale Verluste entstehen, als letztlich Produktionsentscheidungen beeinflusst werden. Vor diesem Hintergrund ist es angebracht, Mittel und Wege zu suchen, die zur Vermeidung der Ineffizienzen beitragen. Im Wesentlichen sind dabei Anreize zu schaffen, so dass im Aggregat *alle* verfügbaren Informationen angemessen berücksichtigt werden.

---

[44] Gewissermaßen könnte man im Fall eines langen Zeithorizonts davon sprechen, dass das Gegenteil von Herdenverhalten (*Anti-Herding*) eintritt. Da jeder Speculator möglichst die Information beschaffen will, die kein anderer hat, kommt es zu einer gleichmäßigen Verteilung über die verfügbaren Informationen, wodurch das effiziente Ergebnis realisiert wird.

5.4.1 Ausweitung der Marktteilnehmer und des Handels

FROOT, SCHARFSTEIN UND STEIN (1992, 1479; 1466) weisen darauf hin, dass das Ausmaß von Herdenverhalten in ihrem Modell verringert werden kann, wenn in Periode 3 eine neue Gruppe von (informierten) Speculators in den Markt tritt, die ihre Position bis zur letzten Periode 4 halten und folglich zu einem Marktpreis glattstellen, der dem wahren Assetwert entspricht. Um mögliche Verluste zu minimieren, werden diese neuen Agenten ihre Transaktionen auf die bisher vernachlässigte Information gründen, so dass der Marktpreis in Periode 3 an den Fundamentalwert herangeführt und die Informationseffizienz erhöht wird. Diese Maßnahme entspricht einer impliziten Verlängerung des durchschnittlichen Zeithorizonts, so dass vor dem Hintergrund der Ergebnisse aus der Analyse mit $\alpha = 1$ die Wirkung nicht überrascht.

5.4.2 Erhebung einer Spekulationssteuer

Eine weitere Maßnahme, die sich im Zusammenhang mit kurzfristigen Investitionen (kurzen Horizonten) anbietet, ist die Besteuerung von Gewinnen aus Spekulationsgeschäften (bzw. die Steuerbefreiung von Gewinnen, die nach Ablauf einer vorgegebenen Spekulationsfrist realisiert werden). Allerdings ist beim Einsatz einer solchen Spekulationssteuer zu beachten, dass sie nur bedingt zur Lösung des vorliegenden Problems, also zur vollständigen Vermeidung von Herdenverhalten bei der Informationsbeschaffung taugt. So werden kurzfristige Engagements durch Erhebung einer Spekulationssteuer zwar weniger attraktiv, allerdings ändert sich an den Anreizen, welche die Entscheidung bezüglich der Beschaffung von Informationen betreffen, nichts, wenn eine Position – wie im vorliegenden Modell – in jedem Fall vor Bekannt werden des wahren Assetwerts glattgestellt wird. Wegen der Steuer werden die erwarteten Gewinne allgemein um den Steuerbetrag niedriger ausfallen; solange sie aber positiv sind, wird es nach wie vor lohnend sein, aufgrund derselben Information zu handeln wie die anderen, so dass das Phänomen Herdenverhalten weiterhin präsent sein wird.

6 Herdenverhalten aufgrund von Informations-Externalitäten

In den bisher besprochenen Modellen ergab sich der Anreiz zum Herden-verhalten ausschließlich aufgrund von Payoff-Externalitäten, d. h. dadurch, dass die (erwarteten) Auszahlungen der Individuen vom Verhalten anderer Indivi-duen derart abhängig sind, dass diese bei identischem Verhalten höher ausfallen. Genau diese Ursache soll im vorliegenden Kapitel ausgeschlossen werden. Stattdessen werden Modelle betrachtet, in denen Informations-Externalitäten vorliegen, die als weitere eigenständige Ursache für Herdenverhalten verant-wortlich gemacht werden können.

Die Intuition dabei ist, dass Situationen mit sequentiellen Entscheidungen betrachtet werden, für die viele Informationen relevant sind, welche den Indivi-duen nach SHILLER (1995, 181) jedoch aufgrund einer begrenzten Kapazität an Zeit und Intelligenz, die für eine vollständige Beschaffung und Verarbeitung vorausgesetzt werden, nicht in vollem Umfang verfügbar sind. Daher haben die Individuen ein Interesse daran, das Verhalten von anderen zu beobachten, um daraus zusätzliche Informationen abzuleiten.[45]

Aufgrund der Berücksichtigung von Informationen, die aus dem Verhalten anderer Individuen abgeleitet werden, kann es dabei dazu kommen, dass private Informationen bei der Entscheidung ignoriert werden und schlicht das Verhalten der Vorgänger nachgeahmt wird. Da sich die Entscheidung eines Individuums also infolge einer Berücksichtigung des Verhaltens von anderen verändern kann, ist Herdenverhalten möglich – und aus individueller Sicht auch durchaus ratio-nal. Aus einer gesamtwirtschaftlichen Perspektive besteht jedoch insofern ein potenzielles Problem, als das Verhalten eines imitierenden Individuums keinen Indikator mehr für die ihm zugrunde liegende private Information darstellt. Folglich ist aus dem Verhalten eines imitierenden Individuums kein Rück-schluss mehr auf seine private Information möglich, so dass es im Fall einer Nachahmung zum Abbruch der öffentlichen Akkumulation privater Informatio-nen kommt, woraus insgesamt ineffiziente Ergebnisse resultieren. Dies kommt in der Überschrift eines Artikels aus dem ECONOMIST (1994), der insbesondere die im Folgenden dargestellten Informationskaskaden thematisiert, besonders plakativ zum Ausdruck: *„Yes, ten million people can be wrong“*.

---

[45] Möglich wäre auch ein Informationsaustausch auf direktem Weg durch Kommunikation. In der Regel ist Kommunikation aber zeitaufwändig und kostspielig. In diesem Zusammenhang hat GALE (1996, 626) gezeigt, dass in einem Fall, in dem Kommunikation zwar möglich, aber nicht kostenlos ist, das einzige (robuste) Gleichgewicht eines *ohne* Kommunikation ist. Dar-über hinaus besteht bei direkter Kommunikation laut BIKHCHANDANI, HIRSHLEIFER UND WELCH (1998, 163) ein Glaubwürdigkeitsproblem, so dass es nach dem Motto *„actions speak louder than words“* in den Aktionen von anderen eine zuverlässigere Informationsquelle zu sehen ist als in der Kommunikation.

6.1 Grundmodell zu Informationskaskaden

Das einfachste Modell zu Informationskaskaden stammt von BIKH-
CHANDANI, HIRSHLEIFER UND WELCH (1992). Es beschreibt, wie es im Rahmen
von sequentiellen Entscheidungen unter Unsicherheit dazu kommen kann, dass
„spätere" Individuen, die unvollständig über die entscheidungsrelevanten Fakten
informiert sind, aber die Entscheidungen ihrer Vorgänger beobachten können,
ihre eigene Information vernachlässigen und das Verhalten der Vorgänger nach-
ahmen. Die Koordination der einzelnen Individuen erfolgt dabei durch Beobachtungslernen.[46]

6.1.1 Veranschaulichung des Sachverhalts

Bevor der Modellrahmen formal dargestellt wird und eine Analyse des
Modells erfolgt, soll der Sachverhalt an einem einfachen typischen Beispiel veranschaulicht werden. Dazu wird eine Situation betrachtet, in der eine Gruppe
von Touristen an einem Abend in einen Urlaubsort kommt und jeder einzelne
eine Entscheidung darüber zu treffen hat, in welchen von zwei möglichen Restaurants (A oder B) er sein Abendessen einnehmen möchte. Dabei gilt, dass die
Ankunftsreihenfolge durch exogene Faktoren wie etwa der Verkehrssituation
auf der Autobahn gegeben und streng sequenziell sei, so dass die einzelnen Entscheidungen isoliert getroffen werden.

Bei der Restaurantwahl stehen den Touristen als verfügbare Informationen
zunächst die äußere Erscheinung der Restaurants, deren Menükarten sowie die
Preise (*ex-ante Information*) zur Verfügung. Wenn dabei nun angenommen
wird, dass beide Restaurants frisch renoviert sind, dieselben Speisen anbieten
und identische Preise verlangen, ergibt sich ex-ante eine Gleichwertigkeit beider
Lokale, so dass die Touristen ex-ante indifferent sind. Allerdings wird angenommen, dass jeder Tourist von einem Nachbarn zu Hause – der auch schon in
dem betreffenden Ort seinen Urlaub verbracht hat – vor seiner Abreise eine Re-
staurantempfehlung erhalten hat (*private Information*), die er bei seiner Entscheidung berücksichtigen kann. Sofern der Nachbar hinreichend vertrauens-
würdig ist, wird dieser Tipp auch tatsächlich beachtet.

So ergibt sich insbesondere für den ersten Touristen, der sich zwischen den
beiden (noch leeren) Restaurants entscheiden muss, dass er aufgrund der ex-ante
Indifferenz das Lokal wählt, das ihm sein Nachbar empfohlen hat; dies soll – um
die folgenden Überlegungen konkreter zu machen – Restaurant A sein.

---

[46] Die Effekte von Lernen aus Erfahrung, die bei *wiederholten* Entscheidungen auftreten können, werden ausgeblendet, da im Rahmen des Modells explizit *einmalige* Entscheidungen
betrachtet werden.

Für den zweiten Touristen ergibt sich aufgrund der ex-ante Information ebenfalls eine Indifferenz; allerdings kann er bei seiner Ankunft beobachten, dass in Lokal *A* bereits ein Gast sitzt. Da er aus dieser Beobachtung ableitet, dass dieser Gast wohl positive Information über Lokal *A* hatte, spricht die *öffentliche Information* des zweiten Touristen für *A*. Diese öffentliche Information ist nun abzuwägen mit der privaten Information des zweiten Touristen, das heißt mit dem Tipp, den er von seinem Nachbarn erhalten hat. Wenn dieser Tipp ebenfalls für *A* spricht, wird der zweite Tourist ohne zu zögern auch Lokal *A* wählen. Spricht sein Tipp dagegen für *B* – und bewertet der zweite Tourist die öffentliche und die private Information in gleicher Weise – ist er aufgrund der ihm insgesamt vorliegenden Informationen indifferent, so dass er sich – per Annahme – zufällig entscheidet, indem er eine Münze wirft.

Falls der Zufall dabei ergibt, dass der zweite Tourist ebenfalls Restaurant *A* besucht, besteht die öffentliche Information des dritten Touristen aus zwei Indizien für *A*. Wenn weiterhin angenommen wird, dass ein Stück öffentliche Information (ein Gast) ebenso bewertet wird wie ein Stück private Information (der Tipp des Nachbarn), ergibt sich für den dritten Touristen im Fall der Beobachtung, dass Restaurant *A* bereits zwei Gäste hat, während Restaurant *B* noch leer ist – ganz unabhängig vom Tipp seines Nachbarn – eine Entscheidung für *A*. Das bedeutet, dass er sich ungeachtet seiner privaten Information genauso entscheidet wie seine Vorgänger, weil offensichtlich hinreichend Evidenz für die Überlegenheit der einen Alternative vorhanden ist.

Daraus kann für die weiteren Touristen gefolgert werden, dass sie sich ebenfalls unabhängig von ihren Tipps den Vorgängern anschließen und Restaurant *A* wählen werden. (Dabei wird unterstellt, dass es keine Kapazitätsprobleme gibt und jedes Restaurant grundsätzlich in der Lage ist, alle Touristen zu bedienen. Diese Annahme entspricht einem vollkommen elastischen Angebot.)

Aus diesen einfachen Überlegungen können die wesentlichen Eigenschaften des Modells abgeleitet werden. So gilt zum einen, dass im beschriebenen Beispiel *Herdenverhalten* vorliegt, da Situationen auftreten können, in denen die individuellen Entscheidungen durch Berücksichtigung des Verhaltens von anderen derart beeinflusst werden, dass schließlich alle dasselbe machen. Dies wird am einfachsten deutlich, wenn man die Entscheidung des dritten Individuums betrachtet. Mit einem *B*-Tipp und der Beobachtung, dass bereits zwei Gäste in Lokal *A* sitzen, entscheidet sich der dritte Tourist für *A*, während er ohne die Beobachtung der ersten beiden Touristen seinem Tipp folgend *B* gewählt hätte. Der Grund für diese Verhaltensänderung liegt darin, dass aus der Beobachtung des Verhaltens von anderen Rückschlüsse auf deren Informationen gezogen werden (*Informations-Externalität*), die wiederum in die eigene Entscheidung mit einfließen. Weil es dabei dazu kommen kann, dass die private Information von den abgeleiteten (öffentlichen) Informationen dominiert wird und folglich in der eigenen Entscheidung nicht mehr zum Ausdruck kommt, kann das Gesamtresultat insgesamt *ineffizient* sein. Wie die vorangehenden Überlegungen zeigen, kann es im Extremfall dazu kommen, dass alle Touristen Restaurant *A* wählen, auch wenn alle – außer dem ersten – anders lautende Informationen haben und die aggregierte Information also eindeutig für *B* spricht. Aus dieser Feststellung ergibt sich, dass das Ergebnis grundsätzlich *pfadabhängig* ist, also durch die Reihenfolge, in der die Agenten (mit ihren einzelnen Signalen) auftreten, bestimmt wird. Dies impliziert die Möglichkeit, dass Restaurant *A* an einem Tag von allen Touristen besucht wird und am nächsten Tag leer steht. Diese Ergebnisse werden im Folgenden anhand eines allgemeinen Modells hergeleitet.

6.1.2 Modellrahmen

Betrachtet wird eine gegebene Anzahl n risikoneutraler, rationaler Individuen, die in einer exogen festgelegten Reihenfolge ziehen, die allen Individuen bekannt ist. Die zu treffende Entscheidung besteht für alle Individuen gleichermaßen darin, eine bestimmte Aktion durchzuführen oder zu unterlassen, also zum Beispiel in ein gegebenes Projekt zu investieren (I) oder nicht zu investieren (N). Dabei wird unterstellt, dass die (Brutto)Auszahlung im Fall einer Durchführung (Investition) unsicher ist. Im Erfolgsfall (E) betrage sie $V_E = 1$, im Misserfolgsfall (M) $V_M = 0$. Die ex-ante Eintrittswahrscheinlichkeiten der beiden möglichen Zustände seien durch

$$\Pr(E) = \pi \equiv 1/2 \quad \text{sowie}$$
$$\Pr(M) = 1 - \pi = 1/2$$

gegeben. Die Kosten einer Investition seien konstant und auf den Wert $C = 1/2$ normiert. Diese Annahme impliziert ein völlig elastisches Angebot an Investitionsmöglichkeiten. Diese Angaben über das Investitionsprojekt seien allen Individuen bekannt.

Darüber hinaus verfügt jedes Individuum i (mit $i = 1, 2, ..., n$) im Zeitpunkt seiner Entscheidung über ein (kostenloses) Signal, das einen Hinweis auf die Vorteilhaftigkeit des Investitionsprojekts gibt. Dieses Signal kommt in zwei Ausprägungen vor, wobei ein gutes Signal (H) besagt, dass mit erfolgreichem Abschluss des Projekts und somit mit einer hohen Auszahlung zu rechnen ist, während ein schlechtes Signal (L) darauf hinweist, dass das Projekt scheitern wird und die Investoren leer ausgehen (niedrige Auszahlung). Die Wahrscheinlichkeit, dass Individuum i ein richtiges Signal erhält, das heißt ein gutes Signal, wenn das Projekt tatsächlich gut ausgeht bzw. ein schlechtes Signal, wenn das Projekt tatsächlich scheitert, werde mit p_i bezeichnet. Es wird angenommen, dass für diese Wahrscheinlichkeit $1/2 < p_i < 1$ gilt, so dass jedes Signal einen gewissen Informationswert besitzt, auch wenn es keine perfekte Information liefert. Perfekte Information läge für $p_i = 1$ vor; in diesem Fall gäbe es nur richtige Signale, die den Projektausgang immer korrekt vorhersagten. Im anderen Extremfall mit $p_i = 1/2$ ist das Signal völlig uninformativ, da es – genau wie der Projektausgang – zufällig ist und folglich keine über die reinen Projektdaten hinausgehenden Informationen bietet. Aus diesen Betrachtungen lässt sich ableiten, dass der Wert p_i als Maß für die Signalpräzision interpretiert werden kann, wobei die Qualität eines Signals mit der Wahrscheinlichkeit p_i, ein richtiges Signal zu erhalten, zunimmt.

Für die Grundversion wird zunächst angenommen, dass alle Signale identisch verteilt sind, so dass vereinfachend $p_i = p$ geschrieben werden kann. Es gilt dann also

$$\Pr\left(H|E\right) = \Pr\left(L|M\right) = p \quad \text{sowie}$$
$$\Pr\left(H|M\right) = \Pr\left(L|E\right) = 1 - p \, .$$

Anders interpretiert bringt die Annahme identischer Verteilung der Signale, die darüber hinaus voneinander unabhängig sein sollen, zum Ausdruck, dass die Signale der einzelnen Individuen qualitativ gleichwertig sind und daher die Quellen, aus denen sie stammen, in gleichem Maß zuverlässig sind. Allerdings kennt jedes Individuum nur sein eigenes Signal. Die Signale stellen also private Information dar, deren direkter Austausch (etwa durch Kommunikation) nicht möglich sein soll. Es besteht aber für alle Individuen die Möglichkeit, die Entscheidungen ihrer Vorgänger zu beobachten, um aus deren Verhalten Rückschlüsse auf ihre Signale zu ziehen. Durch diese Art des *Beobachtungslernens* gewinnen die Individuen zusätzliche Informationen, die sie bei der eigenen Entscheidungsfindung verwenden.

6.1.3 Kalkül für die individuellen Entscheidungen

Da das Ziel eines jeden Individuums darin besteht, seinen erwarteten Nutzen zu maximieren, was im Fall der unterstellten Risikoneutralität äquivalent ist zur Maximierung des erwarteten Gewinns, wird es sich genau dann dafür entscheiden zu investieren, wenn der mit einer Investition verbundene Erwartungsgewinn größer ist als die Vermögensänderung im Fall, dass es die Investition unterlässt. Da letztere null beträgt, besteht die Investitionsbedingung allgemein also darin, dass die erwartete (Brutto)Auszahlung im Fall einer Investition die Investitionskosten übersteigt. Liegt die erwartete Auszahlung unter den Investitionskosten, ergibt sich im Erwartungswert ein Verlust aus der Investition, so dass es optimal ist, diese zu unterlassen. Entspricht die erwartete Auszahlung gerade den Investitionskosten, ist das Individuum indifferent zwischen den beiden Alternativen *Investieren* und *Nicht-Investieren*. Für diesen Fall treffen BIKH-CHANDANI, HIRSHLEIFER UND WELCH (1992, 996) die Annahme, dass die Entscheidung zufällig (durch Werfen einer fairen Münze) erfolgt.

Um diese allgemeine, verbal formulierte Entscheidungsregel formal darstellen zu können, werden die einem Individuum i verfügbaren Informationen im Informationsvektor $\Im_i$ zusammenfasst. Mit $\gamma_i := \Pr\left(E|\Im_i\right)$ wird dann die auf diesen individuellen Informationsvektor bedingte (a-posteriori) Erfolgswahrscheinlichkeit bezeichnet, so dass die erwartete Auszahlung für Individuum i im Fall einer Investition – gegeben die ihm vorliegenden Informationen – durch

$$E\left[V|\Im_i\right] = \gamma_i \cdot V_E + \left(1-\gamma_i\right)\cdot V_M = \gamma_i \cdot 1 + \left(1-\gamma_i\right)\cdot 0 = \gamma_i$$

ausgedrückt werden kann. Durch einen Vergleich dieser erwartete Auszahlung mit den Investitionskosten $C = 1/2$ lässt sich dann schließlich die von Individuum i zu wählende Aktion bestimmen. Dabei gilt, dass es zu einer Investition kommt, wenn die a-posteriori Erfolgswahrscheinlichkeit γ_i größer ist als die Kosten in Höhe von $1/2$. Liegt die bedingte Erfolgswahrscheinlichkeit unter diesem Wert, unterbleibt die Investition. Beträgt sie genau $1/2$, wählt das Individuum zufällig, also mit einer Wahrscheinlichkeit von jeweils $1/2$, die Aktion I bzw. N. Die allgemeine Entscheidungsregel kann daher wie folgt zusammengefasst werden:

(6-1)
$$\begin{array}{l} \gamma_i > 1/2 \longrightarrow I \\ \gamma_i = 1/2 \\ \gamma_i < 1/2 \longrightarrow N. \end{array}$$

Bevor nun konkret die einzelnen Entscheidungen betrachtet werden, erfolgt eine a-priori Einschätzung der Situation, das heißt ohne zusätzliche Signalinformationen. In diesem Fall beträgt die erwartete Auszahlung

$$E\left[V\right] = \Pr\left(E\right)\cdot V_E + \Pr\left(M\right)\cdot V_M = \pi \cdot 1 + \left(1-\pi\right)\cdot 0 = \pi = 1/2.$$

Sie deckt damit gerade die Investitionskosten, so dass die Individuen ohne zusätzliche Informationen indifferent sind und annahmegemäß zufällig entscheiden. Erwartungsgemäß kommt es a priori also bei jedem zweiten Individuum zu einer Investition.

6.1.4 Individuelle Entscheidungen

Unter Berücksichtigung der individuellen Informationen kommt es gegenüber der a-priori Situation zu einer Aktualisierung der Erfolgswahrscheinlichkeit durch Anwenden der *Formel von Bayes* (*Bayes'sches Up-dating*).

6.1.4.1 Erstes Individuum

Betrachten wir zunächst das erste Individuum, das über die Information aus seinem Signal verfügt. (Vorgänger, deren Verhalten beobachtet werden könnte, um daraus zusätzliche Informationen abzuleiten, gibt es beim ersten Individuum nicht.) Im Fall eines guten Signals ergibt sich die a-posteriori Erfolgswahrscheinlichkeit (die gleichzeitig die erwartete Auszahlung angibt) daher als

(6-2)
$$\gamma_1(H) = \Pr\left(E|H\right)$$
$$= \frac{\Pr\left(H|E\right)\cdot\Pr\left(E\right)}{\Pr\left(H|E\right)\cdot\Pr\left(E\right)+\Pr\left(H|M\right)\cdot\Pr\left(M\right)}$$
$$= \frac{p\cdot 1/2}{p\cdot 1/2+\left(1-p\right)\cdot 1/2} = p$$

und im Fall eines schlechten Signals ganz analog als

(6-3)
$$\gamma_1(L) = \Pr\left(E|L\right)$$
$$= \frac{\Pr\left(L|E\right)\cdot\Pr\left(E\right)}{\Pr\left(L|E\right)\cdot\Pr\left(E\right)+\Pr\left(L|M\right)\cdot\Pr\left(M\right)}$$
$$= \frac{\left(1-p\right)\cdot 1/2}{\left(1-p\right)\cdot 1/2+p\cdot 1/2} = \left(1-p\right)\ .$$

Wegen der Annahme informativer Signale gilt $p>1/2$ bzw. $\left(1-p\right)<1/2$, so dass – gemäß der allgemeinen Entscheidungsregel aus (6-1) – die Entscheidung des ersten Individuums im Fall eines guten Signals für die Investition und im Fall eines schlechten Signals gegen die Investition ausfällt.

Das erste Individuum folgt also immer seinem eigenen Signal, d. h. dass ein eindeutiger Zusammenhang zwischen seinem Verhalten und seinem Signal besteht, der es nachfolgenden Individuen möglich macht, aus der Beobachtung seines Verhaltens einen perfekten Rückschluss auf die zugrunde liegende private Information zu ziehen. So kann aus der Beobachtung, dass das erste Individuum investiert (nicht investiert) hat, eindeutig abgeleitet werden, dass ihm ein gutes (schlechtes) Signal vorlag. Dies wird formal dadurch bestätigt, dass die Wahrscheinlichkeit dafür, dass das erste Individuum ein gutes (schlechtes) Signal hatte, wenn beobachtet wird, dass es investiert (nicht investiert) hat, eins beträgt. Durch Anwenden der Formel von Bayes ergibt sich, dass

$$\Pr\left(H|I\right) = \frac{\Pr\left(I|H\right)\cdot\Pr(H)}{\Pr\left(I|H\right)\cdot\Pr(H)+\Pr\left(I|L\right)\cdot\Pr(L)} = \frac{1\cdot 1/2}{1\cdot 1/2 + 0\cdot 1/2} = 1 \quad \text{sowie}$$

$$\Pr\left(L|N\right) = \frac{\Pr\left(N|L\right)\cdot\Pr(L)}{\Pr\left(N|L\right)\cdot\Pr(L)+\Pr\left(N|H\right)\cdot\Pr(H)} = \frac{1\cdot 1/2}{1\cdot 1/2 + 0\cdot 1/2} = 1$$

gilt, wobei sich die Wahrscheinlichkeiten

$$\Pr\left(I|H\right) = \Pr\left(N|L\right) = 1$$

aus der Analyse der Entscheidungssituation des ersten Individuums ergeben. Bei Vorliegen eines guten Signals wählt das erste Individuum die Investition, bei Vorliegen eines schlechten Signals unterlässt es diese. Die Wahrscheinlichkeiten

$$\Pr\left(N|H\right) = \Pr\left(I|L\right) = 0$$

ergeben sich als die entsprechenden Gegenwahrscheinlichkeiten.

Die unbedingten Signalwahrscheinlichkeiten erhält man über den *Satz von der totalen Wahrscheinlichkeit*, aus dem

$$\Pr(H) = \Pr\left(H|E\right)\cdot\Pr(E)+\Pr\left(H|M\right)\cdot\Pr(M)$$
$$= p\cdot 1/2+\left(1-p\right)\cdot 1/2 = 1/2 \quad \text{sowie}$$
$$\Pr(L) = 1-\Pr(H) = 1/2$$

folgt. Insgesamt lässt sich also zusammenfassen, dass die private Information (das Signal) des ersten Individuums durch sein Verhalten vollständig offengelegt und quasi einem öffentlichen Informationspool zugeführt wird, so dass sie von allen weiteren Individuen, die das Verhalten des ersten beobachten, genutzt werden kann.

6.1.4.2 Zweites Individuum

Aufgrund des eindeutigen Zusammenhangs zwischen dem Signal und dem Verhalten des ersten Individuums sowie der Möglichkeit zur Beobachtung der Vorgänger verfügt das zweite Individuum praktisch über zwei Signale, nämlich über das aus dem Verhalten seines Vorgängers abgeleitete und sein eigenes. Je nachdem, welche Beobachtung das zweite Individuum im Hinblick auf das Verhalten des ersten macht und welche Ausprägung sein eigenes Signal hat, sind nun vier Fälle möglich, die drei verschiedene Informationssituationen verkörpern. Diese sind in Abbildung 6-1 dargestellt.

Verhalten des 1. Ind.	Signal des 1. Ind.	Signal des 2. Ind.	Verfügbare Information
I	*H*	*H*	*HH*
		L	*HL*
N	*L*	*H*	
		L	*LL*

Abbildung 6-1: Mögliche Informationssituationen des zweiten Individuums

Falls das erste Individuum investiert hat, kann das zweite Individuum daraus schließen, dass ihm ein gutes Signal vorlag. Erhält es selbst ebenfalls ein gutes Signal, errechnet sich die auf die vorliegenden Informationen (*HH*) bedingte erwartete Auszahlung als

(6-4)
$$\gamma_2(HH) = \Pr(E|HH)$$
$$= \frac{\Pr(HH|E) \cdot \Pr(E)}{\Pr(HH|E) \cdot \Pr(E) + \Pr(HH|M) \cdot \Pr(M)}$$
$$= \frac{p^2 \cdot 1/2}{p^2 \cdot 1/2 + (1-p)^2 \cdot 1/2} = \frac{p^2}{p^2 + (1-p)^2}.$$

Dabei ist zu berücksichtigen, dass die Wahrscheinlichkeit für zwei gute Signale (im Erfolgsfall bzw. bei Scheitern des Projekts) wegen der Unabhängigkeitsannahme bezüglich der Signale dem Quadrat der Wahrscheinlichkeit für ein gutes Signal (im Erfolgsfall bzw. bei Scheitern des Projekts) entspricht. Es gilt also

$$\Pr\left(HH|E\right)=\Pr\left(H|E\right)\cdot\Pr\left(H|E\right)=p^2 \qquad \text{sowie}$$

$$\Pr\left(HH|M\right)=\Pr\left(H|M\right)\cdot\Pr\left(H|M\right)=\left(1-p\right)^2 \ .$$

Wegen $p>1/2$ ergibt sich, dass der Ausdruck in (6-4) einen über $1/2$ gelegenen Wert hat, woraus aufgrund der allgemeinen Entscheidungsregel aus (6-1) folgt, dass das zweite Individuum investiert, wenn es ein gutes Signal erhält und beobachtet hat, dass sich das erste ebenfalls für die Investition entschieden hat; in diesem Fall sprechen ja alle verfügbaren Informationen für eine Investition. Es gilt also

$$\Pr\left(I|HH\right)=1 \text{ sowie } \Pr\left(N|HH\right)=0 \, .$$

Erhält das zweite Individuum dagegen selbst ein schlechtes Signal, verfügt es unter Berücksichtigung des aus der Beobachtung des Vorgängers abgeleiteten guten Signals jeweils über ein gutes und ein schlechtes Signal. Diese beiden Informationen heben sich jedoch aufgrund der Annahme, dass alle Signale identisch verteilt sind, in ihrer Aussagekraft gegenseitig gerade auf, so dass das zweite Individuum effektiv nur über die reinen Projektdaten verfügt. In diesem Fall entspricht die a-posteriori Erfolgswahrscheinlichkeit ihrem a-priori Wert $\pi=1/2$. Dies bestätigt eine direkte Berechnung der a-posteriori Erfolgswahrscheinlichkeit gegeben die Informationen (HL):

$$\gamma_2\left(HL\right)=\Pr\left(E|HL\right)$$

$$=\frac{\Pr\left(HL|E\right)\cdot\Pr\left(E\right)}{\Pr\left(HL|E\right)\cdot\Pr\left(E\right)+\Pr\left(HL|M\right)\cdot\Pr\left(M\right)}$$

$$=\frac{p\left(1-p\right)\cdot 1/2}{p\left(1-p\right)\cdot 1/2+\left(1-p\right)p\cdot 1/2}=1/2 \ .$$

Dabei wurde wieder verwendet, dass wegen der Unabhängigkeitsannahme gilt, dass die Wahrscheinlichkeit für ein gutes und ein schlechtes Signal (im Erfolgs- bzw. Misserfolgsfall) dem Produkt aus der Wahrscheinlichkeit für ein gutes und der Wahrscheinlichkeit für ein schlechtes Signal (im Erfolgs- bzw. Misserfolgsfall) entspricht, d. h. dass

$$\Pr\left(HL|E\right)=\Pr\left(H|E\right)\cdot\Pr\left(L|E\right)=p\cdot\left(1-p\right)$$

$$=\Pr\left(L|M\right)\cdot\Pr\left(H|M\right)=\Pr\left(HL|M\right)$$

gilt. Der allgemeinen Entscheidungsregel zufolge ist das zweite Individuum daher im Fall, dass das erste Individuum investiert hat und es selbst ein schlechtes Signal erhält, indifferent. Es fällt seine Investitionsentscheidung folglich zufällig, was bedeutet, dass es mit gleicher Wahrscheinlichkeit die Investition bzw. das Unterlassen wählt. (Dieses Ergebnis entspricht dem einer a-priori Entscheidung, woraus offensichtlich abgeleitet werden kann, dass sich widersprechende Signale in gleicher Anzahl in ihrem Informationsgehalt gegenseitig aufheben. Diese Eigenheit wird bei der Analyse des dritten Individuums ausführlicher behandelt.)

Praktisch dieselbe Entscheidungssituation wie im eben betrachteten Szenario ergibt sich, wenn das erste Individuum nicht investiert hat und das zweite Individuum ein gutes Signal erhält. In diesem Fall verfügt das zweite Individuum ja ebenfalls − wie im vorigen Szenario − über jeweils ein gutes und ein schlechtes Signal, so dass sich auch hier eine a-posteriori Erfolgswahrscheinlichkeit von 1/2 ergibt. Bei der Berechnung der auf die jeweils vorliegenden Informationen bedingten Erfolgswahrscheinlichkeit kommt es schließlich nur auf die *Gesamtheit* der verfügbaren Informationen an, während die Zuordnung der Signale zu den einzelnen Individuen („Wer hat welches Signal bekommen?") keine Rolle spielt. Das zweite Individuum entscheidet also auch dann zufällig, wenn das erste Individuum nicht investiert hat und sein eigenes Signal gut ist.

Als Zusammenfassung der beiden zuletzt betrachteten Szenarios lässt sich festhalten, dass die Wahrscheinlichkeit für eine Investition bzw. ein Unterlassen jeweils 1/2 beträgt, wenn jeweils ein gutes und ein schlechtes Signal vorliegen. Es gilt also:

$$\Pr\left(I \mid HL\right) = \Pr\left(N \mid HL\right) = 1/2 \, .$$

Im letzten möglichen Szenario beobachtet das zweite Individuum, dass das erste Individuum nicht investiert hat, und erhält selbst ebenfalls ein schlechtes Signal, so dass es effektiv über zwei schlechte Signale verfügt. Die auf diese Informationen (*LL*) bedingte Erfolgswahrscheinlichkeit ergibt sich dann wieder durch Anwenden der Formel von Bayes unter Berücksichtigung der Tatsache, dass für die Signale die Unabhängigkeitsannahme gilt, d. h. dass die Signalwahrscheinlichkeiten

$$\Pr\left(LL \mid E\right) = \Pr\left(L \mid E\right) \cdot \Pr\left(L \mid E\right) = \left(1 - p\right)^2 \text{ sowie}$$
$$\Pr\left(LL \mid M\right) = \Pr\left(L \mid M\right) \cdot \Pr\left(L \mid M\right) = p^2$$

betragen. Die auf zwei schlechte Signale bedingte Erfolgswahrscheinlichkeit ergibt sich damit als

$$\gamma_2(LL) = \Pr(E|LL)$$

$$= \frac{\Pr(LL|E)\cdot\Pr(E)}{\Pr(LL|E)\cdot\Pr(E) + \Pr(LL|M)\cdot\Pr(M)}$$

$$= \frac{(1-p)^2\cdot 1/2}{(1-p)^2\cdot 1/2 + p^2\cdot 1/2} = \frac{(1-p)^2}{p^2 + (1-p)^2}.$$

Da dieser Ausdruck für $p > 1/2$ kleiner als $1/2$ ist, folgt aus der allgemeinen Entscheidungsregel in (6-1), dass das zweite Individuum nicht investiert, wenn es beobachtet, dass sein Vorgänger nicht investiert hat und es selbst ein schlechtes Signal erhält. Dieses Ergebnis leuchtet ein, da in diesem Fall ja die gesamte verfügbare Information gegen eine Investition spricht.

Insgesamt kann aus der Betrachtung der vier Szenarios abgeleitet werden, dass das zweite Individuum nicht mehr eindeutig auf sein Signal reagiert. Dadurch ist es nachfolgenden Individuen nur noch im Fall, dass die ersten beiden Individuen *unterschiedliches* Verhalten zeigen, möglich, aus der Beobachtung des Verhaltens der Vorgänger eindeutig auf die zugrunde liegenden Signale zu schließen. So ist schließlich eine notwendige Voraussetzung dafür, dass das zweite Individuum nicht investiert (investiert), wenn es beobachtet hat, dass das erste Individuum investiert (nicht investiert) hat, dass ihm ein schlechtes (gutes) Signal vorlag, während das erste Individuum über ein gutes (schlechtes) Signal verfügt haben muss. Mit einem guten (schlechten) Signal hätte sich das zweite Individuum schließlich sicher für (gegen) eine Investition entschieden, wenn es beobachtet, dass sein Vorgänger investiert (nicht investiert) hat.

Im Fall von *identischem* Verhalten bei den ersten beiden Individuen kann aufgrund des Zufallselements in der Entscheidung des zweiten Individuums nicht mehr eindeutig auf die zugrunde liegenden Informationen geschlossen werden. So kann aus der Beobachtung des Verhaltens der ersten beiden Individuen zwar weiterhin abgeleitet werden, welches Signal das *erste* Individuum hatte; über das Signal des *zweiten* Individuums kann jedoch nur noch soviel ausgesagt werden, dass es mit höherer Wahrscheinlichkeit dasselbe Signal hatte wie sein Vorgänger. Dies ergibt sich aus der Tatsache, dass das zweite Individuum in jedem Fall (also mit einer Wahrscheinlichkeit von eins) dasselbe Verhalten wählt wie sein Vorgänger, wenn es dasselbe Signal erhält, während identisches Verhalten nur mit einer Wahrscheinlichkeit von $1/2$ auftritt, wenn es ein anderes Signal bekommt.

Falls also beobachtet wird, dass die ersten beiden Individuen investiert haben, beträgt die Wahrscheinlichkeit dafür, dass beide ein gutes Signal hatten,

(6-5)
$$\Pr\left(HH|II\right)=\frac{\Pr\left(II|HH\right)\cdot\Pr\left(HH\right)}{\Pr\left(II|HH\right)\cdot\Pr\left(HH\right)+\Pr\left(II|HL\right)\cdot\Pr\left(HL\right)}$$

$$=\frac{1\cdot1/4}{1\cdot1/4+1/2\cdot1/4}=\frac{2}{3}\ .$$

Dabei wird verwendet, dass

$$\Pr\left(II|HH\right)=\Pr\left(I|H\right)\cdot\Pr\left(I|HH\right)=1\cdot1=1\ ,$$

$$\Pr\left(II|HL\right)=\Pr\left(I|H\right)\cdot\Pr\left(I|HL\right)=1\cdot1/2=1/2\ ,$$

$$\Pr\left(HH\right)=\Pr\left(H\right)\cdot\Pr\left(H\right)=1/2\cdot1/2=1/4\text{ sowie}$$

$$\Pr\left(HL\right)=\Pr\left(H\right)\cdot\Pr\left(L\right)=1/2\cdot1/2=1/4$$

gilt. Entsprechend lässt sich die Wahrscheinlichkeit dafür berechnen, dass beide ein schlechtes Signal hatten, wenn beobachtet wird, dass beide nicht investiert haben. Mit

$$\Pr\left(NN|LL\right)=\Pr\left(N|L\right)\cdot\Pr\left(N|LL\right)=1\cdot1=1\ ,$$

$$\Pr\left(NN|LH\right)=\Pr\left(N|L\right)\cdot\Pr\left(N|HL\right)=1\cdot1/2=1/2\ ,$$

$$\Pr\left(LL\right)=\Pr\left(L\right)\cdot\Pr\left(L\right)=1/2\cdot1/2=1/4\text{ sowie}$$

$$\Pr\left(LH\right)=\Pr\left(L\right)\cdot\Pr\left(H\right)=1/2\cdot1/2=1/4$$

ergibt sich dann

(6-6)
$$\Pr\left(LL|NN\right)=\frac{\Pr\left(NN|LL\right)\cdot\Pr\left(LL\right)}{\Pr\left(NN|LL\right)\cdot\Pr\left(LL\right)+\Pr\left(NN|LH\right)\cdot\Pr\left(LH\right)}$$

$$=\frac{1\cdot1/4}{1\cdot1/4+1/2\cdot1/4}=\frac{2}{3}\ .$$

Die Gegenwahrscheinlichkeiten zu (6-5) und (6-6) bezeichnen die Wahrscheinlichkeit dafür, dass bei der Beobachtung identischen Verhaltens unterschiedliche Signale vorlagen; es gilt

(6-7)
$$\Pr\left(HL|II\right)=\Pr\left(LH|NN\right)=1/3\ .$$

6.1.4.3 Drittes und weitere Individuen

Aus der Analyse der Entscheidungssituation des zweiten Individuums ergibt sich, dass ein perfekter Rückschluss auf die Signale der Vorgänger möglich ist, wenn die ersten beiden Individuen *unterschiedliches* Verhalten (d. h. *IN* oder *NI*)) gezeigt haben, während die zugrunde liegende Informationssituation im Fall von *identischem* Verhalten der ersten beiden Individuen (d. h. *II* oder *NN*) nur mit entsprechenden Wahrscheinlichkeiten angegeben werden kann.

Paarweise unterschiedliches Verhalten

Betrachten wir zur Herleitung des Verhaltens des dritten Individuums zunächst den einfacheren Fall, in dem aufgrund der Beobachtung von unterschiedlichem Verhalten bei den ersten beiden Individuen eindeutig auf deren Signale geschlossen werden kann. Wie aus den Überlegungen zum ersten und zweiten Individuum hervorgeht, kann sowohl aus der Beobachtung *IN* als auch *NI* geschlossen werden, dass die Vorgänger über ein gutes und ein schlechtes Signal verfügten. Die Informationssituation des dritten Individuums stellt sich folglich als (*HHL*) oder als (*HLL*) dar, je nachdem, ob es selbst ein gutes oder ein schlechtes Signal bekommt. Die auf diese Informationen bedingte Erfolgswahrscheinlichkeit beträgt dann

$$\gamma_3(HHL) = \Pr(E|HHL)$$

$$= \frac{\Pr(HHL|E)\cdot\Pr(E)}{\Pr(HHL|E)\cdot\Pr(E)+\Pr(HHL|M)\cdot\Pr(M)}$$

$$= \frac{p^2(1-p)\cdot 1/2}{p^2(1-p)\cdot 1/2+(1-p)^2 p\cdot 1/2} = p$$

bzw.
$$\gamma_3(HLL) = \Pr(E|HLL)$$

$$= \frac{\Pr(HLL|E)\cdot\Pr(E)}{\Pr(HLL|E)\cdot\Pr(E)+\Pr(HLL|M)\cdot\Pr(M)}$$

$$= \frac{p(1-p)^2\cdot 1/2}{p(1-p)^2\cdot 1/2+(1-p)p^2\cdot 1/2} = (1-p) \ .$$

Diese Ergebnisse zeigen, dass offensichtlich

$$\gamma_3(HHL) = p = \gamma_1(H) \text{ sowie } \gamma_3(HLL) = (1-p) = \gamma_1(L)$$

gilt. Der Grund dafür liegt darin, dass sich das dritte Individuum im betrachteten Szenario, also bei unterschiedlichem Verhalten seiner beiden Vorgänger, effektiv in derselben Informationssituation befindet wie das erste, d. h. dass es die Projektdaten kennt und darüber hinaus *ein* Signal zur Verfügung hat, nämlich sein eigenes. Die aus dem Verhalten der Vorgänger abgeleiteten Signale sind ja unterschiedlich und heben sich aufgrund der unterstellten einheitlichen Signalpräzision ($p_i = p$) in ihrem Informationsgehalt gegenseitig gerade auf. Da sich ein gutes und ein schlechtes Signal also neutralisieren können, kommt es im Hinblick auf die Investitionsentscheidung eines Individuum offensichtlich nur auf die vorliegende *Netto*information an.

BIKHCHANDANI UND SHARMA (2001, 284) formulieren diesen Zusammenhang allgemein so, dass die auf M gute und N schlechte Signale bedingte Erfolgswahrscheinlichkeit der a-posteriori Erfolgswahrscheinlichkeit mit $M - N$ guten (für $M > N$) bzw. $N - M$ schlechten Signalen (für $N > M$) entspricht. Formal kann diese Aussage durch

(6-8) $\Pr(E|M \times H, N \times L) =$

$$= \frac{\Pr(M \times H, N \times L|E) \cdot \Pr(E)}{\Pr(M \times H, N \times L|E) \cdot \Pr(E) + \Pr(M \times H, N \times L|M) \cdot \Pr(M)}$$

$$= \frac{p^M (1-p)^N \cdot 1/2}{p^M (1-p)^N \cdot 1/2 + (1-p)^M p^N \cdot 1/2}$$

$$= \begin{cases} \dfrac{p^{M-N}}{p^{M-N} + (1-p)^{M-N}} = \Pr\left(E|(M-N) \times H\right) & \text{für } M > N \\[4mm] \dfrac{(1-p)^{N-M}}{p^{N-M} + (1-p)^{N-M}} = \Pr\left(E|(N-M) \times L\right) & \text{für } M < N \end{cases}$$

bestätigt werden. (Für $M = N$ ergibt sich – wie bereits bei der Analyse des zweiten Individuums erwähnt wurde – dass die bedingte Erfolgswahrscheinlichkeit der a-priori Erfolgswahrscheinlichkeit $\pi = 1/2$ entspricht.)

Das dritte Individuum verhält sich also im Fall, dass die ersten beiden Individuen unterschiedlich entschieden haben, praktisch wie das erste, das heißt es reagiert eindeutig auf seine private Information und investiert, wenn ihm ein gutes Signal vorliegt, während es die Investition unterlässt, wenn es ein schlechtes Signal hat.

Daraus folgt für alle nachfolgenden Individuen, insbesondere das vierte, dass aus dem Verhalten des dritten – ebenso wie aus dem (unterschiedlichen) Verhalten der ersten beiden – jeweils auf die zugrunde liegenden privaten Informationen geschlossen werden kann. Da sich jedoch – gegeben die unterschiedlichen Aktionen der ersten beiden Individuen – zwei der abgeleiteten Signale neutralisieren, verfügt das vierte Individuum effektiv nur über sein eigenes Signal sowie das seines unmittelbaren Vorgängers. Damit befindet es sich in derselben Informationssituation wie das zweite Individuum zwei Runden zuvor. Die folgende Abbildung 6-2 fasst die möglichen Informationssituationen des vierten Individuums zusammen.

Verhalten des 1. und 2. Ind.	Verhalten des 3. Ind.	Signal des 4. Ind.	Verfügbare (Gesamt)Information	Netto-information
IN oder NI	I	H	HHHL	HH
		L	HHLL	--
	N	H	HHLL	
		L	HLLL	LL

Abbildung 6-2: Mögliche Informationssituationen des vierten Individuums

Formal ergibt sich in den beschriebenen Informationssituationen gemäß (6-8) für die a-posteriori Erfolgswahrscheinlichkeit (bzw. die erwartete Auszahlung im Fall einer Investition)

$$\gamma_4\left(HHHL\right)=\gamma_2\left(HH\right)=\frac{p^2}{p^2+\left(1-p\right)^2}>1/2 \ ,$$

$$\gamma_4\left(HHLL\right)=\pi=1/2 \text{ sowie}$$

$$\gamma_4\left(HLLL\right)=\gamma_2\left(LL\right)=\frac{\left(1-p\right)^2}{p^2+\left(1-p\right)^2}<1/2 \ ,$$

so dass das Verhalten des vierten Individuums bei unterschiedlichem Verhalten der ersten beiden Individuen – wie das Verhalten des zweiten Individuums – ausschließlich vom beobachteten Verhalten seines unmittelbaren Vorgängers und seinem eigenen Signal abhängig ist. Es investiert also mit Sicherheit (nicht), wenn es beobachtet hat, dass sein unmittelbarer Vorgänger auch (nicht) investiert hat und es selbst über ein gutes (schlechtes) Signal verfügt. Die Intuition dabei ist, dass das eigene Signal in diesem Fall ja mit der aus dem Verhalten des Vorgängers abgeleiteten Information übereinstimmt, so dass es keinen Grund gibt, sich nicht entsprechend der vorliegenden Information zu verhalten. Widersprechen sich die aus dem Verhalten des Vorgängers abgeleitete Information und das eigene Signal, entscheidet sich das vierte Individuum zufällig.

Aus den bisherigen Überlegungen kann daher gefolgert werden, dass sich die Entscheidungssituationen des ersten und zweiten Individuums solange wiederholen, als *ausschließlich paarweise unterschiedliche Aktionen* gewählt werden, weil dafür paarweise unterschiedliche Signale notwendig sind, die sich in ihrem Informationsgehalt jeweils gegenseitig aufheben. Dadurch entscheidet also jedes Individuum mit ungerader Platznummer – wie das erste Individuum – ausschließlich und eindeutig gemäß seiner privaten Information.

Paarweise identisches Verhalten

Anders als bei unterschiedlichem Verhalten der ersten beiden Individuen reagiert das dritte Individuum nicht mehr eindeutig auf seine Signalinformation, wenn es beobachtet, dass seine Vorgänger dieselbe Aktion gewählt haben. In diesem Fall kann es zwar eindeutig auf die private Information des ersten Individuums schließen; allerdings weiß es über das Signal des zweiten nur, dass die Wahrscheinlichkeit, dass es dasselbe Signal hatte wie das erste Individuum, doppelt so hoch ist wie die Wahrscheinlichkeit dafür, dass unterschiedliche Signale vorlagen (vgl. (6-5) bis (6-7)). Aufgrund dieser Informationssituation schließt sich das dritte Individuum unabhängig von seinem eigenen Signal dem Verhalten seiner Vorgänger an. Dies ist klar, wenn sein eigenes Signal die Entscheidung der Vorgänger stützt (gutes Signal bei der Beobachtung *II* bzw. schlechtes Signal bei der Beobachtung *NN*). Doch auch wenn das eigene Signal eine andere Aktion nahe legen würde (schlechtes Signal bei der Beobachtung *II* bzw. gutes Signal bei der Beobachtung *NN*), ist es rational, dem Verhalten der Vorgänger zu folgen, da in diesem Fall die eigene Information durch das abgeleitete Signal des ersten Individuum neutralisiert wird, so dass die höhere Wahrscheinlichkeit dafür, dass das zweite Individuum ein Signal hatte, das die Entscheidung der Vorgänger stützt, den Ausschlag gibt und zur Nachahmung führt.

Formal lassen sich diese Resultate wieder durch Berechnen der entsprechenden a-posteriori Erfolgswahrscheinlichkeiten berechnen. Dabei ist nun zu berücksichtigen, dass z. B. im Fall der Beobachtung *II* das erste Individuum über ein gutes Signal verfügte, während das zweite Individuum mit einer Wahrscheinlichkeit von 2/3 ein gutes, und mit der Gegenwahrscheinlichkeit von 1/3 ein schlechtes Signal hatte. Wenn das dritte Individuum dann selbst ein gutes bzw. ein schlechtes Signal erhält, ergibt sich für den Informationsvektor, der die dem dritten Individuum verfügbaren Informationen zusammenfasst, mit einer Wahrscheinlichkeit von 2/3 die Form (*HHH*) bzw. (*HHL*) und mit der Gegenwahrscheinlichkeit von 1/3 die Form (*HHL*) bzw. (*HLL*). Damit ergibt sich für die a-posteriori Erfolgswahrscheinlichkeit im Fall der Beobachtung II und einem eigenen guten Signal

$$(6\text{-}9)\,\gamma_3\left(II\cap H\right)=\frac{\left[2/3\,p^3+1/3\,p^2\left(1-p\right)\right]\cdot 1/2}{\left[2/3\,p^3+1/3\,p^2\left(1-p\right)\right]\cdot 1/2+\left[2/3\left(1-p\right)^3+1/3\left(1-p\right)^2 p\right]\cdot 1/2}$$

$$=\frac{p^3+p^2}{5p^2-5p+2}>1/2$$

sowie mit einem schlechten Signal

$$(6\text{-}10)\qquad \gamma_3\left(II\cap L\right)=\frac{\left[2/3\,p+1/3\left(1-p\right)\right]\cdot 1/2}{\left[2/3\,p+1/3\left(1-p\right)\right]\cdot 1/2+\left[2/3\left(1-p\right)+1/3\,p\right]\cdot 1/2}$$

$$=\frac{p+1}{3}>1/2\;.$$

Bei der letzten Formel ist zu beachten, dass die verfügbare Nettoinformation mit einer Wahrscheinlichkeit von 2/3 aus einem guten und mit der Gegenwahrscheinlichkeit von 1/3 aus einem schlechten Signal besteht.

Die Ergebnisse besagen also, dass die erwartete Auszahlung im Fall einer Investition, die durch die auf die insgesamt vorliegenden Informationen bedingte Erfolgswahrscheinlichkeit gegeben ist, immer größer ist als die Investitionskosten $C=1/2$, so dass das dritte Individuum unabhängig davon, welches Signal es selbst erhält, investiert, also dieselbe Aktion wählt wie seine Vorgänger.

Eine analoge Überlegung lässt sich anstellen für den Fall, dass das dritte Individuum beobachtet, dass seine beiden Vorgänger nicht investiert haben. In diesem Fall bestehen die jeweils verfügbaren Informationen bei Vorliegen eines eigenen guten Signals mit einer Wahrscheinlichkeit von 2/3 aus (HLL), was effektiv einem schlechten Signal entspricht, und mit der Gegenwahrscheinlichkeit von 1/3 aus (HHL), was effektiv einem guten Signal entspricht. Damit beträgt die a-posteriori Erfolgswahrscheinlichkeit

$$\gamma_3\left(NN\cap H\right)=\frac{\left[2/3\left(1-p\right)+1/3\,p\right]\cdot 1/2}{\left[2/3\left(1-p\right)+1/3\,p\right]\cdot 1/2+\left[2/3\,p+1/3\left(1-p\right)\right]\cdot 1/2}$$

$$=\frac{2-p}{3}<1/2\;.$$

Falls das dritte Individuum bei der Beobachtung *NN* selbst ein schlechtes Signal erhält, ergibt sich der Informationsvektor mit einer Wahrscheinlichkeit von 2/3 als (*LLL*) und mit der Gegenwahrscheinlichkeit von 1/3 als (*HLL*), so dass die auf diese Informationen bedingte Erfolgswahrscheinlichkeit durch

$$\gamma_3(NN \cap L) = \frac{\left[2/3(1-p)^3 + 1/3\,p(1-p)^2\right] \cdot 1/2}{\left[2/3(1-p)^3 + 1/3\,p(1-p)^2\right] \cdot 1/2 + \left[2/3\,p^3 + 1/3(1-p)p^2\right] \cdot 1/2}$$

$$= \frac{-p^3 + 4p^2 - 5p + 2}{5p^2 - 5p + 2} < 1/2$$

gegeben ist. In der betrachteten Situation, das heißt bei der Beobachtung, dass beide Vorgänger nicht investiert haben, erwartet das dritte Individuum also unabhängig davon, welches Signal es selbst erhält, dass die Auszahlung im Fall einer Investition unter den Investitionskosten liegt, so dass es nicht investiert und damit dieselbe Aktion wählt wie seine Vorgänger.

Im Fall von identischem Verhalten bei den Vorgängern trifft das dritte Individuum seine Entscheidung also völlig unabhängig von seinem Signal, indem es sich einfach seinen Vorgängern anschließt. Das bedeutet, dass die Beobachtung des Verhaltens des dritten Individuums keine informativen Rückschlüsse bezüglich seines Signals zulässt, so dass sich das vierte Individuum effektiv in derselben Informationssituation befindet wie das dritte Individuum. Es verhält sich folglich genauso unabhängig von seinem Signal und imitiert schlichtweg seine Vorgänger, so dass auch im Hinblick auf das Signal des vierten Individuums keine informativen Rückschlüsse möglich sind. Daher gilt dieselbe Argumentation ebenso für das fünfte und alle weiteren Individuen.

Die Entscheidungssituationen aller nachfolgenden Individuen sind also identisch. Der Grund dafür liegt darin, dass als Folge des signalunabhängigen Verhaltens beim dritten Individuum keine zusätzlichen privaten Informationen offenbart werden, die dadurch (wie noch beim ersten und zweiten Individuum) in den allgemeinen Entscheidungsprozess gelangen und von allen weiteren Individuen genutzt werden könnten. Vielmehr kommt es zu einem Abbruch der öffentlichen Akkumulation privater Informationen, wodurch die Effizienz des Gesamtergebnisses beeinträchtigt wird, da ein (möglicherweise) nicht unerheblicher Teil der insgesamt verfügbaren *und* entscheidungsrelevanten Informationen nicht genutzt wird.

6.1.5 Entstehen von Kaskaden und Auftreten von Herdenverhalten

Die bisherigen Ergebnisse sind in Abbildung 6-3 zusammengefasst. Diese Abbildung stellt einen Entscheidungsbaum dar, der exemplarisch das Verhalten der ersten vier Individuen beschreibt. Dabei kommt zum Ausdruck, dass sich die Entscheidungssituationen des ersten und zweiten Individuums solange wieder-holen, als ausschließlich paarweise unterschiedliches Verhalten auftritt, d. h. solange Individuen mit gerader Platznummer eine andere Aktion wählen als ihre Vorgänger mit ungerader Platznummer (mittlerer Bereich in Abbildung 6-3). Nur in diesem Fall kann aus der Beobachtung der Vorgänger eindeutig auf deren zugrunde liegende private Information geschlossen werden, die dadurch quasi einem öffentlichen Informationspool zugeführt wird und von allen nachfolgen-den Individuen genutzt werden kann. Dadurch kommt es zu einer effizienten Verarbeitung der verfügbaren Informationen, so dass der Entscheidungsprozess schließlich gegen die richtige Lösung konvergiert.

1. Individuum	2. Individuum	3. Individuum	4. Individuum

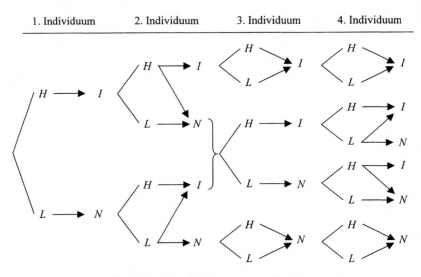

Abbildung 6-3: Entscheidungsbaum im Kaskadenmodell

Sobald allerdings mindestens einmal paarweise identisches Verhalten beo-bachtet wurde, d. h. sobald ein Individuum mit gerader Platznummer dasselbe Verhalten gewählt hat wie sein unmittelbarer Vorgänger (oberer bzw. unterer Bereich in Abbildung 6-3), ergibt sich eine Situation, in der die aus der Beobachtung der Vorgänger abgeleiteten (öffentlichen) Informationen die private Information (das eigene Signal) dominieren, d. h. dass die aus dem Verhalten der Vorgänger abgeleiteten Informationen so stark für ein bestimmtes Verhalten sprechen, dass das Ergebnis der Entscheidung auch durch das Hinzufügen eines gegensätzlichen (eigenen) Signals nicht mehr verändert werden kann. Das eigene Signal spielt dann keine Rolle für das Verhalten des betrachteten Individuums, welches folglich signalunabhängig entscheidet und sich schlicht dem Verhalten seines unmittelbaren Vorgängers anschließt.

Durch signalunabhängiges Verhalten entsteht eine sog. *Kaskade*, in der nachfolgende Individuen aus dem Verhalten des unmittelbaren Vorgängers keinen Rückschluss auf dessen Information ziehen können und praktisch in derselben Informationssituation sind wie ihre jeweiligen Vorgänger. Daher ist es – wie etwa auch BIKHCHANDANI, HIRSHLEIFER UND WELCH (1992, 994) festhalten – schließlich für alle weiteren Individuen ebenfalls optimal, ihre private Information zu vernachlässigen und das Verhalten der Vorgänger zu imitieren.

Diese Konformität im Verhalten stellt gleichzeitig *Herdenverhalten* im Sinn der Definition aus Kapitel 1 dar, weil die Entscheidung eines Individuums ausschließlich durch das Verhalten von anderen (den Vorgängern) bestimmt wird und von der eigenen Information unabhängig ist. So beeinflusst die Kenntnis über das Verhalten von anderen beispielsweise die Entscheidung des dritten Individuums: Ohne zu wissen, welche Aktionen die ersten beiden Individuen gewählt haben, würde das dritte Individuum mit einem guten Signal investieren und mit einem schlechten Signal nicht investieren. Erfährt es dagegen, dass beide Vorgänger investiert haben, so ändert diese Beobachtung seine Entscheidung im Fall eines schlechten Signals zugunsten einer Investition, so dass es unabhängig vom eigenen Signal die Aktion *I* wählt.

Aus der obigen Beschreibung der Umstände, unter denen es zu Kaskaden (paarweise identisches Verhalten) kommt bzw. unter denen Kaskaden nicht auftreten (ausschließlich paarweise unterschiedliches Verhalten), ergibt sich für die Beurteilung einer beliebigen Beobachtungssituation folgendes:

- Ein Individuum beginnt bzw. befindet sich *in einer Kaskade*, wenn es bei seinen Vorgängern mindestens einmal paarweise identisches Verhalten beobachtet hat, d. h. wenn die Anzahl seiner Vorgänger, die sich für eine Investition entschieden haben, von der Anzahl der Vorgänger, die sich gegen die Investition entschieden haben, um mindestens zwei abweicht. Dabei gilt, dass es sich um eine Investitionskaskade handelt, wenn die Anzahl der beobachteten Investitionen (I) die Anzahl der beobachteten Ablehnungen (N) um mindestens zwei übersteigt, d. h. wenn $\text{num}(I) \geq \text{num}(N)+2$ gilt. Eine Ablehnungskaskade liegt vor, wenn $\text{num}(N) \geq \text{num}(I)+2$ gilt. In jedem Fall entscheidet sich das betrachtete Individuum unabhängig von seinem Signal und imitiert schlicht das

Verhalten seines unmittelbaren Vorgängers. Aus dieser Überlegung ergibt sich auch, dass eine Kaskade nur bei Individuen mit ungerader Platznummer beginnen kann, also beim dritten, fünften, siebten, ... Individuum.

- Ein Individuum befindet sich *außerhalb einer Kaskade*, wenn es bei seinen Vorgängern ausschließlich paarweise unterschiedliches Verhalten beobachtet hat. In diesem Fall unterscheiden sich die Anzahl der beobachteten Investitionen und die Anzahl der beobachteten Ablehnungen um maximal eins. Es gilt also, dass sich das betrachtete Individuum für $\left|\mathrm{num}(I) - \mathrm{num}(N)\right| < 2$ außerhalb einer Kaskade befindet und – je nachdem, ob es eine ungerade oder gerade Platznummer hat – praktisch das Entscheidungskalkül des ersten bzw. zweiten Individuums befolgt.

6.1.6 Eigenschaften des Modells

Das beschriebene Kaskadenmodell erklärt konformes Verhalten von Individuen, die nacheinander über dasselbe Problem entscheiden und jeweils unvollständig über die entscheidungsrelevanten Details informiert sind. Dabei können sie jedoch das Verhalten ihrer Vorgänger beobachten und daraus zusätzliche Informationen für ihre eigene Entscheidung ableiten. Die Berücksichtigung dieser zusätzlichen Informationen kann dazu führen, dass ein Individuum seine private Information vernachlässigt und seinen Vorgänger imitiert.

Das in einer solchen Konformität liegende Herdenverhalten ist nicht notwendigerweise auf identische Informationen der betreffenden Individuen zurückzuführen. Es entsteht vielmehr, weil einzelne private Informationen ignoriert werden und folglich der Allgemeinheit verloren gehen, weil sie im weiteren Entscheidungsprozess nicht mehr zur Verfügung stehen. Da sich die allgemeine Informationssituation infolge einer Imitation also nicht verändert, kommt es bei den nachfolgenden Individuen kaskadenartig ebenfalls unter Vernachlässigung der privaten Informationen zur Imitation der Vorgänger, so dass die einzelnen Entscheidungen schließlich nur auf einem (kleinen) Teil der insgesamt vorhandenen Information beruhen. Aufgrund dieser ineffizienten Informationsnutzung, bei der etwaige widersprüchliche Signale unberücksichtigt bleiben, nimmt des weiteren die Gefahr zu, dass quasi „im großen Stil" falsche Entscheidungen getroffen werden.

Die Ursache für diese potenziellen Ineffizienzen liegt darin, dass im Modell eine positive Informations-Externalität existiert, die ROIDER (2002, 106) dadurch beschreibt, dass ein einzelnes Individuum die Möglichkeit hat, seine private Information durch signaläquivalentes Verhalten indirekt zu offenbaren. Dadurch kann es die Informationssituation seiner Nachfolger insofern verbessern, als diese sein Verhalten beobachten und daraus auf die zugrunde liegende Information schließen. Auf diesem Weg gelangen die Nachfolger an zusätzliche Informationen, so dass sie eine fundiertere, bessere Entscheidung treffen können, die mit zunehmender Informationsmenge gegen die richtige Entscheidung konvergiert. Diesen Einfluss berücksichtigen die Individuen jedoch nicht; stattdessen wählen sie ausschließlich aufgrund der ihnen jeweils vorliegenden Information die Alternative, bei der ihr Erwartungsnutzen maximiert wird (der ja unabhängig davon ist, was die *nachfolgenden* Individuen machen). Obwohl das Verhalten der Agenten dabei individuell rational ist, kann es (zumindest in einer ex-ante Sicht) Wohlfahrtsverluste verursachen.

Welches Ergebnis sich bei den aufeinander folgenden Entscheidungen schließlich aber konkret ergibt, hängt nicht nur vom Wert der aggregierten Information ab, sondern auch ganz wesentlich von der Reihenfolge, in der die einzelnen Informationen in den Entscheidungsprozess gelangen. Dies wird bei der Betrachtung des Entscheidungsbaums in Abbildung 6-3 besonders transparent. So kann es gegeben eine bestimmte Informationsmenge im Endergebnis sowohl dazu kommen, dass alle Agenten investieren, nicht investieren, oder ein Teil investiert und der andere Teil nicht. Dies erkennt man leicht, wenn man annimmt, dass die ersten vier Individuen je zwei gute und zwei schlechte Signale erhalten. Treten diese in der Reihenfolge *H-H-L-L* auf, ergibt sich bereits beim dritten Individuum eine Investitionskaskade, so dass alle folgenden Individuen (solange die Rahmenbedingungen nicht verändert werden) ebenfalls investieren werden. Treten die Signale in der umgekehrten Reihenfolge *L-L-H-H* auf, entsteht beim dritten Individuum eine Ablehnungskaskade, in der alle nachfolgenden Individuen nicht investieren. Kommen die Signale abwechselnd ins Spiel, entsteht beim dritten Individuum nur mit der Wahrscheinlichkeit von 1/2 eine Investitions- bzw. Ablehnungskaskade, nämlich genau dann, wenn das erste Signal gut (schlecht) war.

Aus dieser Eigenschaft der Pfadabhängigkeit ergibt sich die Möglichkeit zur Manipulation des Ergebnisses, insofern als dieses durch Beeinflussung der Signal- bzw. Zugfolge in die gewünschte Richtung gelenkt werden kann, indem durch gezieltes Eingreifen die Voraussetzungen für das Entstehen einer entsprechenden Kaskade geschaffen werden. Mit relativ geringem Aufwand kann so der „Stein ins Rollen" gebracht werden, wodurch das gewünschte Resultat ohne weiteres Zutun quasi automatisch erreicht wird.

In diesem Zusammenhang beschreiben PIERDZIOCH UND STADTMANN (2002) anhand einer realen Begebenheit, dass für Musikmanager ein Anreiz besteht, die Musikcharts durch gezieltes Aufkaufen einer entsprechenden Anzahl von CDs so zu beeinflussen, dass eine gute Platzierung (etwa in den *Top 100*) gesichert ist. Dadurch ergibt sich nicht nur ein direkter Werbeeffekt für das Produkt, da die *Top 100* in den Geschäften in der Regel in besonderer Weise präsentiert werden, sondern auch eine indirekte Verkaufsförderung, da sich aus einer guten Platzierung ein Hinweis auf die hohe Qualität des Produkts ableiten lässt. Dies gilt in analoger Weise für alle Verantwortlichen, deren Produkte in Rankings oder Bestsellerlisten aufgenommen werden, insbesondere auch für Filmproduzenten, deren Kinofilme in der Regel umso erfolgreicher sind, je mehr Zuschauer sie in der ersten Woche verzeichnen. Daraus folgt, dass die Anreize zu Manipulationen gerade anfangs besonders groß sind, also beim Verkaufsstart bzw. der Kinopremiere.

Da Kaskaden allgemein sehr früh (bereits nach dem zweiten Individuum) entstehen können, ist das kollektive Verhalten im Verhältnis zur insgesamt verfügbaren Information nur schwach motiviert. Dies gilt auch, wenn die Kaskade erst später entsteht, da für die Wahl des in der Kaskade gewählten Verhaltens letztlich nur die (teilweise nicht eindeutig abzuleitenden) Signale der beiden zuletzt aktiven Individuen ausschlaggebend sind. Das bedeutet, dass Kaskaden auf schwachen Fundamenten stehen und bei kleinen Veränderungen leicht zerbrechen können. So kann zum Beispiel durch ein entsprechendes zusätzliches öffentliches Signal (im Zug einer öffentlichen Informationskampagne – vgl. Abschnitt 6.3.3) die Kaskade aufgelöst werden.

6.1.7 Kaskadenwahrscheinlichkeiten

Wie festgestellt werden konnte, sind Kaskaden bzw. Herdenverhalten insofern negativ zu beurteilen, als dadurch einerseits eine effiziente Informationsverarbeitung behindert wird und andererseits das kollektive Verhalten in der Wahl einer (ex-post) falschen Alternative bestehen kann. Wenn man sich nun auf eine ex-post Beurteilung des Ergebnisses konzentriert, also einen Vergleich mit dem Resultat bei Sicherheit zieht, kann man auch zu einer positiven Beurteilung von Kaskaden gelangen, da es im Zuge von Herdenverhalten genauso möglich ist, dass alle Individuen schließlich die (ex-post) *richtige* Alternative wählen. In diesem Zusammenhang werden zur konkreten Einschätzung der Chancen und Risiken von Herdenverhalten in Kaskaden die Wahrscheinlichkeiten bestimmt, mit denen richtige bzw. falsche Kaskaden im vorgestellten Modell auftreten. Dazu wird zunächst die Wahrscheinlichkeit ermittelt, mit der es überhaupt zu Kaskaden kommt.

6.1.7.1 Unbedingte Kaskadenwahrscheinlichkeit

Da das Auftreten einer Kaskade wahrscheinlichkeitstheoretisch betrachtet das Komplementärereignis zum Szenario *Keine Kaskade* darstellt, ergibt sich die unbedingte Kaskadenwahrscheinlichkeit als Gegenwahrscheinlichkeit zur Wahrscheinlichkeit dafür, dass keine Kaskade auftritt. Wie bereits erörtert wurde, ist die Voraussetzung dafür, dass ausschließlich paarweise unterschiedliches Verhalten gewählt wird, wofür wiederum zwei Bedingungen erfüllt sein müssen: Erstens müssen paarweise unterschiedliche Signale vorliegen, und zweitens muss (aufgrund der Verhaltensannahme bei Indifferenz) der Zufall dafür sorgen, dass schließlich tatsächlich unterschiedliches Verhalten gewählt wird. Die Wahrscheinlichkeit dafür, dass keine Kaskade auftritt, ergibt sich folglich als Produkt der Wahrscheinlichkeit für paarweise unterschiedliche Signale und der Wahrscheinlichkeit dafür, dass es bei Vorliegen von paarweise unterschiedlichen Signalen auch tatsächlich zu unterschiedlichem Verhalten kommt. Wenn man nun berücksichtigt, dass sich die Wahrscheinlichkeit, dass zwei aufeinanderfolgende Individuen unterschiedliche Signale bekommen (also das erste der beiden betrachteten Individuen ein gutes und das zweite ein schlechtes oder umgekehrt), als

(6-11) $\Pr(\text{paarweise unterschiedliche Signale}) =$

$$= \Pr(HL|E) \cdot \Pr(E) + \Pr(HL|M) \cdot \Pr(M)$$

$$= \left[p(1-p) + (1-p)p \right] \cdot 1/2 + \left[(1-p)p + p(1-p) \right] \cdot 1/2$$

$$= 2p(1-p)$$

ergibt, und die Wahrscheinlichkeit dafür, dass sich die beiden betrachteten Individuen dann auch tatsächlich unterschiedlich entscheiden, gemäß der Zufalls-Annahme von BIKHCHANDANI, HIRSHLEIFER UND WELCH (1992) 1/2 beträgt, lautet die Wahrscheinlichkeit für das Ereignis *Keine Kaskade nach zwei Individuen*

$$\Pr(\text{keine Kaskade nach } 2) = 2p(1-p) \cdot 1/2 = p(1-p) = p - p^2.$$

Damit auch nach vier Individuen noch keine Kaskadensituation besteht, müssen ein weiteres Mal paarweise unterschiedliche Signale auftreten und wiederum (zufällig) unterschiedliche Aktionen gewählt werden, d. h. dass sich die Wahrscheinlichkeit dafür, dass auch nach vier Individuen noch keine Kaskadensituation vorliegt, durch Quadrieren der Wahrscheinlichkeit ergibt, mit der nach zwei Individuen keine Kaskade auftritt. Diese Logik lässt sich ebenso bei der Herleitung der Wahrscheinlichkeit anwenden, mit der auch nach sechs Individuen noch keine Kaskadensituation besteht. Allgemein ergibt sich somit die Wahrscheinlichkeit für das Ereignis *Keine Kaskade nach (einer geraden Anzahl) i Individuen* als

$$\Pr(\text{keine Kaskade nach } i) = \left(p - p^2\right)^{i/2},$$

so dass die Wahrscheinlichkeit dafür, dass nach einer geraden Anzahl i Individuen eine Kaskade be- bzw. entsteht (unbedingte Kaskadenwahrscheinlichkeit), durch die Gegenwahrscheinlichkeit

(6-12) $$\Pr(\text{Kaskade nach } i) = 1 - \left(p - p^2\right)^{i/2}$$

gegeben ist. Der Ausdruck in (6-12) gibt also an, mit welcher Wahrscheinlichkeit es nach i Individuen zu (irgend)einer Kaskade kommt; dabei wird also insbesondere nicht nach der Richtung der Kaskade (Investitions- oder Ablehnungskaskade) unterschieden.

Um eine solche Differenzierung vornehmen zu können, muss man sich klar machen, unter welchen Voraussetzungen in einer Kaskade alle Individuen investieren bzw. nicht investieren. Die entscheidende Bedingung dafür ist ein gutes bzw. ein schlechtes Signal beim vorletzten Individuum in der betrachteten Reihe, was ex ante jeweils mit einer Wahrscheinlichkeit von 1/2 vorkommt. Daher kann gefolgert werden, dass Investitions- und Ablehnungskaskaden gleich wahrscheinlich sind und also gilt, dass die Wahrscheinlichkeit für eine Investitions- bzw. Ablehnungskaskade nach i Individuen

$$\Pr(\text{Inv.-Kaskade nach } i) = \Pr(\text{Abl.-Kaskade nach } i)$$

$$= \frac{1}{2} \cdot \Pr(\text{Kaskade nach } i)$$

$$= \frac{1 - \left(p - p^2\right)^{i/2}}{2}$$

beträgt. Diese Ergebnisse bringen zum Ausdruck, dass die allgemeine Kaskadenwahrscheinlichkeit sowie die Wahrscheinlichkeit für eine Investitions- bzw. Ablehnungskaskade von den Parametern p und i bestimmt werden, also davon, wie zuverlässig die Signalinformation ist und wann das betrachtete Individuum entscheidet. Welchen Einfluss eine Variation dieser beiden Parameter hat, zeigt die folgende Tabelle 6-1; sie gibt für einige ausgewählte Werte von p und i an, wie wahrscheinlich es ist, dass nach dem i-ten Individuum eine Kaskadensituation vorliegt.

Wie sowohl aus den obigen Formeln als auch aus dem numerischen Beispiel hervorgeht, gilt einerseits, dass die Wahrscheinlichkeit, dass ein betrachtetes Individuum (mit gegebener Platznummer i) in eine Kaskade gelangt, umso höher ist, je größer die Signalpräzision p ist, das heißt je wahrscheinlicher es ist, ein richtiges Signal zu erhalten. (Um dies zu erkennen, lese man die Zeilen in Tabelle 6-1 von links nach rechts.) Die Intuition hinter diesem Zusammenhang ist, dass falsche Signale mit zunehmender Wahrscheinlichkeit für ein richtiges Signal relativ seltener auftreten, so dass die Kombination von paarweise unterschiedlichen Signalen (was unter der Annahme der Dichotomie zwangsläufig ein richtiges und ein falsches Signal bedeutet) unwahrscheinlicher wird. Je geringer jedoch die Wahrscheinlichkeit für das Auftreten von paarweise unterschiedlichen Signalen ist – was ja die Voraussetzung dafür ist, dass *keine* Kaskade auftritt – umso höher ist die Wahrscheinlichkeit, in eine Kaskade zu gelangen. Formal wird dies durch Differenzieren der Wahrscheinlichkeit aus (6-11) für paarweise unterschiedliche Signale nach der Signalpräzision (Wahrscheinlichkeit für ein richtiges Signal) bestätigt; dabei ergibt sich

$$\frac{\partial 2\left(p - p^2\right)}{\partial p} = 2(1 - 2p) < 0 \Leftrightarrow p > 1/2 \,.$$

In Worten besagt diese Ableitung, dass die Wahrscheinlichkeit für das Auftreten von paarweise unterschiedlichen Signalen mit steigendem p (für $p > 1/2$) abnimmt, was gleichzeitig die Kaskadenwahrscheinlichkeit für eine gegebene Platznummer i erhöht.

Pr(Kaskade)		Signalpräzision p					
		0,51	0,6	0,7	0,8	0,9	0,99
	2	0,7501	0,7600	0,7900	0,8400	0,9100	0,9901
	4	0,9375	0,9424	0,9559	0,9744	0,9919	0,9999
Platznummer i	6	0,9844	0,9862	0,9907	0,9959	0,9993	1,0000
	8	0,9961	0,9967	0,9981	0,9993	0,9999	1,0000
	10	0,9990	0,9992	0,9996	0,9999	1,0000	1,0000
	12	0,9998	0,9998	0,9999	1,0000	1,0000	1,0000
	14	0,9999	1,0000	1,0000	1,0000	1,0000	1,0000
	16	1,0000	1,0000	1,0000	1,0000	1,0000	1,0000

Tabelle 6-1: Unbedingte Kaskadenwahrscheinlichkeit

Andererseits ist die Wahrscheinlichkeit in eine Kaskade zu geraten, für eine gegebene Signalpräzision p umso höher, je größer der Wert i für die Platznummer des betrachteten Individuums ist, das heißt je später es entscheidet. Diesen Zusammenhang erkennt man, wenn man die Spalten in Tabelle 6-1 von oben nach unten liest. Dies ist intuitiv plausibel, denn je mehr Individuen bereits entschieden haben, umso weniger ist (wegen der Münzwurf-Annahme) damit zu rechnen, dass alle Paare, die unterschiedliche Signale bekommen, sich auch tatsächlich unterschiedlich verhalten, was eine Kaskadenbildung fördert. Insgesamt zeigt die Tabelle, dass die Wahrscheinlichkeit für eine Kaskade nach bereits acht Individuen unabhängig von der Signalpräzision durchweg über 99 Prozent liegt, so dass es geboten scheint, auch die Wahrscheinlichkeit dafür zu berechnen, dass die Kaskade – in die man praktisch mit Sicherheit gerät – *richtig* ist.

6.1.7.2 Wahrscheinlichkeiten für richtige und falsche Kaskaden

Eine Kaskade wird dann als *richtig* bezeichnet, wenn sie mit der Wahl desjenigen Verhaltens verbunden ist, das ex-post betrachtet die höchste Auszahlung erbringt. Das bedeutet also, dass im Erfolgsfall eine Investitions- und bei Misserfolg eine Ablehnungskaskade richtig ist. Dementsprechend wird eine Ablehnungskaskade im Erfolgsfall ebenso wie eine Investitionskaskade bei Misserfolg als *falsch* bezeichnet. Bei der Wahrscheinlichkeit für eine richtige bzw. eine falsche Kaskade handelt es sich also um die auf den wahren Zustand (Projektausgang) bedingte Wahrscheinlichkeit für eine Investitions- bzw. Ablehnungskaskade. Dabei gilt

$$\Pr\big(\text{richtige Kaskade}\big) = \Pr\big(\text{Inv.-Kaskade}\big|E\big) = \Pr\big(\text{Abl.-Kaskade}\big|M\big) \text{ sowie}$$

$$\Pr\big(\text{falsche Kaskade}\big) = \Pr\big(\text{Abl.-Kaskade}\big|E\big) = \Pr\big(\text{Inv.-Kaskade}\big|M\big).$$

Bei der Berechnung dieser Wahrscheinlichkeiten wird im Folgenden zunächst gezeigt, dass die Wahrscheinlichkeiten für eine Investitionskaskade im Erfolgsfall und eine Ablehnungskaskade im Misserfolgsfall bzw. die Wahrscheinlichkeiten für eine Ablehnungskaskade im Erfolgsfall und eine Investitionskaskade im Misserfolgsfall übereinstimmen und daher jeweils die Wahrscheinlichkeit für eine richtige bzw. eine falsche Kaskade angeben.

Bedingte Wahrscheinlichkeit für eine richtige Kaskade

Um die Wahrscheinlichkeit zu bestimmen, mit der nach dem i-ten Individuum eine richtige Kaskade vorliegt, müssen im Erfolgsfall (Misserfolgsfall) alle Möglichkeiten berücksichtigt werden, in denen eine Investitionskaskade (Ablehnungskaskade) auftritt. Es sind daher sowohl beim i-ten Individuum bereits bestehende als auch nach dem i-ten Individuum neu entstehende Kaskaden in die Überlegung einzubeziehen. Da Kaskaden nur bei Individuen mit ungerader Platznummer, das heißt nach Individuen mit gerader Platznummer entstehen können, sind im Weiteren nur die geraden Platznummern von Interesse.

Nach dem zweiten Individuum gibt es nur eine Möglichkeit, in der es zu einer Investitionskaskade (Ablehnungskaskade) kommt. Dies ist der Fall, wenn sowohl das erste als auch das zweite Individuum investiert (nicht investiert) haben. Voraussetzung dafür ist, dass sie entweder beide ein gutes (schlechtes) Signal erhalten haben oder das erste Individuum ein gutes (schlechtes) und das zweite Individuum ein schlechtes (gutes) Signal, wobei der Zufall dafür gesorgt hat, dass das zweite Individuum dasselbe Verhalten gewählt hat wie sein Vorgänger. Auf den Erfolgsfall (Misserfolgsfall) bedingt beträgt die Wahrscheinlichkeit dafür, dass zwei aufeinander folgende Individuen investieren (nicht investieren), also

$$\Pr\left(\text{paarweise } I \mid E\right) = \Pr\left(\text{paarweise } N \mid M\right)$$
$$= p^2 + p(1-p)\cdot 1/2$$
$$= \frac{p+p^2}{2},$$

so dass die Wahrscheinlichkeit für eine Investitionskaskade nach zwei Individuen im Erfolgsfall (Ablehnungskaskade nach zwei Individuen im Misserfolgsfall) durch

$$\Pr\left(\text{Inv.-Kaskade nach } 2 \mid E\right) = \Pr\left(\text{paarweise } I \mid E\right) =$$
$$\Pr\left(\text{Abl.-Kaskade nach } 2 \mid M\right) = \Pr\left(\text{paarweise } N \mid M\right) = \frac{p+p^2}{2}$$

gegeben ist.

Für eine Investitionskaskade (Ablehnungskaskade) nach vier Individuen gibt es bereits zwei Möglichkeiten. Zum einen könnte man in eine *alte*, schon bestehende (nach dem zweiten Individuum entstandene) Kaskade geraten; die Wahrscheinlichkeit dafür entspricht der Wahrscheinlichkeit, dass nach zwei Individuen eine entsprechende Kaskade entsteht, da eine einmal entstandene Kaskade unter den getroffenen Modellannahmen mit Sicherheit fortgeführt wird.

Zum anderen könnte nach dem vierten Individuum eine *neue* Investitionskaskade (Ablehnungskaskade) entstehen. Bedingung dafür ist, dass die ersten beiden Individuen unterschiedlich entschieden und das dritte sowie das vierte Individuum investiert (nicht investiert) haben. Dabei ist die Voraussetzung für paarweise unterschiedliches Verhalten der ersten beiden, dass unterschiedliche Signale (egal in welcher Reihenfolge) vorlagen und der Zufall dafür gesorgt hat, dass sich das zweite Individuum anderes verhalten hat als das erste. Gegeben dass der wahre Zustand *Erfolg* (*Misserfolg*) ist, lautet die Wahrscheinlichkeit für paarweise unterschiedliches Verhalten also

(6-13) $\Pr\big(\text{paarweise unterschiedl. Verhalten}|E\big) =$

$\Pr\big(\text{paarweise unterschiedl. Verhalten}|M\big) =$

$$= p(1-p)\cdot 1/2 + (1-p)p\cdot 1/2$$

$$= p - p^2.$$

Die Wahrscheinlichkeit dafür, dass sich das dritte und vierte Individuum jeweils für (gegen) eine Investition entscheiden, entspricht der Wahrscheinlichkeit für zwei aufeinander folgende Investitionen (Ablehnungen). Dies gilt, da bei paarweise unterschiedlichem Verhalten der Vorgänger die Voraussetzung für zwei aufeinander folgende Investition (Ablehnungen) beim dritten und vierten Individuum ja wieder – wie auch beim ersten und zweiten Individuum – entweder in zwei guten (schlechten) Signalen oder einem guten und einem schlechten Signal mit entsprechender Zufallswirkung besteht. Insgesamt ergibt sich also im Erfolgsfall (Misserfolgsfall) die Wahrscheinlichkeit für eine neue Investitionskaskade (Ablehnungskaskade) nach dem vierten Individuum als Produkt aus der Wahrscheinlichkeit für paarweise unterschiedliches Verhalten und der Wahrscheinlichkeit für zwei aufeinander folgende Investitionen (Ablehnungen):

$$\Pr\big(\text{neue Inv.-Kaskade nach } 4|E\big) = \Pr\big(\text{neue Abl.-Kaskade nach } 4|E\big)$$

$$= \big(p - p^2\big)\cdot \frac{p + p^2}{2}.$$

Die Wahrscheinlichkeit für eine – alte oder neue – Investitionskaskade nach vier Individuen entspricht im Erfolgsfall (für eine Ablehnungskaskade nach vier Individuen im Misserfolgsfall) dann der Summe der Wahrscheinlichkeit für eine entsprechende Kaskade nach zwei Individuen und der Wahrscheinlichkeit für eine neue gleichartige Kaskade nach vier Individuen:

$$\Pr\big(\text{Inv.-Kaskade nach } 4|E\big) = \Pr\big(\text{Abl.-Kaskade nach } 4|E\big)$$

$$= \frac{p + p^2}{2} + \big(p - p^2\big)\frac{p + p^2}{2}$$

$$= \frac{p + p^2}{2}\Big[1 + \big(p - p^2\big)\Big].$$

Nach dem gleichen Muster wird auch die Wahrscheinlichkeit für eine Investitionskaskade im Erfolgsfall (Ablehnungskaskade im Misserfolgsfall) nach sechs Individuen entwickelt. Dabei sind sowohl die alten Kaskaden zu berücksichtigen, die nach dem zweiten bzw. nach dem vierten Individuum entstanden sind, als auch die neue, die nach dem sechsten Individuum entstehen kann. Voraussetzung für letztere ist, dass zweimal paarweise unterschiedliches Verhalten auftritt – beim ersten und zweiten sowie beim dritten und vierten Individuum – sowie zwei aufeinanderfolgende Investitionen (Ablehnungen) beim fünften und sechsten Individuum. Die Wahrscheinlichkeit für eine neue Investitionskaskade im Erfolgsfall (Ablehnungskaskade im Misserfolgsfall) beträgt dann

$$\Pr\left(\text{neue Inv.-Kaskade nach } 6|E\right) = \Pr\left(\text{neue Abl.-Kaskade nach } 6|M\right)$$

$$= \left(p-p^2\right)\cdot\left(p-p^2\right)\cdot\frac{p+p^2}{2}$$

$$= \left(p-p^2\right)^2\left(p-p^2\right).$$

Insgesamt ergibt sich die Wahrscheinlichkeit dafür, dass nach dem sechsten Individuum eine Investitionskaskade (Ablehnungskaskade) vorliegt, im Erfolgsfall (Misserfolgsfall) dann als

$$\Pr\left(\text{Inv.-Kaskade nach } 6|E\right) = \Pr\left(\text{Abl.-Kaskade nach } 6|M\right)$$

$$= \frac{p+p^2}{2} + \left(p-p^2\right)\cdot\frac{p+p^2}{2} + \left(p-p^2\right)^2\frac{p+p^2}{2}$$

$$= \frac{p+p^2}{2}\left[1+\left(p-p^2\right)+\left(p-p^2\right)^2\right].$$

Daraus lässt sich eine allgemeine Formel für die Wahrscheinlichkeit einer Investitionskaskade im Erfolgsfall (Ablehnungskaskade im Misserfolgsfall) nach i Individuen ableiten. Diese lautet

$$\Pr\left(\text{Inv.-Kaskade nach } i|E\right) = \Pr\left(\text{Abl.-Kaskade nach } i|M\right)$$

$$= \frac{p+p^2}{2}\cdot\sum_{k=1}^{i/2}\left(p-p^2\right)^{k-1},$$

so dass die Wahrscheinlichkeit für eine richtige Kaskade nach (einer geraden Anzahl) i Individuen durch

$$(6\text{-}14) \qquad \Pr\left(\text{richtige Kaskade nach } i\right) = \frac{p+p^2}{2}\cdot\frac{1-\left(p-p^2\right)^{i/2}}{1-\left(p-p^2\right)}$$

angegeben werden kann. Der letzte Schritt ergibt sich, wenn man berücksichtigt, dass die Summe die Form einer endlichen geometrischen Reihe aufweist, für die allgemein der folgende Zusammenhang gilt:

$$s_n = a\sum_{k=1}^{n} q^{k-1} = a\left(1-q^n\right)/\left(1-q\right).$$

Aus (6-14) folgt dann, dass auch die Wahrscheinlichkeit für eine richtige Kaskade von den beiden Parametern *i* und *p* abhängt. Wie der folgenden Tabelle 6-2 zu entnehmen ist, die – wieder für ausgewählte Werte für Platznummer und Signalpräzision – die entsprechenden Wahrscheinlichkeiten angibt, liegt dabei sowohl im Hinblick auf die Platznummer als auch die Signalpräzision ein positiver Zusammenhang vor. Das bedeutet, dass es umso wahrscheinlicher ist, in die richtige Kaskade zu gelangen, je später ein Individuum entscheidet und je zuverlässiger die Signalinformation ist. Ersteres folgt einfach aus der Tatsache, dass mit zunehmender Platznummer die Kaskadenwahrscheinlichkeit allgemein zunimmt, so dass auch die Wahrscheinlichkeit für die richtige Kaskade steigt. Letzteres ist ebenfalls sofort plausibel, denn eine hohe Signalpräzision bedeutet ja, dass die Wahrscheinlichkeit, das richtige Signal zu erhalten, groß ist. Je höher diese Wahrscheinlichkeit ist, umso wahrscheinlicher wird es, dass die (ersten) Individuen die richtige Entscheidung treffen, so dass auch die Chancen dafür steigen, dass sich die nachfolgenden Individuen richtig entscheiden.

Pr(richtige Kaskade)		*Signalpräzision p*					
		0,51	0,6	0,7	0,8	0,9	0,99
Platznummer i	2	0,3851	0,4800	0,5950	0,7200	0,8550	0,9851
	4	0,4813	0,5952	0,7200	0,8352	0,9320	0,9948
	6	0,5053	0,6228	0,7462	0,8536	0,9389	0,9949
	8	0,5113	0,6295	0,7517	0,8566	0,9395	0,9949
	10	0,5128	0,6311	0,7529	0,8571	0,9396	0,9949
	12	0,5132	0,6315	0,7531	0,8571	0,9396	0,9949
	14	0,5133	0,6315	0,7532	0,8571	0,9396	0,9949
	16	0,5133	0,6316	0,7532	0,8571	0,9396	0,9949

Tabelle 6-2: Wahrscheinlichkeit für eine richtige Kaskade

Wenn man nun die beiden Einflüsse miteinander vergleicht, fällt auf, dass die Signalpräzision eine größere Auswirkung auf die Wahrscheinlichkeit für die richtige Kaskade hat; die Zuwächse bei der Wahrscheinlichkeit sind in horizontaler (*p*-)Richtung größer als in vertikaler (*i*-)Richtung. Diese Zuwächse werden darüber hinaus mit zunehmender Platznummer *i* immer kleiner, so dass die

Wahrscheinlichkeit für eine richtige Kaskade (für eine gegebene Signalpräzision) gegen einen festen Wert konvergiert, wobei sich bereits ab dem sechsten Individuum keine wesentlichen Veränderungen mehr ergeben.

Bedingte Wahrscheinlichkeit für eine falsche Kaskade

Wie aus der Herleitung der Wahrscheinlichkeit für eine richtige Kaskade hervorgeht, kommt es bei der Bestimmung der bedingten Kaskadenwahrscheinlichkeiten im Wesentlichen auf zwei Bausteine an, nämlich die auf den wahren Zustand bedingte Wahrscheinlichkeit für identisches Verhalten zweier aufeinander folgender Individuen sowie die auf den wahren Zustand bedingte Wahrscheinlichkeit für unterschiedliches Verhalten zweier aufeinander folgender Individuen. Um die Ermittlung der Wahrscheinlichkeit für eine falsche Kaskade abzukürzen, wird diese Erkenntnis genutzt.

Wir beginnen also damit, uns in Erinnerung zu rufen, dass eine *falsche* Kaskade im Erfolgsfall in einer Ablehnungskaskade und im Misserfolgsfall in einer Investitionskaskade besteht. Da die Voraussetzungen für Ablehnungs- und Investitionskaskaden wieder dieselben sind wie vorher, ergeben sich Änderungen nur insofern, als nun auf andere Zustände bedingte Signalwahrscheinlichkeiten relevant sind. So werden im Zusammenhang mit falschen Kaskaden im Hinblick auf die Wahrscheinlichkeiten für paarweise identisches Verhalten nun insbesondere die Wahrscheinlichkeiten

$$\Pr\left(\text{paarweise } N\,|E\right) = \Pr\left(\text{paarweise } I\,|M\right)$$

$$= \left(1-p\right)^2 + \left(1-p\right)p\cdot 1/2 = \frac{\left(1-p\right)\left(2-p\right)}{2}$$

benötigt. Damit – und mit den bedingten Wahrscheinlichkeiten für paarweise unterschiedliches Verhalten aus (6-13) – können die Wahrscheinlichkeiten für eine Ablehnungskaskade im Erfolgsfall bzw. eine Investitionskaskade im Misserfolgsfall nach einer beliebigen (geraden) Anzahl von Individuen angegeben werden. Nach zwei Individuen ergibt sich dabei

$$\Pr\left(\text{Abl.-Kaskade nach } 2\,|E\right) = \Pr\left(\text{Inv.-Kaskade nach } 2\,|M\right)$$

$$= \frac{\left(1-p\right)\left(2-p\right)}{2},$$

nach vier Individuen

$$\Pr\left(\text{Abl.-Kaskade nach } 4\middle|E\right) = \Pr\left(\text{Inv.-Kaskade nach } 4\middle|M\right)$$

$$= \frac{(1-p)(2-p)}{2} + \left(p-p^2\right) \cdot \frac{(1-p)(2-p)}{2}$$

$$= \frac{(1-p)(2-p)}{2}\left[1 + \left(p-p^2\right)\right]$$

und nach sechs Individuen

$$\Pr\left(\text{Abl.-Kaskade nach } 6\middle|E\right) = \Pr\left(\text{Inv.-Kaskade nach } 6\middle|M\right)$$

$$= \frac{(1-p)(2-p)}{2} + \left(p-p^2\right) \cdot \frac{(1-p)(2-p)}{2} + \left(p-p^2\right)^2 \cdot \frac{(1-p)(2-p)}{2}$$

$$= \frac{(1-p)(2-p)}{2} \cdot \left[1 + \left(p-p^2\right) + \left(p-p^2\right)^2\right],$$

so dass allgemein nach i Individuen die Wahrscheinlichkeit für eine Ablehnungskaskade im Erfolgsfall (Investitionskaskade im Misserfolgsfall) durch

$$\Pr\left(\text{Abl.-Kaskade nach } i\middle|E\right) = \Pr\left(\text{Inv.-Kaskade nach } i\middle|M\right)$$

$$= \frac{(1-p)(2-p)}{2} \cdot \sum_{k=1}^{i/2}\left(p-p^2\right)^{k-1}$$

gegeben ist. Nach der vorher beschriebenen Umformung der endlichen geometrischen Reihe ergibt sich damit die Wahrscheinlichkeit für eine falsche Kaskade nach i Individuen als

$$(6\text{-}15) \qquad \Pr\left(\text{falsche Kaskade nach } i\right) = \frac{(1-p)(2-p)}{2} \cdot \frac{1-\left(p-p^2\right)^{i/2}}{1-\left(p-p^2\right)}.$$

Auch diese Wahrscheinlichkeit für eine falsche Kaskade ist – wie die Wahrscheinlichkeit für eine richtige Kaskade – abhängig von der Platznummer des betrachteten Individuums i sowie von der Signalpräzision p. Dabei gilt, dass der Einfluss des Parameters i auf die Wahrscheinlichkeit für eine falsche Kaskade derselben Art (positiv) ist wie bei der Wahrscheinlichkeit für eine richtige Kaskade. Dies ist nicht verwunderlich, wenn man bedenkt, dass – wie an früherer Stelle bereits festgehalten wurde – die allgemeine Kaskadenwahrscheinlichkeit mit steigendem i zunimmt, wodurch die Wahrscheinlichkeit, in die richtige bzw. falsche Kaskade zu geraten, gleichermaßen steigen muss.

Demgegenüber ist der Zusammenhang zwischen der Wahrscheinlichkeit für eine falsche Kaskade und der Signalpräzision negativ. Dies ergibt sich aus einer ähnlichen Intuition, wie wir sie vorher bei der Interpretation der Wahrscheinlichkeit für eine richtige Kaskade benutzt haben: Mit zunehmender Signalpräzision steigt ja die Wahrscheinlichkeit, das richtige Signal zu bekommen, so dass die Wahrscheinlichkeit, sich falsch zu entscheiden, abnimmt. Daraus folgt, dass die Wahrscheinlichkeit, in die falsche Kaskade zu geraten, umso kleiner sein muss, je höher die Signalpräzision ist. Dieser negative Zusammenhang wird auch durch die Simulationsrechnungen in der folgenden Tabelle 6-3 bestätigt: Die entsprechenden Werte nehmen für eine gegebene Platznummer mit steigender Signalpräzision (in den Zeilen von links nach rechts) zu.

Pr(falsche Kaskade)		Signalpräzision p				
		0,51	0,6	0,7	0,8	0,9	0,99
	2	0,3651	0,2800	0,1950	0,1200	0,0550	0,0051
	4	0,4563	0,3472	0,2360	0,1392	0,0600	0,0051
Platznummer i	6	0,4791	0,3633	0,2445	0,1423	0,0604	0,0051
	8	0,4848	0,3672	0,2464	0,1428	0,0604	0,0051
	10	0,4862	0,3681	0,2467	0,1428	0,0604	0,0051
	12	0,4865	0,3684	0,2468	0,1429	0,0604	0,0051
	14	0,4866	0,3684	0,2468	0,1429	0,0604	0,0051
	16	0,4867	0,3684	0,2468	0,1429	0,0604	0,0051

Tabelle 6-3: Wahrscheinlichkeit für eine falsche Kaskade

Abschließend bleiben im Zusammenhang mit dem beschriebenen Modell zwei Dinge festzuhalten: Erstens entstehen Kaskaden allgemein sehr leicht und bereits früh. So beträgt die Wahrscheinlichkeit für eine Kaskade nach zwei Individuen selbst für ein fast wertloses Signal (mit einer Präzision von 51 Prozent) immerhin drei Viertel. Mit zunehmender Signalpräzision erhöht sich diese Kaskadenwahrscheinlichkeit überproportional. Zweitens liegt die Wahrscheinlichkeit, dass im Fall eines fast wertlosen Signals (mit $p = 0,51$) nach dem zweiten Individuum eine *falsche* Kaskade entsteht, bereits über einem Drittel. Je weiter man in der Sequenz der entscheidenden Individuen fortschreitet, umso mehr nähert sich dieser Wert – wie BIKHCHANDANI UND SHARMA (2001, 286) hervorheben – der Wahrscheinlichkeit, mit der man ganz ohne Beobachtung der anderen eine falsche Entscheidung trifft. Bereits ab dem sechsten Individuum besteht kein bedeutender Unterschied mehr zwischen diesen beiden Werten, so dass gefolgert werden kann, dass ein Individuum – sofern es nicht zu den allerersten Entscheidern gehört – durch die Beobachtung seiner Vorgänger nicht viel gewinnt. So liegt die Wahrscheinlichkeit für eine falsche Kaskade im betrachteten

Fall für das sechste Individuum laut Tabelle 6-3 bei knapp 48 Prozent, während die Wahrscheinlichkeit, *ohne* Beobachtung der anderen eine falsche Entscheidung zu treffen, gerade 49 Prozent beträgt. Dabei entspricht die Wahrscheinlichkeit für eine falsche Entscheidung der Wahrscheinlichkeit, ein falsches (also im Erfolgsfall ein gutes bzw. bei Misserfolg ein schlechtes) Signal zu erhalten, so dass $\Pr(\text{falsches Signal}) = \Pr(L|E) = \Pr(H|M) = (1-p)$ gilt.

6.1.8 Anwendungsmöglichkeiten für das Kaskadenmodell

Das Modell zur Erklärung von Herdenverhalten in Kaskaden wurde bisher in der − in der Literatur vorherrschenden − Interpretation präsentiert, dass einzelne Individuen nacheinander eine Investitionsentscheidung treffen. In dieser Interpretation wurde es von WELCH (1992) im Kontext von *Initial Public Offerings* angewendet, wobei explizit berücksichtigt wird, dass der Ausgabepreis unter Antizipation potenzieller Kaskadeneffekte optimal (das heißt im vertrauten Modellrahmen hinreichend niedrig) festgesetzt wird, so dass bereits beim ersten Individuum eine Kaufkaskade entsteht und die Erstemission erfolgreich verläuft.

Daneben kann das Kaskadenmodell auch auf die Kaufempfehlungen von Analysten angewendet werden, die nacheinander abgegeben werden und − wie WELCH (2000) in einer empirischen Überprüfung feststellt − positiv korreliert sind. (Leider) Ohne dabei die möglichen Ursachen (wie etwa Payoff- und Informations-Externalitäten) isolieren zu können, findet der Autor Evidenz für einen Einfluss über zwei Perioden, d. h. dass jeweils die beiden aktuellsten Kaufempfehlungen die nächste beeinflussen.

Aber auch außerhalb des Finanzbereichs lassen sich verschiedene Anwendungsmöglichkeiten für das Kaskadenmodell finden. Als allgemeine Auswahlkriterien zur Ermittlung passender Beispielsituationen sind laut BIKHCHANDANI, HIRSHLEIFER UND WELCH (1992, 1009) zu berücksichtigen, dass

- die Entscheidungen nacheinander getroffen werden,

- die Individuen sowohl private als auch öffentlich verfügbare, aus dem Verhalten von anderen abgeleitete Informationen benutzen, wobei

- der Beobachtung als Möglichkeit zur Gewinnung von Informationen eine größere Bedeutung zukommt als einem eventuell möglichen Informationsaustausch via Kommunikation. Darüber hinaus ist sicherzustellen, dass

- keine Umstände (wie etwa Sanktionen) vorliegen, die konformes Verhalten fördern.

Sind diese Kriterien erfüllt, kann es in der betrachteten Situation zur Kaskadenbildung und damit zu Herdenverhalten kommen, bei dem private Informationen
teilweise ignoriert werden, so dass man sich im Nachhinein oft fragt, warum
sich „gerade dieses Verhalten" durchgesetzt hat, das darüber hinaus nicht besonders stabil ist und leicht von einem anderen Verhaltenstrend abgelöst werden
kann.

Im Folgenden werden die häufigsten in der Literatur erwähnten Beispiele[47]
nach verschiedenen Kategorien geordnet aufgeführt. Dabei ist die Anwendung
des Kaskadenmodells auf *Konsumentscheidungen* im Bezug auf Güter (bzw.
Dienstleistungen), deren Nutzen (auch in Form der Produktqualität) unsicher ist,
wohl am plausibelsten. Wenn also eine Entscheidung wie zum Beispiel über

- den Konsum von Zigaretten, Alkohol, Drogen oder Medikamenten (ja –
  nein),

- die Wahl eines (von mehreren zur Verfügung stehenden) Restaurants,
  Friseurs oder Arztes wie auch eines Kindergartens/einer Schule[48] oder

- den Kauf eines bestimmten Produkts (CD, Buch, Minirock, Schlaghose,
  PKW einer bestimmten Marke)

getroffen werden soll, bei der die einzelnen Individuen zu wenig Information
besitzen, um den Nutzen perfekt einschätzen zu können, kann es dazu kommen,
dass spätere Agenten aus der Beobachtung ihrer Vorgänger eine (scheinbar)
starke Evidenz für deren Verhalten ableiten und dieses ungeachtet ihrer eigenen
Einschätzung imitieren. Dadurch können sich Modetrends (im weitesten Sinn)
herausbilden, die sich ebenso schnell, wie sie entstanden sind, auch wieder auflösen können.

Eine weitere Anwendungsmöglichkeit für das Kaskadenmodell ergibt sich
auch im Zusammenhang mit der *Anwendung eines Verfahrens* mit unbekanntem
(unsicherem) Nutzen, das etwa

- die Verwendung von Kunstdünger, gentechnisch oder in sonstiger Weise
  verändertem Saatgut (Hybridmais),

---

[47] Vgl. HIRSHLEIFER (1995, 195 UND 200-206), BIKHCHANDANI, HIRSHLEIFER UND WELCH
(1992, 993-994 UND 1009-1014) sowie BIKHCHANDANI, HIRSHLEIFER UND WELCH (1998,
151-152 UND 163-176).
[48] Von Kapazitätsproblemen, infolge der die Nachfrage nicht befriedigt werden kann, ist in
diesem Fall abzusehen.

- den Einsatz einer bestimmten Technologie durch eine Privatperson (Nutzung des Online-Banking: ja – nein),

- die Anwendung bestimmter medizinischer Praktiken durch Ärzte (Operation nach einem Bänderriss, prophylaktische Mandelentfernung bei Schulkindern, Entfernung der Gebärmutter bei Frauen nach den Wechseljahren: ja – nein) oder auch

- das persönliche Verhalten einer Mutter (Stillen eines Babys: ja – nein)

betreffen kann. Auch in diesen Fällen kann es aufgrund unzureichender individueller Informationen durch die Beobachtung von anderen zur Wahl eines bestimmten konformen Verhaltens kommen.

Ferner können Kaskaden auch *im politischen Kontext* entstehen, zum Beispiel bei

- Wahlen; Voraussetzung dafür ist, dass es mehrere, aufeinander folgende Wahlgänge gibt, wie etwa im Zusammenhang mit Vorwahlen. Dabei orientieren sich die Entscheidungen der Wähler (wie HIRSHLEIFER (1995, 201) eine Studie von Bartels zitiert) letztendlich an den Ergebnissen der Vorwahlen, weil bei den Wählern eine Tendenz existiert, für den Kandidaten mit den höchsten Erfolgschancen zu stimmen. Ein anderes Beispiel liegt in

- der Beteiligung an wiederholten Protesten. In diesem Zusammenhang erklärt LOHMANN (1994) die Leipziger Montagsdemonstrationen, bei denen die Beteiligung von Woche zu Woche zugenommen hat, durch einen Kaskadeneffekt, infolgedessen es aufgrund der wachsenden Anzahl an Demonstranten zu einer optimistischeren Wahrnehmung der Erfolgsaussichten des Protests gekommen ist.

Schließlich soll noch anhand zweier Beispiele verdeutlicht werden, dass es Situationen gibt, in denen *nur eine Art von Kaskade* entstehen kann. Dies gilt unter anderem für

- die Veröffentlichung eines wissenschaftlichen Aufsatzes in einem Journal sowie

- die Einstellung eines Bewerbers in einem Unternehmen.

In beiden Fällen sind nur Ablehnungskaskaden möglich, da der Prozess sequenzieller Entscheidungen endet, sobald eine Arbeit von einem Journal angenommen wurde bzw. sobald ein Bewerber eine Stelle gefunden hat. In den genannten Beispielen können also keine positiven Kaskaden entstehen, allerdings sind Ablehnungskaskaden möglich. So kann also eine Arbeit unpublizierbar werden, weil sie von den Referees weiterer Zeitschriften, die auf dem betreffenden Gebiet nicht hinreichend kompetent sind, aufgrund der vorausgegangenen Ablehnungen als schlecht eingestuft wird, selbst wenn diese Referees sie persönlich gut finden. Ähnlich kann auch ein Arbeitssuchender praktisch unvermittelbar werden, weil er von den Personalchefs aufgrund vorausgegangener erfolgloser Bewerbungen abgelehnt wird, selbst wenn er für die betreffende Stelle als geeignet erscheint.

Zum Abschluss der Beispiele soll nicht unerwähnt bleiben, dass es schwierig ist, Herdenverhalten in realen Situationen *allgemein* zu identifizieren. Nach meiner Definition ist es nicht legitim, aufgrund der Beobachtung von identischem Verhalten bei verschiedenen Individuen pauschal den Vorwurf zu erheben, dass die individuellen Informationen das Verhalten nicht rechtfertigen. Konformes Verhalten kann eben auch auf das Vorliegen identischer Informationen zurückzuführen sein. Allerdings ist die Wahrscheinlichkeit dafür in den meisten Situationen gering, so dass insbesondere bei einer längeren Sequenz davon ausgegangen werden kann, dass das Ausmaß, in dem die insgesamt vorhandenen Informationen genutzt werden, zu gering ist und also Kaskaden vorliegen.

Das Auftreten von Kaskaden konnte übrigens in einem der Grundversion des Modells entsprechenden Rahmen in Experimenten bestätigt werden. So finden ANDERSON UND HOLT (1996), dass die Versuchspersonen in 80 Prozent der theoretisch möglichen Situationen tatsächlich ihr eigenes Signal vernachlässigen und ihre Vorgänger imitieren; dieses Resultat bestätigen HUNG UND PLOTT (2001) in ihrem Experiment. (Als Motivation dafür, in einer Kaskadensituation entgegen dem statistischen Kalkül dem eigenen Signal zu folgen, gaben die Versuchspersonen übrigens die Unschärfe der abgeleiteten Signale an.)[49]

6.1.9 Variationen des Grundmodells

Die im Grundmodell getroffenen Annahmen $p_i = p > 1/2 = \pi$ stellen einerseits sicher, dass die Individuen überhaupt einen Anreiz haben, ihre privaten Informationen zu nutzen; dies gilt wegen $p_i > \pi$, d. h. weil die Wahrscheinlichkeit, dass ein Signal richtig ist, größer ist als die a-priori Erfolgswahrscheinlichkeit, so dass die individuelle Informationssituation durch die private Information

---

[49] Nicht bestätigt werden konnte die Kaskadentheorie in einem Experiment von HUCK UND OECHSSLER (2000), die feststellten, dass die Versuchspersonen Schwierigkeiten bei der korrekten Anwendung der Formel von Bayes haben und ihr Verhalten daher – im Vergleich zur Theorie – mehr an ihrem eigenen Signal ausrichten.

in der Tat verbessert wird. Andererseits ergibt sich wegen $\pi = 1/2$, dass ein Individuum indifferent zwischen den beiden möglichen Handlungsalternativen ist, wenn es über gleich viele gegensätzliche Signale verfügt; aus diesem Grund musste eine Annahme über das Verhalten bei Indifferenz getroffen werden, die darin bestand, dass in diesem Fall zufällig eine Aktion gewählt wird.

Im Folgenden soll nun herausgearbeitet werden, inwieweit diese beiden bisher verwendeten Annahmen entscheidend für die Modellergebnisse sind. Dabei wird zunächst die Annahme zufälligen Verhaltens bei Indifferenz dadurch ersetzt, dass indifferente Individuen ihrem eigenen Signal folgen, bevor die An-nahme über das Verhältnis zwischen Signalpräzision und a-priori Erfolgswahr-scheinlichkeit derart variiert wird, dass die Signale letztlich irrelevant für die individuellen Entscheidungen sind. Da die Bedingung dafür durch $p_i < \pi$ gege-ben ist und weiterhin die Annahme informativer Signale mit $p_i > 1/2$ erfüllt sein soll, muss schließlich $\pi > p_i > 1/2$ gelten, d. h. dass die a-priori Erfolgswahr-scheinlichkeit π – im Unterschied zur bisherigen Betrachtung – explizit einen über 1/2 gelegenen Wert besitzt. Daher ist es angebracht, in einem Zwischen-schritt zu analysieren, welche Änderungen sich durch eine Erweiterung des Wertebereichs für die a-priori Erfolgswahrscheinlichkeit ergeben, wenn zu-nächst weiterhin $p > \pi$ ($> 1/2$) unterstellt wird.

6.1.9.1 Verhaltensannahme bei Indifferenz

Wenn Individuen bei Indifferenz ihrem eigenen Signal folgen, anstatt eine Münze zu werfen und zufällig zu entscheiden, kommt es zu einer höheren Transparenz bezüglich der Signale der Vorgänger (vgl. BRUNNERMEIER (2001, 150)), so dass Kaskaden zwar immer noch auftreten können, die Wahrschein-lichkeit dafür jedoch sinkt. Dadurch erhöht sich die Effizienz der Informations-verarbeitung. Dies erkennt man leicht, wenn man die individuellen Entschei-dungen überdenkt.

Beim ersten Individuum ändert sich im Vergleich zur Münzwurf-Annahme nichts; es investiert also nach wie vor, wenn es ein gutes Signal hat, und unter-lässt die Investition, wenn es ein schlechtes Signal erhält. Dadurch kann das zweite Individuum aus der Beobachtung, dass das erste Individuum investiert (nicht investiert) hat, schließen, dass sein Vorgänger ein gutes (schlechtes) Sig-nal hatte. Wenn dem zweiten Individuum dann selbst ebenfalls ein gutes (schlechtes) Signal vorliegt, investiert es ebenfalls (nicht), da ja $\Pr(E|HH) > 1/2$ bzw. $\Pr(E|LL) < 1/2$ gilt. Erhält es dagegen ein schlechtes (gu-tes) Signal, beträgt die a-posteriori Erfolgswahrscheinlichkeit genau $\Pr(E|HL) = 1/2$, so dass das zweite Individuum aufgrund der ihm vorliegenden

Information indifferent ist. Wenn es nun laut der neuen Annahme seinem eigenen Signal folgt, entscheidet es sich – anders als sein Vorgänger – gegen (für) eine Investition. Daraus folgt, dass das dritte und alle weiteren Individuen aus der Beobachtung des Verhaltens der ersten beiden Individuen eindeutig auf deren (beide) Signale schließen können. Das dritte Individuum verfügt dann praktisch über drei Signale, die je nach Beobachtung und Wert des eigenen Signals eine bestimmte Informationssituation verkörpern. In der folgenden Abbildung 6-4 sind die jeweils damit verbundenen Erfolgswahrscheinlichkeiten, die – wie üblich – mit der Formel von Bayes berechnet werden, sowie das sich daraus ergebende Verhalten des dritten Individuums aufgeführt.

Beobachtung	Signal	$\mathfrak{I}_3$	$\Pr(E\vert\mathfrak{I}_3)$	Verhalten
II	H	*HHH*	$p^3\big/\left(p^3+(1-p)^3\right)>1/2$	I
	L	*HHL*	$p>1/2$	I
IN oder *NI*	H	*HHL*	$p>1/2$	I
	L	*HLL*	$(1-p)<1/2$	N
NN	H	*HLL*	$(1-p)<1/2$	N
	L	*LLL*	$(1-p)^3\big/\left(p^3+(1-p)^3\right)<1/2$	N

Abbildung 6-4: Entscheidung des dritten Individuums

Wie sich aus den angegebenen Werten ableiten lässt, entschließt sich das dritte Individuum unabhängig von seiner privaten Information für das Verhalten seiner Vorgänger, wenn diese identische Aktionen gewählt haben. In diesen Fällen ist für nachfolgende Individuen kein Rückschluss auf das Signal des dritten Individuums mehr möglich, das dadurch verborgen bleibt. Folglich entspricht die Informationssituation aller weiteren Individuen der des dritten Individuums, so dass alle Nachfolger nach demselben Kalkül entscheiden und sich unabhängig von ihrer privaten Information ihren Vorgängern anschließen werden.

Falls die ersten beiden Individuen unterschiedliche Aktionen wählen, entscheidet sich das dritte Individuum – wie das erste – streng gemäß seiner privaten Information, so dass die Nachfolger aus seinem Verhalten auf sein Signal schließen können und die Informationsakkumulation wenigstens für eine weitere Runde (bis nach dem vierten Individuum) andauert. Solange tritt keine Kaskade auf.

Wie Abbildung 6-5 zeigt, kommt es insgesamt betrachtet also auch unter der modifizierten Verhaltensannahme genau dann zu einer Kaskade (signalunabhängiges Verhalten des agierenden Individuums), sobald zwei aufeinanderfolgende Individuen sich identisch verhalten (genauer gesagt, wenn ein Indivi-

200   Herdenverhalten aufgrund von Informations-Externalitäten

duum mit gerader Platznummer dasselbe Verhalten wählt wie sein Vorgänger). Die Voraussetzung dafür besteht hier nun darin, dass diesen Individuen identische Signale vorlagen. Diese Bedingung ist damit restriktiver als in der Grundversion (wo Kaskaden auch bei Vorliegen von unterschiedlichen Signalen mit einer Wahrscheinlichkeit von 1/2 entstehen können).

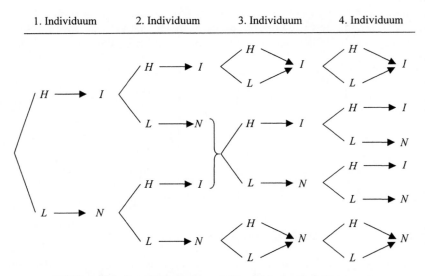

Abbildung 6-5: Entscheidungsbaum bei modifizierter Verhaltensannahme

Durch die Modifikation der Verhaltensannahme bei Indifferenz werden also diejenigen Kaskaden verhindert, die nur auf einem einzigen Signal basieren. Dies schlägt sich auf die allgemeine Kaskadenwahrscheinlichkeit nieder, die für eine gegebene (gerade) Platznummer i und eine gegebene Signalpräzision p

(6-16) $\Pr\left(\text{Kaskade nach } i\right) = 1 - \left[2\left(p - p^2\right)\right]^{i/2}$

beträgt. Kaskaden sind mit der modifizierten Verhaltensannahme also insgesamt weniger wahrscheinlich als in der Grundversion (vgl. Formel (6-16) und (6-12) bzw. Tabelle 6-4 und Tabelle 6-1). Doch auch wenn Kaskaden weniger häufig auftreten, weil durch die Modifikation der Verhaltensannahme die Transparenz außerhalb einer Kaskade erhöht wird, muss gewürdigt werden, dass sie dennoch auftreten und nach wie vor auf vergleichsweise wenig Informationen (zwei Signalen) beruhen, so dass noch immer die Gefahr falscher Entscheidungen besteht.

Die Wahrscheinlichkeit für eine falsche Kaskade nach dem i-ten Individuum beträgt mit der modifizierten Verhaltensannahme

$$\Pr\left(\text{falsche Kaskade nach } i\right) = \left(1-p\right)^2 \cdot \sum_{k=1}^{i/2}\left[2\left(p-p^2\right)\right]^{k-1} .$$

Auch diese Wahrscheinlichkeit liegt für alle p-i-Kombinationen niedriger als in der Grundversion (vgl. (6-15) sowie Tabelle 6-5 und Tabelle 6-3); sie verhält sich jedoch qualitativ genauso wie in der Grundversion, so dass zusammenfassend festzuhalten ist, dass die Modifikation der Verhaltensannahme bei Indifferenz ausschließlich quantitative Auswirkungen hat, an den grundsätzlichen Modellaussagen jedoch nichts ändert.

Pr(Kaskade)		Signalpräzision p					
		0,51	0,6	0,7	0,8	0,9	0,99
Platznummer i	2	0,5002	0,5200	0,5800	0,6800	0,8200	0,9802
	4	0,7502	0,7696	0,8236	0,8976	0,9676	0,9996
	6	0,8751	0,8894	0,9259	0,9672	0,9942	1,0000
	8	0,9376	0,9469	0,9689	0,9895	0,9990	1,0000
	10	0,9688	0,9745	0,9869	0,9966	0,9998	1,0000
	12	0,9844	0,9878	0,9945	0,9989	1,0000	1,0000
	14	0,9922	0,9941	0,9977	0,9997	1,0000	1,0000
	16	0,9961	0,9972	0,9990	0,9999	1,0000	1,0000

Tabelle 6-4: Kaskadenwahrscheinlichkeit bei modifizierter Verhaltensannahme

Pr(falsche Kaskade)		Signalpräzision p					
		0,51	0,6	0,7	0,8	0,9	0,99
Platznummer i	2	0,2401	0,1600	0,0900	0,0400	0,0100	0,0001
	4	0,3601	0,2368	0,1278	0,0528	0,0118	0,0001
	6	0,4201	0,2737	0,1437	0,0569	0,0121	0,0001
	8	0,4501	0,2914	0,1503	0,0582	0,0122	0,0001
	10	0,4650	0,2999	0,1531	0,0586	0,0122	0,0001
	12	0,4725	0,3039	0,1543	0,0588	0,0122	0,0001
	14	0,4763	0,3059	0,1548	0,0588	0,0122	0,0001
	16	0,4781	0,3068	0,1550	0,0588	0,0122	0,0001

Tabelle 6-5: Wahrscheinlichkeit für eine falsche Kaskade bei modifizierter Verhaltensannahme

6.1.9.2 Erweiterung des Wertebereichs für die a-priori Erfolgswahrscheinlichkeit

Wenn der Wertebereich für die a-priori Erfolgswahrscheinlichkeit auf $1/2 < \pi < 1$ erweitert wird und weiterhin gilt, dass die Signale zuverlässiger sind als die a-priori Information ($p > \pi$), werden gegenüber der Grundversion des Modells Indifferenzsituationen ausgeschaltet, da a-priori das Erfolgsereignis wahrscheinlicher ist als Misserfolg. Dadurch ergibt sich eine Tendenz hin zur Investition, so dass eine Investitionskaskade früher (d. h. bereits nach dem ersten Individuum) entstehen kann. Darüber hinaus gelten die Modellaussagen der Grundversion grundsätzlich weiter. Insbesondere gilt, dass Ablehnungskaskaden jeweils nach einer geraden Anzahl an Individuen entstehen können. Die Voraussetzung dafür ist nach wie vor, dass ein Individuum mit gerader Platznummer sowie sein unmittelbarer Vorgänger nicht investiert haben. Außerdem gilt, dass sich eine einmal entstandene Kaskade fortsetzt, wodurch private Informationen verborgen bleiben. Eine Akkumulation der privaten Informationen findet also wieder nur außerhalb von Kaskaden statt, d. h. solange paarweise unterschiedliche Aktionen gewählt werden. Dafür sind paarweise unterschiedliche Signale erforderlich, wobei aufgrund der neu getroffenen Annahme das erste Signal nun jeweils schlecht sein muss, da mit einem guten Signal beim Vorgänger der unmittelbare Nachfolger ebenfalls investieren würde. Dies ergibt sich aus der Analyse der individuellen Entscheidungssituationen; ohne diese explizit auszuführen, wird das Ergebnis anhand eines Entscheidungsbaums in Abbildung 6-6 dargestellt.

Diese Abbildung bringt zum Ausdruck, dass das erste Individuum – wie auch unter der speziellen Annahme in der Grundversion – eindeutig auf sein Signal reagiert und investiert, wenn es ein gutes Signal hat, während es nicht investiert, wenn es ein schlechtes Signal erhält. Der Grund dafür liegt darin, dass ein gutes Signal die a-priori Beurteilung der Erfolgschancen unterstützt und ein schlechtes Signal die a-priori Tendenz zur Investition eliminiert, da die Wahrscheinlichkeit, dass das Signal richtig ist, die a-priori Erfolgswahrscheinlichkeit übersteigt. Das erste Individuum verhält sich also streng gemäß seinem Signal, so dass sich für die nachfolgenden Individuen die Möglichkeit ergibt, aus der Beobachtung seines Verhaltens auf sein Signal zu schließen.

Im Fall der Beobachtung einer Investition beim ersten Individuum verfügt das zweite Individuum also je nachdem, welches Signal ihm selbst vorliegt, über zwei gute bzw. ein gutes und ein schlechtes Signal, so dass die verfügbare Information eindeutig für die Investition bzw. weder dafür noch dagegen spricht. Unter Berücksichtigung der Tatsache, dass die Erfolgswahrscheinlichkeit a-priori über dem Wert 1/2 liegt, entscheidet sich das zweite Individuum unabhängig von seinem Signal ebenfalls für die Investition. Die weiteren Nachfolger können also im Fall zweier Investitionen bei den ersten beiden Individuen nicht mehr auf das Signal des zweiten Individuums schließen, so dass sie sich effektiv in derselben Situation befinden wie der zweite Agent und auch – unabhängig von ihren Signalen – investieren. In diesem Fall entsteht also bereits nach dem ersten (beim zweiten) Individuum eine Investitionskaskade, die ausschließlich auf der privaten Information des ersten Individuums beruht.

1. Individuum	2. Individuum	3. Individuum	4. Individuum

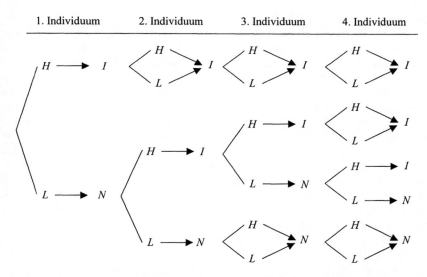

Abbildung 6-6: Entscheidungsbaum bei allgemeiner a-priori Wahrscheinlichkeit

Beobachtet das zweite Individuum, dass sein Vorgänger nicht investiert hat und also ein schlechtes Signal hatte, liegen ihm – je nach dem Wert der eigenen Information – ein gutes und ein schlechtes bzw. zwei schlechte Signale vor. Dabei gibt wieder die a-priori Erfolgswahrscheinlichkeit den Ausschlag für eine Investition, wenn sich die verfügbaren Signale (*HL*) gegenseitig aufheben. Mit zwei schlechten Signalen (*LL*) entscheidet sich das zweite Individuum gegen die Investition. Dies gilt, da sich das zweite Individuum schließlich – wie das erste Individuum – selbst bei Vorliegen nur eines einzigen schlechten Signals gegen die Investition entscheiden würde. Insgesamt verhält sich das zweite Individuum also ebenfalls streng gemäß seinem Signal, wenn das erste nicht investiert hat. Dadurch können die nachfolgenden Individuen bei der Beobachtung *NI* sowie *NN* auf die Signale der ersten beiden Individuen schließen, die dadurch gleichsam dem öffentlichen Informationspool zugeführt werden.

Für das dritte Individuum ergibt sich folglich im Fall der Beobachtung *NI* effektiv dieselbe Informationssituation wie beim ersten Individuum. Es verfügt in diesem Fall – je nachdem, welches Signal es selbst erhält – über zwei gute und ein schlechtes bzw. ein gutes und zwei schlechte Signale, wobei die Nettoinformation aus einem guten bzw. einem schlechten, also letztlich nur aus dem eigenen Signal besteht. Das dritte Individuum entscheidet also in dieser Situation auf Basis desselben Kalküls, das auch das erste Individuum angewendet hat, und wählt mit einem guten Signal die Investition, während es sich mit einem schlechten Signal gegen die Investition entscheidet, so dass das vierte Individuum praktisch in derselben Situation sein wird wie das zweite.

Im Fall der Beobachtung *NN* entsteht beim dritten Individuum eine Ablehnungskaskade. In diesem Fall entscheidet sich das dritte Individuum nämlich unabhängig von seinem Signal gegen die Investition. Dies ist klar, wenn es – wie auch die ersten beiden Individuen – ein schlechtes Signal bekommt. Erhält es dagegen ein gutes Signal, so hebt sich dieses gegen eines der beiden anderen Signale auf, so dass die Nettoinformation aus einem schlechten Signal besteht, was – wie die Überlegung beim ersten Individuum zeigt – zu einer Ablehnung führt. Da also aus dem Verhalten des dritten Individuums in diesem Fall nicht mehr auf seine private Information geschlossen werden kann, stellt sich die Situation der nachfolgenden Individuen identisch zur Situation des dritten Individuums dar, so dass auch die Nachfolger unabhängig von ihren Signalen nicht investieren werden und fortan alle privaten Informationen unter Verschluss bleiben. Allgemein gilt, dass im Fall zweier aufeinanderfolgender Ablehnungen eine Ablehnungskaskade entsteht.

Die wesentliche Veränderung gegenüber der Grundversion besteht bei der eben geschilderten Version also darin, dass aufgrund der höheren a-priori Erfolgswahrscheinlichkeit ein *Investitions-Bias* vorliegt, der bewirkt, dass Investitionskaskaden schneller entstehen.[50] Dadurch bleibt zwar die allgemeine Kaskadenwahrscheinlichkeit unverändert – sie beträgt in Abhängigkeit von der Signalpräzision und der (geraden) Platznummer des betrachteten Individuums nach wie vor $\Pr\left(\text{Kaskade nach } i\right) = 1 - \left[p - p^2\right]^{i/2}$ – allerdings verändert sich die Wahrscheinlichkeit für eine richtige bzw. eine falsche Kaskade insofern, als richtige Kaskaden für eine gegebene *p-i*-Kombination mit $\pi > 1/2$ wahrscheinlicher (und falsche Kaskaden unwahrscheinlicher) sind.

---

[50] Diese Variante bildet im übrigen die allgemeine Grundlage für das konkrete Zahlen-Beispiel von GRANT, KING UND POLAK (1996, 15-17) sowie das Restaurantbeispiel, das BANERJEE (1992, 798-799) seinem „einfachen Modell zum Herdenverhalten" vorausschickt; dabei wird im Unterschied zu den Schilderungen in Abschnitt 6.1.1 angenommen, dass nur *ein* Restaurant renoviert ist, wodurch sich die a-priori Wahrscheinlichkeit dafür, dass es das bessere Lokal ist, erhöht.

6.1.9.3 Irrelevante Signale

Zuletzt wird nun die Annahme fallen gelassen, nach der die Signalpräzision höher ist als die a-priori Erfolgswahrscheinlichkeit, so dass – wenn nach wie vor von informativen Signalen ausgegangen wird – $\pi > p$ ($> 1/2$) gilt. In diesem Fall kann die individuelle Informationssituation durch Berücksichtigung privater Information gegenüber der a-priori Situation nicht verbessert werden, so dass die individuellen Signale keine Rolle spielen und nicht berücksichtigt werden. Vielmehr wählen die einzelnen Agenten unabhängig von ihrer Information die Alternative mit der höheren a-priori Erfolgswahrscheinlichkeit. So ergibt sich für das erste Individuum die a-posteriori Erfolgswahrscheinlichkeit gegeben ein gutes bzw. ein schlechtes Signal als

$$\Pr(E|H) = \frac{p\pi}{p\pi + (1-p)(1-\pi)} \quad \text{bzw.} \quad \Pr(E|L) = \frac{(1-p)\pi}{(1-p)\pi + p(1-\pi)}.$$

Beide Ausdrücke besitzen aufgrund der Annahme $\pi > p > 1/2$ einen über $1/2$ gelegenen Wert, so dass es bereits beim ersten Individuum unabhängig vom eigenen Signal zu einer Investition kommt. Folglich können die Nachfolger aus der Beobachtung des Verhaltens des ersten Individuums keine Rückschlüsse auf seine Information ziehen, so dass sie sich in derselben Situation befinden und ebenso unabhängig von ihrer privaten Information die Investition wählen. Es kommt also schließlich dazu, dass alle Individuen die Alternative mit den ex-ante besten Erfolgschancen (Investition) wählen.

Da die Vernachlässigung der privaten Information in diesem Fall aber nicht daher rührt, dass die aus dem Verhalten von anderen Individuen abgeleiteten Informationen stärker sind, sondern schlicht auf der Irrelevanz der Signale basiert, hat die hier auftretende Konformität nichts mit Herdenverhalten oder Kaskaden zu tun. Herdenverhalten in Kaskaden erfordert schließlich, dass die Individuen durch Beobachtung lernen können, was wiederum voraussetzt, dass private Informationen die individuellen Entscheidungen in irgendeiner Weise beeinflussen. Dies ist aber nur dann der Fall, wenn die Signale relevant sind, also für $p > \pi$.

6.1.10 Einwände gegen die Grundversion des Kaskadenmodells

Das Grundmodell von BIKHCHANDANI, HIRSHLEIFER UND WELCH (1992) geht davon aus, dass eine Sequenz von homogenen Individuen eine binäre Entscheidung treffen, also wählen, ob sie in das Projekt investieren oder nicht. Dabei steht ihnen jeweils ein kostenloses binäres Signal gleicher Präzision zur

Verfügung, das ihnen einen Hinweis auf die Vorteilhaftigkeit eines Investitions-projekts gibt. Bezüglich der Investitionsmöglichkeiten wird unterstellt, dass das Angebot an völlig elastisch ist, jedes Individuum also zum gleichen „Preis" investieren kann. Außerdem wird die Reihenfolge, in der die Individuen ent-scheiden, als exogen gegeben angenommen.

Einige dieser Modellannahmen können als unrealistisch kritisiert werden. Am bedeutendsten erscheinen mir dabei die folgenden Einwände:

- Informationen sind in der Regel nicht schwarz-weiß, sondern feiner abgestuft. Dieser Umstand gebietet, die Modellierung des Signals nicht binär (diskret), sondern kontinuierlich auszugestalten. Diese Modellie-rung findet sich zum Beispiel bei GALE (1996), dessen Modell in Ab-schnitt 6.2.1 besprochen wird.[51]

- Vor allem wenn es sich bei der Entscheidung um eine Investitions-entscheidung (wie den Kauf einer Aktie) handeln soll, ist es nicht be-sonders plausibel davon auszugehen, dass die Investitionskosten (Preis der Aktie) für jedes Individuum identisch, das heißt unabhängig von der Anzahl derer sind, die bereits investiert haben. Daher ist der Preis für die Investition freizugeben, so dass er sich je nach Verhalten der einzel-nen Individuen anpassen kann. Diese Modifikation wird in Abschnitt 6.2.2 diskutiert.

- Die Annahme homogener Signale kann ebenfalls als unrealistisch angesehen werden. Um dem Umstand Rechnung zu tragen, dass es un-terschiedlich kompetente Individuen gibt, die unterschiedlich präzise In-formationen über ein gegebenes Entscheidungsproblem erlangen kön-nen, ist das Kaskadenmodell – wie in Abschnitt 6.2.3 – mit heterogenen Signalen zu analysieren.

- Schließlich gibt es in den meisten Entscheidungssituationen keine vorher festgelegte Reihenfolge, in der die Individuen ziehen. So besteht die

---

[51] Auch das Modell von BANERJEE (1992) basiert auf stetigen Signalen, wobei jedoch nicht jedes Individuum ein Signal erhält, so dass es unter den weiteren getroffenen Annahmen, zu denen u. a. eine stetige Aktionsvariable und drei konkrete Verhaltensannahmen zählen, zu Problemen bei der öffentlichen Informationsakkumulation kommt. Aufgrund dieser Probleme entscheiden sich alle nachfolgenden Individuen unabhängig von ihren eigenen Signalen für ein und dieselbe Option, sobald diese von mindestens zwei Individuen gewählt wurde. Es kommt also genau wie bei BIKHCHANDANI, HIRSHLEIFER UND WELCH (1992) zu Herdenver-halten in Kaskaden, das zu einem potenziell ineffizienten Ergebnis führen kann. Aufgrund dieser Ähnlichkeit im Ergebnis wird darauf verzichtet, das auf komplex konstruierten An-nahmen basierende Modell von Banerjee zu im Detail darzustellen.

Entscheidung der Individuen vielfach nicht nur darin, eine Aktion zu wählen, sondern auch, den Zeitpunkt ihrer Entscheidung festzulegen. Es ist also ebenfalls zu untersuchen, wie sich die Endogenisierung der Zugfolge auf das Entstehen von Kaskaden auswirkt; dies geschieht in Abschnitt 6.2.4.

Neben diesen Einwänden könnte außerdem die Kostenfreiheit der Information sowie die Beschränkung der Handlungsalternativen auf zwei mögliche Aktionen (binärer Handlungsraum) kritisiert werden. Im Hinblick auf die Berücksichtigung von Informationskosten gilt jedoch, dass ihre Existenz das Kaskadenproblem nur verschärfen würde: So erläutert BANERJEE (1992, 816), dass die Informationsbeschaffung und damit gleichzeitig die Verwendung privater Information aufgrund einer Abwägung zwischen Kosten und Nutzen eines Signals beendet wird, sobald sich aufgrund der öffentlichen Information eine hinreichende Tendenz für ein bestimmtes Verhalten ergibt. Unter dieser Voraussetzung kann die individuelle Entscheidung durch Hinzufügen eines weiteren Signals nicht mehr verändert werden, so dass sich die Beschaffung zusätzlicher Information nicht lohnt und ein Freifahrerverhalten an den Tag gelegt wird, bei dem sich alle nachfolgenden Individuen auf die Informationen verlassen, die ihre Vorgänger erworben haben, und ebenfalls deren Verhalten wählen. BIKHCHANDANI, HIRSHLEIFER UND WELCH (1998, 162) ziehen in Betracht, dass eine Kaskade mit Informationskosten gegebenenfalls sofort beim ersten Individuum entstehen kann. HIRSHLEIFER (1995, 209) weist darüber hinaus darauf hin, dass Kaskaden im Fall der Existenz von Informationskosten sogar in einem transparenteren Umfeld entstehen können, in dem nicht nur die Aktionen der Vorgänger, sondern auch die von ihnen beschafften Signale für die Nachfolger beobachtbar sind. Der Grund dafür liegt natürlich in dem oben beschriebenen Phänomen, dass die Informationsbeschaffung abbricht, sobald für eine der beiden Alternativen mehr als *ein* Beweisstück *mehr* vorliegt als für die andere. In diesem Fall stützen alle weiteren Individuen ihre Entscheidung auf die Information der Vorgänger.

Im Hinblick auf den zweiten zusätzlich genannten Einwand gilt zunächst, dass sich die Neigung zur Bildung von Kaskaden verringert, wenn die Anzahl der möglichen Handlungsalternativen erhöht wird. So ergibt sich nach HIRTH UND WALTER (2001, 20-21) in der Grundversion des Kaskadenmodells mit einem binären Signal eine höhere Informationseffizienz, wenn es zusätzlich zu den beiden Alternativen *Investieren* (*I*) und *Nicht Investieren* (*N*) eine weitere mögliche Aktion, z. B. *Enthalten* (*E*) gäbe. Durch die Existenz dieser dritten Möglichkeit könnte etwa das zweite Individuum sein Signal offenbaren: Falls es dasselbe Signal erhält wie das erste Individuum, wählt es dieselbe Aktion wie dieses, also mit einem guten Signal *I* und mit einem schlechten Signal *N*; erhält es ein anderes Signal als sein Vorgänger, ist es indifferent, so dass es weder für noch gegen die Investition ist und E wählt. Aus der Beobachtung des Verhaltens seiner beiden Vorgänger könnte der dritte Agent dann eindeutig auf deren Signale schließen, so dass im Vergleich zur Grundversion die Unschärfe beseitigt wäre, die sich durch den Münzwurf (im Fall der Indifferenz) ergibt. Dadurch können Kaskaden vermieden werden, die auf nur *einem* entsprechenden Signal beruhen; allerdings gilt auch mit drei Handlungsalternativen, dass sich eine Kaskade bildet, sobald paarweise identisches Verhalten (*II* oder *NN*) beobachtet wird.

Um das Entstehen von Kaskaden völlig zu vermeiden, bedarf es allgemein einer Aktionsvariable mit hinreichend vielen Ausprägungen, durch die jede mögliche Informationssituation in ein bestimmtes Verhalten umgesetzt werden kann, so dass aus dem Verhalten eindeutig auf die zugrunde liegenden Informationen geschlossen werden kann, es also zu einer perfekten Informationsenthüllung kommt. Dies kann – wie LEE (1993) zeigt – durch eine stetige Aktionsvariable erreicht werden.[52] Gegen die Verwendung eines stetigen Aktionsraums sprechen sich BIKHCHANDANI, HIRSHLEIFER UND WELCH (1998, 159) jedoch entschieden aus, da die Wirklichkeit ihrer Meinung nach gut durch eine begrenzte Anzahl an Handlungsalternativen beschrieben wird, was für einen diskreten Handlungsraum spricht.

6.2 Modellerweiterungen

Im Folgenden werden Modelle vorgestellt, die als Erweiterung des Kaskadenmodells von BIKHCHANDANI, HIRSHLEIFER UND WELCH (1992) gesehen werden können und den wichtigsten, oben genannten Einwänden Rechnung tragen.

6.2.1 Stetiges Signal

Der Rahmen für das Modell von GALE (1996) ist dem des Kaskadenmodells von BIKHCHANDANI, HIRSHLEIFER UND WELCH (1992) insofern ähnlich, als es hier ebenfalls um eine binäre Entscheidung von n rationalen Individuen $i = 1, 2, ..., n$ geht, die in einer exogen gegebenen Reihenfolge (die durch die

---

[52] Dass dieser „Erfolg" aber nicht zwingend notwendig ist, zeigt das Modell von BANERJEE (1992), in dem unklar ist, ob ein Individuum überhaupt ein Signal erhalten hat, und in dem uninformierte Individuen sich per Annahme so verhalten wie Individuen mit dem niedrigsten Signalwert; folglich kann aus der Beobachtung dieses *Null-Verhaltens* nicht geschlossen werden, ob ein Signal (mit dem niedrigsten Wert) vorlag oder nicht. GUL UND LUNDHOLM (1992) stellen in diesem Zusammenhang klar, dass das Verhalten nur dann eine suffiziente Statistik für die zugrunde liegende Information sein kann, wenn beide Variablen dieselbe Dimension besitzen.

Platznummern i festgelegt ist) ziehen. Sie verfügen dabei jeweils über ein Pay-off-relevantes Signal, das private Information darstellt. Darüber hinaus können sie die Entscheidungen ihrer Vorgänger beobachten und daraus zusätzliche Informationen ableiten. Der wesentliche Unterschied zur Grundversion besteht nun darin, dass die Signale bei GALE (1996) kontinuierlich modelliert werden. Konkret wird angenommen, dass die Signale θ_i im Intervall $[-1,1]$ gleichverteilt und voneinander unabhängig sind.

Zu wählen ist dann jeweils eine binäre Aktion $x_i \in \{0,1\}$, wobei die Wahl $x_i = 0$ dahingehend interpretiert werden kann, dass Agent i ein bestimmtes Verhalten (zum Beispiel eine Investition) ablehnt, während er es im Fall von $x_i = 1$ annimmt. Die individuelle Auszahlung betrage im Fall einer Ablehnung null, im Fall einer Annahme (Investition) ergibt sie sich als Summe der Signalwerte der einzelnen Agenten, also

$$\sum_{k=1}^{n} \theta_k \ .$$

Da sich eine Investition allgemein nur dann lohnt, wenn die damit verbundene Auszahlung höher ist als die Auszahlung bei Unterlassen, ist die Investitions-Bedingung also durch $\sum_{k=1}^{n} \theta_k > 0$ gegeben. Ist diese Bedingung nicht erfüllt, sollte die Investition nicht durchgeführt werden. Die optimale Verhaltensregel lautet daher

$$x_i = \begin{cases} 1, & \text{falls } \sum_{k=1}^{n} \theta_k > 0 \\ 0, & \text{falls } \sum_{k=1}^{n} \theta_k \leq 0. \end{cases}$$

Ein Agent kann diese Regel allerdings nur dann befolgen, wenn er den Wert *aller* Signale kennt, also in einer erstbesten Welt ohne Informationsprobleme.

Da die Signale im Rahmen des Modells jedoch private Information darstellen, das heißt nur jeweils vom Empfänger wahrgenommen werden können, kennt jeder Agent nur sein eigenes Signal θ_i. Aufgrund der Möglichkeit zur Beobachtung der Entscheidungen x_j der Vorgänger $j = 1, 2, ..., i-1$ besteht die verfügbare Information eines Individuums i dann aus $\mathfrak{I}_i = \{\theta_i, x_1, ..., x_{i-1}\}$. Gegeben diese Informationen können Erwartungen bezüglich der Signale der anderen Individuen gebildet werden. Dabei gilt, dass der Erwartungswert des Signals eines *Nachfolgers* $j > i$ dem unbedingten Erwartungswert eines Signals entspricht, der aufgrund der unterstellten Verteilungsannahmen

(6-17) $$E\left[\theta_j \big| \Im_i\right] = E\left[\theta_j\right] = 0 \quad \text{für } j > i.$$

beträgt. Für die Signale der *Vorgänger* $j \le i-1$ kann aufgrund der Beobachtung ihres Verhaltens jeweils ein Teilintervall aus dem Verteilungsbereich angegeben werden, aus dem das jeweilige Signal stammt, so dass der bedingte Erwartungswert für das Signal eines Vorgängers vom ex-ante Erwartungswert eines Signals abweicht.

Die erwartete Auszahlung eines Individuums i im Fall einer Investition ergibt sich also durch $\theta_i + \sum_{j=1}^{i-1} E\left[\theta_j \big| \Im_i\right]$. Die zweitbeste Verhaltensregel lautet folglich allgemein

$$x_i\big|_{\Im_i} = \begin{cases} 1, & \text{falls } \theta_i + \sum_{j=1}^{i-1} E\left[\theta_j \big| \Im_i\right] > 0 \\ 0, & \text{falls } \theta_i + \sum_{j=1}^{i-1} E\left[\theta_j \big| \Im_i\right] \le 0. \end{cases}$$

6.2.1.1 Individuelle Entscheidungen

Da das erste Individuum keine Vorgänger hat, deren Verhalten es beobachten könnte, um daraus zusätzlich Informationen abzuleiten, bestehen die verfügbaren Informationen des ersten Individuums lediglich aus seinem Signal $\Im_1 = \{\theta_1\}$. Gegeben diese Information beträgt der Erwartungswert der Signale der anderen Nachfolger-Individuen wegen (6-17) null, so dass die erwartete Auszahlung des ersten Individuums im Fall einer Investition dem Wert seines eigenen Signals entspricht. Der erste Agent orientiert sich bei seiner Entscheidung also nur an seinem eigenen Signal und investiert genau dann, wenn der Wert seines Signals positiv ist. Ansonsten unterlässt er die Investition. Die optimale Verhaltensregel für das erste Individuum lautet also

(6-18) $$x_1 = \begin{cases} 1, & \text{falls } \theta_1 > 0 \\ 0, & \text{falls } \theta_1 \le 0. \end{cases}$$

Da der zweite Agent ebenfalls über ein eigenes Signal verfügt und darüber hinaus die Entscheidung des ersten beobachten kann, besteht die ihm verfügbare Information zum einen aus seinem Signal und zum anderen aus dem beobachteten Verhalten seines Vorgängers: $\Im_2 = \{\theta_2, x_1\}$. Aufgrund der Tatsache, dass das Verhalten des ersten Individuums zwei Ausprägungen annehmen kann, sind beim zweiten Agenten zwei Fälle zu unterscheiden.

Falls das zweite Individuum beobachtet, dass sein Vorgänger investiert hat ($x_1 = 1$), kann es wegen (6-18) daraus schließen, dass das Signal des ersten Individuums einen positiven Wert hatte. Damit ergibt sich für den bedingten Erwartungswert des Signals des ersten Individuums gegeben die verfügbare Information des zweiten Agenten $E\left[\theta_1 | \Im_2\right] = E\left[\theta_1 | \theta_1 > 0\right] = E\left[\theta_1 | 0 < \theta_1 \leq 1\right] = 1/2$.

Die erwartete Auszahlung des zweiten Agenten ist also im Fall, dass das erste Individuum investiert hat, durch $\theta_2 + 1/2$ gegeben. Da das zweite Individuum genau dann investieren wird, wenn diese Auszahlung positiv ist, und es ansonsten vorzieht, die Investition zu unterlassen, lautet seine optimale Verhaltensregel für den Fall, dass der erste Agent investiert hat,

$$x_2\big|_{x_1=1} = \begin{cases} 1, & \text{falls } \theta_2 + \frac{1}{2} > 0 \Leftrightarrow \theta_2 > -\frac{1}{2} \\ 0, & \text{falls } \theta_2 + \frac{1}{2} \leq 0 \Leftrightarrow \theta_2 \leq -\frac{1}{2}. \end{cases}$$

Analog kann das zweite Individuum aus der Beobachtung, dass sein Vorgänger nicht investiert hat, schließen, dass dessen Signal negativ ist (oder null beträgt). In diesem Fall ergibt sich für den bedingten Erwartungswert des Signals des ersten Individuums $E\left[\theta_1 | \Im_2\right] = E\left[\theta_1 | \theta_1 \leq 0\right] = E\left[\theta_1 | -1 \leq \theta_1 \leq 0\right] = -1/2$, so dass die erwartete Auszahlung des zweiten Agenten $\theta_2 - 1/2$ beträgt. Da es wieder nur dann zu einer Investition kommt, wenn diese Auszahlung positiv ist, lautet die optimale Verhaltensregel für das zweite Individuum im Fall, dass das erste nicht investiert hat

$$x_2\big|_{x_1=0} = \begin{cases} 1, & \text{falls } \theta_2 - \frac{1}{2} > 0 \Leftrightarrow \theta_2 > \frac{1}{2} \\ 0, & \text{falls } \theta_2 - \frac{1}{2} \leq 0 \Leftrightarrow \theta_2 \leq \frac{1}{2}. \end{cases}$$

Für den dritten Agenten sind dann im Hinblick auf die Beobachtung, die er bezüglich der Aktionen seiner beiden Vorgänger beobachten kann, vier Fälle zu unterscheiden. Es könnten ja beide Vorgänger investiert haben, oder nur der erste bzw. nur der zweite oder keiner von beiden.

Wenn man den ersten Fall betrachtet, in dem beide Vorgänger investiert haben und die verfügbare Information des dritten Agenten somit durch $\Im_3 = \{\theta_3, x_1 = 1, x_2 = 1\}$ gegeben ist, kann der dritte Agent unter Berücksichtigung der optimalen Verhaltensregeln der ersten beiden Individuen ableiten, dass das Signal des ersten einen positiven Wert hatte, und das Signal des zweiten zwischen $-1/2$ und $+1$ lag. Die bedingten Erwartungswerte für die Signale der ersten beiden Agenten betragen dann

$$E\left[\theta_1 \big| \mathfrak{S}_3\right] = E\left[\theta_1 \big| 0 < \theta_1 \le 1\right] = 1/2 \text{ und}$$
$$E\left[\theta_2 \big| \mathfrak{S}_3\right] = E\left[\theta_2 \big| -1/2 < \theta_2 \le 1\right] = 1/4.$$

Da die Signale der Nachfolger – wie zuvor erwähnt – die erwartete Auszahlung des betrachteten Agenten nicht beeinflussen, weil ihr Erwartungswert gegeben die verfügbaren Informationen null beträgt, entspricht die erwartete Auszahlung des dritten Agenten dann $\theta_3 + 1/2 + 1/4 = \theta_3 + 3/4$. Für den Fall, dass die ersten beiden Agenten investiert haben, lautet die optimale Verhaltensregel des dritten Agenten also

$$x_3 \big|_{x_1=1, x_2=1} = \begin{cases} 1, & \text{falls } \theta_3 + \frac{3}{4} > 0 \Leftrightarrow \theta_3 > -\frac{3}{4} \\ 0, & \text{falls } \theta_3 + \frac{3}{4} \le 0 \Leftrightarrow \theta_3 \le -\frac{3}{4}. \end{cases}$$

Für die drei weiteren Fälle ergeben analoge Überlegungen die optimalen Verhaltensregeln

$$x_3 \big|_{x_1=0, x_2=0} = \begin{cases} 1, & \text{falls } \theta_3 - \frac{3}{4} > 0 \Leftrightarrow \theta_3 > \frac{3}{4} \\ 0, & \text{falls } \theta_3 - \frac{3}{4} \le 0 \Leftrightarrow \theta_3 \le \frac{3}{4}, \end{cases}$$

$$x_3 \big|_{x_1=1, x_2=0} = \begin{cases} 1, & \text{falls } \theta_3 - \frac{1}{4} > 0 \Leftrightarrow \theta_3 > \frac{1}{4} \\ 0, & \text{falls } \theta_3 - \frac{1}{4} \le 0 \Leftrightarrow \theta_3 \le \frac{1}{4} \end{cases} \quad \text{sowie}$$

$$x_3 \big|_{x_1=0, x_2=1} = \begin{cases} 1, & \text{falls } \theta_3 + \frac{1}{4} > 0 \Leftrightarrow \theta_3 > -\frac{1}{4} \\ 0, & \text{falls } \theta_3 + \frac{1}{4} \le 0 \Leftrightarrow \theta_3 \le -\frac{1}{4}. \end{cases}$$

Allgemein besagen die hergeleiteten Verhaltensregeln, dass ein Agent genau dann investiert, wenn sein Signal einen bestimmten Schwellenwert übersteigt; ansonsten unterlässt er die Investition. Der Schwellenwert variiert dabei je nachdem, welches Verhalten das betrachtete Individuum bei seinen Vorgängern beobachtet hat, bzw. welche Informationen es aus deren Verhalten ableiten kann; er ist umso niedriger (höher), je mehr Vorgänger bereits investiert (nicht investiert) haben.

Die optimalen Verhaltensregeln lassen sich auch für alle weiteren Agenten wie aufgezeigt formulieren, ohne dass dies an dieser Stelle ausgeführt wird. Eine weitergehende Herleitung der Verhaltensregeln ist außerdem nicht notwendig, da bereits anhand der Verhaltensregeln der ersten drei Agenten wichtige

Schlussfolgerungen gezogen und Eigenschaften des Gleichgewichts abgeleitet werden können.

6.2.1.2 Gesamtbetrachtung der Einzelentscheidungen und ihre Implikationen

Davon ausgehend, dass jeder Agent *ohne* die Möglichkeit zur Beobachtung des Verhaltens der Vorgänger gemäß der optimalen Verhaltensregel des ersten Individuums (ohne Vorgänger) entscheiden würde, liefert ein Vergleich der Verhaltensregeln der ersten drei Agenten zunächst die Einsicht, dass die Beobachtung der Vorgänger die Entscheidung eines Individuums beeinflusst. Dieser Einfluss ergibt sich daraus, dass jedes Individuum aus der Beobachtung des Verhaltens seiner Vorgänger Rückschlüsse auf deren Signale zieht und die abgeleiteten Informationen neben seiner eigenen Information in seine Entscheidung mit einbezieht. Dies äußert sich darin, dass der Schwellenwert, den das eigene Signal übersteigen muss, damit es zu einer Investition kommt, und der für das erste Individuum null beträgt, für alle nachfolgenden Individuen von null abweicht.

Insbesondere kann es dabei dazu kommen, dass sich ein Individuum für (bzw. gegen) die Investition entscheidet, obwohl sein eigenes Signal davor warnt (bzw. dafür spricht) und es sich also *ohne* die Möglichkeit zur Beobachtung genau anders, das heißt gegen (bzw. für) die Investition entscheiden würde. Da die Beobachtung des Verhaltens von anderen die individuelle Entscheidung also offensichtlich zu verändern vermag, kann es auch im Modell von GALE (1996) zu Herdenverhalten im Sinn der Definition aus Kapitel 1 kommen.

Der Einfluss, den die Beobachtung auf die individuellen Entscheidungen hat, ist dabei umso größer, je unausgeglichener das Verhältnis zwischen beobachteten Investitionen und Ablehnungen ist, das heißt je deutlicher eine mögliche Herde zu identifizieren ist. Dies erkennt man, wenn man die Verhaltensregeln des dritten Individuums für die verschiedenen Beobachtungssituationen miteinander vergleicht. Dabei stellt man fest, dass der Schwellenwert weiter von null (dem Referenzwert, der sich ohne Möglichkeit zur Beobachtung ergibt) abweicht, wenn sich beide Vorgänger identisch verhalten ($\pm 3/4$), als wenn sie unterschiedliche Aktionen wählen ($\pm 1/4$). Dies impliziert, dass sich positive und negative Beobachtungen offensichtlich – wie auch bei BIKHCHANDANI, HIRSHLEIFER UND WELCH (1992) – zumindest teilweise kompensieren.

Gleichartige Beobachtungen verstärken sich dagegen in ihrer Aussage, was dazu führt, dass es für spätere Individuen immer wahrscheinlicher wird, dasselbe Verhalten zu wählen wie ihre Vorgänger. Dies ergibt sich aus den optimalen Verhaltensregeln des zweiten und dritten Individuums im Fall, dass die Vorgänger jeweils investiert (bzw. nicht investiert) haben. So investiert der zweite

Agent ebenfalls (nicht), wenn der erste investiert (nicht investiert) hat, falls sein Signal einen über $-1/2$ (unter $+1/2$) gelegenen Wert besitzt, während sich der dritte Agent seinen Vorgängern anschließt, falls der Wert seines eigenen Signals über $-3/4$ bzw. unter $+3/4$ liegt.

Die Wahrscheinlichkeit dafür, dass Herdenverhalten vorliegt, wenn ein Individuum dasselbe Verhalten wählt wie seine Vorgänger – das heißt dafür, dass es im Fall, dass der Vorgänger investiert hat, zu einer Investition kommt, obwohl das Signal des betrachteten Individuums negativ ist, bzw. im Fall, dass der Vorgänger nicht investiert hat, zu einer Ablehnung, obwohl das eigene Signal positiv ist – beträgt für das zweite Individuum

$$\Pr\left(-1/2 < \theta_2 < 0\right) = \Pr\left(0 \le \theta_2 \le 1/2\right) = 1/4 \, ,$$

während sie für den dritten Agenten bei

$$\Pr\left(-3/4 < \theta_3 < 0\right) = \Pr\left(0 \le \theta_3 \le 3/4\right) = 3/8$$

liegt. Diese Herdenwahrscheinlichkeit nimmt für nachfolgende Individuen weiter zu, was dahingehend interpretiert werden kann, dass der Herdentrieb selbstverstärkend ist, das heißt mit der Größe der Herde zunimmt. Verhaltenstrends, die sich erst einmal manifestiert haben, können folglich nur durch extreme Signale gebrochen werden. Sie sind daher – im Vergleich zu den Kaskaden aus BIKHCHANDANI, HIRSHLEIFER UND WELCH (1992) – als relativ stabil zu bezeichnen.

Der Grund dafür liegt darin, dass der Schwellenwert für spätere Individuen weiter absinkt (ansteigt), solange die Vorgänger investieren (nicht investieren). Mit dem Absinken (Ansteigen) des Schwellenwertes im Fall von identischem Verhalten der Agenten geht eine Vergrößerung des Wertebereichs einher, aus dem ein Signal sein muss, damit der betrachtete Agent investiert (nicht investiert). Daraus folgt, dass der Erwartungswert für das Signal eines Vorgängers gegeben dessen Verhalten gegen den ex-ante Erwartungswert von null strebt. So betragen die Erwartungswerte für die Signale der ersten drei Agenten im Fall der Beobachtungssituation $\mathcal{H} = \{x_1 = 1, x_2 = 1, x_3 = 1\}$, bei der die ersten drei Agenten investiert haben,

$$E\left[\theta_1 | \mathcal{H}\right] = E\left[\theta_1 | 0 < \theta_1 \le 1\right] = 1/2 \, ,$$
$$E\left[\theta_2 | \mathcal{H}\right] = E\left[\theta_2 | -1/2 < \theta_2 \le 1\right] = 1/4 \quad \text{sowie}$$
$$E\left[\theta_3 | \mathcal{H}\right] = E\left[\theta_3 | -3/4 < \theta_3 \le 1\right] = 1/8 \, .$$

Aus dieser Betrachtung geht hervor, dass die Möglichkeit zur Beobachtung des Verhaltens der Vorgänger immer weniger dazu beiträgt, Hinweise auf die wahren Informationen zu gewinnen, wenn sich die Vorgänger identisch verhalten. In diesem Fall sagt ein gegebenes Verhalten ja immer weniger über die individuelle Information aus, so dass diese weitgehend unter Verschluss bleibt. Dies führt dazu, dass der Umfang bzw. die Genauigkeit, mit der die private Informationen der einzelnen Agenten enthüllt werden, kontinuierlich abnimmt, wenn diese sich identisch verhalten.

Wichtig ist in diesem Zusammenhang zu erkennen, dass die privaten Informationen im Modell von GALE (1996) im Vergleich zu BIKHCHANDANI, HIRSHLEIFER UND WELCH (1992) durch das Verhalten der Individuen nie perfekt, sondern nur mit einer begrenzten Genauigkeit enthüllt werden können. Gleichzeitig kommt die öffentliche Akkumulation privater Informationen aber auch nie vollständig zum Erliegen. Dies liegt daran, dass die Entscheidung eines Individuum nie völlig unabhängig von seinem eigenen Signal ist; da es also theoretisch für jede beliebige Beobachtungssituation ein – wenn auch noch so kleines – Intervall mit Signalwerten gibt, die zur Wahl eines anderen Verhaltens führen, können im Modell von GALE (1996) keine Kaskaden entstehen. (Zur Erinnerung: Kaskaden sind dadurch gekennzeichnet, dass die Individuen völlig unabhängig von ihrer privaten Information ein bestimmtes Verhalten wählen, wodurch ein Rückschluss auf das zugrunde liegende Signal unmöglich wird, so dass sich die nachfolgenden Individuen in derselben Situation befinden wie ihre Vorgänger.)

Folglich besteht für jedes Individuum je nach Ausprägung seines Signals grundsätzlich die Möglichkeit, anders als seine Vorgänger zu entscheiden und sich damit aus einem Imitationsprozess zu lösen – auch wenn die Wahrscheinlichkeit dafür relativ gering ist und mit der Lebensdauer eines vorherrschenden Verhaltenstrends abnimmt (vgl. dazu den vorletzten Absatz im vorliegenden Abschnitt 6.2.1.2). Kommt es jedoch zum Abbruch eines Verhaltenstrends, erfolgt eine relativ umfassende Informationsenthüllung, da nachfolgende Individuen aus einer konträren Beobachtung schließen können, dass ein extremes Signal aufgetreten ist: Um einen Investitionstrend zu beenden, bedarf es eines stark negativen Signals, im Fall eines Ablehnungstrends muss das trendbrechende Signal stark positiv sein. In jedem Fall handelt es sich um ein relativ kleines Teilintervall aus dem Verteilungsbereich, was einen vergleichsweise präzisen Rückschluss auf die private Information des betreffenden Individuums zulässt. Damit kann gleichzeitig erreicht werden, dass die eigenen Signale für nachfolgende Agenten wieder eine größere Rolle spielen, weil das extreme Signal die Wirkung des Verhaltens der anderen (imitierenden) Agenten teilweise kompensiert.

Betrachten wir dazu eine Situation, in der die ersten beiden Individuen investiert haben und das dritte Individuum sich gegen eine Investition entschieden hat, so dass die verfügbaren Informationen des vierten Individuums aus $\mathfrak{I}^4 = \{\theta_4, x_1 = x_2 = 1, x_3 = 0\}$ bestehen. Gegeben diese Informationen kann das vierte Individuum schließen, dass das Signal des ersten Individuums positiv war, das des zweiten Individuums über dem Wert $-1/2$ und das des dritten Individuums unter dem Wert $-3/4$ lag. Im Erwartungswert betragen die Signale der ersten drei Agenten also

$$E\left[\theta_1 | \mathfrak{I}_4\right] = E\left[0 < \theta_1 \leq 1\right] = 1/2,$$

$$E\left[\theta_2 | \mathfrak{I}_4\right] = E\left[-1/2 < \theta_2 \leq 1\right] = 1/4 \quad \text{sowie}$$

$$E\left[\theta_3 | \mathfrak{I}_4\right] = E\left[-1 \leq \theta_3 \leq -3/4\right] = -7/8,$$

so dass die erwartete Auszahlung des vierten Agenten im Fall einer Investition $\theta_4 + 1/2 + 1/4 - 7/8 = \theta_4 - 1/8$ beträgt. Damit lautet die optimale Verhaltensregel des vierten Agenten im Fall, dass die ersten beiden investiert haben und der dritte sich gegen die Investition entschieden hat

(6-19)
$$x_4\big|_{x_1 = x_2 = 1, x_3 = 0} = \begin{cases} 1, & \text{falls } \theta_4 - \frac{1}{8} > 0 \Leftrightarrow \theta_4 > \frac{1}{8} \\ 0, & \text{falls } \theta_4 - \frac{1}{8} \leq 0 \Leftrightarrow \theta_4 \leq \frac{1}{8}, \end{cases}$$

während sie im Fall der Beobachtung, dass der dritte Agent – wie die ersten beiden – investiert hat

$$x_4\big|_{x_1 = x_2 = x_3 = 1} = \begin{cases} 1, & \text{falls } \theta_4 + \frac{7}{8} > 0 \Leftrightarrow \theta_4 > -\frac{7}{8} \\ 0, & \text{falls } \theta_4 + \frac{7}{8} \leq 0 \Leftrightarrow \theta_4 \leq -\frac{7}{8} \end{cases}$$

lauten würde. Die Investitionsbedingung (6-19) besagt, dass das Signal des vierten Agenten den Schwellenwert $1/8$ übersteigen muss, damit es nach einer Ablehnung beim dritten Individuum zu einer weiteren Investition durch den vierten Agenten kommt. Während dieser Schwellenwert für den zweiten Agenten bei einer positiven Beobachtung im negativen Bereich lag und für jeden weiteren Agenten mit einer zusätzlichen positiven Beobachtung weiter sinkt (was Investitionen tendenziell fördert), hebt eine negative Beobachtung beim dritten Individuum den Schwellenwert für den vierten Agenten wieder an, so dass der vierte Agent im Fall einer Ablehnung beim dritten Individuum nur dann investiert, wenn er selbst ein hinreichend positives Signal hat. (Hätte der dritte Agent wie die ersten beiden investiert, käme es beim vierten Individuum mit einem beliebigen Signal über −7/8 zu einer Investition, das heißt also auch mit einem stark negativen Signal.)

Individuen mit hinreichend extremen Signalen können jederzeit einen Verhaltenstrend korrigieren, wodurch der Wirkungsbereich eines potenziellen Fehlers (z. B. Wahl der Investition, obwohl die wahre Auszahlung negativ ist) begrenzt wird. Insbesondere kann dadurch ausgeschlossen werden, dass alle *zwangsläufig* die falsche Alternative wählen, wenn sich die ersten paar Agenten fälschlicherweise für diese entscheiden.

Diese Korrekturchance darf allerdings nicht überbewertet werden, denn auch wenn es grundsätzlich eine Möglichkeit zur Korrektur von Verhaltenstrends gibt, liegt die Wahrscheinlichkeit bei maximal 25 Prozent, wobei sie mit der Lebensdauer des Trends überproportional abnimmt. Das bedeutet, dass es − falls der dritte Agent im betrachteten Beispiel, in dem die ersten beiden Individuen einen Investitionstrend installiert haben, ein *zu* gutes Signal (mit einem Wert von über −3/4) bekommt und durch eine Investition den Trend fortsetzt − immer unwahrscheinlicher wird, dass sich die Investorenherde auflöst. Der Grund dafür liegt darin, dass spätere Agenten mit geringerer Wahrscheinlichkeit ein hinreichend negatives Signal erhalten, um den Trend zu stoppen, weil der entsprechende Schwellenwert, *unter* dem das Signal liegen muss, damit es zu einer Ablehnung kommt, mit zunehmender Anzahl an Investitionen immer weiter sinkt. Während dieser Schwellenwert für das zweite Individuum −1/2 beträgt, liegt er für das dritte Individuum bereits bei −3/4 und für das vierte Individuum bei −7/8, d. h. dass das Signal des betrachteten Individuums unter dem Wert −1/2 bzw. −3/4 bzw. −7/8 liegen muss, damit der Investitionstrend der Vorgänger beendet werden kann. Die Wahrscheinlichkeit dafür, dass dies gelingt, beträgt beim zweiten Individuum $\Pr\left(-1 \leq \theta_2 \leq -1/2\right) = 1/4$, beim dritten Individuum $\Pr\left(-1 \leq \theta_3 \leq -3/4\right) = 1/8$ und beim vierten Individuum bereits nur noch rund sechs Prozent: $\Pr\left(-1 \leq \theta_4 \leq -7/8\right) = 1/16$. Dieses Beispiel zeigt, dass sich die Wahrscheinlichkeit für das Brechen eines Verhaltenstrends von Agent zu Agent halbiert und folglich gegen den Wert null konvergiert, diesen jedoch nie völlig erreicht.

Auch wenn es also für jedes Individuum rein theoretisch möglich ist, einen Verhaltenstrend zu beenden, ist die Wahrscheinlichkeit dafür, dass dies tatsächlich passiert, gering. Obwohl das Verhalten eines jeden Individuums im Modell von Gale nicht unabhängig von seiner privaten Information ist und streng genommen keine Kaskadensituationen entstehen können, in der sich die Individuen unabhängig von ihren jeweiligen Signalen für ein bestimmtes Verhalten entscheiden und dadurch die öffentliche Akkumulation privater Informationen beenden, ist zu bedenken, dass der Umfang der Informationsenthüllung dennoch sehr gering sein kann, so dass es leicht zu ineffizienten Ergebnissen wie bei Kaskaden kommt.

6.2.1.3 Effizienzeigenschaften des Gleichgewichts

Im Unterschied zum Kaskadenmodell ist eine perfekte Informationsaggregation im vorliegenden Modellrahmen schlicht deswegen unmöglich, weil es nicht genügend Handlungsalternativen gibt, durch welche die einzelnen Signalwerte eindeutig abgebildet werden könnten. So muss die Information, die im kontinuierlichen Signal mit unendlich vielen Ausprägungen steckt, durch eine von nur zwei möglichen Aktionen umgesetzt werden, so dass es unweigerlich zu einer Unschärfe kommt, die einen eindeutigen Rückschluss auf die einer Entscheidung zugrunde liegenden Signale nicht mehr zulässt. In der Folge kann es zu ex-post ineffizienten Ergebnissen kommen.[53]

Dies ist zum Beispiel dann der Fall, wenn der erste von n Agenten ein positives Signal erhält, während alle seine Nachfolger ein schwach negatives Signal (mit $-1/2 < \theta_j < 0$) bekommen, wobei die Summe aller Signale einen negativen Wert besitzen soll: $\sum_{k=1}^{n} \theta_k < 0$. In diesem Beispiel lohnt eine Investition aus gesamtwirtschaftlicher Sicht also nicht. Dennoch kommt es beim ersten Individuum wegen $\theta_1 > 0$ zu einer Investition, aufgrund welcher auch alle nachfolgenden Agenten $j = 2,3,...,n$ wegen $\theta_j > -1/2$ ebenfalls investieren. Sie ignorieren also die Warnung, die von ihren negativen Signalen ausgeht, und machen denselben Fehler wie das erste Individuum, indem sie ebenfalls investieren. Da sie die Investition nur deswegen wählen, weil es ihre Vorgänger auch getan haben, liegt in diesem Fall Herdenverhalten vor, bei dem alle Agenten verlustreich investieren.

Schließlich sei noch festgehalten, dass Herdenverhalten durchaus auch zum ex-post effizienten Ergebnis führen kann. Am einfachsten stellt man sich in diesem Zusammenhang das oben erwähnte Beispiel mit umgekehrter Signalfolge vor, so dass also die ersten $n-1$ Individuen ein schwach negatives, der letzte Agent jedoch ein positives Signal bekommt. Unter diesen Voraussetzungen investiert der erste Agent wegen $\theta_1 < 0$ nicht. Gegeben diese Beobachtung und die weiteren negativen Signale entscheiden sich auch die nachfolgenden Individuen gegen die Investition. Der letzte Agent schließt sich trotz seines (mäßig) positiven Signals schließlich seinen Vorgängern an, da eine Investition ein hin-

---

[53] Das Ausmaß der Informationsenthüllung kann allgemein durch eine Erweiterung der Anzahl an Handungsalternativen erhöht werden, wobei im Fall eines stetigen Signals insbesondere mit einer stetigen Aktionsvariable wie bei GUL UND LUNDHOLM (1995) eine effiziente öffentliche Akkumulation der privaten Informationen möglich ist.

reichend hohes Signal $\theta_n > 1 - 1/2^{n-1} > 1/2$ erfordern würde. Damit kommt es also beim letzten Agenten zu einer Imitation, bei der allerdings das effiziente Ergebnis *Keiner investiert* erreicht wird.

Wie im Kaskadenmodell ist das Ergebnis also auch hier pfadabhängig: Welche Aktionen die einzelnen Agenten letztendlich bei sequenziellen Entscheidungen mit Beobachtung der Vorgänger wählen, hängt wesentlich von der Reihenfolge ab, in der die Signale in den Entscheidungsprozess gelangen. Dadurch ergibt sich auch hier der bereits beschriebene Manipulationsanreiz.

6.2.2 Variable Investitionskosten (Flexibler Preis)

Wie bereits geäußert ist die im Grundmodell von BIKHCHANDANI, HIRSHLEIFER UND WELCH (1992) getroffene Annahme eines völlig elastischen Angebots an Investitionsmöglichkeiten, welche einen fixen Preis für die Investition (Investitionskosten) impliziert, gerade in der Interpretation, dass es sich bei der Investition um den Kauf von Aktien handelt, unpassend, da Aktienpreise flexibel sind und mit der Höhe der Nachfrage variieren. Um das Kaskadenmodell also im Hinblick auf eine Anwendung auf Aktienmärkte realistischer zu machen, wird jetzt wie bei BIKHCHANDANI UND SHARMA (2001, 289-290) angenommen, dass der Aktienpreis effizient ist, das heißt zu jeder Zeit dem auf die aktuell verfügbare öffentliche Information bedingten Erwartungswert des zugrunde liegenden Assets entspricht. Zu untersuchen ist dann, wie sich diese Modifikation auf die Ergebnisse auswirkt.

Dazu wird wieder auf den Modellrahmen aus Abschnitt 6.1.2 zurückgegriffen, in dem die Investitionsentscheidungen der einzelnen Individuen analysiert werden. Dabei gilt die allgemeine Entscheidungsregel aus dem Grundmodell prinzipiell weiter; zu berücksichtigen ist lediglich, dass die Investitionskosten nicht mehr für alle Individuen identisch sind, sondern jeweils von der öffentlichen Information bzw. vom Verhalten der Vorgänger abhängen. Dadurch wird praktisch eine negative Payoff-Externalität hinzugefügt, welche die Wirkung der Information-Externalität vollständig aufhebt. Um dies zu erkennen, machen wir uns klar, dass das betrachtete Individuum investieren wird, wenn die erwartete Auszahlung (erwarteter Wert der Aktie) – gegeben die individuell verfügbare Information – größer ist als die Investitionskosten (Preis der Aktie). Ist die erwartete Auszahlung kleiner als die Investitionskosten, unterlässt es die Investition. Sind schließlich die erwartete Auszahlung und die Investitionskosten gerade gleich groß, ist das Individuum indifferent und entscheidet zufällig. Wenn wieder dieselben Bezeichnungen wie im Grundmodell verwendet werden, kann die Entscheidungsregel bei flexiblem Preis also durch

$$\begin{matrix} \gamma_i > C_i & \longrightarrow I \\ \gamma_i = C_i & \\ \gamma_i < C_i & \longrightarrow N \end{matrix}$$

dargestellt werden. Dabei sei daran erinnert, dass die erwartete Auszahlung der auf die jeweils verfügbaren Informationen bedingten Erfolgswahrscheinlichkeit entspricht, so dass $E\left[V|\mathfrak{I}_i\right] = \Pr\left(E|\mathfrak{I}_i\right) \cdot V_E + \Pr\left(M|\mathfrak{I}_i\right) \cdot V_M = \gamma_i \cdot 1 + \left(1 - \gamma_i \cdot 0\right) = \gamma_i$ gilt.

Wir beginnen die Überlegungen wieder beim ersten Individuum. Wenn dieses ein gutes bzw. ein schlechtes Signal erhält, beträgt die auf diese Information bedingte Erfolgswahrscheinlichkeit gemäß (6-2) bzw. (6-3) $\gamma_1(H) = p$ bzw. $\gamma_1(L) = (1 - p)$, so dass der erwartete Wert der Aktie durch

$$E\left[V|H\right] = \gamma_1(H) = p \quad \text{bzw.}$$

$$E\left[V|L\right] = \gamma_1(L) = (1 - p)$$

gegeben ist. Der Preis der Aktie entspricht beim ersten Individuum dem unbedingten Erwartungswert, da zu diesem Zeitpunkt außer der ex-ante Erfolgswahrscheinlichkeit noch keine weiteren Informationen öffentlich bekannt wurden, so dass

$$C_1 = E\left[V\right] = \pi \cdot 1 + \left(1 - \pi\right) \cdot 0 = \pi \equiv 1/2$$

gilt. Da für informative Signale mit $p > 1/2$ $E\left[V|H\right] > C_1 > E\left[V|L\right]$ gilt, investiert das erste Individuum, wenn es ein gutes Signal bekommt, und unterlässt die Investition, wenn ihm ein schlechtes Signal vorliegt. Dies entspricht genau dem Ergebnis aus der Grundversion des Modells, so dass auch hier aus dem Verhalten des ersten Individuum immer ein eindeutiger Rückschluss auf sein Signal möglich ist, das folglich in den Pool der öffentlichen Information gelangt. Damit ergibt sich, dass das zweite Individuum praktisch über zwei Signale verfügt. Je nachdem, wie sich das erste Individuum entschieden hat und welches Signal das zweite Individuum selbst bekommt, ergibt sich eine der in Abbildung 6-1 aufgeführten Informationssituationen, in der die erwartete Auszahlung jeweils durch die in Abschnitt 6.1.4.2 berechneten Werte

$$E\left[V|HH\right] = \gamma_2(HH) = \frac{p^2}{p^2 + (1-p)^2},$$

$$E\left[V|HL\right] = \gamma_2(HL) = 1/2 \text{ bzw.}$$

$$E\left[V|LL\right] = \gamma_2(LL) = \frac{(1-p)^2}{p^2 + (1-p)^2}$$

gegeben ist. Der Preis der Aktie liegt jetzt im Vergleich zur ersten Periode – je nachdem, ob sich das erste Individuum für oder gegen die Investition entschieden hat – über oder unter dem Preis der Vorperiode; er beträgt je nach Verhalten (I bzw. N) des ersten Individuums

$$C_2(I) = E\left[V|H\right] = p \text{ bzw. } C_2(N) = E\left[V|L\right] = (1-p).$$

Verhalten des 1. und 2. Ind.	Öffentliche Information	Signal des 3. Ind.	Verfügbare Information des 3. Ind.	Netto-information	Preis
II	HH	H	HHH	HHH	$E\left[V|HH\right]$
		L	HHL	H	
IN NI	HL	H			$E[V]$
		L	HLL	L	
NN	LL	H			$E\left[V|LL\right]$
		L	LLL	LLL	

Abbildung 6-7: Informationssituation des dritten Individuums

Damit entscheidet sich das zweite Individuum ebenfalls immer eindeutig gemäß seinem Signal, das heißt für eine Investition, wenn es ein gutes Signal erhält bzw. gegen eine Investition, wenn es ein schlechtes Signal erhält – und zwar unabhängig davon, wie sich das erste Individuum entschieden hat. Dies folgt aus der Tatsache, dass für den Fall, dass das erste Individuum investiert bzw. nicht investiert hat und also ein gutes bzw. schlechtes Signal hatte, die Beziehung

$$E\left[V|HH\right] > C_2(I) > E\left[V|HL\right] = E[V] \text{ bzw.}$$

$$E\left[V|HL\right] = E[V] > C_2(N) > E\left[V|LL\right]$$

gilt. Wenn also auch das zweite Individuum immer eindeutig gemäß seinem Signal entscheidet, wird auch sein Signal durch das Verhalten enthüllt, so dass die öffentliche Information in der dritten Periode aus den Signalen der ersten beiden Individuen besteht. Das dritte Individuum verfügt dann praktisch über drei Signale, die – je nach Verhalten der Vorgänger und eigenem Signal – die in Abbildung 6-7 dargestellten Informationssituationen verkörpern. In dieser Abbildung sind darüber hinaus auch die jeweiligen Aktienpreise aufgeführt, die sich aus der öffentlich verfügbaren Information bestimmen.

Hinsichtlich der Entscheidung des dritten Individuums gilt, dass es sich immer eindeutig gemäß seinem Signal verhält. Voraussetzung dafür ist, dass die erwartete Auszahlung gegeben die jeweils vorliegende (Netto)Information im Fall eines eigenen guten Signals größer sein muss als die Investitionskosten (Preis), während sie im Fall eines schlechten Signals kleiner sein muss als der Preis. Dies bedeutet konkret, dass im Fall, dass die ersten Individuen (*i*) beide investiert, (*ii*) unterschiedlich entschieden bzw. (*iii*) beide nicht investiert haben, jeweils die Bedingungen

$$(i) \quad E\big[V|HHH\big] > E\big[V|HH\big] > E\big[V|H\big],$$

$$(ii) \quad E\big[V|H\big] > E\big[V\big] > E\big[V|L\big] \quad \text{bzw.}$$

$$(iii) \quad E\big[V|L\big] > E\big[V|LL\big] > E\big[V|LLL\big]$$

erfüllt sein müssen. Die Gültigkeit von (*ii*) ist leicht nachzuprüfen, da diese Bedingung unter den Annahmen des Modells ja äquivalent ist zu $p > 1/2 > (1-p)$, was für informative Signale gegeben ist. Im Hinblick auf die Bedingungen (*i*) und (*iii*) lässt sich allgemein zeigen, dass für informative Signale

$$(6\text{-}20) \quad E\big[V|j\times H\big] > E\big[V|(j-1)\times H\big] \quad \text{sowie} \quad E\big[V|j\times L\big] > E\big[V|(j+1)\times L\big]$$

gilt. Folglich reagiert das dritte Individuum – wie auch die ersten beiden – immer eindeutig auf sein Signal, so dass die Nachfolger die Signale der ersten drei Individuen eindeutig aus deren Verhalten erschließen können.

Eine analoge Analyse wie sie für das dritte Individuum durchgeführt wurde, lässt sich auch für das vierte und alle weiteren Individuen anstellen. Allgemein gilt dabei aufgrund der Abhängigkeit des Preises von der jeweils verfügbaren öffentlichen Information, dass sich der Wert der erwarteten Auszahlung in jeder beliebigen Situation vom aktuellen Preis genau darin unterscheidet, dass ein (gutes oder schlechtes) Signal zusätzlich zu berücksichtigen ist. Da in diesem Zusammenhang aber wegen (6-20) gilt, dass sich der Erwartungswert bei Berücksichtigung eines zusätzlichen guten Signals erhöht, während der er sich bei Berücksichtigung eines zusätzlichen schlechten Signals verringert, folgt, dass die erwartete Auszahlung eines Individuums in einer beliebigen Beobachtungssituation im Fall eines guten Signals über dem aktuellen Preis und im Fall eines schlechten Signals unter dem aktuellen Preis liegt, so dass das betrachtete Individuum mit einem guten Signal investiert, während es die Investition mit einem schlechten Signal unterlässt.

Im Fall variabler Investitionskosten (flexibler Preis) wird das Verhalten aller Individuen also ausschließlich durch ihre eigene Information bestimmt, wodurch das Entstehen von Kaskaden bzw. Herdenverhalten ausgeschlossen ist. Vielmehr können die privaten Informationen durch Beobachtung perfekt enthüllt werden. Sie gelangen über den Preis in einen öffentlichen Informationspool und stehen so allen nachfolgenden Individuen zur Verfügung, so dass ein informationseffizientes Ergebnis resultiert.[54]

Dieses theoretische Resultat konnten DREHMANN, OECHSSLER UND ROIDER (2002) in einem Internetexperiment bestätigen. Allerdings weisen AVERY UND ZEMSKY (1998) in einer allgemeineren Version des Kaskadenmodells darauf hin, dass der Preismechanismus signaläquivalentes Verhalten bei allen Akteuren nur dann sicherstellen und Herdenverhalten verhindern kann, wenn es lediglich *eine* Art von Unsicherheit (z. B. bezüglich der Höhe der Auszahlung im Fall einer Investition) gibt. Der Grund dafür liegt darin, dass die eindimensionale Preisvariable mehrdimensionale Unsicherheit (z. B. über die *Existenz* sowie die *Beschaffenheit* der Unsicherheit bezüglich der Höhe der Auszahlung im Fall einer Investition) nicht ausgleichen kann. Der Schutz vor Kaskaden durch den Preismechanismus ist darüber hinaus auch hinfällig, wenn Transaktionskosten berücksichtigt werden müssen (vgl. LEE (1998)) bzw. wenn die Entscheidungsreihenfolge nicht exogen, sondern endogen bestimmt wird (vgl. CHARI UND KEHOE (2003)).

6.2.3 Heterogene Signale bei exogener Reihenfolge

Um die Auswirkungen aufzuzeigen, die eine Lockerung der Annahme über die Signale der Individuen hat, beziehen wir uns wieder auf die Grundversion des Kaskadenmodells aus Abschnitt 6.1.2 (mit konstanten Investitionskosten) und gehen zunächst davon aus, dass die Agenten $i = 2,...,n$ ein (informatives) Signal der Präzision $p_i = p > 1/2$ erhalten, während sich die Signalpräzision des ersten Individuums davon unterscheidet: $p_1 \neq p$ (mit $p_1 > 1/2$). Für die Analyse wird dabei zunächst offen gelassen, ob das erste Individuum besser oder

---

[54] Dieses Ergebnis ist konsistent mit der Aussage des Modells zum *Investigative Herding* aus Kapitel 5. Darin wurde ebenfalls festgestellt, dass Herdenverhalten nicht auftritt, wenn der Zeithorizont lang ist, d. h. wenn die Agenten erst am Ende der Projektdauer liquidieren und sich daher am Erwartungswert des Assets orientieren.

schlechter informiert ist als seine Nachfolger. Jedenfalls sei jedem Individuum bekannt, welche Güte die Signale der anderen Agenten haben.

6.2.3.1 Individuelle Entscheidungen und Effizienzeigenschaften der neuen Lösung

Wie in der Grundversion gilt für das erste Individuum dann wieder, dass es sich für eine Investition entscheidet, wenn der Erwartungswert der damit verbundenen Auszahlung die (fixen) Investitionskosten übersteigt. Dies ist bekanntlich der Fall, wenn sein Signal gut ist:

$$E[V|H] = p_1 > C = 1/2.$$

Ist das Signal hingegen schlecht, unterlässt das erste Individuum die Investition:

$$E[V|L] = (1-p_1) < C = 1/2.$$

Das erste Individuum folgt also strikt seinem Signal, so dass aus der Beobachtung seines Verhaltens auf sein Signal geschlossen werden kann.

Das zweite Individuum verfügt folglich praktisch über zwei Signale, wobei die erwartete Auszahlung in Abhängigkeit von der Informationssituation

$$E[V|H_1H_2] = \frac{p_1 p \cdot 1/2}{p_1 p \cdot 1/2 + (1-p_1)(1-p) \cdot 1/2} = \frac{p_1 p}{1 - p_1 - p + 2p_1 p} > 1/2,$$

$$E[V|H_1L_2] = \frac{p_1(1-p) \cdot 1/2}{p_1(1-p) \cdot 1/2 + (1-p_1)p \cdot 1/2} = \frac{p_1 - p_1 p}{p_1 + p - 2p_1 p} \begin{cases} <1/2 \Leftrightarrow p_1 < p \\ >1/2 \Leftrightarrow p_1 > p \end{cases},$$

$$E[V|L_1H_2] = \frac{(1-p_1)p \cdot 1/2}{(1-p_1)p \cdot 1/2 + p_1(1-p) \cdot 1/2} = \frac{p - p_1 p}{p_1 + p - 2p_1 p} \begin{cases} <1/2 \Leftrightarrow p_1 > p \\ >1/2 \Leftrightarrow p_1 > p \end{cases} \text{bzw.}$$

$$E[V|L_1L_2] = \frac{(1-p_1)(1-p) \cdot 1/2}{(1-p_1)(1-p) \cdot 1/2 + p_1 p \cdot 1/2} = \frac{1 - p_1 - p + p_1 p}{1 - p_1 - p + 2p_1 p} < 1/2$$

beträgt. Aus dieser Berechnung folgt, dass das zweite Individuum unabhängig von seinem eigenen Signal immer dem ersten Individuum folgt, wenn dieses über präzisere, das heißt qualitativ bessere Information verfügt. Die Bedingung $p_1 > p$ bedeutet ja, dass die Wahrscheinlichkeit, dass das Signal des ersten Individuums richtig ist, höher ist als die Wahrscheinlichkeit, dass das Signal des zweiten Agenten richtig ist. Wenn die Entscheidung des zweiten Individuums aber unabhängig von dessen Signal ist, können nachfolgende Individuen aus der Beobachtung seines Verhaltens keine Rückschlüsse auf seine private Information ziehen. Sie befinden sich folglich effektiv in derselben Informationssituation und verhalten sich ebenso unabhängig von ihren Signalen. Dabei wählen sie die Aktion, für die sich auch das erste Individuum entschieden hat. In diesem Fall entsteht dann bereits beim zweiten Individuum eine Kaskade.

Allgemein gesprochen kommt es im Vergleich zur Grundversion, in der alle Agenten Signale identischer Präzision haben, mit heterogenen Signalen also früher zu Herdenverhalten, wenn ein besser informiertes Individuum zuerst zieht. Im Hinblick auf die Entscheidung über beispielsweise den Kauf eines neuen Autos kann etwa ein Automechaniker in seinem Wohnort durch die von ihm gewählte Marke einen Trend setzen, dem weitere Bewohner folgen (vgl. BIKHCHANDANI, HIRSHLEIFER UND WELCH (1998, 160: Toyota vs. Ford) sowie HIRTH UND WALTER (2001, 20: Opel Astra vs. VW Golf)). Dabei gelangt allein das Signal des ersten Individuums in den allgemeinen Entscheidungsprozess, während alle anderen Informationen verborgen bleiben. Das Ergebnis dieser sog. *Fashion-Leader* Variante des Kaskadenmodells ist also extrem informationsineffizient. Diesen Mechanismus macht sich übrigens die Werbung häufig zunutze, indem zum Beispiel Profi-Fußballer für eine Sportmarke oder Zahnarzt-Frauen für Perlweiß werben.

BIKHCHANDANI, HIRSHLEIFER UND WELCH (1992, 1002-1004) halten fest, dass es daher für die nachfolgenden Individuen besser ist, wenn das erste Individuum ein qualitativ *schlechteres* Signal (mit geringerer Präzision) hat. In diesem Fall mit $p_1 < p$ gilt für die erwartete Auszahlung des zweiten Individuums

$$E\left[V|H_1H_2\right] > 1/2 > E\left[V|H_1L_2\right] \text{ sowie}$$

$$E\left[V|L_1H_2\right] > 1/2 > E\left[V|L_1L_2\right],$$

so dass es sich – wie das erste – streng gemäß seinem Signal entscheidet. Folglich ist es für das dritte und alle weiteren Individuen möglich, aus der Beobachtung des Verhaltens wenigstens auf die Signale der ersten beiden Individuen zu schließen. Dadurch verbessert sich die öffentliche Informationslage, so dass ex ante bessere Ergebnisse zu erwarten sind.

Um die Informationseffizienz zu erhöhen, bietet es sich also an, die Entscheidungsreihenfolge umgekehrt proportional zur Signalpräzision der einzelnen Individuen zu wählen, d. h. dass in aufsteigender Reihenfolge der individuellen Signalpräzision gezogen werden sollte, weil schlechter informierte Individuen bedingungslos ihre Vorgänger imitieren, während besser informierte Agenten dazu neigen, ihre private Information auch tatsächlich zu nutzen. In diesem Zusammenhang weisen HIRSHLEIFER (1995, 197-198) sowie BIKHCHANDANI,

HIRSHLEIFER UND WELCH (1998, 160) darauf hin, dass bei Abstimmungen in verschiedenen Gremien (Zentralbanken, Gerichte, Senat) nach Seniorität vorgegangen wird, um eben genau diese Art des Herdenverhaltens zu vermeiden, bei dem sich die dienstjüngeren der Meinung ihrer dienstälteren Kollegen anschließen.

6.2.3.2 Effizienzsteigerung durch Experten

Aufgrund der beschriebenen Verhaltensschemata, insbesondere aufgrund der Tatsache, dass besser informierte Individuen (*Experten*) dazu neigen, ihre private Information in der Tat zu nutzen, ergibt sich grundsätzlich die Möglichkeit, Probleme zu mildern, die sich im Zusammenhang mit Kaskaden ergeben. Dies kann gelingen, wenn ein Experte mit hinreichend präziser Information zum Zug kommt, *nachdem* eine Kaskade entstanden ist. Aufgrund seiner superioren Information kann der Experte auch eine unkonventionelle Entscheidung treffen, die dem Verhalten in der Kaskade entgegensteht. So könnte der Mechaniker etwa im zuvor erwähnten Autobeispiel eine bestehende Astrakaskade beenden, indem er sich für einen Golf entscheidet.

Um dies formal zu zeigen, gehen wir nun davon aus, dass alle Individuen (außer dem sog. Experten) über ein Signal der Präzision $p > 1/2$ verfügen, während das Signal des Experten durch $p_e > p$ gegeben ist. Im Entscheidungszeitpunkt des Experten soll bereits eine Kaskade bestehen. Wie bereits in einem früheren Abschnitt erörtert wurde, setzen sich Kaskaden *ceteris paribus* fort, wenn sie erst einmal entstanden sind, weil keine Information mehr ans Tageslicht gelangt und etwaige widersprüchliche Informationen verborgen bleiben. Da der Herdentrieb im Sinn des Imitationsanreizes, der aus der optimalen Entscheidung der betrachteten Individuen abgeleitet wird, dabei aber nicht stärker (oder schwächer) wird, je größer die Herde ist bzw. je länger die Kaskade andauert, kann diese folglich an jeder beliebigen Stelle beendet werden. Voraussetzung dafür ist, dass das Signal des ausgewählten Individuums (Experte) mit hinreichend hoher Wahrscheinlichkeit richtig ist (der Experte also hinreichend kompetent ist). Ist dies der Fall, kommt es zu signaläquivalentem Verhalten, bei dem der Experte mit einem guten Signal investiert und mit einem schlechten Signal nicht investiert. Insbesondere muss sich der Experte im Fall einer Investitionskaskade mit einem schlechten Signal (ungeachtet der Herde) *gegen* die Investition entscheiden, während er im Fall einer Ablehnungskaskade mit einem guten Signal die Investition wählen muss. Es muss also gelten, dass die auf ein schlechtes (gutes) Signal und die Beobachtung einer Investitionskaskade (Ablehnungskaskade) bedingte Erfolgswahrscheinlichkeit kleiner (größer) als 1/2 ist. Formal bedeutet dies, dass die Bedingung

$$\frac{p\left(2/3\,p+1/3\left(1-p\right)\right)\left(1-p_e\right)}{p\left(2/3\,p+1/3\left(1-p\right)\right)\left(1-p_e\right)+\left(1-p\right)\left(2/3\left(1-p\right)+1/3\,p\right)p_e} < 1/2 \quad \text{bzw.}$$

$$\frac{\left(1-p\right)\left(2/3\left(1-p\right)+1/3\,p\right)p_e}{\left(1-p\right)\left(2/3\left(1-p\right)+1/3\,p\right)p_e + p\left(2/3\,p+1/3\left(1-p\right)\right)\left(1-p_e\right)} > 1/2$$

erfüllt sein muss. Die Präzision des Signals des Experten muss also in jedem Fall einen Schwellenwert

$$p_e^{\min} = \frac{p+p^2}{2\left(1-p+p^2\right)}$$

übersteigen, der durch die Signalpräzision der übrigen Individuen bestimmt wird. Das bedeutet, dass sein Signal hinreichend zuverlässig sein muss. Die folgende Tabelle 6-6 gibt die Höhe des Schwellenwerts für die Signalpräzision des Experten für ausgewählte Werte der Signalpräzision der anderen Individuen an.

Signalpräzision	0,51	0,60	0,70	0,80	0,90	0,99
Schwellenwert	0,5133	0,6316	0,7532	0,8571	0,9396	0,9949

Tabelle 6-6: Kaskadenbrechende Signalpräszision

Wenn also nach Entstehen einer Kaskade ein Individuum zum Zug kommt, das bekanntermaßen über bessere Information im Sinn eines hinreichend präzisen Signals verfügt, kann in jedem Fall aus seinem Verhalten eindeutig auf seine private Information geschlossen werden, so dass die Menge der öffentlichen Informationen um ein weiteres Signal zunimmt und die Effizienz erhöht wird. Insbesondere kann eine bestehende Kaskade im Fall eines entsprechenden (gegensätzlichen) Signals beendet werden.

Allerdings ist zu beachten, dass das Auftreten eines Experten Herdenverhalten bei den nachfolgenden Individuen begünstigt (vgl. *Fashion-Leader* Effekt). Dies impliziert auch, dass bestehende Kaskaden quasi bestätigt werden und sich verfestigen, wenn der Experte dasselbe Verhalten wählt, das in der Kaskade vorherrscht. Umgekehrt können leicht neue Kaskaden entstehen, wenn der Experte sich unkonventionell verhält und eine andere Alternative wählt als seine Vorgänger.

6.2.4 Endogene Reihenfolge

Im Modell mit endogener Zugfolge besteht das Problem eines jeden Agenten nicht mehr wie bisher nur darin, aus einem gegebenen Menü an Handlungsalternativen eine bestimmte Aktion zu wählen, sondern auch darin, den Zeitpunkt dieser Entscheidung festzulegen. Dabei ergibt sich aufgrund der Informations-Externalität, die im Modell mit exogener Reihenfolge vorliegt und durch die ein Agent durch die Beobachtung seiner Vorgänger die Menge der ihm verfügbaren entscheidungsrelevanten Informationen vergrößern kann, grundsätzlich ein Anreiz, die Entscheidung von anderen Agenten abzuwarten und selbst möglichst spät zu entscheiden. Gleichzeitig entstehen durch Verschieben des Entscheidungszeitpunkts aber auch Kosten in Form von Diskontierungsverlusten, so dass bei der Wahl des optimalen Entscheidungszeitpunkts jeweils der Trade-Off zwischen den Kosten und dem Nutzen des Wartens zu beachten ist.

6.2.4.1 Modell mit homogenen Signalen

Die Bestimmung des optimalen Entscheidungszeitpunkts wird zunächst anhand eines einfachen Beispiels nach GALE (1996, 622) erläutert. Dazu betrachten wir das Modell aus Abschnitt 6.2.1 für den Fall zweier Agenten, die jeweils über ein stetiges Signal verfügen. Jeder Agent kann seine Entscheidung nun in einer von zwei Perioden treffen, allerdings ist die Entscheidung, wenn sie einmal gefällt wurde, verbindlich. Klar ist, dass eine Entscheidung, wenn sie in der ersten Periode getroffen wird, ausschließlich auf dem eigenen Signal beruht. Wartet ein Agent dagegen bis zur zweiten Periode, kann er aus dem Vorperiodenverhalten seines Mitspielers Rückschlüsse auf dessen Signal ziehen und zusätzliche Informationen ableiten. Neben diesem Informationsvorteil entstehen durch das Warten aber auch Kosten, die dadurch zum Ausdruck kommen, dass die Agenten zukünftige Auszahlungen mit dem Faktor $0 < \delta < 1$ bewerten.[55]

Dabei gilt, dass diese Kosten nur für einen Agenten relevant sind, der eine Investition in der ersten Periode überhaupt in Betracht zieht, das heißt dessen eigene Information optimistisch ist. Da die erwartete Auszahlung einer Investi-

---

[55] Gale geht an keiner Stelle seines Aufsatzes darauf ein, aber die Existenz von Kosten dieser Art impliziert, dass die Auszahlung im Fall einer Investition unmittelbar nach der Entscheidung erfolgt, und nicht etwa erst, nachdem alle Agenten entschieden haben, also am Ende der zweiten Periode. Würden die Auszahlungen erst am Ende der zweiten Periode gemacht, wäre es in jedem Fall besser abzuwarten als sich voreilig festzulegen – man vergäbe sich dadurch schließlich nichts. Das Gleichgewicht läge dann in einer simultanen Entscheidung der Agenten in der zweiten Periode. Wenn dagegen, wie implizit unterstellt ist, unverzüglich nach einer Entscheidung ausgezahlt wird, entstehen aufgrund der Gegenwartspräferenz der Agenten durch eine Verschiebung des Entscheidungs- und damit eines potenziellen Investitionszeitpunkts Nutzenverluste.

tion in Periode 1 dem Wert des eigenen Signals entspricht, erwägt ein Agent also nur dann eine Investition in Periode 1, wenn er ein positives Signal hat. Mit einem negativen Signal erscheint eine Investition aus Sicht der ersten Periode nicht lohnend, so dass es die beste Alternative ist abzuwarten, um dadurch in den Genuss des (kostenlosen) Informationsvorteils zu kommen. Aufgrund der Möglichkeit zur Beobachtung des Mitspielers können aus dessen Verhalten in der ersten Periode zusätzliche Informationen abgeleitet werden, auf deren Basis die eigene Einschätzung der Situation gegebenenfalls revidiert werden (und schließlich doch noch investiert werden) kann. Kommt es aufgrund der Beobachtung zu keiner Verhaltensänderung, weil die Zusatzinformationen die erste (eigene) Einschätzung bestätigen, so wird eine Investition in der zweiten Periode endgültig abgelehnt. Durch Warten stellt sich ein Agent mit einem schlechten Signal also keinesfalls schlechter, aber möglicherweise besser als im Fall einer vorzeitigen Entscheidung. Daher lautet das erste Ergebnis, dass ein Agent, der ein negatives Signal erhält, seine Entscheidung in der zweiten Periode trifft.

Für einen Agenten mit einem positiven Signal, der im Fall einer Investition mit einer Auszahlung in Höhe von θ_i rechnet, entstehen durch ein Verschieben der Entscheidung von Periode 1 auf Periode 2 Kosten in Höhe von

$$(1-\delta)\theta_i,$$

da die erwartete Auszahlung einer in Periode 2 getätigten Investition (heute) nur $\delta\theta_i$ wert ist. Diese Kosten sind für einen gegebenen Diskontierungsfaktor umso höher, je größer der Wert des eigenen Signals ist, das heißt je optimistischer die verfügbare Information des betrachteten Agenten ist.

Daraus lässt sich ein Zwischenergebnis ableiten, das besagt, dass es einen Schwellenwert $\bar{\theta}$ für das (positive) Signal eines Agenten gibt, ab dem die Kosten des Wartens den damit verbundenen Nutzen – der noch genauer zu bestimmen ist – übersteigen. Es gilt also, dass ein Agent mit einem hinreichend positiven Signal $\theta_i > \bar{\theta}$ angesichts hoher Wartekosten nicht bereit ist, seine Entscheidung zu verschieben, während ein Agent mit einem nur schwach positiven Signal $0 < \theta_i < \bar{\theta}$ es lohnend findet abzuwarten, um seine Entscheidung durch die Beobachtung des Verhaltens des anderen sozusagen abzusichern. Abwarten stiftet ja insofern einen Nutzen, als ein Agent i, der (aufgrund eines positiven Signals) bereits in der ersten Periode dazu neigt zu investieren, vor einer voreiligen Investition bewahrt werden kann, die er aus Sicht von Periode 2 bereut. Dazu käme es, wenn der Mitspieler in der ersten Periode nicht investiert, und die erwartete Auszahlung aus Sicht der zweiten Periode gegeben die dann verfügbaren Informationen $\Im_i = \{\theta_i, x_j = 0\}$ auf einen negativen Wert sinkt, d. h. wenn

$$\theta_i + E\big[\theta_j \big| x_j = 0\big] < 0$$

gilt.[56] Wenn nun zusätzlich berücksichtigt wird, dass auch der Mitspieler in der ersten Periode nur dann nicht investiert, wenn sein Signal einen unter dem Schwellenwert gelegenen Wert $\theta_j < \bar{\theta}$ besitzt, so dass die Bedingung $x_j = 0$ durch $-1 \le \theta_j < \bar{\theta}$ ersetzt werden kann, lässt sich der zu vermeidende Verlust des i-ten Agenten auf

$$-\Big(\theta_i + E\big[\theta_j \big| -1 \le \theta_j < \bar{\theta}\big]\Big)$$

beziffern. Zu einer Vermeidung dieses Verlusts kommt es wie gesagt genau dann, wenn der Mitspieler ein hinreichend schlechtes Signal hat, also mit einer Wahrscheinlichkeit von $\Pr\big(x_j = 0\big) = \Pr\big(-1 \le \theta_j < \bar{\theta}\big)$. Daher beträgt der erwartete Nutzen des Wartens für Agent i

$$-\Pr\big(-1 \le \theta_j < \bar{\theta}\big) \cdot \Big(\theta_i + E\big[\theta_j \big| -1 \le \theta_j < \bar{\theta}\big]\Big).$$

Aus einer Gegenüberstellung dieses Nutzens mit den Kosten des Wartens lässt sich schließlich der Schwellenwert $\bar{\theta}$ bestimmen. Da dieser Schwellenwert das Signal des marginalen Agenten beschreibt, der indifferent ist zwischen einer sofortigen Investition und einer Verschiebung der Entscheidung, kann er durch Gleichsetzen der Wartekosten und dem damit verbundenen Nutzen ermittelt werden. Es ist also die Gleichung

$$(1-\delta)\bar{\theta} = -\Pr\big(-1 \le \theta_j < \bar{\theta}\big) \cdot \Big(\bar{\theta} + E\big[\theta_j \big| -1 \le \theta_j < \bar{\theta}\big]\Big)$$

zu lösen, die in einer konkreteren Formulierung durch

$$(1-\delta)\bar{\theta} = -\big(\bar{\theta}+1\big) \cdot \big(3\bar{\theta}-1\big)\big/4$$

charakterisiert ist. Dazu kommt man, wenn man berücksichtigt, dass die Signale der Agenten gleichverteilt sind, so dass die Wahrscheinlichkeit dafür, dass das

---

[56] Sollte Agent i dagegen beobachten, dass sein Mitspieler j in der ersten Periode investiert hat, wird er in Periode 2 ebenfalls investieren, da ja sowohl sein eigenes Signal als auch die aus der Beobachtung abgeleitete Information eine Investition befürworten.

Signal des Mitspielers unter dem Schwellenwert liegt, $\Pr\left(-1 \leq \theta_j < \bar{\theta}\right) =$ $\left(\bar{\theta}+1\right)/2$ beträgt. Der Erwartungswert des Signals des anderen Agenten lautet damit dann $E\left[\theta_j \middle| -1 \leq \theta_j < \bar{\theta}\right] = \left(-1+\bar{\theta}\right)/2$. Im positiven Wertebereich gibt es also eine eindeutige Lösung für den Schwellenwert $\bar{\theta}$, der je nach Höhe des Diskontierungsfaktors δ variiert. Die folgende Tabelle 6-7 enthält für ausgewählte Diskontierungsfaktoren die entsprechenden Schwellenwerte.

D-faktor	0,1	0,2	0,3	0,4	0,5	0,6	0,7	0,8	0,9	0,95
Schwellenwert	0,16	0,17	0,19	0,20	0,22	0,23	0,25	0,28	0,30	0,32

Tabelle 6-7: Schwellenwert für eine frühe Entscheidung

Die Berechnungen zeigen, dass der Schwellenwert umso höher liegt, je höher der Diskontierungsfaktor δ ist, das heißt je geringer die Gegenwartspräferenz ist. Dies ist intuitiv plausibel, da bei schwacher Gegenwartspräferenz die Kosten des Wartens durch ein Verschieben der Investition unabhängig von der erwarteten Auszahlung geringer ausfallen, was den Trade-Off zugunsten des Wartens verändert.

Im Ergebnis bleibt festzuhalten, dass durch Endogenisierung der Reihenfolge eine ausgeprägtere Ineffizienz auftreten kann. Dies rührt daher, dass im Vergleich zum Szenario mit exogener Zugfolge nur noch aus *Investitions*beobachtungen wertvolle Informationen abgeleitet werden können. Aus der Beobachtung, dass ein Agent in der ersten Periode *nicht* investiert hat, kann nicht mehr eindeutig geschlossen werden, dass er ein negatives Signal hatte. Anders formuliert liegt die Ursache des Problems darin, dass die Aktion *Warten* nicht informativ ist, da sie von einer endgültigen Entscheidung gegen die Investition (Aktion *Nicht investieren*) nicht unterschieden werden kann.[57] Daraus ergibt sich, dass es weiterhin möglich ist, fehlerhafte Entscheidungen zu treffen. Insbesondere kann es dazu kommen, dass eine profitable Investition unterbleibt, wenn die Signale der beiden Agenten positiv sind, aber unter dem Schwellenwert liegen. In diesem Fall wird keiner der Agenten in der ersten Periode investieren, so dass es mangels einer positiven Beobachtung auch in der zweiten (oder einer be-

---

[57] BOUMNY ET AL. (1998) zeigen in diesem Zusammenhang, dass der Umfang der Informationsenthüllung erhöht werden kann, wenn anstatt der Aktionen *Investieren*, *Nicht investieren* und *Warten* die Aktionen *Investition in Projekt 1*, *Investition in Projekt 2* und *Warten* zur Auswahl stehen. In ihrem Modell wird die Informationseffizienz allerdings dadurch eingeschränkt, dass es einige Perioden dauern kann, bis der erste Agent handelt, wodurch sich die Höhe der Auszahlungen (aufgrund der Diskontierung) verringert.

liebigen späteren) Periode genau so wenig zu einer Investition kommen wird, obwohl die individuellen Auszahlungen im Fall einer Investition positiv wären. Diese Ineffizienz kann auch im Modell von CHAMLEY UND GALE (1994) auftreten, in dem – in einem abweichenden Rahmen mit N Agenten – wieder sequenzielle Investitionsentscheidungen mit endogener Reihenfolge analysiert werden. Dabei kommt es bei hinreichend pessimistischen Erwartungen der einzelnen Agenten im Gleichgewicht ebenfalls dazu, dass sich in der ersten Periode keines der Individuen für eine Investition entscheidet (weil der Nutzen des Wartens die Kosten übersteigt), wodurch keinerlei Information enthüllt wird, so dass sich die individuellen Entscheidungen in der zweiten sowie in allen weiteren Perioden gegenüber der ersten nicht verändern und es letztlich zu keiner Investition kommt.

6.2.4.2 Modell mit heterogenen Signalen

Eine interessante Erweiterung der Analyse von Kaskadenmodellen mit endogener Reihenfolge findet sich bei ZHANG (1997), der die Auswirkungen untersucht, die sich dadurch ergeben, dass zugelassen wird, dass die einzelnen Agenten über (binäre) Signale unterschiedlicher Präzision verfügen. Dazu werden n Agenten betrachtet, die vor der Entscheidung stehen, in eines von zwei Projekten zu investieren, von denen genau eines profitabel ist. Einen Hinweis darauf, welches Projekt das richtige ist, gibt das (private) Signal, das informativ, aber nicht perfekt ist. Der Zeitpunkt der Entscheidung kann frei gewählt werden, allerdings gilt, dass eine Entscheidung verbindlich ist und von allen anderen Agenten beobachtet werden kann, sobald sie einmal getroffen wurde. Durch die Möglichkeit zur Beobachtung des Verhaltens von anderen Agenten, aus der auf deren Signale geschlossen werden kann, eröffnet sich für jedes Individuum ein Weg, an zusätzliche Informationen zu gelangen, so dass ein Anreiz besteht, mit der eigenen Entscheidung abzuwarten. Da durch das Warten allerdings auch Kosten entstehen, ist bei der Wahl des optimalen Entscheidungszeitpunkts wieder der bereits aus dem Modell von GALE (1996) bekannte Trade-Off zwischen Nutzen und Kosten des Wartens zu berücksichtigen.

Dabei gilt, dass die erwartete Auszahlung und damit die Kosten des Wartens umso höher sind, je höher die Signalpräzision ist. Daraus ergibt sich, dass das Individuum mit dem genauesten Signal als erstes ziehen wird, woraufhin das Individuum mit der zweithöchsten Signalpräzision unmittelbar folgt und unabhängig von seinem eigenen Signal dasselbe Projekt wählt, da sein Signal weniger genau ist als das seines Vorgängers und somit von diesem dominiert wird. Folglich kann aus dem Verhalten des zweiten Akteurs keine zusätzliche Information abgeleitet werden, so dass es für die übrigen Agenten keinen Grund gibt, mehr als die erste Aktion abzuwarten. Im Gleichgewicht entscheiden sich also die restlichen Agenten simultan, nachdem das Individuum mit dem präzisesten Signal gezogen hat.[58] Da die Höhe der individuellen Signalpräzision jedoch private Information ist, das Individuum mit dem genauesten Signal also nicht weiß, dass sein Signal das (qualitativ) beste ist, kommt es nicht notwendigerweise unmittelbar bei Spielbeginn zur ersten Entscheidung, sondern erst zu dem Zeitpunkt, in dem für das Individuum mit der höchsten Signalpräzision der zusätzliche Nutzen aus einer weiteren Verschiebung seiner Entscheidung den Kosten des Wartens entspricht.

Durch dieses anfängliche Abwarten sowie durch die unbedingte Nachahmung des ersten Akteurs durch die weiteren Agenten, aufgrund der sämtliche private Informationen unter Verschluss bleiben und das Ergebnis ausschließlich vom Signal des ersten Akteurs abhängt, kommt es also auch hier zu einer Ineffizienz. Diese fällt im Vergleich zur exogenen Zugfolge, bei der das Individuum mit dem (qualitativ) besten Signal zuerst zieht, aufgrund der Verzögerung der ersten Entscheidung allerdings größer aus.

Als Maßnahmen zur Vermeidung dieser Ineffizienzen schlägt ZHANG (1997, 191) zum einen vor, ein Belohnungssystem einzuführen, bei dem frühe Entscheidungen honoriert werden, und zum anderen, Institutionen zu schaffen, die den Informationsaustausch zwischen den einzelnen Agenten unterstützen. Die Umsetzung beider Maßnahmen wird dabei jedoch pessimistisch bewertet.

6.3 Maßnahmen zur Vermeidung von Herdenverhalten in Kaskaden

Da Herdenverhalten in Kaskaden zu ineffizienten Ergebnissen führen kann, ist es angebracht, nach Maßnahmen zu suchen, die diese Ineffizienzen vermeiden helfen. Dabei unterscheiden wir im Hinblick auf die auftretenden Ineffizienzen zwischen einer ex-ante und einer ex-post Sicht, wobei sich die Ineffizienz *ex-ante* auf eine imperfekte Informationsakkumulation bezieht, infolge der zu wenig private Informationen in den allgemeinen Entscheidungsprozess gelangen und die individuellen Entscheidungen nur auf einer mitunter sehr kleinen Teilmenge der insgesamt vorhandenen Informationen basieren. Dadurch kann sich schließlich ein *ex-post* ineffizientes Ergebnis einstellen, d. h. dass es zur Wahl der falschen Alternative kommen kann, die letztlich auf die Unsicherheit in Bezug auf die Höhe der Auszahlung zurückzuführen ist.

Während rationale Individuen bei perfekter Information (Sicherheit) immer die richtige Entscheidung treffen, hängt der Erfolg ihrer Entscheidung in einer Situation mit Informationsproblemen vom Umfang der individuell verfügbaren Informationen ab, der im sequenziellen Entscheidungsrahmen wiederum durch

---

[58] Dieses Ergebnis beschreiben auch BIKHCHANDANI, HIRSHLEIFER UND WELCH (1992, 1002) sowie BIKHCHANDANI, HIRSHLEIFER UND WELCH (1998, 162).

das Ausmaß der Informationsakkumulation bestimmt wird. Durch welche Maßnahmen dieses im Rahmen der Kaskadenmodelle erhöht werden kann, ist Gegenstand des folgenden Abschnitts.

Dabei wird zunächst auf Abschnitt 6.2.2 verwiesen, in dem festgestellt wurde, dass es durch eine Endogenisierung des Preises bzw. der Investitionskosten zur vollständigen Vermeidung von Herdenverhalten und damit zur Erhöhung der Informationseffizienz kommt. Der Grund dafür liegt darin, dass die privaten Informationen perfekt in den Preis aufgenommen werden, so dass sie für nachfolgende Individuen verfügbar sind und in deren Kalküle einfließen können. Leider kann daraus keine direkte *Maßnahme* abgeleitet werden, da es sich unmittelbar aus der Anwendungssituation ergibt, ob der Preis fix ist oder flexibel. Darüber hinaus wird in diesem Zusammenhang daran erinnert, dass flexible Preise Herdenverhalten nur dann verhindern können, wenn nur bezüglich *einer* Variablen Unsicherheit herrscht, wenn keine Transaktionskosten vorliegen und die Entscheidungsreihenfolge exogen ist (vgl. AVERY UND ZEMSKY (1998), LEE (1998) sowie CHARI UND KEHOE (2003)).

Des weiteren wurde im Zusammenhang mit heterogenen Signalen festgestellt, dass Kaskaden mit einer geringeren Wahrscheinlichkeit auftreten, wenn die einzelnen Agenten in umgekehrter Reihenfolge ihrer Signalpräzisionen ziehen. Außerdem wurde gezeigt, dass bestehende Kaskaden durch das Auftreten eines Experten gebrochen werden können, womit jedoch die Gefahr einer neuen, anders gerichteten Kaskade verbunden ist. Dennoch erhöht sich aber die Informationseffizienz, da mindestens ein weiteres Signal (höherer Güte) bekannt wird. Aus diesen beiden Zusammenhängen kann insofern eine Maßnahme zur Erhöhung der Informationseffizienz abgeleitet werden, als eine exogen gegebene Reihenfolge durchaus so festgelegt werden kann, dass den weniger informierten Agenten niedrige und den besser informierten Agenten hohe Platznummern zugewiesen werden.

Die Diskussion weiterer Maßnahmen, die durch eine Erhöhung der Informationseffizienz zur Vermeidung von Herdenverhalten in Kaskaden beitragen, wird im nächsten Abschnitt damit begonnen aufzuzeigen, wie im Rahmen des Kaskadenmodells von BIKHCHANDANI, HIRSHLEIFER UND WELCH (1992) eine effiziente Informationsakkumulation erreicht werden kann.

6.3.1 Offenlegung der individuellen Signale

Im Rahmen des Grundmodells aus Abschnitt 6.1.2 mit sequenziellen Entscheidungen liegt eine effiziente Informationsakkumulation dann vor, wenn das Signal eines jeden Agenten allgemein verfügbar ist, nachdem er seine Entscheidung getroffen hat, so dass die Nachfolger neben ihrem eigenen Signal auch die Signale aller ihrer Vorgänger verwenden können. Dieses Szenario wird mit dem

Begriff *Previous Signals Observable* oder kurz PSO bezeichnet. Dabei ist die Teilmenge der den einzelnen Individuen verfügbaren Informationen umso größer und gleichzeitig der Menge der insgesamt vorhandenen Informationen umso ähnlicher, je später diese ziehen. Unter der Voraussetzung, dass die Signale in irgendeiner Weise informativ sind – was in allen behandelten Modellen unterstellt wird – kommt es dann zur Konvergenz der individuellen Entscheidungen hin zum richtigen Ergebnis (vgl. BIKHCHANDANI, HIRSHLEIFER UND WELCH (1998, 153-154)).

Dies wird besonders deutlich, wenn man ein Beispiel betrachtet, in dem die ersten beiden Individuen über jeweils ein gutes Signal verfügen, während alle anderen ein schlechtes Signal haben (*H-H-L-L-L-L-L-*...). Wenn in diesem Fall allein die Beobachtung der Aktionen der Vorgänger (*Previous Actions Observable*, PAO) möglich wäre, würden – wie aus der Analyse des Modells in Abschnitt 6.1.4 hervorgeht – die ersten beiden Agenten aufgrund ihrer guten Signale investieren, woraufhin sich der dritte Agent unabhängig von seinem Signal ebenfalls für die Investition entscheiden würde. Da der Prozess der öffentlichen Akkumulation privater Informationen durch das signalunabhängige Verhalten des dritten Agenten beendet wird, entscheiden sich alle weiteren Agenten unter denselben (Informations)Bedingungen wie das dritte Individuum und investieren ebenfalls (auf Basis der aus dem Verhalten des ersten und zweiten Individuums abgeleiteten Signale), obwohl die überwiegende Mehrheit der insgesamt vorhandenen – aber nicht berücksichtigten – Informationen gegen die Investition spricht.

Mit der Möglichkeit zur Beobachtung der Signale der Vorgänger würden sich die ersten drei Individuen zwar auch für eine Investition entscheiden, da die erwartete Auszahlung gegeben die ihnen jeweils verfügbaren Informationen

für das erste Individuum: $\Pr(E|H) = p > 1/2 = C,$

für das zweite Individuum: $\Pr(E|HH) = \dfrac{p^2}{p^2 + (1-p)^2} > 1/2 = C$ bzw.

für das dritte Individuum: $\Pr(E|HHL) = \Pr(E|H) = p > 1/2 = C$

beträgt. Da jetzt aber gilt, dass die Signale aller Vorgänger den nachfolgenden Individuen jeweils direkt zur Verfügung stehen, kann es bereits beim vierten Individuum – falls der Münzwurf dies ergibt – zu einer Ablehnung der ex-post ineffizienten Investition kommen, die andernfalls spätestens ab dem fünften Individuum zu beobachten sein wird. Die erwartete Auszahlung beträgt für das vierte bzw. für das fünfte Individuum gegeben die jeweils verfügbaren Informationen ja

$$\Pr\left(E|HHLL\right) = \Pr\left(E\right) = 1/2 = C \text{ bzw.}$$

$$\Pr\left(E|HHLLL\right) = \Pr\left(E|L\right) = \left(1-p\right) < 1/2 = C.$$

Für alle weiteren Individuen mit je einem zusätzlichen schlechten Signal sinkt die erwartete Auszahlung weiter, so dass es sich immer weniger lohnt zu investieren. Insgesamt kommt es im gewählten Beispiel im PSO-Szenario also zu maximal vier Investitionen, während im PAO-Szenario alle Individuen investieren, so dass durch die Erhöhung der Informationseffizienz, die in der Offenlegung der individuellen Signale besteht, alle Agenten ab dem fünften vor einer falschen Entscheidung bewahrt werden.

Um diese Vorteile im Rahmen des Kaskadenmodells zu realisieren, muss eine PSO-Situation erzeugt werden. Eine Möglichkeit dazu besteht etwa darin, die Individuen zu zwingen, ihre private Information zusammen mit der von ihnen gewählten Aktion offenzulegen, bzw. ein Kommunikationsforum zu schaffen, auf dem die Individuen ihre Vorgänger über deren Informationen befragen können. Auch wenn dies in der heutigen Zeit via Internet auch bei einer großen Gruppe von Agenten grundsätzlich möglich scheint, besteht ein nicht unerhebliches Glaubwürdigkeitsproblem („Sagen die Individuen wirklich die Wahrheit oder machen sie willkürliche Angaben?"). Daher kann diese Maßnahme nur als eine theoretische Möglichkeit zur Erhöhung der Effizienz betrachtet werden. Das PSO-Szenario ist also eher hypothetischer Natur.

6.3.2 Beschränkung der individuell verfügbaren Informationen

Ein realistischerer Ansatz zur Vermeidung der Informationsineffizienz, die daher rührt, dass die Individuen unter bestimmten Voraussetzungen ihre private Information vernachlässigen und unabhängig von ihrem eigenen Signal entscheiden, beruft sich darauf, dass es zu jener Vernachlässigung der eigenen Information nur dadurch kommt, dass aus der Beobachtung des Verhaltens von anderen Agenten Informationen abgeleitet werden, die das eigene Signal dominieren. Folglich ist zur Vermeidung der Ineffizienz die Nutzung dieser fremden Informationen zu beschränken. Im Extremfall wird dabei allen Agenten (außer dem letzten) die Beobachtung des Verhaltens seiner Vorgänger untersagt (*Vorhanglösung*).[59] Dadurch, dass die Entscheidungen der Vorgänger quasi hinter einem Vorhang ablaufen und nicht beobachtet werden können, hat jedes Indivi-

---

[59] Diese Maßnahme entspricht weitgehend der Anordnung simultaner Entscheidungen, die von BIKHCHANDANI, HIRSHLEIFER UND WELCH (1998, 163) als gesamtwirtschaftlich vorteilhaft bezeichnet wird.

duum (außer dem letzten) nur sein eigenes Signal zur Verfügung, das folglich auch die individuelle Entscheidung bestimmt.

Insgesamt betrachtet gilt bei dieser extremen Maßnahme, dass Lernen durch Beobachtung – wie bei simultanen Entscheidungen – vollständig unterbunden wird. Dadurch wird keinerlei private Information öffentlich bekannt und der Pool der öffentlichen Information bleibt leer. In der Folge sind die individuellen Entscheidungen jeweils ausschließlich auf Basis des eigenen Signals zu treffen. Im Vergleich zur Grundversion des Kaskadenmodells *mit* der Möglichkeit zur Beobachtung der Vorgänger sinkt dadurch für alle Individuen (außer das erste) die Menge der verfügbaren Informationen, die dort neben dem eigenen Signal wenigstens noch aus den aus dem Verhalten des ersten und zweiten Individuums abgeleiteten Signalen bestehen.

Dennoch ist in der Vorhanglösung insofern ein Vorteil zu sehen, als sie bewirkt, dass Herdenverhalten sowie Kaskaden verhindert werden (weil einerseits über das Verhalten der anderen keine Informationen vorliegen und es andererseits keine öffentlichen Informationen gibt, welche die private Information dominieren könnten), und folglich kein Individuum sein Signal vernachlässigt. Da also jedes Signal im Entscheidungsprozess (genau einmal) berücksichtigt wird, kommt es gesamtwirtschaftlich betrachtet zur Nutzung der insgesamt vorhandenen Information.

Auch BANERJEE (1992, 798 UND 811) weist darauf hin, dass die ex-ante Effizienz dadurch erhöht werden kann, dass einige Individuen ausschließlich auf die Nutzung der eigenen Information beschränkt werden; dabei ist die Möglichkeit zur Beobachtung der Vorgänger insbesondere denjenigen Agenten zu verwehren, die unter Berücksichtigung der aus dem Verhalten ihrer Vorgänger abgeleiteten Informationen unabhängig von ihrem eigenen Signal entscheiden würden.

Leider erweist sich auch die Umsetzung dieses Vorschlags in vielen Situationen als schwierig, da bei vielen Aktionen nicht ausgeschlossen werden kann, dass ihre Ergebnisse bekannt werden. Mit der Nutzung eines neuen Pkw ergibt es sich beispielsweise ganz zwangsläufig, dass die Nachbarn beobachten, wie man sich entschieden hat. In manchen Situationen erscheint die Durchführung eines Beobachtungsverbots jedoch möglich. So könnte grundsätzlich verboten werden, dass Bestsellerlisten erstellt und veröffentlicht werden.

6.3.3 Öffentliche Informationskampagnen

Eine andere Maßnahme, durch die verhindert werden kann, dass die aus dem Verhalten der Vorgänger abgeleiteten Informationen das eigene Signal überdecken, besteht darin, (im Rahmen *Öffentlicher Informationskampagnen*) gezielt zusätzliche Informationen bekannt zu geben, um so die Dominanz der abgeleiteten (Sekundär)Information aufzuheben. Dabei liegt das Ziel dieser Zusatzinformation primär nicht darin, die Informationssituation der Individuen durch ein besonders gutes Signal zu verbessern (Woher sollte der Staat besser wissen, was die richtige oder falsche Alternative ist?), sondern vielmehr darin, bereits (zu) stark gewordene Indizien zu schwächen.

BIKHCHANDANI, HIRSHLEIFER UND WELCH (1992, 1004-1007), HIRSHLEIFER (1995, 198-200) sowie BRUNNERMEIER (2001, 151) weisen in diesem Zusammenhang darauf hin, dass die Wirkung zusätzlicher Information (öffentlicher Signale) vom Zeitpunkt ihrer Bekanntgabe abhängt. So hat ein öffentliches Signal (z. B. ein vom Staat herausgegebener Bericht über Chancen und Risiken einer zu wählenden Alternative) – falls es bekannt gegeben wird, *solange noch keine Kaskade* besteht – zwei Effekte. Einerseits stellt es zusätzliche Information dar, welche die Informationssituation eines jeden Individuums direkt verbessert. Andererseits verschlechtert es indirekt die Informationssituation aller Individuen (außer die des ersten), indem es in die Entscheidung des ersten Agenten eingeht und diese möglicherweise so beeinflusst, dass aus seinem Verhalten nicht mehr eindeutig auf sein Signal geschlossen werden kann. Je nachdem wie sich diese beiden konträren Effekte auf die jeweils individuell verfügbare Information auswirken, kann eine frühe Veröffentlichung zusätzlicher Information alle Individuen (außer dem ersten) ex-ante schlechter stellen.

Dies wird deutlich, wenn man sich vorstellt, dass ein starkes Signal veröffentlich wird, bevor der erste Agent zieht. Wenn dieser sich dadurch unabhängig von seinem Signal für die Aktion entscheidet, die das öffentliche Signal nahe legt, bleibt seine private Information verborgen, so dass alle weiteren Individuen (mit identischer Signalpräzision) in derselben Situation wie der erste Agent entscheiden müssen und folglich ebenfalls die durch das öffentliche Signal suggerierte Aktion wählen. Durch die anfängliche Veröffentlichung zusätzlicher Information kann also unmittelbar eine Kaskade begründet werden, so dass keinerlei private Information in den Entscheidungsprozess gelangt und die ex-post effiziente (richtige) Lösung nur zufällig erreicht wird (je nachdem, ob das staatliche Signal richtig oder falsch ist).

Um die Effizienz des Entscheidungsprozesses zu erhöhen, sollte zusätzliche Information daher erst bekannt gegeben werden, *nachdem eine Kaskade* entstanden ist. In einer Kaskade gibt das Verhalten der Vorgänger deren private Information ohnehin nicht preis, so dass der oben beschriebene zweite (negative) indirekte Effekt entfällt und einzig der erste (positive) direkte Effekt besteht. Demzufolge verbessert ein öffentliches Signal die Informationssituation der noch folgenden Agenten, so dass deren Entscheidungen aus einer ex-ante Sicht besser ausfallen. Darüber hinaus können Kaskaden bereits durch wenig zusätzliche Information beendet werden: Damit ein Individuum in einer Kaskade wieder seinem eigenen Signal folgt, muss das öffentliche Signal gerade so stark sein, dass es die Information, die aus dem Verhalten der Vorgänger abgeleitet werden konnte, soweit kompensiert, dass das Signal des nächsten Individuums durchschlagen kann. Es ist daher in jedem Fall ausreichend, wenn das öffentliche Signal dieselbe Präzision hat wie die privaten Signale.

In diesem Zusammenhang betrachten wir wieder die Grundversion des Kaskadenmodells aus Abschnitt 6.1.2. Dabei gehen wir davon aus, dass die ersten beiden Individuen investiert haben, so dass für das dritte Individuum ohne öffentliche Zusatzinformation – unabhängig von seinem Signal – ebenfalls eine Investition vorprogrammiert ist (vgl. Formeln (6-9) und (6-10)).[60] Der Grund dafür liegt darin, dass die öffentliche (aus dem Verhalten der Vorgänger abgeleitete) Information die private Information dominiert, wobei die investitionsbefürwortenden Indizien überwiegen. Um zu erreichen, dass das dritte Individuum gegeben das Verhalten seiner Vorgänger seinem eigenen Signal folgt und dadurch zur öffentlichen Akkumulation privater Information beiträgt, muss also die Dominanz der positiven Information aufgehoben werden. Dazu ist ein zusätzliches schlechtes Signal zu veröffentlichen, *nachdem* die Entscheidung des zweiten Individuums gefallen ist und *bevor* das dritte Individuum zieht. Unter Berücksichtigung dieses schlechten öffentlichen Signals besteht die Informationssituation des dritten Individuums dann mit einer $2/3$-Wahrscheinlichkeit aus zwei guten, einem schlechten sowie seinem eigenen Signal und mit der Gegenwahrscheinlichkeit von $1/3$ aus einem guten, zwei schlechten und seinem eigenen Signal. Je nachdem, ob das Signal des dritten Agenten dann gut oder schlecht ist, beträgt seine erwartete Auszahlung im Fall einer Investition

$$E\left[V|II \cap L \cap H\right] = \frac{2/3\, p^3\left(1-p\right)+1/3\, p^2\left(1-p\right)^2}{2/3\, p^3\left(1-p\right)+1/3\, p^2\left(1-p\right)^2+2/3\left(1-p\right)^3 p+1/3\left(1-p\right)^2 p^2}$$

$$= \frac{p+p^2}{2\left(1-p+p^2\right)} \qquad \text{bzw.}$$

$$E\left[V|II \cap L \cap L\right] = \frac{2/3\, p^2\left(1-p\right)^2+1/3\, p\left(1-p\right)^3}{2/3\, p^2\left(1-p\right)^2+1/3\, p\left(1-p\right)^3+2/3\left(1-p\right)^2 p^2+1/3\, p^3\left(1-p\right)}$$

$$= \frac{1-p^2}{1+2p-2p^2} \, ,$$

wobei $E\left[V|II \cap L \cap L\right] < C = 1/2 < E\left[V|II \cap L \cap H\right]$

---

[60] Das Folgende gilt übrigens auch für jedes andere Individuum, das am Beginn einer Investitionskaskade steht, da die Menge der verfügbaren Informationen für alle diese Individuen identisch ist.

gilt. Der dritte Agent investiert in der betrachteten Situation also mit einem guten Signal, während er die Investition mit einem schlechten Signal unterlässt. Durch das zusätzliche schlechte öffentliche Signal kann das Entscheidungskalkül des dritten Agenten also so verändert werden, dass er sich gemäß seinem eigenen Signal verhält, und seine private Information folglich der Allgemeinheit zur Verfügung steht.

Dieses Effekt zusätzlicher Information konnten WILLINGER UND ZIEGELMEYER (1998) in einem Experiment bestätigen. Dabei mussten ihre Versuchspersonen in zwei verschiedenen Versuchsanordnungen eine binäre Entscheidung treffen, wobei die Rahmenbedingungen des Kaskadenmodells von BIKHCHANDANI, HIRSHLEIFER UND WELCH (1992) grundsätzlich eingehalten wurden. Der Unterschied zwischen den beiden Versuchsvarianten bestand darin, dass in der ersten Variante jedes Individuum *genau ein* Signal zur Verfügung hatte, während in der zweiten Variante diejenigen Individuen *zwei* Signale ziehen durften, die unmittelbar zum Zug kamen, nachdem zwei aufeinanderfolgende Aktionen identisch waren. Auch wenn die Autoren diese Situation als Expertenszenario bezeichnen, entspricht es in meiner Terminologie – zumindest solange nur jeweils derjenige Agent beobachtet wird, der über zwei Signale verfügt – eher dem Fall öffentlicher Informationskampagnen, bei dem zusätzliche Information zur Verfügung gestellt wird. Das Experiment zeigte, dass Kaskaden in der zweiten Versuchsanordnung mit Zusatzinformation weniger häufig auftraten.

Durch Bekanntgabe eines öffentlichen Signals kann das Entstehen einer Kaskade beim dritten Individuum also verhindert werden. Allerdings ist zu beachten, dass die kaskadenhemmende Wirkung dieser Maßnahme nur von begrenzter Dauer ist. So kann es bereits beim vierten Individuum erneut zu einer Kaskade kommen, falls sich das dritte Individuum im oben gewählten Beispiel wie seine beiden Vorgänger trotz des schlechten zusätzlichen Signals für eine Investition entscheidet.[61]

In diesem Fall kann das vierte Individuum aus der Beobachtung des Verhaltens seiner Vorgänger ableiten, dass mindestens zwei gute Signale (beim ersten und dritten Agenten) vorlagen, die in jedem Fall das schlechte öffentliche und gegebenenfalls auch ein schlechtes eigenes Signal kompensieren können, so dass die Nettoinformation im Fall, dass das vierte Individuum ein gutes Signal erhält, aus zwei guten Signalen sowie dem abgeleiteten Signal des zweiten Individuums bzw. im Fall, dass das vierte Individuum ein schlechtes Signal bekommt, allein aus dem abgeleiteten Signal des zweiten Individuums besteht. Da

---

[61] Auf diese Gefahr weisen GRANT, KING UND POLAK (1996, 17) im Rahmen eines Zahlenbeispiels hin, in dem sie zeigen, dass ein hinreichend präzises öffentliches Signal eine Kaskade zwar beenden kann, obschon durch seine Bekanntgabe gleichzeitig eine entgegengesetzte Kaskade begünstigt wird.

dieses im vorliegenden Fall eher gut ist als schlecht, entscheidet sich das vierte Individuum sowohl mit einem guten als auch mit einem schlechten Signal *für* die Investition. Seine Entscheidung ist also unabhängig von seinem eigenen Signal, was formal durch die folgenden Zusammenhänge bestätigt wird:

$$E\left[V\,|\,III \cap L \cap H\right] = \frac{p^2 + p^3}{2 - 5p + 5p^2} > E\left[V\,|\,III \cap L \cap L\right] = \frac{1+p}{3} > C = 1/2.$$

In der beschriebenen Situation kann daher in der Tat beim vierten Individuum eine Kaskade beginnen, in der sich auch alle nachfolgenden Agenten – in Abwesenheit weiterer Maßnahmen – für die Investition entscheiden.

Falls sich das dritte Individuum im gewählten Beispiel aufgrund eines schlechten eigenen Signals gegen die Investition entscheidet, besteht die verfügbare Nettoinformation des vierten Individuums im Fall eines guten eigenen Signals aus dem abgeleiteten Signal des zweiten Individuums. Im Fall eines schlechten eigenen Signals hat es zwei schlechte Signale und das abgeleitete Signal des zweiten Individuums zur Verfügung, so dass für die erwartete Auszahlung des vierten Individuums in diesem Fall je nach Ausprägung des eigenen Signals

$$E\left[V\,|\,IIN \cap L \cap H\right] = \frac{1+p}{3} > C = 1/2 > E\left[V\,|\,IIN \cap L \cap L\right] = \frac{1 - p - p^2 + p^3}{1 - p + p^2}$$

gilt. Das vierte Individuum investiert in dieser Situation also mit einem guten Signal, während es mit einem schlechten Signal nicht investiert. Durch dieses signaläquivalente Verhalten gibt es sein Signal preis und trägt somit zur öffentlichen Akkumulation privater Informationen bei. Da es dabei jedoch bei entsprechendem (paarweise identischem) Verhalten der Individuen auch wieder zur Dominanz einer bestimmten Signalausprägung kommen kann (z. B. wenn das dritte und vierte Individuum im oben gewählten Beispiel nicht investieren), können Kaskaden aber immer wieder auftreten.

Um das Entstehen von Kaskaden generell zu vermeiden, ist es notwendig, jedes Mal, wenn paarweise identisches Verhalten beobachtet wird, entsprechende Zusatzinformation öffentlich bekannt zu geben, also ein schlechtes Signal bei zwei aufeinander folgenden Investitionen und ein gutes Signal bei zwei aufeinander folgenden Ablehnungen. Durch eine ständige Beobachtung des Entscheidungsprozesses und die gezielte Bekanntgabe entsprechender öffentlicher Signale können Kaskaden dann vermieden werden, weil die Zusatzinformationen genau so eingesetzt werden, dass die Individuen ihre private Information berücksichtigen, wodurch die öffentliche Akkumulation privater Informationen gefördert wird. Insgesamt kann durch öffentliche Informationskampagnen also eine Konvergenz hin zur richtigen Entscheidung erreicht werden kann. Allerdings gilt dieses Resultat nur auf sehr lange Sicht, so dass die Wirksamkeit öffentlicher Informationskampagnen als Maßnahme zur Vermeidung von Herdenverhalten in Kaskaden mit dem Ziel, die ex-post effiziente (richtige) Lösung zu realisieren, eher pessimistisch zu sehen ist. Ferner ist negativ zu beurteilen, dass das Instrument öffentlicher Informationskampagnen – wenn es wirksam eingesetzt werden soll, so dass die ex-ante Effizienz erhöht wird – vergleichsweise aufwändig ist, da es eine ständige Beobachtung des Entscheidungsprozesses erfordert, um gegebenenfalls ein (zur bisherigen Entwicklung) konträres Signal bekannt zu geben. Bei der praktischen Umsetzung wäre schließlich auch zu klären, welche Kosten der Einsatz des dieses Instruments verursacht.

6.3.4 Pretiales Anreizsystem zur perfekten Informationsenthüllung

In diesem Abschnitt wird über die in der Kaskadenliteratur vorhandenen Vorschläge hinaus analysiert, inwiefern den einzelnen Individuen durch ein steuerliches Instrument ein Anreiz gegeben werden kann, ihre private Information trotz Beobachtung des Verhaltens ihrer Vorgänger und den daraus abgeleiteten Informationen zu nutzen und sich strikt gemäß ihrem Signal zu verhalten, so dass aus der Beobachtung des Verhaltens jeweils eindeutig auf die zugrunde liegenden Informationen geschlossen werden kann. Um also zu erreichen, dass jedes Individuum bei Vorliegen eines guten Signals investiert bzw. bei Vorliegen eines schlechten Signals die Investition ablehnt, ist ein (lump-sum) Steuersystem zu konzipieren, das für jede denkbare Beobachtungssituation sicher stellt, dass der erwartete Nettogewinn eines Individuums aus einer Investition bei Vorliegen eines guten eigenen Signal positiv ist, so dass es folglich zu einer Investition kommt, während dieser erwartete Nettogewinn bei Vorliegen eines schlechten eigenen Signals negativ ist, so dass eine Investition unterbleibt.[62]

Dabei gilt, dass eine Anreizsteuer *nicht* nötig ist, wenn sich das betrachtete Individuum in einer gegebenen Beobachtungssituation ohnehin signaläquivalent verhält. Wie aus der Analyse der Grundversion des Kaskadenmodells hervorgeht, ist dies immer dann der Fall, wenn die verfügbare Nettoinformation eines Individuums – wie beim ersten Agenten – ausschließlich aus seinem eigenen Signal besteht. Die allgemeine Voraussetzung dafür ist, dass die Anzahl der aus dem Verhalten der Vorgänger abgeleiteten guten Signale mit der Anzahl der abgeleiteten schlechten Signale übereinstimmt, so dass sich die Sekundärinformationen gegenseitig neutralisieren. Wenn nun vorweggenommen wird, dass es ein Anreizsystems gibt, unter dessen Einfluss sich alle Agenten signaläquivalent

---

[62] Die Idee zur Anwendung eines Steuer-/Subventionsmechanismus', durch den der Anreiz zur Nutzung der eigenen Information erhöht werden kann, findet sich in einem etwas anderen Kontext auch bei BRU UND VIVES (2002).

verhalten, wird die Forderung nach einer gleichen Anzahl an guten und schlechten Signalen unter den Vorgängern in jeder Beobachtungssituation erfüllt, in der die Anzahl der Vorgänger, die investiert haben, mit der Anzahl der Vorgänger, die nicht investiert haben, übereinstimmt. Da die Anzahl der Vorgänger eines Individuums i insgesamt $i-1$ beträgt, kann diese Beobachtungssituation durch $\mathcal{H} = \left\{ \frac{i-1}{2} \times I, \frac{i-1}{2} \times N \right\}$ beschrieben werden. Allgemein ist also festzuhalten, dass die Höhe der Anreizsteuer für Individuum i, das beobachtet hat, dass jeweils gleich viele seiner Vorgänger investiert bzw. nicht investiert haben,

(6-21) $\tau_i (\mathcal{H}) = 0$, falls $\mathcal{H} = \left\{ \frac{i-1}{2} \times I ; \frac{i-1}{2} \times N \right\}$

beträgt.[63] Insbesondere gilt dieses Ergebnis auch für den ersten Agenten, der keine Vorgänger hat und daher auf sein eigenes Signal angewiesen ist.

Unterscheidet sich aus der Sicht eines Individuums (mit einer *geraden* Platznummer i) die Anzahl der Vorgänger, die investiert haben, von der Anzahl der Vorgänger, die nicht investiert haben, um eins, neutralisieren sich – unter der Voraussetzung, dass sich unter dem Einfluss des Anreizsystems alle Agenten signaläquivalent verhalten – die aus dem Verhalten der Vorgänger abgeleiteten Informationen bis auf ein gutes bzw. ein schlechtes Signal. In diesem Fall reduziert sich die Menge der effektiv verfügbaren Informationen auf null, wenn das eigene Signal der Nettoinformation widerspricht, die aus der Beobachtung abgeleitet wurde. Das betrachtete Individuum ist in einer solchen Situation indifferent, da die erwartete Auszahlung gerade die Investitionskosten deckt; der erwartete Gewinn aus einer Investition beträgt also null und entspricht damit genau der Vermögensänderung, die mit einer Ablehnung der Investition verbunden ist. Gemäß den Annahmen aus der Grundversion des Kaskadenmodells würde das betrachtete Individuum dann zufällig entscheiden. Durch das Anreizsystem ist diese Indifferenzsituation nun so zu beheben, dass sich das betrachtete Individuum bei Vorliegen eines schlechten (guten) eigenen Signals gegen (für) die Investition entscheidet. Um dies zu erreichen, muss man das Individuum im Fall einer Investition mit einer Steuer (Subvention) belegen.[64] Wenn die Maßnahme als *Steuer* formuliert wird, muss also

---

[63] Aufgrund der Ganzzahligkeit im Hinblick auf die Anzahl der Vorgänger kann die Platznummer des betrachteten Individuums i in diesem Fall ausschließlich ungerade sein.

[64] Allgemein gilt in diesem Zusammenhang, dass zur Herstellung von signaläquivalentem Verhalten eine (echte) Steuer notwendig ist, wenn die Anzahl der Investitionen die Anzahl der Ablehnungen übersteigt; ansonsten (falls mehr Ablehnungen als Investitionen beobachtet wurden) muss eine Subvention gezahlt werden.

(6-22)
$$\tau_i > 0, \text{ falls } num(I) = num(N) + 1 \Leftrightarrow \mathcal{H} = \left\{ \tfrac{i}{2} \times I, \left(\tfrac{i}{2} - 1\right) \times N \right\} \text{ bzw.}$$

$$\tau_i < 0, \text{ falls } num(N) = num(I) + 1 \Leftrightarrow \mathcal{H} = \left\{ \left(\tfrac{i}{2} - 1\right) \times I, \tfrac{i}{2} \times N \right\}$$

gelten. Zu beachten ist dabei, dass die Anreizsteuer nicht auf das Signal des betrachteten Individuums konditioniert werden kann, da dieses private Information darstellt; vielmehr kann sie nur in Abhängigkeit von der Beobachtungssituation erhoben werden. Dadurch ergibt sich aber auch eine Veränderung des erwarteten Nettogewinns, wenn das Individuum über dasselbe Signal verfügt, das die Nettoinformation seiner Vorgänger beschreibt. Bei der Festlegung des Steuerbetrags ist also sicherzustellen, dass der erwartete Nettogewinn, der sich nach Berücksichtigung der Anreizsteuer ergibt, gegeben die jeweilige Historie sowie ein gutes (schlechtes) Signal nach wie vor positiv (negativ) ist. Die Höhe des Steuerbetrags ist also so zu wählen, dass auch

$$E\left[V | \mathcal{H} \cap H\right] = \frac{p^2}{p^2 + (1-p)^2} - 1/2 - \tau_i > 0, \text{ falls } \mathcal{H} = \left\{ \tfrac{i}{2} \times I, \left(\tfrac{i}{2} - 1\right) \times N \right\} \text{ sowie}$$

$$E\left[V | \mathcal{H} \cap L\right] = \frac{(1-p)^2}{p^2 + (1-p)^2} - 1/2 - \tau_i < 0, \text{ falls } \mathcal{H} = \left\{ \left(\tfrac{i}{2} - 1\right) \times I, \tfrac{i}{2} \times N \right\}$$

erfüllt ist. Dies ist äquivalent zu

(6-23)
$$\tau_i < \frac{p^2}{p^2 + (1-p)^2} - 1/2, \text{ falls } \mathcal{H} = \left\{ \tfrac{i}{2} \times I, \left(\tfrac{i}{2} - 1\right) \times N \right\} \text{ bzw.}$$

$$\tau_i > \frac{(1-p)^2}{p^2 + (1-p)^2} - 1/2, \text{ falls } \mathcal{H} = \left\{ \left(\tfrac{i}{2} - 1\right) \times I, \tfrac{i}{2} \times N \right\}.$$

Aufgrund der Tatsache, dass

$$\frac{p^2}{p^2 + (1-p)^2} - 1/2 > 0 \text{ sowie } \frac{(1-p)^2}{p^2 + (1-p)^2} - 1/2 < 0$$

gilt, können die Bedingungen (6-22) und (6-23) jeweils simultan erfüllt werden. Um die Maßnahme erfolgreich umzusetzen, genügt in beiden Fällen ein infinitesimaler Betrag ε, so dass durch eine Anreizsteuer in Höhe von

(6-24)

$$\tau_i(\mathcal{H}) = \varepsilon, \text{ falls } \mathcal{H} = \left\{\tfrac{i}{2} \times I, \left(\tfrac{i}{2}-1\right) \times N\right\} \text{ bzw.}$$

$$\tau_i(\mathcal{H}) = -\varepsilon, \text{ falls } \mathcal{H} = \left\{\left(\tfrac{i}{2}-1\right) \times I, \tfrac{i}{2} \times N\right\}$$

bei einem Individuum mit einer geraden Platznummer i signaläquivalentes Verhalten induziert werden kann, wenn die Anzahl der Vorgänger, die sich für eine Investition entschieden haben, die Anzahl der Vorgänger, die nicht investiert haben, um eins über- bzw. unterschreitet.

Schließlich bleibt noch zu untersuchen, wie sich die Höhe der Anreizsteuer für ein Individuum bemisst, das beobachtet, dass die Differenz zwischen der Anzahl seiner Vorgänger, die investiert haben, und der Anzahl der Vorgänger, die nicht investiert haben, zwei oder mehr beträgt.[65] Wenn dazu wieder vorausgesetzt wird, dass es einen Anreizmechanismus gibt, der zu signaläquivalentem Verhalten bei allen Individuen führt, unterscheidet sich in einer solchen Beobachtungssituation die Anzahl der aus dem Verhalten der Vorgänger abgeleiteten guten Signale von der Anzahl der abgeleiteten schlechten Signale um mindestens zwei. Folglich besteht die Nettoinformation, die aus dem Verhalten aller Vorgänger geschlossen werden kann, aus den überzähligen $d \geq 2$ guten bzw. schlechten Signalen. Die verfügbare Nettoinformation des betrachteten Individuums besteht folglich aus $(d+1)$ guten bzw. schlechten Signalen, falls das eigene Signal die Nettoinformation der Vorgänger bestätigt, bzw. aus $(d-1)$ guten bzw. schlechten Signalen, falls das eigene Signal der Nettoinformation der Vorgänger widerspricht (vgl. Abbildung 6-8).

Verhalten der Vorgänger	Abgeleitete Netto-information	Signal des be-trachteten Ind.	Verfügbare Netto-information
Überwiegend I	$d \times H$	H	$(d+1) \times H$
		L	$(d-1) \times H$
Überwiegend N	$d \times L$	H	$(d-1) \times L$
		L	$(d+1) \times L$

Abbildung 6-8: Verfügbare Nettoinformation von Individuum i

Um auch hier signaläquivalentes Verhalten zu erreichen, muss in Abhängigkeit von der jeweiligen Historie eine Anreizsteuer erhoben werden, die sich primär

---

[65] Dabei sei darauf hingewiesen, dass diese Differenz d für ein Individuum mit einer ungeraden (geraden) Platznummer i – das folglich eine gerade (ungerade) Anzahl an Vorgängern hat – nur gerade (ungerade) sein kann.

aus der Bedingung ableitet, dass das betrachtete Individuum bei der Beobachtung, dass seine Vorgänger überwiegend investiert (nicht investiert) haben, mit einem schlechten (guten) eigenen Signal nicht investiert (investiert). Der erwartete Nettogewinn des betrachteten Individuums muss in diesem Fall also nach Berücksichtigung der Anreizsteuer negativ (positiv) sein, das heißt es muss

$$\frac{p^{d-1}}{p^{d-1}+\left(1-p\right)^{d-1}}-1/2-\tau_i<0,\text{ falls } num\left(I\right)=num\left(N\right)+d$$

$$\Leftrightarrow \mathcal{H}=\left\{\tfrac{i-1+d}{2}\times I,\tfrac{i-1-d}{2}\times N\right\}\quad\text{bzw.}$$

$$\frac{\left(1-p\right)^{d-1}}{p^{d-1}+\left(1-p\right)^{d-1}}-1/2-\tau_i>0,\text{ falls } num\left(N\right)=num\left(I\right)+d$$

$$\Leftrightarrow \mathcal{H}=\left\{\tfrac{i-1-d}{2}\times I,\tfrac{i-1+d}{2}\times N\right\}$$

gelten. Der Steuerbetrag ist also einerseits so zu wählen, dass er die Bedingung

(6-25)
$$\tau_i>\frac{p^{d-1}}{p^{d-1}+\left(1-p\right)^{d-1}}-1/2>0,\text{ falls } \mathcal{H}=\left\{\tfrac{i-1+d}{2}\times I,\tfrac{i-1-d}{2}\times N\right\}\quad\text{bzw.}$$

$$\tau_i<\frac{\left(1-p\right)^{d-1}}{p^{d-1}+\left(1-p\right)^{d-1}}-1/2<0,\text{ falls } \mathcal{H}=\left\{\tfrac{i-1-d}{2}\times I,\tfrac{i-1+d}{2}\times N\right\}$$

erfüllt.[66] Andererseits muss aber auch gewährleistet sein, dass sich das betrachtete Individuum unter dem Einfluss der Anreizsteuer bei Vorliegen eines mit der Beobachtungssituation übereinstimmenden Signals gemäß seinem Signal entscheidet. Es muss also auch

(6-26)
$$\frac{p^{d+1}}{p^{d+1}+\left(1-p\right)^{d+1}}-1/2-\tau_i>0$$

$$\Leftrightarrow \tau_i<\frac{p^{d+1}}{p^{d+1}+\left(1-p\right)^{d+1}}-1/2,\text{ falls } \mathcal{H}=\left\{\tfrac{i-1+d}{2}\times I,\tfrac{i-1-d}{2}\times N\right\}\quad\text{bzw.}$$

---

[66] An dieser Stelle ist wieder zu erkennen, dass die Anreizsteuer im ersten Fall eine *echte* Steuer (mit positivem Steuerbetrag) darstellt, während der Steuerbetrag im zweiten Fall negativ ist, so dass es sich letztlich um eine Subvention handelt.

$$\frac{(1-p)^{d+1}}{p^{d+1}+(1-p)^{d+1}}-1/2-\tau_i<0$$

$$\Leftrightarrow \tau_i>\frac{(1-p)^{d+1}}{p^{d+1}+(1-p)^{d+1}}-1/2, \text{ falls } \mathcal{H}=\left\{\frac{i\text{-}1\text{-}d}{2}\times I,\frac{i\text{-}1+d}{2}N\right\}$$

gelten. Die Bedingungen (6-25) und (6-26) können simultan erfüllt werden, da

$$\frac{p^{d+1}}{p^{d+1}+(1-p)^{d+1}}-1/2>\frac{p^{d-1}}{p^{d-1}+(1-p)^{d-1}}-1/2 \text{ sowie}$$

$$\frac{(1-p)^{d-1}}{p^{d-1}+(1-p)^{d-1}}-1/2>\frac{(1-p)^{d+1}}{p^{d+1}+(1-p)^{d+1}}-1/2$$

gilt. Wenn wir dann wieder davon ausgehen, dass die Anreizsteuer gerade so gewählt wird, dass sie ihren Zweck erfüllt, ist sie für Individuum i mit der Beobachtungssituation $\mathcal{H}$ jeweils infinitesimal über bzw. unter dem in (6-25) angegebenen Schwellenwert auf

(6-27)
$$\tau_i(\mathcal{H})=\frac{p^{d-1}}{p^{d-1}+(1-p)^{d-1}}-1/2+\varepsilon, \text{ falls } \mathcal{H}=\left\{\frac{i\text{-}1+d}{2}\times I,\frac{i\text{-}1\text{-}d}{2}\times N\right\} \text{ bzw.}$$

$$\tau_i(\mathcal{H})=\frac{(1-p)^{d-1}}{p^{d-1}+(1-p)^{d-1}}-1/2-\varepsilon, \text{ falls } \mathcal{H}=\left\{\frac{i\text{-}1\text{-}d}{2}\times I,\frac{i\text{-}1+d}{2}\times N\right\}$$

festzusetzen.

Zusammenfassend kann festgehalten werden, dass durch das in Abbildung 6-9 abgebildete Anreizsystem, das sich durch die in (6-21), (6-24) und (6-27) angegeben Steuer- bzw. Subventionsbeträge beschreiben lässt, erreicht werden kann, dass alle Individuen ihre private Information nutzen und sich folglich streng gemäß ihrem eigenen Signal entscheiden. Der Erfolg dieser Maßnahme beruht darauf, dass der Einfluss fremder Informationen, die aus der Beobachtung des Verhaltens der Vorgänger abgeleitet werden können, durch entsprechende Steuer- bzw. Subventionszahlungen ausgeglichen wird. Dadurch wird zwar jegliche Nutzung abgeleiteter Informationen verhindert, so dass jeder Agent seine Entscheidung letztlich nur auf der Basis eines einzigen Signals trifft – während die Entscheidungen im Grundmodell (außer beim ersten Agenten) auf mehr als einem Signal beruhen, nämlich mindestens auf den Signalen, die aus dem Verhalten des ersten und zweiten Agenten abgeleitet werden. Allerdings ist zu bedenken, dass es im Grundmodell – je nach Beschaffenheit der Signalreihenfolge – dazu kommen kann, dass die Entscheidungen aller Individuen *ausschließlich* auf genau diesen beiden Signalen beruhen (weil es beim dritten Individuum bereits zu einer Kaskade kommt). Daher ist in der durch das Anreizsystem bewirkten Art der Informationsbeschränkung gerade sein Vorteil zu sehen: Es wird verhindert, dass Informationen verschwendet werden. Jeder Agent trifft seine Entscheidung aufgrund des ihm vorliegenden Signals, so dass im Aggregat alle Informationen (je einmal) genutzt werden.

Beobachtung	Historie $\mathcal{H}$	zu erhebende Steuer/Subvention
gleich viele I wie N	$\left\{\frac{i-1}{2}\times I, \frac{i-1}{2}\times N\right\}$	$\tau_i(\mathcal{H})=0$
eine I mehr als N	$\left\{\frac{i}{2}\times I, \left(\frac{i}{2}-1\right)\times N\right\}$	$\tau_i(\mathcal{H})=\varepsilon$
eine N mehr als I	$\left\{\left(\frac{i}{2}-1\right)\times I, \frac{i}{2}\times N\right\}$	$\tau_i(\mathcal{H})=-\varepsilon$
$d\geq 2$ I mehr als N	$\left\{\frac{i-1+d}{2}\times I, \frac{i-1-d}{2}\times N\right\}$	$\tau_i(\mathcal{H})=\dfrac{p^{d-1}}{p^{d-1}+\left(1-p\right)^{d-1}}-1/2+\varepsilon$
$d\geq 2$ N mehr als I	$\left\{\frac{i-1-d}{2}\times I, \frac{i-1+d}{2}\times N\right\}$	$\tau_i(\mathcal{H})=\dfrac{\left(1-p\right)^{d-1}}{p^{d-1}+\left(1-p\right)^{d-1}}-1/2-\varepsilon$

Abbildung 6-9: Pretiales Anreizsystem

Derselbe Effekt kann allerdings auch durch eine *direkte* Beschränkung der individuell verfügbaren Informationen (Vorhanglösung) erreicht werden. In einem direkten Vergleich ist dieser Vorhanglösung möglicherweise der Vorzug zu geben, weil im Hinblick auf das Subventionselement im Anreizsystem die Finanzierung dieser Maßnahme zu klären ist.

6.3.5 Internalisierung durch Altruismus

Schließlich soll ein Rahmen aufgezeigt werden, in dem das Externalitäten-Problem, das im Basismodell zum Entstehen von Kaskaden und den damit verbundenen Ineffizienzen führt, nur in abgeschwächter Form auftritt. Auch wenn dies im Kapitel über *Maßnahmen* zur Erhöhung der Effizienz durch Vermeidung von Herdenverhalten in Kaskaden geschieht, ist die folgende Internalisierungsmöglichkeit – die in der Annahme altruistischer Präferenzen besteht – nicht wirklich als Maßnahme zu verstehen. Da Altruismus den Individuen nicht oktroyiert werden kann, scheitert eine praktische Umsetzung an der fehlenden Implementierbarkeit. Dennoch ist es interessant zu sehen, wie sich eine Variation der Annahme über die individuellen Präferenzen im Kaskadenmodell auswirkt.

Das Problem im Grundmodell liegt in der Existenz einer Informations-Externalität, die darin besteht, dass die einzelnen Individuen bei ihrer Entscheidung nicht bedenken, dass die Nachfolger aus ihrem Verhalten auf die zugrunde liegende Information schließen, welche sie dann in ihre eigene Entscheidung einfließen lassen. Sie vernachlässigen also den Einfluss, den ihr Verhalten auf die Entscheidungen der Nachfolger – und damit deren Auszahlungen und letztlich auf die Gesamtwohlfahrt – haben kann. Diese Externalität kann durch die Annahme altruistischer Präferenzen (die im übertragenen Sinn mit einer Fusion mehrerer Wirtschaftseinheiten vergleichbar ist) zumindest teilweise internalisiert werden.

Um dies zu zeigen nehmen BIKHCHANDANI UND SHARMA (2001, 287) an, dass die Zielfunktion eines altruistischen Individuums durch die durchschnittliche Auszahlung aller Individuen gegeben ist. Jedes Individuum wählt sein Verhalten dann so, dass die *durchschnittliche* Auszahlung maximiert wird. Dies ist bei gegebener Anzahl an Individuen äquivalent zur Maximierung der Gesamtwohlfahrt, die durch die Summe aller Auszahlungen gegeben ist. Durch diese Veränderung der Zielfunktion gegenüber dem Basismodell liegt es im Interesse eines jeden Individuums, nicht nur selbst eine möglichst gute Entscheidung zu treffen, sondern auch dafür zu sorgen, dass die anderen Individuen eine möglichst gute Entscheidung treffen können. Da dafür möglichst vollständige Information notwendig ist, entsteht durch den Altruismus also ein Anreiz, sein eigenes Signal durch das eigene Verhalten zu enthüllen, um es den Nachfolgern verfügbar zu machen. Unter welchen Umständen die Individuen dies tatsächlich machen und worin die Gründe für eine Unterdrückung der eigenen Information liegen, wird im Folgenden kurz erörtert. Dabei wird – abgesehen von der Zielfunktion der Individuen – wieder der Modellrahmen der Basisversion aus Abschnitt 6.1.2 unterstellt.

Das erste Individuum wird – wie auch im Grundmodell – in jedem Fall unbedingt seinem eigenen Signal folgen, da es dadurch sowohl das aus seiner Sicht beste Verhalten wählt (für das die ihm verfügbare Information spricht), als auch seinen Nachfolgern die Möglichkeit gibt, aus der Beobachtung seines Verhalten eindeutig auf die zugrunde liegende Information zu schließen, um so die eigene Informationsbasis zu verbessern.

Das zweite Individuum wird sich ebenfalls signaläquivalent verhalten und immer seinem Signal folgen. Falls sein eigenes Signal mit dem aus dem Verhalten des ersten Individuums abgeleiteten übereinstimmt, kann es sich durch die Wahl der aus seiner Sicht besten Aktion gleichzeitig auch seiner eigenen Information gemäß verhalten. Falls sich die Signale des ersten und zweiten Individuums widersprechen, ist das zweite Individuum *aufgrund der ihm verfügbaren Informationen* zunächst zwar indifferent zwischen den beiden Optionen. Da es seinen Nachfolgern aber nur durch die Wahl derjenigen Alternative, für die seine persönliche Information spricht, vermitteln kann, dass es ein anderes Signal erhalten hat als das erste Individuum, wird es auch im Fall gegensätzlicher Signale seinem eigenen Signal folgen.

Angenommen das zweite Individuum beobachtet, dass das erste Individuum investiert hat. Dann kann es daraus schließen, dass sein Vorgänger ein gutes Signal hatte. Wenn es nun selbst ein gutes Signal hat, wird es ebenfalls investieren. Hat es ein schlechtes Signal, heben sich die ihm verfügbaren Informationen gegenseitig auf, so dass es allein aufgrund der verfügbaren Information indifferent ist; würde es nun – wie im Basismodell – zufällig entscheiden und resultierte daraus eine Investition, könnten nachfolgende Individuen aus der Beobachtung, dass die ersten beiden Individuen investiert haben, nicht mehr eindeutig auf deren Signale schließen. Um den Nachfolgern also die Möglichkeit zu geben, aus der Beobachtung ihrer Vorgänger eindeutig deren Signale zu enthüllen – wodurch die Informationsbasis verbreitet und die kollektive Entscheidung verbessert wird – muss das zweite Individuum im Fall, dass es aufgrund eines vom ersten Individuum abweichenden Signals indifferent ist, seinem eigenen Signal folgen und im beschriebenen Beispiel nicht investieren. Unter der Annahme altruistischer Präferenzen folgt also auch das zweite Individuum eindeutig seinem Signal. Damit können alle weiteren Individuen die Signale der ersten beiden Individuen eindeutig erschließen.

Das dritte Individuum verfügt dann praktisch über drei Signale, die es bei seiner Entscheidung verwenden kann. Dass es sein Verhalten dabei streng nach seinem eigenen Signal ausrichtet, ist wieder klar, wenn sich die beiden aus dem Verhalten der Vorgänger abgeleiteten Signale voneinander unterscheiden. Diese beiden Signale heben sich dann ja – wie im Basismodell beschrieben wurde – in ihrer Aussagekraft auf, so dass sich das dritte Individuum praktisch in derselben Situation befindet wie das erste Individuum und sich gemäß seinem Signal entscheidet. Dabei kann es das aus seiner Sicht beste Verhalten wählen und gleichzeitig den Nachfolgern eine bessere Entscheidungsgrundlage ermöglichen, weil diese aus seinem Verhalten eindeutig auf seine private Information schließen können.

Stimmen die aus dem Verhalten der ersten beiden Individuen abgeleiteten Signale dagegen überein, besteht für das dritte Individuum ein potenzieller Zielkonflikt. Dieser ergibt sich wie folgt: Wenn das Signal des dritten Individuums identisch zu den aus dem Verhalten seiner Vorgänger abgeleiteten Signalen ist, wählt es das Verhalten, das ihm sein eigenes Signal (und gleichzeitig auch die ihm insgesamt verfügbare Information) weist. Erhält es ein von den abgeleiteten Signalen unterschiedliches Signal, spricht die dem dritten Individuum vorliegende (Netto)Information gegen ein Verhalten gemäß dem eigenen Signal;

wählt das dritte Individuum allerdings entgegen seiner privaten Information das Verhalten seiner Vorgänger, bleibt sein eigenes negatives Signal verborgen. Angenommen, die ersten beiden Individuen haben investiert. Aus dieser Beobachtung schließt das dritte Individuum, dass die beiden Vorgänger je ein gutes Signal hatten. Liegt ihm dann selbst ebenfalls ein gutes Signal vor, wählt es ebenfalls die Investition. Liegt ihm ein schlechtes Signal vor, spricht die Nettoinformation zwar für eine Investition; aus der Beobachtung von drei Investitionen können nachfolgende Individuen aber nicht eindeutig auf die Signale der Vorgänger schließen, da sowohl die Signalfolge *HHH* als auch *HHL* möglich ist. Der Wert der eigenen Information kann den Nachfolgern also nur durch die Wahl desjenigen Verhaltens offenbart werden, für welches das eigene Signal spricht. Im Fall der Signalfolge *HHL* müsste das dritte Individuum also die Alternative *N* wählen, um seinen Nachfolgern sein Signal zu offenbaren.

Da ein solches Verhalten aus Sicht des dritten Individuum aber die schlechtere Wahl (mit den geringeren Erfolgschancen) darstellt, muss ein altruistisches Individuum dazwischen abwägen, selbst eine möglichst gute Entscheidung zu treffen oder den Nachfolgern möglichst gute Entscheidungen zu ermöglichen. Das Ergebnis dieser Abwägung hängt schließlich davon ab, wie viele Individuen noch folgen. Dabei gilt allgemein, dass das *i*-te Individuum seinem eigenen Signal folgen sollte, wenn es mindestens so viele Nachfolger wie Vorgänger hat. Ist die Anzahl der Nachfolger dagegen kleiner als die Anzahl der Vorgänger, ist es rational, das aufgrund der aktuellen (individuellen) Informationslage beste Verhalten zu wählen.

Für das oben gewählte Beispiel bedeutet dies, dass das dritte Individuum mit einem schlechten Signal investieren sollte, wenn es beobachtet, dass seine beiden Vorgänger investiert haben, und nur noch ein weiteres (viertes) Individuum nachfolgt. In diesem Fall ist das Argument der Informationsenthüllung bedeutungslos, da das vierte (und letzte) Individuum – ganz unabhängig davon, welches Signal es selbst hat – nicht zwangsläufig eine schlechtere Entscheidung trifft, wenn es das Signal des dritten Individuums nicht kennt. So besteht im Fall eines guten Signals beim vierten Individuum die aggregierte Information aus drei guten und einem schlechten Signal, so dass sich das vierte Individuum – egal, ob es nun von der Existenz des schlechten Signals des dritten Individuums weiß oder nicht – in jedem Fall für die Investition entscheidet. Im Fall eines schlechten Signals besteht die aggregierte Information aus je zwei guten und zwei schlechten Signalen, so dass das vierte Individuum in Kenntnis des schlechten Signals des dritten Individuum zufällig entscheidet, während es im Fall der Informationsunterdrückung beim dritten Individuum (unter Bezugnahme auf zwei gute und ein schlechtes Signal) die Investition wählt – ein Ergebnis, das auch bei vollständiger Informationsenthüllung eintreten kann.

Im Fall mit nur einem Nachfolger gilt also, dass das dritte Individuum durch ein Verhalten, das seine eigene Information für nachfolgende Individuen offenlegt, die Entscheidung des Nachfolgers nicht verbessern kann, so dass es schlicht die Aktion mit den aus seiner Sicht größeren Erfolgschancen wählt. Folgen dagegen noch mindestens so viele Individuen nach wie bereits vor dem betrachteten Individuum entschieden haben (das heißt befindet sich das betrachtete Individuum in der ersten Hälfte der Sequenz), überwiegt das Informationsenthüllungsargument, so dass das dritte Individuum eindeutig auf sein Signal reagiert. Nur dadurch kann es den Nachfolgern seine private Information preisgeben und das unmittelbare Entstehen einer Kaskade verhindern, in der alle noch folgenden Individuen unabhängig von ihren Signalen die Vorgänger imitieren.

Unter der Annahme von Altruismus ist es also für alle Individuen, die in der ersten Hälfte des Entscheidungsprozesses zum Zug kommen, rational, sich gemäß ihrer eigenen Information zu verhalten, um den Nachfolgern ihre private Information zur Verfügung zu stellen und somit deren Entscheidungen zu verbessern. Dadurch kann das Entstehen einer Kaskade zwar nicht völlig verhindert werden, allerdings entstehen Kaskaden zumindest erst später, so dass insgesamt mehr Informationen in den allgemeinen Entscheidungsprozess gelangen als im Grundmodell. Dies erhöht die Informationseffizienz.

In jedem Fall kann das Ergebnis mit Altruismus als effizient im Sinne des Pareto-Kriteriums bezeichnet werden, weil es aus der Maximierung der durchschnittlichen individuellen Auszahlungen resultiert. Da die Maximierung der durchschnittlichen Auszahlung aber für eine gegebene Anzahl an Individuen äquivalent zur Maximierung der gesamten Auszahlungssumme ist, sind die ökonomischen Möglichkeiten ausgeschöpft, so dass es keine Möglichkeit mehr gibt, mindestens einen besser zu stellen, ohne einen anderen zu verschlechtern.

6.3.6 Notwendigkeit für den Einsatz von Maßnahmen

Abschließend sei auf eine spezielle Eigenart von Informationskaskaden hingewiesen, die beim Einsatz von Maßnahmen zur Vermeidung von Herdenverhalten zu berücksichtigen ist. Sie besteht darin, dass sich Kaskaden von selbst wieder auflösen können, wenn es sich um wiederholte Entscheidungen handelt. In diesem Fall haben die Individuen nämlich die Möglichkeit, aus Erfahrung zu lernen. So werden sich Touristen, die am ersten Urlaubstag aufgrund unzureichender Information über die Qualität zweier Restaurants einfach in das Lokal gegangen sind, in dem mehr Gäste saßen, am nächsten Abend anders entscheiden, falls sich herausgestellt hat, dass das Essen im ersten Restaurant doch nicht gut war. Dadurch korrigieren sich schädliche, falsche Kaskaden praktisch von selbst, ohne dass weitere Eingriffe nötig sind.

Diese Möglichkeit besteht nicht bei Entscheidungen, die üblicherweise nur einmal (oder zumindest selten) durchgeführt werden, wie zum Beispiel der Besuch eines bestimmten Kinofilms, der Kauf einer bestimmten CD, eines bestimmten Buches oder auch eines Autos. In diesen Fällen sind Maßnahmen zur Vermeidung von Herdenverhalten zu erwägen. Welche grundsätzlichen Probleme sich dabei stellen, wird im Rahmen von Kapitel 8 diskutiert.

7 Modelle mit Informations- und Payoff-Externalitäten

Im Unterschied zu den ersten beiden Modellkategorien, in denen Herdenverhalten ausschließlich aufgrund von Payoff- oder Informations-Externalitäten erklärt wurde, wenden wir uns jetzt der Kombination beider Phänomene zu und zeigen, dass sich die Effekte gegenseitig verstärken können, so dass es noch schneller zu Herdenverhalten kommen kann. Dazu gehen wir in zwei Schritten vor: Zunächst führen wir in den bekannten Rahmen des Kaskadenmodells aus Kapitel 6 über einen Netzwerk-Effekt eine Payoff-Externalität ein und zeigen, dass diese Modifikation die Kaskadenbildung und damit auch das Auftreten von Herdenverhalten fördert, bevor wir uns in einem zweiten Schritt schließlich der prominenteren Modellklasse der sog. *Reputational Herding Models* zuwenden, die insofern als Spezialfall betrachtet werden können, als der positive externe Effekt in einem Prinzipal-Agent-Rahmen durch die Sorge der Agenten um ihre Reputation erzeugt wird.

7.1 Erweiterung des Kaskadenmodells um eine Payoff-Externalität

Die einfachste Kombination von Informations- und Payoff-Externalitäten im Zusammenhang mit Herdenverhalten findet sich bei HIRTH UND WALTER (2002), die das Kaskadenmodell von BIKHCHANDANI, HIRSHLEIFER UND WELCH (1992), das aus Kapitel 6 bekannt ist, um eine Payoff-Externalität in Form eines Netzwerk-Effekts erweitern.[67] Den Rahmen ihrer Analyse bildet also die Grundversion des Kaskadenmodells, dessen Annahmen in Abschnitt 6.1.2 beschrieben sind und bis auf eine geringfügige Änderung im Hinblick auf die Projektauszahlungen, die sich jedoch nicht auf das Ergebnis auswirkt, weiterhin gelten. Abweichend von der Grundversion wird nun angenommen, dass eine Investition in das unsichere Projekt kostenlos unternommen werden kann. Die Investitionskosten belaufen sich also auf $C = 0$. Die Auszahlung im Erfolgs- bzw. Misserfolgsfall betrage $V_E = 1$ bzw. $V_M = -1$.

---

[67] Ein anderes Modell, in dem gleichzeitig Informations- und Payoff-Externalitäten auftreten, findet sich bei ALEXANDER-COOK, BERNHARDT UND ROBERTS (1998). Auch wenn sich dieses Modell v. a. in der Informationsstruktur insofern von den Kaskadenmodellen unterscheidet, als nur ein Teil der Agenten ein Signal erhält, kann damit Herdenverhalten erklärt werden. Dabei kann es – anhängig von der Wahl der Modellparameter – entweder dazu kommen, dass alle den informierten Agenten folgend in ein Projekt mit zunehmenden Skalenerträgen investieren, weil die Aktion der informierten Individuen signalisiert, dass der gute Zustand vorliegt und das Projekt lohnend ist, oder dass alle aufgrund von Koordinationsproblemen bei den Informierten eine solche Investition unterlassen, weil sich keiner der informierten Agenten dazu entschließen kann, allein den ersten Schritt zu machen.

7.1.1 Modellvariante ohne Payoff-Externalitäten

Unter den nun geltenden Annahmen ergibt sich im Fall einer Investition wieder ein erwarteter a-priori Gewinn in Höhe von null, der aufgrund der Annahme, dass die Investitionskosten null betragen, mit dem a-priori Erwartungswert der Auszahlung in Höhe von

$$E[V] = \pi \cdot V_E + (1 - \pi) \cdot V_M = 1/2 \cdot 1 + 1/2 \cdot (-1) = 0$$

übereinstimmt. (Im Folgenden wird daher die erwartete Auszahlung als Zielgröße verwendet.) Ohne weitere Informationen über die Vorteilhaftigkeit des Projekts ist ein Agent also indifferent zwischen einer Investition und einer Ablehnung, die ebenfalls mit einer Vermögensänderung von null einhergeht.

Stehen bei der Entscheidung weitere Informationen zur Verfügung, kommt es zur Aktualisierung der individuellen Einschätzung der Erfolgschancen des Projekts, wodurch ein Agent i zur a-posteriori Erfolgswahrscheinlichkeit $\gamma_i = \Pr(E|\mathfrak{I}_i)$ gelangt, mit der die auf die jeweils vorliegenden Informationen bedingte erwartete Auszahlung

$$E[V|\mathfrak{I}_i] = \gamma_i \cdot 1 + (1 - \gamma_i) \cdot (-1) = 2 \cdot \gamma_i - 1$$

ermittelt werden kann. Da die Vermögensänderung im Fall einer Ablehnung null beträgt, investiert Agent i also genau dann, wenn diese erwartete Auszahlung positiv ist. Dies ist genau dann der Fall, wenn $\gamma_i > 1/2$ gilt.

Da dies auch im Grundmodell (mit anders gewählten Projekt-Auszahlungen) die Investitionsbedingung verkörperte, gelten also die Ergebnisse des Grundmodells weiter. Dabei investiert der erste Agent, wenn er ein gutes Signal hat, während er die Investition unterlässt, wenn er ein schlechtes Signal hat. Er folgt also unbedingt seinem Signal. Der zweite Agent folgt demgegenüber nur dann seinem Signal, wenn es mit der aus dem Verhalten seines Vorgängers abgeleiteten Information übereinstimmt. Ansonsten kommt es zum Werfen einer Münze, wodurch das Verhalten des zweiten Agenten zufällig bestimmt wird. Beim dritten und allen weiteren Individuen gilt aufgrund der Verhaltensregeln der ersten beiden Agenten, dass sich die Entscheidungssituationen der ersten beiden Individuen solange wiederholen, als ausschließlich paarweise unterschiedliches Verhalten beobachtet wurde, während es zu einer signalunabhängigen Imitation des unmittelbaren Vorgängers kommt, sobald paarweise identisches Verhalten aufgetreten ist. Dies bedeutet (wie auch bereits in Kapitel 6 festgestellt wurde), dass Herdenverhalten frühestens beim dritten Individuum entstehen kann.

7.1.2 Modellvariante mit Payoff-Externalitäten

Da das Einführen einer Payoff-Externalität gleichbedeutend damit ist, die individuellen Auszahlungen vom Verhalten der anderen Agenten abhängig zu machen, ergänzen HIRTH UND WALTER (2002, 39) neben der bisher betrachteten *Basisauszahlung* eine zweite Auszahlungskomponente, die sog. *Externalitäten-Auszahlung*. Die gesamte Auszahlung eines Individuums ergibt sich daher als Summe dieser beiden Komponenten:

$$Auszahlung = (Basisauszahlung) + (Externalitäten\text{-}Auszahlung).$$

Dabei ist die Höhe der Basisauszahlung bekanntlich ausschließlich vom eigenen Verhalten abhängig; sie entspricht im Fall einer Investition der auf die individuell vorliegenden Informationen bedingten, erwarteten Auszahlung aus dem Projekt und beträgt im Fall einer Ablehnung null. Die Höhe der Externalitäten-Auszahlung wird demgegenüber auch vom Verhalten der anderen beeinflusst. Wenn in diesem Zusammenhang speziell Netzwerk-Effekte unterstellt werden, liegt eine *positive* Externalität vor, so dass die Externalitäten-Auszahlung für ein einzelnes Individuum umso höher ist, je mehr andere Agenten dasselbe Verhalten wählen.

Vor diesem Hintergrund mit positiven Payoff-Externalitäten bietet es sich an, die Entscheidung über die Investition in ein betrachtetes Projekt als Entscheidung über einen Technologiewechsel mit unsicherem Nutzen (wie etwa die Umstellung vom Betriebssystem Windows zu Linux) zu interpretieren. In diesem Kontext ist die Aktion *Investieren* dann mit der Durchführung des Technologiewechsels verbunden, während die Aktion *Ablehnen* den Verbleib beim Status Quo ausdrückt.

Folglich gibt die Basisauszahlung im Fall einer Investition (das heißt im Fall eines Wechsels) den (individuell erwarteten) Nutzen an, der sich schlicht daraus ergibt, dass verschiedene Arbeitsprozesse erleichtert (Computer stürzt weniger häufig ab) bzw. erschwert werden (Mitarbeiter müssen mit dem neuen System vertraut werden). Je nachdem, ob ein gutes oder schlechtes Signal über den Wert einer Investition (Technologiewechsel) vorliegt, kann diese Basisauszahlung im Erwartungswert positiv oder negativ (und damit größer oder kleiner als im Fall einer Unterlassung) sein.

Die Externalitäten-Auszahlung beruht dagegen schlicht auf dem Umfang, in dem das eigene System mit dem von anderen (z. B. von Geschäftspartnern) kompatibel ist, so dass ein problemloser Datenaustausch gewährleistet wird. Sie ist folglich (unabhängig davon, welche Technologie schließlich zum Einsatz kommt) umso höher, je größer die Anzahl der jeweiligen Nutzer („das Netz") ist.

Individuelle Entscheidungen

Da aus Sicht desjenigen Agenten, der als erster eine Entscheidung treffen soll, hinsichtlich der endgültigen Netzgröße noch alles offen ist, spielt die zweite Auszahlungskomponente, die Externalitäten-Auszahlung, praktisch keine Rolle für seine Entscheidung, so dass das Kalkül des ersten Agenten dem Kalkül im Fall ohne Payoff-Externalität (aus Abschnitt 7.1.1) entspricht. Da – wie in Kapitel 6 gezeigt wurde – $\gamma_1(H) > 1/2$ sowie $\gamma_1(L) < 1/2$ gilt, investiert (wechselt) der erste Agent genau dann, wenn er ein gutes Signal erhält, während er die Investition (den Technologiewechsel) unterlässt, wenn er über ein schlechtes Signal verfügt.

Aus diesem signaläquivalenten Verhalten des ersten Individuums kann der zweite Agent eindeutig auf das Signal seines Vorgängers schließen, so dass die ihm verfügbaren Informationen schließlich aus zwei Signalen bestehen, aus deren Berücksichtigung sich – allein aufgrund der ersten Auszahlungskomponente, der Basisauszahlung – ein Anreiz zur Wahl des Vorgänger-Verhaltens ergibt, falls das eigene Signal mit dem aus dem Verhalten des Vorgängers abgeleiteten übereinstimmt. Sind die Signale des ersten und zweiten Individuums unterschiedlich, heben sie sich in ihrer Aussagekraft gegenseitig auf, so dass das zweite Individuum allein unter Berücksichtigung der Basisauszahlung indifferent ist zwischen den beiden möglichen Aktionen.

Zu diesen Aussagen gelangt man, da die erwartete Basisauszahlung im Fall einer Investition gegeben die Informationsmengen (HH), (HL) bzw. (LL) größer, gleich bzw. kleiner ist als die Basisauszahlung im Fall einer Unterlassung (die ja null beträgt): Wegen der Beziehungen $\gamma_2(HH) > 1/2$, $\gamma_2(HL) = 1/2$ sowie $\gamma_2(LL) < 1/2$, deren Gültigkeit in Kapitel 6 gezeigt wurde, gilt

$$E[V|HH] = 2 \cdot \gamma_2(HH) - 1 > 0,$$
$$E[V|HL] = 2 \cdot \gamma_2(HL) - 1 = 0 \text{ sowie}$$
$$E[V|LL] = 2 \cdot \gamma_2(LL) - 1 < 0.$$

Allein unter Berücksichtigung der Basisauszahlung würde das zweite Individuum also dasselbe Verhalten wie sein Vorgänger wählen, wenn sein eigenes Signal dieses Verhalten bestätigt, während es im Fall eines gegensätzlichen Signals indifferent ist und zufällig entscheiden würde.

Dieses Zufallselement kann nun durch Berücksichtigung der zweiten Auszahlungskomponente, der Externalitäten-Auszahlung, beseitigt werden, da das zweite Individuum aufgrund der positiven Externalität auch im Fall eines gegensätzlichen Signals nicht mehr indifferent ist, sondern es immer optimal findet, dasselbe Verhalten zu wählen wie sein Vorgänger. Dies leitet sich daraus ab, dass das zweite Individuum durch die Wahl eines abweichenden Verhaltens maximal ein Netzwerk der Größe $(n-1)$ erreichen kann[68], während das Netzwerk im Fall identischen Verhaltens bei den ersten beiden Individuen schließlich alle n Agenten umfasst, da sich alle Nachfolger den ersten beiden Agenten anschließen würden.[69] Die Externalitäten-Auszahlung erreicht daher aus Sicht des zweiten Individuums bei der Wahl des Vorgänger-Verhaltens einen höheren Wert, so dass unter diesem Aspekt – wie auch in einer Gesamtbetrachtung – eindeutig das Vorgänger-Verhalten zu wählen ist.

Zusammenfassend ergibt sich also, wie in Abbildung 7-1 dargestellt ist, dass es für das zweite Individuum immer optimal ist, dasselbe Verhalten wie sein Vorgänger zu wählen, da seine erwartete Gesamtauszahlung durch abweichendes Verhalten gegenüber der Imitation (das heißt gegenüber der Wahl des Vorgänger-Verhaltens) nicht erhöht werden kann.

Da infolge der unbedingten Nachahmung des ersten durch den zweiten Agenten kein Rückschluss auf das zweite Signal möglich ist, befindet sich das dritte Individuum *im Hinblick auf die Basisauszahlung* in exakt derselben Entscheidungssituation wie das zweite Individuum, so dass es ebenfalls bei überein-

---

[68] Damit das Netzwerk des zweiten Individuums schließlich alle noch folgenden Agenten umfasst, ist es zwingend notwendig, dass sich das dritte Individuum für dasselbe Verhalten entscheidet wie das zweite. Dafür wird wiederum vorausgesetzt, dass es dasselbe Signal wie das zweite Individuum erhält. Dies ergibt sich daraus, dass für das dritte Individuum die Externalitäten-Auszahlungs-Komponente (wie für das erste Individuum) irrelevant wäre, falls sich die ersten beiden Individuen tatsächlich unterschiedlich verhalten, und es sich bei alleiniger Berücksichtigung der Basisauszahlung signaläquivalent entscheiden würde: Aus der Beobachtung unterschiedlichen Verhaltens bei seinen Vorgängern würde es auf unterschiedliche Signale schließen, die sich gegenseitig kompensieren, so dass die verfügbare Informationen effektiv aus dem eigenen Signal bestehen, das folglich das Verhalten bestimmt. Im Umkehrschluss kann dieses Verhalten also nur dann dem des zweiten Agenten entsprechen, wenn das dritte Individuum dasselbe Signal erhält wie sein Vorgänger.
Erhält es ein anderes (das andere) Signal, wählt es das (andere) Verhalten des ersten Individuums, wodurch alle nachfolgenden Individuen rationaler Weise (wegen der Externalitäten-Auszahlung) ebenfalls dieses Verhalten wählen, so dass das zweite Individuum allein in einem Netzwerk der Größe 1 bleibt. Das Netzwerk des zweiten Individuums erreicht also maximal (mit einer Wahrscheinlichkeit von 1/2) die Größe $(n-1)$; mit derselben Wahrscheinlichkeit bleibt es jedoch bei der Größe 1.
[69] Aufgrund der Beobachtung identischen Verhaltens bei den ersten beiden Individuen sind die Nachfolger aufgrund der verfügbaren Informationen (Basisauszahlung) schlechtestenfalls (d. h. wenn aus der Beobachtung des Verhaltens nur das Signal des ersten, nicht jedoch das des zweiten Agenten erschlossen werden kann und das eigene Signal dem Signal des ersten widerspricht) indifferent zwischen einer Imitation und der Wahl eines abweichenden Verhaltens. Da jedoch das Netzwerkpotenzial der von Individuum 1 und 2 gewählten Alternative (um mindestens 2) größer ist als bei der anderen Alternative, ist im Fall identischen Verhaltens bei den ersten beiden Agenten von allen nachfolgenden die Imitation zu wählen.

stimmenden Signalen zur Imitation neigt, während es bei unterschiedlichen Signalen indifferent ist.

Im Hinblick auf die Externalitäten-Auszahlung gilt, dass weiterhin ein Imitationsanreiz besteht, da das Netzwerkpotenzial bei einer Imitation der Vorgänger immer größer ist als die Netzwerkgröße, die bei abweichendem Verhalten maximal zu erreichen ist. Insbesondere gilt, dass der Anreiz zur Nachahmung mit zunehmender Größe des durch die Vorgänger gebildeten Netzwerks steigt (weil die potenzielle Größe eines Alternativ-Netzwerks gleichzeitig sinkt). Daraus folgt im Allgemeinen, dass Imitation für jedes Individuum optimal ist, sobald ein Agent dasselbe Verhalten gewählt hat wie sein Vorgänger. Im Speziellen impliziert dies, dass sich das dritte (wie jedes weitere) Individuum ebenfalls unabhängig von seinem eigenen Signal – wie das zweite Individuum – für das Verhalten seines Vorgängers entscheidet.

	Beurteilungskriterium		
	Basis-Auszahlung	Externalitäten-Auszahlung	Gesamt-Auszahlung
Übereinstimmende Signale	*Imitieren*	*Imitieren*	*Imitieren*
Widersprüchliche Signale	?		*Imitieren*

Abbildung 7-1: Optimales Verhalten des zweiten Individuums

Im Kaskadenmodell mit Payoff-Externalitäten kann also bereits beim zweiten Individuum Herdenverhalten auftreten, so dass schließlich alle Individuen unabhängig von ihrer privaten Information aus strategischen Überlegungen heraus das Verhalten wählen, für das sich der erste Agent aufgrund seines eigenen Signals entschieden hat. Dadurch kommt dem ersten Agenten eine noch größere Bedeutung zu als in der einfachen Version des Kaskadenmodells (*ohne* Payoff-Externalität), weil ausschließlich sein Signal die Richtung für das kollektive Verhalten vorgibt.

Dies bedeutet gleichzeitig, dass nur ein einziges Signal in den Entscheidungsprozess gelangt, wodurch sich das Ausmaß der Ineffizienz gegenüber der Grundversion des Kaskadenmodells erhöht. Der Grund dafür liegt darin, dass die Indifferenz-Situation, die im Grundmodell beim zweiten Individuum im Fall eines konträren Signals auftreten kann und in der es zufällig zu unterschiedlichem Verhalten der ersten beiden Agenten kommen kann, in deren Folge das dritte Individuum eindeutig seinem Signal folgt, durch die Payoff-Externalität beseitigt wird, weil diese einen Anreiz zur Wahl desselben Verhaltens bei allen

Agenten setzt. Dadurch wird die Chance zu einer weiteren Informationsenthüllung, die über das erste Individuum hinausgeht, eliminiert.

Außerdem ist zu konstatieren, dass sich die Selbstheilungskräfte im Hinblick auf die Korrektur eines möglicherweise falschen Verhaltenstrends stark reduzieren, da das Ergebnis wegen der selbstverstärkenden Wirkung der positiven Externalität (im Zuge derer der Imitationsanreiz mit wachsendem Netzwerk zunimmt) relativ stabil ist. Insgesamt gilt also, dass Herdenverhalten in Kaskaden durch eine zusätzliche Payoff-Externalität gefördert wird, wobei sich die damit verbundenen Nachteile verschärfen.

Ein ähnliches Modell (mit einer einfacheren Informationsstruktur) findet sich in einem Beitrag von CHOI (1997), der ebenfalls zu dem Ergebnis kommt, dass sich Informations- und Payoff-Externalitäten (die in Form eines Netzwerk-Effekts modelliert werden) gegenseitig verstärken und zu Herdenverhalten führen können. Der Autor erklärt mit seinem Modell, dass eine potenziell überlegene Alternative nicht „getestet" wird und unentdeckt bleibt. Wie im beschriebenen Modell liegt der Grund dafür in der Angst eines jeden Individuums, fehlzuschlagen und als „einsamer Pionier" zu enden, der zwar mutig, aber letztlich erfolglos war.[70]

Ähnlich motiviert können auch gleichgerichtete Entscheidungen von Managern sein, die auf ihre Reputation (als Parameter ihrer Entlohnung) bedacht sind und ihr Handeln offensichtlich an der Maxime „*It is better for reputation to fail conventionally than to succeed unconventionally*" orientieren. Diese Art von Herdenverhalten wird in sog. *Reputational Herding Models* erklärt, die auf SCHARFSTEIN UND STEIN (1990) zurückgehen und denen der nächste Abschnitt gewidmet ist. Eine Parallele zum bisher beschriebenen Modell ergibt sich dabei insofern, als einerseits Entscheidungen über unsichere Projekte zu treffen sind, die aus einer ex-ante Sicht durch Beobachtungslernen verbessert werden können, und andererseits eine Payoff-Externalität vorliegt, die sich daraus ergibt, dass die Signale der (klugen) Manager perfekt korreliert sind (vgl. OTTAVIANI UND SORENSEN (2000, 695)).

---

[70] CHOI (1997, 418) bezeichnet dieses Phänomen in Anlehnung an eine Arbeit von FARRELL UND SALONER (1986) im Fall einer endogenen Reihenfolge, bei der die Agenten versuchen, mit ihrer Entscheidung abzuwarten, wodurch es zu einer anfänglichen Verzögerung kommt, als *Pinguin-Effekt*. Pinguine müssen im Zug ihrer Nahrungssuche unbekannte Gewässer erkunden, wovor sie jedoch aus Angst vor Räubern zurückschrecken und den ersten Schritt lieber anderen überlassen, um selbst schließlich unter besseren (weniger unsicheren) Bedingungen handeln zu können. Eine Möglichkeit dieses Problem zu vermeiden liegt darin, die sequenziellen Entscheidungen durch simultane zu ersetzen. Im Zusammenhang mit dem Pinguin-Beispiel könnten laut CHOI (1997, 421) Abweichler dadurch verhindert werden, dass alle gleichzeitig quasi „Hand in Hand" ins unbekannte Gewässer springen und so die potenziell überlegene Alternative testen.

7.2 Reputational Herding Models

Wie oben erwähnt wurde, erklärt das Reputationsmodell von SCHARFSTEIN UND STEIN (1990), wie es in einem Prinzipal-Agent-Rahmen mit zwei Managern aufgrund von deren Sorge um ihre Reputation zu (ineffizientem) Herdenverhalten kommen kann, bei dem der zweite Agent unabhängig von seiner privaten Information dasselbe Verhalten wählt wie sein Vorgänger. Im Folgenden wird dazu die entsprechende Modellanalyse wiedergegeben, wobei zunächst eine Beschreibung des Modellrahmens sowie die Ermittlung der effizienten Lösung erfolgt.

7.2.1 Modellrahmen

Das Modell von SCHARFSTEIN UND STEIN (1990) hat gewisse Ähnlichkeiten mit dem um eine Payoff-Externalität erweiterten Kaskadenmodell von BIKHCHANDANI, HIRSHLEIFER UND WELCH (1992). Allerdings beschränkt es sich auf die Betrachtung von *zwei* risikoneutralen Agenten, die jedoch unterschiedliche Qualifikationsniveaus haben können (welche sich in der Präzision ihrer Signale niederschlagen). Diese Agenten entscheiden nacheinander für ihren Prinzipal über die Investition in ein gegebenes riskantes Projekt. Dabei sei die mögliche Auszahlung im Fall einer Investition im Erfolgsfall so hoch, dass nach Berücksichtigung der als konstant angenommenen Investitionskosten, die ein völlig elastisches Angebot an Investitionsmöglichkeiten implizieren, ein Gewinn resultiert, während sich im Misserfolgsfall ein Verlust einstellt. Für die entsprechenden Nettoauszahlungen wird also

$$(7\text{-}1) \qquad\qquad x_H > 0 > x_L$$

angenommen. Die (unbedingte) Erfolgswahrscheinlichkeit sei $\Pr(x_H) = \alpha$, die Misserfolgswahrscheinlichkeit ergibt sich als Gegenwahrscheinlichkeit dazu: $\Pr(x_L) = (1 - \alpha)$.

Über die Projektdaten hinaus stehe jedem Manager im Zeitpunkt seiner Entscheidung ein kostenloses, binäres Signal zur Verfügung, das einen Hinweis auf den wahren Wert der Investition gibt. Dieses Signal kann nur vom jeweiligen Manager selbst beobachtet werden (private Information). Ein gutes Signal s_G besagt dabei, dass die Investition eine hohe Auszahlung erbringen wird, während ein schlechtes Signal s_B auf eine niedrige Auszahlung hinweist. Die Verteilung der Signale unterscheide sich je nachdem, ob der betreffende Manager klug oder dumm ist – wobei das Qualifikationsniveau eines Managers weder dem

Prinzipal noch dem Agenten selbst bekannt sein soll.[71] Für kluge Manager gilt jedenfalls, dass sie *informative* Signale erhalten, d. h. dass die Wahrscheinlichkeit für ein gutes bzw. ein schlechtes Signal zustandsabhängig ist. Dabei ist die Wahrscheinlichkeit, mit der ein Signal richtig ist, größer als die Wahrscheinlichkeit, mit der es falsch ist. Somit gilt

(7-2)
$$\Pr\left(s_G \middle| x_H, klug\right) = p > \Pr\left(s_G \middle| x_L, klug\right) = q \quad \text{sowie}$$
$$\Pr\left(s_B \middle| x_H, klug\right) = (1-p) < \Pr\left(s_B \middle| x_L, klug\right) = (1-q).$$

Die Wahrscheinlichkeit, mit der ein kluger Manager (der den wahren Zustand hinsichtlich des Projekterfolgs nicht kennt) dann ein gutes bzw. ein schlechtes Signal erhält, ergibt sich also (unter Anwendung des Satzes von der totalen Wahrscheinlichkeit) als

$$\Pr\left(s_G \middle| klug\right) = \Pr\left(x_H\right) \cdot \Pr\left(s_G \middle| x_H, klug\right) + \Pr\left(x_L\right) \cdot \Pr\left(s_G \middle| x_L, klug\right)$$
$$= \alpha \cdot p + (1-\alpha) \cdot q \quad \text{bzw.}$$
$$\Pr\left(s_B \middle| klug\right) = 1 - \Pr\left(s_G \middle| klug\right)$$
$$= \Pr\left(x_H\right) \cdot \Pr\left(s_B \middle| x_H, klug\right) + \Pr\left(x_L\right) \cdot \Pr\left(s_B \middle| x_L, klug\right)$$
$$= \alpha \cdot (1-p) + (1-\alpha) \cdot (1-q).$$

Im Unterschied zu den klugen erhalten dumme Manager *uninformative* (nutzlose) Signale, d. h. dass die Wahrscheinlichkeit, ein gutes bzw. ein schlechtes Signal zu bekommen, unabhängig davon ist, ob der wahre Zustand gut oder schlecht ist. Die Verteilung der Signale von dummen Managern lässt sich somit durch

---

[71] Zur Annahme, dass die Manager selbst nicht wissen, ob sie klug oder dumm sind, wird angemerkt, dass sie solange plausibel scheint, als die Agenten noch wenig Berufserfahrung haben und schlecht einschätzen können, ob sie eher richtige oder eher falsche Entscheidungen treffen, wie dies etwa für Berufseinsteiger gelten mag. Sobald jedoch eine hinreichende Berufspraxis vorhanden ist und die Agenten ihre Erfolgsquote kennen, ist die Annahme wohl nicht mehr zutreffend. HIRTH UND WALTER (2002, 43-46) haben daher untersucht, wie sich die Kenntnis der Manager über ihren Typ auf die Ergebnisse des Reputationsmodells von SCHARFSTEIN UND STEIN (1992) auswirkt. Dabei konnten sie feststellen, dass es auch im Fall, dass die Manager ihr Qualifikationsniveau kennen – wenn auch aufgrund anderer Mechanismen – ähnlich wie im Kaskadenmodell mit unterschiedlichen Signalpräzisionen zu Herdenverhalten kommen kann. (Weitere Modelle zum *Reputational Herding*, in denen die Agenten private Information über ihren Typ besitzen, finden sich bei TRUEMAN (1994) sowie AVERY UND CHEVALIER (1999).)

$$\Pr\left(s_G\left|x_H,dumm\right.\right)=\Pr\left(s_G\left|x_L,dumm\right.\right)=\Pr\left(s_G\left|dumm\right.\right)\equiv z \quad\text{bzw.}$$

$$\Pr\left(s_B\left|x_H,dumm\right.\right)=\Pr\left(s_B\left|x_L,dumm\right.\right)=\Pr\left(s_B\left|dumm\right.\right)=\left(1-z\right)$$

beschreiben. Im Zusammenhang mit den Signalverteilungen wird eine weitere Annahme getroffen, die besagt, dass die Signale ex-ante identisch verteilt sind, d. h. dass die Wahrscheinlichkeit, ein gutes (bzw. ein schlechtes) Signal zu erhalten, für kluge und dumme Manager gleich hoch ist. Dies ist gegeben, wenn die Bedingung

$$(7\text{-}3) \qquad \Pr\left(s_G\left|klug\right.\right)=\Pr\left(s_G\left|dumm\right.\right)\Leftrightarrow \alpha\cdot p+\left(1-\alpha\right)\cdot q=z$$

erfüllt ist, wovon im Weiteren ausgegangen wird. Dadurch wird ausgeschlossen, dass die Manager, die ja nicht wissen, ob sie klug oder dumm sind, anhand ihrer Signale Schlüsse im Hinblick auf ihr Qualifikationsniveau ziehen können. Da die Signale also keinerlei Information über den Typ eines Managers enthalten, sondern ausschließlich Hinweise über die Vorteilhaftigkeit des Investitionsprojekts liefern, kommt es allein im Hinblick auf den Wert der Investition (nicht jedoch hinsichtlich des Typs eines Managers) zu einer Informations-Asymmetrie zwischen Prinzipalen und Agenten.

Für die weiteren Überlegungen ist es nützlich, im Hinblick auf die Signale noch die Wahrscheinlichkeiten zu bestimmen, mit denen ein Manager (der nicht weiß, ob er klug oder dumm ist) ein gutes bzw. schlechtes Signal bekommt. Dabei wird angenommen, dass die a-priori Wahrscheinlichkeit dafür, dass ein Manager klug ist,

$$\Pr\left(klug\right)=\theta$$

beträgt. Mit der Gegenwahrscheinlichkeit

$$\Pr\left(dumm\right)=\left(1-\theta\right)$$

handelt es sich bei einem Agenten um einen dummen Manager. Damit beträgt die Wahrscheinlichkeit für ein gutes Signal im guten bzw. im schlechten Zustand

$$\Pr\left(s_G\left|x_H\right.\right)=\Pr\left(klug\right)\cdot\Pr\left(s_G\left|x_H,klug\right.\right)+\Pr\left(dumm\right)\cdot\Pr\left(s_G\left|x_H,dumm\right.\right)$$
$$=\theta\cdot p+\left(1-\theta\right)\cdot z \quad\text{bzw.}$$

$$\Pr\left(s_G|x_L\right)=\Pr\left(klug\right)\cdot\Pr\left(s_G|x_L,klug\right)+\Pr\left(dumm\right)\cdot\Pr\left(s_G|x_L,dumm\right)$$
$$=\theta\cdot q+\left(1-\theta\right)\cdot z.$$

Da sich die Gegenwahrscheinlichkeiten auf ein *schlechtes* Signal beziehen, gilt ferner

$$\Pr\left(s_B|x_H\right)=1-\Pr\left(s_G|x_H\right)=1-\left[\theta\cdot p+\left(1-\theta\right)\cdot z\right]\text{ bzw.}$$
$$\Pr\left(s_B|x_L\right)=1-\Pr\left(s_G|x_L\right)=1-\left[\theta\cdot q+\left(1-\theta\right)\cdot z\right].$$

Die Signale betreffend gibt es eine weitere Annahme, auf der schließlich die Payoff-Externalität beruht. So wird davon ausgegangen, dass die Signale der Manager voneinander unabhängig sind, wenn die Manager dumm sind, während sie bei klugen Managern perfekt korrelieren, so dass alle klugen Manager dasselbe Signal erhalten. Das bedeutet, dass die Wahrscheinlichkeit dafür, dass *zwei* kluge Manager im Zustand $i=H,L$ jeweils ein gutes bzw. ein schlechtes Signal bekommen, der Wahrscheinlichkeit entspricht, mit der *ein* kluger Manager im jeweiligen Zustand ein gutes bzw. ein schlechtes Signal erhält. Demgegenüber beträgt die Wahrscheinlichkeit für unterschiedliche Signale bei klugen Managern null. Für $j=G,B$ und $\bar{j}\neq j$ gilt also

$$\Pr\left(s_j,s_j|x_i,klug,klug\right)=\Pr\left(s_j|x_i,klug\right)\text{ sowie}$$
$$\Pr\left(s_j,s_{\bar{j}}|x_i,klug,klug\right)=0.$$

7.2.2 Anwendungsbeispiel

Bevor die Modellanalyse durchgeführt wird, wird das Reputationsmodell an einem konkreten Anwendungsbeispiel veranschaulicht, das SCHARFSTEIN UND STEIN (1990, 477) anführen. Dazu betrachte man ein Unternehmen, dessen Eigentümer (Prinzipal) die Meinung seiner Manager (Agenten) einholt, bevor er eine Entscheidung trifft. Das Ziel dieser Beratungen ist, Informationen aus verschiedenen Quellen zu erlangen, aufgrund derer schließlich die unternehmerische Entscheidung getroffen wird. Stellen wir uns also vor, dass die Frage zu klären ist, ob das Unternehmen einen Auslandsmarkt erschließen soll (*Investition*) oder nicht (*Ablehnung*). Bevor er eine Entscheidung über das Problem trifft, hört der Eigentümer seine (zwei) Manager, die jeweils über private Information hinsichtlich der anstehenden Entscheidung verfügen und – etwa in einem Meeting – nacheinander ihre Empfehlung abgeben, indem sie zur Investition bzw. zur Ablehnung raten, was im Folgenden kurz mit *Investieren* bzw. *Nicht investieren* bezeichnet wird.

Dabei wird der erste Manager, der die Meinung seines Kollegen nicht kennt, quasi nach besten Wissen und Gewissen, ehrlich sagen, wie er die Erfolgschancen des Unternehmens auf dem Auslandsmarkt einschätzt. Für den zweiten Manager kann dagegen ein Anreiz bestehen, sich unabhängig von seiner persönlichen Einschätzung dem Urteil seines Vorgängers anzuschließen, selbst wenn er – bevor er das Statement seines Kollegen im Meeting vernommen hat – ursprünglich anderer Ansicht war. Dies liegt daran, dass nicht ausgeschlossen werden kann, dass seine persönliche Einschätzung falsch ist, und er schließlich als inkompetent betrachtet würde, wenn er – anders als sein Kollege – als einziger zur falschen Aktion rät und seinem Unternehmen dadurch potenziell einen Verlust (in Form entgangener Gewinne) verursacht.

Als einziger etwas Falsches zu tun, ist also mit einem Reputationsverlust verbunden, der weniger gravierend ausfiele, wenn auch die Empfehlung des Kollegen falsch ist. In diesem Fall kann der Fehler nämlich (ungünstigen) Ereignissen zugerechnet werden, die für keinen vorhersehbar waren, so dass die Reputation weniger leidet. SCHARFSTEIN UND STEIN (1990, 466) bezeichnen dies als den *Sharing-the-blame Effect*, der bewirkt, dass es in der beschriebenen Situation zu Herdenverhalten kommt, der zweite Manager sich also unabhängig von seiner persönlichen Einschätzung seinem Vorgänger anschließt. Die Folge davon ist, dass für den Eigentümer nur die Aussage des ersten Managers wertvoll ist, da nur sie auf ein entsprechendes Signal schließen lässt; die Information des zweiten Managers geht wegen der Sorge um seine Reputation praktisch verloren, so dass die Entscheidung schließlich auf einer ineffizient kleinen Menge der grundsätzlich vorhandenen Informationen getroffen wird.

7.2.3 Modellanalyse

Um die Ergebnisse übersichtlicher zu halten, wird im Weiteren wie bei SCHARFSTEIN UND STEIN (1990) unterstellt, dass $\alpha = 1/2$ und $q = (1-p)$ gilt, woraus sich wegen (7-3) der Parameterwert $z = 1/2$ ergibt. Außerdem impliziert die Annahme $p > q$ aus (7-2), dass $p > 1/2$ gilt. Für diese Parameterwerte werden im Folgenden die Entscheidungen der zwei Manager untersucht, wobei der zeitliche Ablauf des Spiels vorsieht, dass zunächst Manager 1 seine Entscheidung trifft, die unmittelbar öffentlich bekannt wird und insbesondere von Manager 2 beobachtet werden kann, der daraufhin ebenfalls für alle Beteiligten beobachtbar zieht. Danach wird schließlich der wahre Zustand realisiert und die Investoren erhalten ihre Auszahlungen.

7.2.3.1 Entscheidungen in einer Welt ohne Sorge um Reputation

Um später beurteilen zu können, inwiefern die Sorge der Manager um ihre Reputation die Entscheidungen verzerrt, wird zunächst eine erstbeste Welt als Referenzsituation betrachtet, in der das Ziel eines Managers schlicht darin besteht, den Unternehmensgewinn zu maximieren. Mit diesem Ziel wird sich ein Manager folglich nur dann für eine Investition entscheiden, wenn sie mit einer höheren Auszahlung einhergeht, als bei Unterlassen der Investition zu erzielen ist, wenn sie also einen Gewinn verspricht. Die Investitionsbedingung ist also dadurch gegeben, dass der auf die verfügbaren Informationen bedingte erwartete Gewinn größer sein muss als null. Für den i-ten Agenten lautet die Investitionsbedingung daher allgemein

$$E\left[x|\mathfrak{I}_i\right] = \Pr\left(x_H|\mathfrak{I}_i\right)\cdot x_H + \Pr\left(x_L|\mathfrak{I}_i\right)\cdot x_L > 0.$$

Zu überprüfen ist dann, in welchen Fällen diese Bedingung für die beiden Agenten erfüllt ist. Dazu sind für alle möglichen Informationssituationen die auf die jeweils verfügbaren Informationen bedingten Erwartungsgewinne zu berechnen. Dabei ist – wie im einfachen Kaskadenmodell – die Formel von Bayes zu verwenden.

Agent 1

Der erste Agent verfügt bei seiner Entscheidung gegeben die Spielstruktur ausschließlich über sein eigenes Signal. Liegt ein gutes Signal vor, beträgt die darauf bedingte Erfolgswahrscheinlichkeit

(7-4)
$$\Pr\left(x_H|s_G\right) = \frac{\Pr\left(s_G|x_H\right)\cdot\Pr\left(x_H\right)}{\Pr\left(s_G|x_H\right)\cdot\Pr\left(x_H\right) + \Pr\left(s_G|x_L\right)\cdot\Pr\left(x_L\right)}$$
$$= \theta p + \tfrac{1}{2}(1-\theta) = \tfrac{1}{2} + \theta\left(p - \tfrac{1}{2}\right) > \tfrac{1}{2},$$

während sich mit einem schlechten Signal

(7-5)
$$\Pr\left(x_H|s_B\right) = \frac{\Pr\left(s_B|x_H\right)\cdot\Pr\left(x_H\right)}{\Pr\left(s_B|x_H\right)\cdot\Pr\left(x_H\right) + \Pr\left(s_B|x_L\right)\cdot\Pr\left(x_L\right)}$$
$$= \theta(1-p) + \tfrac{1}{2}(1-\theta) = \tfrac{1}{2} - \theta\left(p - \tfrac{1}{2}\right) < \tfrac{1}{2}$$

ergibt. Die Misserfolgswahrscheinlichkeiten betragen jeweils

(7-6)
$$\Pr\left(x_L\middle|s_G\right)=1-\Pr\left(x_H\middle|s_G\right)=\theta(1-p)+\tfrac{1}{2}(1-\theta) \text{ bzw.}$$
$$\Pr\left(x_L\middle|s_B\right)=1-\Pr\left(x_H\middle|s_B\right)=\theta p+\tfrac{1}{2}(1-\theta),$$

so dass der erwartete Gewinn im Fall eines guten bzw. schlechten Signals durch

$$E\left[x\middle|s_G\right]=\Pr\left(x_H\middle|s_G\right)\cdot x_H+\Pr\left(x_L\middle|s_G\right)\cdot x_L$$
$$=\tfrac{1}{2}(x_H+x_L)+\theta\left(p-\tfrac{1}{2}\right)(x_H-x_L) \text{ bzw.}$$
$$E\left[x\middle|s_B\right]=\Pr\left(x_H\middle|s_B\right)\cdot x_H+\Pr\left(x_L\middle|s_B\right)\cdot x_L$$
$$=\tfrac{1}{2}(x_H+x_L)-\theta\left(p-\tfrac{1}{2}\right)(x_H-x_L)$$

gegeben ist. Dieses Ergebnis zeigt, dass sich der a-posteriori Erwartungsgewinn in zwei Komponenten zerlegen lässt, nämlich den ex-ante Erwartungswert, der sich – ohne weitere Informationen zu berücksichtigen – aus der Summe der mit der jeweiligen Eintrittswahrscheinlichkeit gewichteten Auszahlung im guten bzw. schlechten Zustand ergibt (erster Summand), und einen auf die Berücksichtigung des Signals zurückzuführenden Term, der wegen $\theta>0$, $p>1/2$ und $x_L<0$ im Fall eines guten Signals echt positiv, und im Fall eines schlechten Signals negativ ist (zweiter Summand). Daraus ergibt sich, dass der a-posteriori Erwartungswert bei Vorliegen eines guten bzw. eines schlechten Signals auf jeden Fall größer bzw. kleiner ist als der ex-ante Erwartungswert:

$$E\left[x\middle|s_G\right]>E\left[x\right]=\tfrac{1}{2}(x_H+x_L)>E\left[x\middle|s_B\right].$$

Da aber das Vorzeichen von (x_H+x_L) zunächst unbestimmt ist und der ex-ante Erwartungswert folglich sowohl positiv als auch negativ sein kann, kann auch der a-posteriori Erwartungswert (sowohl mit einem guten als auch mit einem schlechten Signal) grundsätzlich größer oder kleiner als null sein. Ohne weitere Annahmen kann daher keine Aussage über das Verhalten des ersten Managers gemacht werden. Um eindeutige Ergebnisse zu erhalten, wird deswegen unterstellt, dass

(7-7)
$$E\left[x\middle|s_G\right]>0>E\left[x\middle|s_B\right]$$

gilt, so dass der erste Agent im Fall eines guten Signals investiert, während er die Investition mit einem schlechten Signal unterlässt. Wegen Annahme (7-7) ergibt sich also ein eindeutiger Zusammenhang zwischen dem Verhalten und dem Signal des ersten Agenten.

Agent 2

Aufgrund des signaläquivalenten Verhaltens von Agent 1 kann der zweite Agent aus der Beobachtung des Verhaltens seines Vorgängers auf dessen private Information schließen. Er hat folglich zwei Signale zur Verfügung, die eine der vier möglichen Informationssituationen repräsentieren, die in Abbildung 7-2 dargestellt sind. Im Unterschied zu Kapitel 6 bezieht sich dabei das erstgenannte Element im Folgenden immer auf Manager 1.

Verhalten von Manager 1	Signal von Manger 1	Signal von Manager 2	Informations- situation
I	s_G	s_G	(s_G, s_G)
		s_B	(s_G, s_B)
N	s_B	s_G	(s_B, s_G)
		s_B	(s_B, s_B)

Abbildung 7-2: Mögliche Informationssituationen von Manager 2

Für jede dieser Informationssituationen sind mit Hilfe der Formel von Bayes die jeweiligen a-posteriori Erfolgswahrscheinlichkeiten

$$\Pr\left(x_H \middle| \mathfrak{I}_2\right) = \frac{\Pr\left(\mathfrak{I}_2 \middle| x_H\right) \cdot \Pr\left(x_H\right)}{\Pr\left(\mathfrak{I}_2 \middle| x_H\right) \cdot \Pr\left(x_H\right) + \Pr\left(\mathfrak{I}_2 \middle| x_L\right) \cdot \Pr\left(x_L\right)}$$

zu berechnen, um den erwarteten Wert einer Investition auch aus Sicht des zweiten Managers und damit schließlich sein Verhalten bestimmen zu können. Dabei ist zu beachten, dass bei der Ermittlung der Auftretenswahrscheinlichkeiten der einzelnen Informationssituationen sämtliche Kombinationen hinsichtlich der Manager-Qualifikation zu berücksichtigen sind. Allgemein gilt dabei für eine beliebige Informationssituation $\mathfrak{I}_2$ im Zustand i (mit $i = H, L$)

$$\Pr\left(\mathfrak{I}_2\big|x_i\right) = \Pr\left(klug,klug\right)\cdot\Pr\left(\mathfrak{I}_2\big|x_i,klug,klug\right)$$
$$+\Pr\left(klug,dumm\right)\cdot\Pr\left(\mathfrak{I}_2\big|x_i,klug,dumm\right)$$
$$+\Pr\left(dumm,klug\right)\cdot\Pr\left(\mathfrak{I}_2\big|x_i,dumm,klug\right)$$
$$+\Pr\left(dumm,dumm\right)\cdot\Pr\left(\mathfrak{I}_2\big|x_i,dumm,dumm\right).$$

Unter Verwendung der bedingten Signalwahrscheinlichkeiten

$$\Pr\left(s_G,s_G\big|x_H\right)=\Pr\left(s_B,s_B\big|x_L\right)=\theta p+\tfrac{1}{4}\left(1-\theta\right)^2,$$
$$\Pr\left(s_G,s_G\big|x_L\right)=\Pr\left(s_B,s_B\big|x_H\right)=\theta\left(1-p\right)+\tfrac{1}{4}\left(1-\theta\right)^2,$$
$$\Pr\left(s_G,s_B\big|x_H\right)=\Pr\left(s_B,s_G\big|x_H\right)=\tfrac{1}{4}\left(1-\theta^2\right)\quad\text{sowie}$$
$$\Pr\left(s_G,s_B\big|x_L\right)=\Pr\left(s_B,s_G\big|x_L\right)=\tfrac{1}{4}\left(1-\theta^2\right)$$

ergeben sich in den vier möglichen Informationssituationen die a-posteriori Erfolgswahrscheinlichkeiten als

$$\Pr\left(x_H\big|s_G,s_G\right)=\frac{4\theta p+\left(1-\theta\right)^2}{4\theta+2\left(1-\theta\right)^2},$$

(7-8) $$\Pr\left(x_H\big|s_G,s_B\right)=\Pr\left(x_H\big|s_B,s_G\right)=1/2\quad\text{sowie}$$

$$\Pr\left(x_H\big|s_B,s_B\right)=\frac{4\theta\left(1-p\right)+\left(1-\theta\right)^2}{4\theta+2\left(1-\theta\right)^2}.$$

Die Misserfolgswahrscheinlichkeiten betragen jeweils

(7-9) $$\Pr\left(x_L\big|s_G,s_G\right)=\frac{4\theta\left(1-p\right)+\left(1-\theta\right)^2}{4\theta+2\left(1-\theta\right)^2},$$

$$\Pr\left(x_L\big|s_G,s_B\right)=\Pr\left(x_L\big|s_B,s_G\right)=1/2\quad\text{bzw.}$$

$$\Pr\left(x_L\big|s_B,s_B\right)=\frac{4\theta p+\left(1-\theta\right)^2}{4\theta+2\left(1-\theta\right)^2},$$

so dass die erwartete Auszahlung aus einer Investition (der Erwartungsgewinn) aus der Sicht des zweiten Agenten in den einzelnen Informationssituationen durch

$$E\left[x|s_G,s_G\right]=\frac{4\theta p+\left(1-\theta\right)^2}{4\theta+2\left(1-\theta\right)^2}\cdot x_H+\frac{4\theta\left(1-p\right)+\left(1-\theta\right)^2}{4\theta+2\left(1-\theta\right)^2}\cdot x_L,$$

$$E\left[x|s_G,s_B\right]=E\left[x|s_B,s_G\right]=\tfrac{1}{2}\left(x_H+x_L\right)\qquad\text{bzw.}$$

$$E\left[x|s_B,s_B\right]=\frac{4\theta\left(1-p\right)+\left(1-\theta\right)^2}{4\theta+2\left(1-\theta\right)^2}\cdot x_H+\frac{4\theta p+\left(1-\theta\right)^2}{4\theta+2\left(1-\theta\right)^2}\cdot x_L$$

gegeben ist. Aus diesen Ergebnissen lässt sich zunächst ableiten, dass Manager 2 im Fall gegensätzlicher Signale, die sich gegenseitig kompensieren und daher praktisch wertlos sind, auf Basis des a-priori Erwartungswerts entscheidet und also investiert, wenn dies ex-ante lohnend scheint, wenn also $x_H+x_L>0$ gilt, d. h. wenn die Auszahlung im Erfolgsfall (betragsmäßig) höher ist als der Verlust bei Misserfolg. Dabei ist es für das Verhalten des zweiten Agenten unerheblich, in welcher Reihenfolge die Signale ankommen, ob also er selbst oder sein Vorgänger das gute (bzw. schlechte) Signal erhalten hat.[72]

Im Fall übereinstimmender Signale ist aufgrund der oben angegebenen Erwartungswerte nicht leicht eine Aussage über das Verhalten des zweiten Agenten zu machen. Allerdings lässt sich die intuitive Lösung, nämlich dass Manager 2 investiert, wenn die Signale gut sind, während er nicht investiert, wenn die Signale schlecht sind, leicht durch eine andere Überlegung bestätigen. Dazu wird der Sachverhalt ausgenutzt, dass der a-posteriori Erwartungswert der Auszahlung umso größer ist, je höher die bedingte Erfolgswahrscheinlichkeit $\mu_i=\Pr\left(x_H|\Im_i\right)$ ist. So gilt wegen (7-1)

$$\frac{dE\left[x|\Im_i\right]}{d\mu_i}=\frac{d\left(\mu_i\cdot x_H+\left(1-\mu_i\right)\cdot x_L\right)}{d\mu_i}=x_H-x_L>0,$$

d. h. dass die erwartete Auszahlung umso größer ist, je höher die individuelle Erfolgswahrscheinlichkeit ist. Wenn also gezeigt werden kann, dass die auf *zwei* gute (bzw. *zwei* schlechte) Signale bedingte Erfolgswahrscheinlichkeit größer (bzw. kleiner) ist als die auf *ein* gutes (bzw. *ein* schlechtes) Signal bedingte Er-

---

[72] Anders verhält es sich in einer Welt *mit* Sorge um Reputation, wo die Reihenfolge der Signale insofern von Belang ist, als Manager 2 seine Entscheidung am Verhalten seines Vorgängers orientiert (vgl. Abschnitt 7.2.3.2).

folgswahrscheinlichkeit, kann gefolgert werden, dass der Erwartungswert aus Sicht des zweiten Agenten in der entsprechenden Situation größer (bzw. kleiner) ist als aus Sicht des ersten Agenten. Manager 2 investiert also erst recht (bzw. er investiert erst recht nicht), wenn Manager 1 investiert (bzw. nicht investiert) hat. Da in der Tat wegen $p > 1/2$

$$\Pr\left(x_H \middle| s_G, s_G\right) = \frac{4\theta p + (1-\theta)^2}{4\theta + 2(1-\theta)^2} > \theta p + \tfrac{1}{2}(1-\theta) = \Pr\left(x_H \middle| s_G\right) \quad \text{sowie}$$

$$\Pr\left(x_H \middle| s_B, s_B\right) = \frac{4\theta(1-p) + (1-\theta)^2}{4\theta + 2(1-\theta)^2} < \theta(1-p) + \tfrac{1}{2}(1-\theta) = \Pr\left(x_H \middle| s_B\right)$$

gilt, ergibt sich, dass Manager 2 bei Vorliegen von zwei guten Signalen investiert, während er bei Vorliegen von zwei schlechten Signalen die Investition unterlässt.

Zusammenfassend lassen sich die Entscheidungen der beiden Manager in einer Welt ohne Sorge um Reputation wie in Abbildung 7-3 darstellen. Die Manager verhalten sich dabei insofern effizient, als sie streng gemäß der ihnen vorliegenden Informationen entscheiden und sich im Fall, dass sich diese Informationen gegenseitig aufheben, am ex-ante Erwartungswert orientieren. In keinem Fall kommt es jedoch zur Vernachlässigung eines Signals.

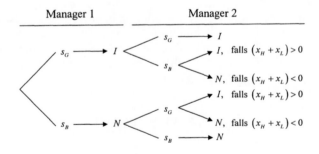

Abbildung 7-3: Effiziente Entscheidungen in einer Welt ohne Sorge um Reputation

7.2.3.2 Entscheidungen in einer Welt mit Sorge um Reputation

Im Unterschied zum vorigen Abschnitt wird nun angenommen, dass das Ziel der Manager darin besteht, ihre Reputation (im Sinn ihres von den Prinzipalen wahrgenommenen, unbekannten Qualifikationsniveaus) zu maximieren.

Zur Rechtfertigung dieser Zielfunktion wird davon ausgegangen, dass auf die betrachtete (erste) Investitionsrunde eine weitere folgt, in der die Agenten keine Reputation mehr aufbauen müssen und folglich effizient entscheiden. Dabei trifft ein kluger Manager aufgrund seines präziseren Signals mit einer höheren Wahrscheinlichkeit eine richtige Entscheidung als ein dummer Manager. Das bedeutet, dass der ökonomische Wert eines klugen Agenten höher ist als der eines dummen. Kluge Manager sollten folglich höher entlohnt werden als dumme. Da das Qualifikationsniveau eines Agenten jedoch unbekannt ist, können die Löhne der nächsten (zweiten) Investitionsrunde nicht direkt an das Qualifikationsniveau der Agenten gekoppelt werden. Es ist jedoch möglich, aus den Entscheidungen in der betrachteten (ersten) Investitionsrunde die Wahrscheinlichkeit $\hat{\theta}$, mit der ein Agent klug ist, abzuleiten und die Höhe der zukünftigen Entlohnung vom *erwarteten* Qualifikationsniveau eines Agenten abhängig zu machen.

HIRTH UND WALTER (2002, 41) kritisieren diese Art des Entlohnungssystems, da sie den Umweg über die Reputation für unnötig halten. Sie begründen dies damit, dass im Modell unterstellt ist, dass die Prinzipale die Entscheidungen der Agenten beobachten können, so dass sie deren Entlohnung genauso gut an ihren Erfolg in der Vorperiode knüpfen könnten, der durch die Höhe des Gewinns gemessen wird, den sie für das Unternehmen erwirtschaftet haben. Da dies letztlich aber darauf hinaus läuft, den Lohn der Manager an die Richtigkeit ihrer Entscheidung zu koppeln, kann gegen das von Hirth und Walter vorgeschlagene Vorgehen ein Fairness-Argument vorgebracht werden, das eine erfolgs- bzw. gewinnabhängige Entlohnung der Manager verbietet, da aufgrund der Unsicherheit bezüglich der Vorteilhaftigkeit des Investitionsprojekts sowie aufgrund der unvollkommenen Signale auch kluge Manager eine falsche Entscheidung treffen können, für die sie nicht durch einen niedrigeren Lohn bestraft werden sollten.

Ein Kompromiss hinsichtlich der Modellierung des Entlohnungssystems läge darin, sowohl eine Reputations- als auch eine Erfolgs- bzw. Gewinnkomponente zu berücksichtigen, wobei SCHARFSTEIN UND STEIN (1990, 470) zunächst bewusst auf eine solche Gewinnkomponente verzichten, um den Einfluss der Reputation klarer herausarbeiten zu können. Wie sich die Berücksichtigung einer zusätzlichen Gewinnkomponente in Abhängigkeit von deren Gewicht in der Zielfunktion der Manager auf das Ergebnis auswirkt, wird später in Abschnitt 7.3.1 erörtert.

Wenn die Löhne der Manager zunächst also ausschließlich von ihrem erwarteten Qualifikationsniveau (ihrer Reputation) abhängig sind und das Ziel eines risikoneutralen nutzen- bzw. einkommensmaximierenden Agenten darin besteht, seinen erwarteten zukünftigen Lohn zu maximieren, ist dies äquivalent zur Maximierung seiner Reputation bzw. der Wahrscheinlichkeit $\hat{\theta}$, mit der er für klug gehalten wird. Die Manager werden mit ihrer Entscheidung also – wie bei HOLMSTRÖM (1999) – versuchen, die Wahrnehmung ihrer Qualifikation durch die Prinzipale zu manipulieren, und sich so verhalten, dass sie für möglichst klug gehalten werden. Da in diesem Zusammenhang gilt, dass eine richtige Entscheidung eher auf einen klugen Agenten hindeutet, und eine falsche Entscheidung nur dann auf einen dummen Agenten schließen lässt, wenn der andere Agent eine bessere, das heißt richtige Entscheidung getroffen hat, ergibt sich für den zweiten Manager ein Anreiz, sich dem Verhalten des ersten anzuschließen. Dadurch kann er vermeiden, dass er – sollte das von ihm gewählte Verhalten ex-post betrachtet falsch sein – letztlich der einzige ist, der einen Fehler gemacht hat und daher für inkompetent gehalten wird. Im Gleichgewicht (in reinen Strategien) kommt es also – wie im Folgenden gezeigt wird – zu Herdenverhalten, bei dem Manager 2 unabhängig von seinem Signal immer genau das macht, was er bei Manager 1 beobachtet hat.

An dieser Stelle zeigt sich, dass das Entlohnungsschema sein Ziel, nämlich kluge Manager für ihre höhere Qualifikation zu belohnen, nicht erreicht, da es die dazu notwendige Separation zwischen klugen und dummen Managern verhindert. Gerade durch das Entlohnungsschema wird ja bewirkt, dass sich schließlich alle Manager identisch verhalten, so dass nicht mehr zwischen klugen und dummen Managern unterschieden werden kann. In Antizipation des Ergebnisses scheint der Einsatz dieses Entlohnungsschemas daher fragwürdig und sollte überdacht werden: Wenn es mit der beschriebenen Art der Entlohnung zu einer unerwünschten unbedingten Nachahmung bei den Agenten kommt, stellt sich die Frage, warum die Prinzipale keine korrigierenden Gegenmaßnahmen ergreifen, um das Ergebnis zu verbessern. In diesem Zusammenhang böte es sich an, eine gewinnabhängige Entlohnungskomponente – wie bei KHANNA (1998) – einzuführen, durch die das Problem abgeschwächt würde. Bevor diese Maßnahme aber vorgestellt wird, wird gezeigt, dass das Reputations-Entlohnungsschema zum beschriebenen Resultat mit Herdenverhalten führt.

Der Beweis dazu erfolgt in drei Schritten. Im ersten Schritt wird gezeigt, dass die gleichgewichtige Investitionsentscheidung von Manager 2 unabhängig von seinem Signal ist. Anstatt auf seine private Information zu achten, orientiert er sein Verhalten an der Entscheidung seines Vorgängers, so dass als mögliche Gleichgewichte des Investitionsspiels Situationen übrig bleiben, in denen Manager 2 entweder genau dasselbe oder gerade das Gegenteil von dem macht, wofür sich Manager 1 entschieden hat. Für diesen Schritt wird zunächst – ohne dabei bestätigt zu haben, dass es sich um gleichgewichtiges Verhalten handelt – unterstellt, dass Manager 1 effizient entscheidet, d. h. dass er mit einem guten Signal investiert und mit einem schlechten Signal die Investition unterlässt. Der zweite Schritt bestätigt dann die Existenz eines Gleichgewichts, in dem Manager 2 seinen Vorgänger nachahmt und unabhängig von seinem Signal genau das Verhalten von Manager 1 wählt. Im dritten Schritt geht es schließlich darum zu zeigen, dass es für Manager 1 tatsächlich – wie bis dahin angenommen wurde – optimal ist, sich effizient zu verhalten.

Erster Schritt: Ausschluss signalabhängigen Verhaltens bei Manager 2

In diesem Schritt wird gezeigt, dass Manager 2 unabhängig von seinem Signal entscheidet, d. h. dass es keinen eindeutigen Zusammenhang zwischen seinem Signal und seinem Verhalten gibt. Da dies durch einen Widerspruchsbeweis erfolgt, wird zunächst also davon ausgegangen, dass für beide Manager die *effiziente Verhaltensregel* gilt, die durch die folgende Handlungsanweisung charakterisiert wird:

Investiere bei Vorliegen eines guten Signals und
unterlasse die Investition bei Vorliegen eines schlechten Signals

In Antizipation der damit einhergehenden Bewertungen von Manager 2 wird dann die Gültigkeit der effizienten Verhaltensregel für den zweiten Agenten widerlegt.

Wenn ein eindeutiger Zusammenhang – wie er sich durch die effiziente Verhaltensregel ergibt – in der Tat bestünde, könnten die Prinzipale aus der Beobachtung des Verhaltens der Agenten auf deren Signale schließen und die Manager beurteilen, indem sie die auf den wahren Zustand sowie die aus der Beobachtung abgeleiteten Signale $\hat{s}_1$ und $\hat{s}_2$ bedingte Wahrscheinlichkeit $\hat{\theta}$ berechnen, mit welcher der betrachtete Manager klug ist. Für Manager 2 – um den es in diesem Schritt geht – ergibt sich diese Wahrscheinlichkeit im Fall, dass der Zustand i (mit $i = H, L$) eingetreten ist, als

$$\hat{\theta}(\hat{s}_1, \hat{s}_2, x_i) = \Pr(klug, klug | \hat{s}_1, \hat{s}_2, x_i) + \Pr(dumm, klug | \hat{s}_1, \hat{s}_2, x_i)$$

$$= \frac{\left[\begin{array}{l} \Pr(\hat{s}_1, \hat{s}_2 | x_i, klug, klug) \cdot \Pr(klug, klug) \\ + \Pr(\hat{s}_1, \hat{s}_2 | x_i, dumm, klug) \cdot \Pr(dumm, klug) \end{array}\right]}{\left[\begin{array}{l} \Pr(\hat{s}_1, \hat{s}_2 | x_i, klug, klug) \cdot \Pr(klug, klug) \\ + \Pr(\hat{s}_1, \hat{s}_2 | x_i, klug, dumm) \cdot \Pr(klug, dumm) \\ + \Pr(\hat{s}_1, \hat{s}_2 | x_i, dumm, klug) \cdot \Pr(dumm, klug) \\ + \Pr(\hat{s}_1, \hat{s}_2 | x_i, dumm, dumm) \cdot \Pr(dumm, dumm) \end{array}\right]}.$$

Da Manager 2 im Zeitpunkt seiner Entscheidung jedoch nicht weiß, welcher Zustand tatsächlich eintreten wird, ist die Zielgröße, auf die er bei seiner Entscheidung achtet, der Erwartungswert von $\hat{\theta}$, den man aus der Summe der Bewertungen in den einzelnen Zuständen erhält, die jeweils mit der auf die Informationssituation von Manager 2 bedingten Eintrittswahrscheinlichkeiten für den jeweiligen Zustand zu gewichten sind. Wenn also aus der Beobachtung des Verhaltens der beiden Manager die Signale $\hat{s}_1$ und $\hat{s}_2$ abgeleitet werden und die tatsächliche Informationssituation durch (s_1, s_2) gegeben ist, lässt sich der bedingte Erwartungswert von $\hat{\theta}$ allgemein als

$$E\left[\hat{\theta}(\hat{s}_1,\hat{s}_2)\big|s_1,s_2\right]=\hat{\theta}(\hat{s}_1,\hat{s}_2,x_H)\cdot\Pr\left(x_H\big|s_1,s_2\right)+\hat{\theta}(\hat{s}_1,\hat{s}_2,x_L)\cdot\Pr\left(x_L\big|s_1,s_2\right)$$

angeben; dieser Erwartungswert ist durch die Wahl des Verhaltens zu maximieren. Wie im Folgenden für alle möglichen Entscheidungssituationen des zweiten Agenten gezeigt wird, ist die effiziente Verhaltensregel dabei für Manager 2 nicht optimal.

Situation I-G

Beginnen wir die Analyse mit dem Fall, in dem der erste Agent investiert hat (I) und dem zweiten Agenten ein gutes Signal (G) vorliegt. Entscheidet sich Manager 2 in diesem Fall ebenfalls – wie es der effizienten Verhaltensregel entspräche – für die Investition, und schließen die Prinzipale aus der Beobachtung zweier Investitionen darauf, dass zwei gute Signale vorlagen, beträgt die Wahrscheinlichkeit, dass der zweite Agent klug ist (welche gleichzeitig die Bewertung des zweiten Agenten darstellt), im guten bzw. schlechten Zustand

(7-10)
$$\hat{\theta}(\hat{s}_G,\hat{s}_G,x_H)=\frac{2\theta p(1+\theta)}{4\theta p+(1-\theta)^2}\quad\text{bzw.}$$

$$\hat{\theta}(\hat{s}_G,\hat{s}_G,x_L)=\frac{2\theta(1-p)(1+\theta)}{4\theta(1-p)+(1-\theta)^2}$$

Unter Verwendung der auf die Informationssituation des zweiten Agenten bedingten Eintrittswahrscheinlichkeiten $\Pr\left(x_H\big|s_G,s_G\right)$ bzw. $\Pr\left(x_L\big|s_G,s_G\right)$ für den guten bzw. schlechten Zustand, die bereits in (7-8) bzw. (7-9) bestimmt wurden, ergibt sich der Erwartungswert von $\hat{\theta}$ als

$$E\left[\hat{\theta}\left(\hat{s}_G,\hat{s}_G\right)\big|s_G,s_G\right]$$

$$=\frac{2\theta p\left(1+\theta\right)}{4\theta p+\left(1-\theta\right)^2}\cdot\frac{4\theta p+\left(1-\theta\right)^2}{4\theta+2\left(1-\theta\right)^2}+\frac{2\theta\left(1-p\right)\left(1+\theta\right)}{4\theta\left(1-p\right)+\left(1-\theta\right)^2}\cdot\frac{4\theta\left(1-p\right)+\left(1-\theta\right)^2}{4\theta+2\left(1-\theta\right)^2}$$

$$=\frac{2\theta\left(1+\theta\right)}{4\theta+2\left(1-\theta\right)^2}\cdot$$

Zur Bestimmung des optimalen Verhaltens ist dieser Erwartungswert mit der erwarteten Bewertung zu vergleichen, die sich ergäbe, wenn der zweite Agent in der betrachteten Situation entgegen der effizienten Verhaltensregel bei Vorliegen eines guten Signals nicht investieren würde. In diesem Fall ergäben sich im guten bzw. schlechten Zustand die Bewertungen

(7-11)
$$\hat{\theta}\left(\hat{s}_G,\hat{s}_B,x_H\right)=\frac{2\theta\left(1-p\right)}{\left(1+\theta\right)}\ \text{bzw.}$$

$$\hat{\theta}\left(\hat{s}_G,\hat{s}_B,x_L\right)=\frac{2\theta p}{\left(1+\theta\right)}$$

so dass die erwartete Bewertung vor Realisation des wahren Zustands durch

(7-12) $$E\left[\hat{\theta}\left(\hat{s}_G,\hat{s}_B\right)\big|s_G,s_G\right]$$

$$=\frac{2\theta\left(1-p\right)}{\left(1+\theta\right)}\cdot\frac{4\theta p+\left(1-\theta\right)^2}{4\theta+2\left(1-\theta\right)^2}+\frac{2\theta p}{\left(1+\theta\right)}\cdot\frac{4\theta\left(1-p\right)+\left(1-\theta\right)^2}{4\theta+2\left(1-\theta\right)^2}$$

$$=\frac{16\theta^2 p\left(1-p\right)+2\theta\left(1-\theta\right)^2}{\left(1+\theta\right)\left(4\theta+2\left(1-\theta\right)^2\right)}$$

gegeben ist. Durch eine kleine Rechnung lässt sich nun zeigen, dass die erwartete Bewertung von Manager 2 in der vorliegenden Situation im Fall einer Investition höher ist als im Fall einer Ablehnung; für $0\le p\le 1$ – was durch die Modellannahmen erfüllt wird – gilt nämlich

(7-13) $$\frac{2\theta\left(1+\theta\right)}{4\theta+2\left(1-\theta\right)^2}>\frac{16\theta^2 p\left(1-p\right)+2\theta\left(1-\theta\right)^2}{\left(1+\theta\right)\left(4\theta+2\left(1-\theta\right)^2\right)},$$

so dass für die erwarteten Bewertungen der Zusammenhang

$$E\left[\hat{\theta}(\hat{s}_G,\hat{s}_G)\big|s_G,s_G\right] > E\left[\hat{\theta}(\hat{s}_G,\hat{s}_B)\big|s_G,s_G\right]$$

besteht. Wenn Manager 1 investiert hat und Manager 2 über ein gutes Signal verfügt, wird letzterer also ebenfalls investieren. Soweit spricht das Ergebnis noch nicht gegen die effiziente Verhaltensregel; ob diese jedoch allgemein gilt, zeigt sich erst, wenn auch untersucht wird, wie sich der zweite Agent in der beschriebenen Situation bei Vorliegen eines *schlechten* Signals verhält.

Situation I-B

Würde Manager 2 in einer Situation, in der Manager 1 investiert hat (*I*), bei Vorliegen eines schlechten Signals (*B*) diesem folgen und nicht investieren, würden die Prinzipale aus dieser Beobachtung ableiten, dass der erste Agent ein gutes und der zweite Agent ein schlechtes Signal hatten, so dass die Bewertung des zweiten Agenten im guten bzw. schlechten Zustand

$$\hat{\theta}(\hat{s}_G,\hat{s}_B,x_H) \text{ bzw. } \hat{\theta}(\hat{s}_G,\hat{s}_B,x_L)$$

betragen würde. Diese Werte wurden in (7-11) bestimmt. Würde er sich dagegen wie sein Vorgänger für die Investition entscheiden, würden die Prinzipale aus der Beobachtung zweier Investitionen auf zwei gute Signale schließen, so dass die Bewertung des zweiten Agenten im guten bzw. schlechten Zustand wie in (7-10) durch

$$\hat{\theta}(\hat{s}_G,\hat{s}_G,x_H) \text{ bzw. } \hat{\theta}(\hat{s}_G,\hat{s}_G,x_L)$$

gegeben wäre. Unter Berücksichtigung der auf die vorliegende Informationssituation bedingten Eintrittswahrscheinlichkeiten für den guten sowie den schlechten Zustand

$$\Pr(x_H|s_G,s_B) \text{ sowie } \Pr(x_L|s_G,s_B)$$

aus (7-8) und (7-9) ergeben sich die bedingten Erwartungswerte für die Bewertung von Manager 2 im Fall einer Ablehnung bzw. im Fall einer Investition als

$(7\text{-}14)\quad E\Big[\hat{\theta}\big(\hat{s}_G,\hat{s}_B\big)\big|s_G,s_B\Big]=\dfrac{2\theta(1-p)}{(1+\theta)}\cdot\dfrac{1}{2}+\dfrac{2\theta p}{(1+\theta)}\cdot\dfrac{1}{2}=\dfrac{\theta}{(1+\theta)}\quad$ bzw.

$$E\Big[\hat{\theta}\big(\hat{s}_G,\hat{s}_G\big)\big|s_G,s_B\Big]=\dfrac{2\theta p(1+\theta)}{4\theta p+(1-\theta)^2}\cdot\dfrac{1}{2}+\dfrac{2\theta(1-p)(1+\theta)}{4\theta(1-p)+(1-\theta)^2}\cdot\dfrac{1}{2}$$

$$=\dfrac{\theta(1+\theta)\big(8\theta p(1-p)+(1-\theta)^2\big)}{\big(4\theta p+(1-\theta)^2\big)\cdot\big(4\theta(1-p)+(1-\theta)^2\big)}$$

Ein Vergleich dieser beiden Erwartungswerte zeigt, dass allgemein

$(7\text{-}15)$

$$\dfrac{\theta(1+\theta)\big(8\theta p(1-p)+(1-\theta)^2\big)}{\big(4\theta p+(1-\theta)^2\big)\cdot\big(4\theta(1-p)+(1-\theta)^2\big)}>\dfrac{\theta}{(1+\theta)}$$

bzw. $\qquad E\Big[\hat{\theta}\big(\hat{s}_G,\hat{s}_G\big)\big|s_G,s_B\Big]>E\Big[\hat{\theta}\big(\hat{s}_G,\hat{s}_B\big)\big|s_G,s_B\Big]$

gilt, so dass der zweite Agent auch bei Vorliegen eines schlechten Signals investieren wird, wenn sein Vorgänger investiert hat. Er reagiert also *nicht* gemäß der unterstellten effizienten Verhaltensregel, die folglich als gleichgewichtige Verhaltensregel nicht mehr in Frage kommt.

Situation N-G

Dieses Ergebnis gilt auch, falls der erste Agent *nicht* investiert hat. Wenn der zweite Agent in diesem Fall die Investition ebenfalls unterlässt, gehen die Prinzipale von zwei schlechten Signalen aus, so dass die Bewertung von Manager 2 im guten bzw. im schlechten Zustand

$$\hat{\theta}\big(\hat{s}_B,\hat{s}_B,x_H\big)=\dfrac{2\theta(1-p)(1+\theta)}{4\theta(1-p)+(1-\theta)^2}=\hat{\theta}\big(\hat{s}_G,\hat{s}_G,x_L\big)\quad\text{bzw.}$$

$$\hat{\theta}\big(\hat{s}_B,\hat{s}_B,x_L\big)=\dfrac{2\theta p(1+\theta)}{4\theta p+(1-\theta)^2}=\hat{\theta}\big(\hat{s}_G,\hat{s}_G,x_H\big)$$

beträgt. Investiert Manager 2 dagegen in der betrachteten Situation, wird von den Prinzipalen gefolgert, dass der erste Agent ein schlechtes, der zweite jedoch ein gutes Signal hatte, so dass sich im guten bzw. im schlechten Zustand die Bewertungen

(7-16)
$$\hat{\theta}\left(\hat{s}_B,\hat{s}_G,x_H\right)=\frac{2\theta p}{\left(1+\theta\right)}=\hat{\theta}\left(\hat{s}_G,\hat{s}_B,x_L\right) \quad \text{bzw.}$$

$$\hat{\theta}\left(\hat{s}_B,\hat{s}_G,x_L\right)=\frac{2\theta\left(1-p\right)}{\left(1+\theta\right)}=\hat{\theta}\left(\hat{s}_G,\hat{s}_B,x_H\right)$$

ergeben. Unter Berücksichtigung der bedingten (Miss)Erfolgswahrscheinlichkeiten aus (7-8) bzw. (7-9) können jeweils die erwarteten Bewertungen ermittelt werden. Falls das wahre Signal des zweiten Agenten dabei gut ist – die tatsächliche Informationssituation des zweiten Agenten also durch $\left(s_B,s_G\right)$ beschrieben werden kann – ergibt sich im Fall einer Investition bzw. im Fall einer Ablehnung die erwartete Bewertung

(7-17)
$$E\left[\hat{\theta}\left(\hat{s}_B,\hat{s}_G\right)\middle|s_B,s_G\right]=\frac{2\theta p}{\left(1+\theta\right)}\cdot\frac{1}{2}+\frac{2\theta\left(1-p\right)}{\left(1+\theta\right)}\cdot\frac{1}{2}$$

$$=\frac{\theta}{\left(1+\theta\right)}=E\left[\hat{\theta}\left(\hat{s}_G,\hat{s}_B\right)\middle|s_G,s_B\right] \quad \text{bzw.}$$

$$E\left[\hat{\theta}\left(\hat{s}_B,\hat{s}_B\right)\middle|s_B,s_G\right]=\frac{2\theta\left(1-p\right)\left(1+\theta\right)}{4\theta\left(1-p\right)+\left(1-\theta\right)^2}\cdot\frac{1}{2}+\frac{2\theta p\left(1+\theta\right)}{4\theta p+\left(1-\theta\right)^2}\cdot\frac{1}{2}$$

$$=\frac{\theta\left(1+\theta\right)\left(8\theta p\left(1-p\right)+\left(1-\theta\right)^2\right)}{\left(4\theta p+\left(1-\theta\right)^2\right)\cdot\left(4\theta\left(1-p\right)+\theta^2\right)}=E\left[\hat{\theta}\left(\hat{s}_G,\hat{s}_G\right)\middle|s_G,s_B\right].$$

Ein Vergleich dieser beiden Erwartungswerte ergibt wegen (7-15), dass

$$E\left[\hat{\theta}\left(\hat{s}_B,\hat{s}_B\right)\middle|s_B,s_G\right]>E\left[\hat{\theta}\left(\hat{s}_B,\hat{s}_G\right)\middle|s_B,s_G\right]$$

gilt, woraus folgt, dass der zweite Agent bei Vorliegen eines guten Signals die Investition unterlässt, wenn sein Vorgänger nicht investiert hat.

Situation N-B

Verfügt der zweite Agent dagegen schließlich über ein schlechtes Signal, wenn der erste nicht investiert hat, ergibt sich für die erwartete Beurteilung von Manager 2 im Fall einer Ablehnung

$$E\left[\hat{\theta}(\hat{s}_B,\hat{s}_B)\big|s_B,s_B\right]$$

$$=\frac{2\theta(1-p)(1+\theta)}{4\theta(1-p)+(1-\theta)^2}\cdot\frac{4\theta(1-p)+(1-\theta)^2}{4\theta+2(1-\theta)^2}+\frac{2\theta p(1+\theta)}{4\theta p+(1-\theta)^2}\cdot\frac{4\theta p+(1-\theta)^2}{4\theta+2(1-\theta)^2}$$

$$=\frac{2\theta(1+\theta)}{4\theta+2(1-\theta)^2}=E\left[\hat{\theta}(\hat{s}_G,\hat{s}_G)\big|s_G,s_G\right],$$

während im Fall einer Investition

(7-18) $$E\left[\hat{\theta}(\hat{s}_B,\hat{s}_G)\big|s_B,s_B\right]$$

$$=\frac{2\theta p}{(1+\theta)}\cdot\frac{4\theta(1-p)+(1-\theta)^2}{4\theta+2(1-\theta)^2}+\frac{2\theta(1-p)}{(1+\theta)}\cdot\frac{4\theta p+(1-\theta)^2}{4\theta+2(1-\theta)^2}$$

$$=\frac{16\theta^2 p(1-p)+2\theta(1-\theta)^2}{(1+\theta)\cdot\left(4\theta+2(1-\theta)^2\right)}=E\left[\hat{\theta}(\hat{s}_G,\hat{s}_B)\big|s_G,s_G\right]$$

resultiert. Da ein Vergleich dieser beiden Erwartungswerte wegen (7-13)

$$E\left[\hat{\theta}(\hat{s}_B,\hat{s}_B)\big|s_B,s_B\right]>E\left[\hat{\theta}(\hat{s}_B,\hat{s}_G)\big|s_B,s_B\right]$$

ergibt, entscheidet sich der zweite Agent bei Vorliegen eines schlechten Signals wie auch sein Vorgänger gegen die Investition.

Zusammenfassung

Eine gemeinsame Betrachtung der vier untersuchten Situationen macht deutlich, dass sich der zweite Agent bei seiner Entscheidung nicht an die als optimal unterstellte *effiziente Verhaltensregel* hält, die einen eindeutigen (positiven) Zusammenhang zwischen Signal und Verhalten aufweist. Statt dessen investiert er unabhängig von seinem Signal (nicht), wenn der erste Agent auch (nicht) investiert hat. Manager 2 wählt also, wenn zur Ermittlung der individuellen Bewertung die effiziente Verhaltensregel unterstellt wird, immer genau dasselbe Verhalten wie Manager 1.

Bevor daraus nun aber gefolgert werden kann, dass Manager 2 sich *nie* in einem eindeutigen Zusammenhang zu seinem Signal verhält, muss der Vollständigkeit halber auch für eine andere Verhaltensregel, die ebenso wie die effiziente Verhaltensregel einen eindeutigen, jedoch *negativen* Zusammenhang zwischen Signal und Verhalten beinhaltet, gezeigt werden, dass diese ebenso wenig gleichgewichtig ist wie die effiziente Verhaltensregel. Ohne die Analyse für die *perverse Verhaltensregel*, die durch die Handlungsanweisung

Investiere bei Vorliegen eines schlechten Signals und
unterlasse die Investition bei Vorliegen eines guten Signals

umschrieben werden kann, im Detail wiederzugeben, werden die Zwischenergebnisse in Abbildung 7-4 zusammengefasst.

Signal des 1. Agenten	Verhalten des 1. Agenten	Signal des 2. Agenten	Verhalten des 2. Agenten	Abgeleitete Signale	Erwartete Bewertung
G	I	G	N	G,G	$E\left[\hat{\theta}(\hat{s}_G,\hat{s}_G)\middle|s_G,s_G\right]$
			I	G,B	$E\left[\hat{\theta}(\hat{s}_G,\hat{s}_B)\middle|s_G,s_G\right]$
		B	I	G,B	$E\left[\hat{\theta}(\hat{s}_G,\hat{s}_B)\middle|s_G,s_B\right]$
			N	G,G	$E\left[\hat{\theta}(\hat{s}_G,\hat{s}_G)\middle|s_G,s_B\right]$
B	N	G	N	B,G	$E\left[\hat{\theta}(\hat{s}_B,\hat{s}_G)\middle|s_B,s_G\right]$
			I	B,B	$E\left[\hat{\theta}(\hat{s}_B,\hat{s}_B)\middle|s_B,s_G\right]$
		B	I	B,B	$E\left[\hat{\theta}(\hat{s}_B,\hat{s}_B)\middle|s_B,s_B\right]$
			N	B,G	$E\left[\hat{\theta}(\hat{s}_B,\hat{s}_G)\middle|s_B,s_B\right]$

Abbildung 7-4: Erwartete Bewertung bei Annahme der perversen Verhaltensregel

Da für die relevanten erwarteten Bewertungen die Zusammenhänge

$$E\left[\hat{\theta}(\hat{s}_G,\hat{s}_G)\middle|s_G,s_G\right] > E\left[\hat{\theta}(\hat{s}_G,\hat{s}_B)\middle|s_G,s_G\right],$$

$$E\left[\hat{\theta}(\hat{s}_G,\hat{s}_G)\middle|s_G,s_B\right] > E\left[\hat{\theta}(\hat{s}_G,\hat{s}_B)\middle|s_G,s_B\right],$$

$$E\left[\hat{\theta}(\hat{s}_B,\hat{s}_B)\middle|s_B,s_G\right] > E\left[\hat{\theta}(\hat{s}_B,\hat{s}_G)\middle|s_B,s_G\right] \text{ sowie}$$

$$E\left[\hat{\theta}(\hat{s}_B,\hat{s}_B)\big|s_B,s_B\right] > E\left[\hat{\theta}(\hat{s}_B,\hat{s}_G)\big|s_B,s_B\right]$$

gelten, die bereits im Rahmen der Analyse mit der effizienten Verhaltensregel verwendet wurden, ergibt sich auch bei Annahme der perversen Verhaltensregel in allen Entscheidungssituationen des zweiten Agenten, dass es für ihn besser ist, unabhängig von seinem eigenen Signal zu entscheiden und immer das Verhalten zu wählen, aus dem die Prinzipale auf gleiche Signale bei beiden Agenten schließen. Diese Maxime impliziert bei der perversen Verhaltensregel nun, dass sich Manager 2 immer für genau das gegenteilige Verhalten seines Vorgängers entscheidet, also ungeachtet seines Signals für eine Ablehnung, wenn Manager 1 investiert hat, bzw. für eine Investition, wenn Manager 1 diese unterlassen hat.

Aufgrund dieses Resultats kann nun allgemein ausgeschlossen werden, dass sich Manager 2 in einem eindeutigen Zusammenhang (das heißt weder positiv noch negativ) mit seinem Signal verhält. Statt dessen entscheidet er sich unabhängig von seinem Signal bei Annahme der effizienten Verhaltensregel immer für genau dasselbe (bzw. bei Annahme der perversen Verhaltensregel immer für genau das gegenteilige) Verhalten wie Manager 1.

Der Anreiz dazu liegt letztlich darin, dass Manager 2 durch strategisches Verhalten die subjektive Wahrscheinlichkeit $\hat{\theta}$ beeinflussen kann, mit der ihn potenzielle Arbeitgeber für klug halten. So ist die Bewertung des zweiten Agenten nämlich – unabhängig davon, ob die getroffene Entscheidung ex-post betrachtet richtig oder falsch ist – höher, wenn das aus dem von Manager 2 gewählten Verhalten abgeleitete Signal mit dem von Manager 1 übereinstimmt. Im Fall von richtigen bzw. falschen Entscheidungen gilt (für $0 < p < 1$)

$$\hat{\theta}(\hat{s}_G,\hat{s}_G,x_H) > \hat{\theta}(\hat{s}_B,\hat{s}_G,x_H) \text{ sowie } \hat{\theta}(\hat{s}_B,\hat{s}_B,x_L) > \hat{\theta}(\hat{s}_G,\hat{s}_B,x_L) \text{ bzw.}$$

$$\hat{\theta}(\hat{s}_B,\hat{s}_B,x_H) > \hat{\theta}(\hat{s}_G,\hat{s}_B,x_H) \text{ sowie } \hat{\theta}(\hat{s}_G,\hat{s}_G,x_L) > \hat{\theta}(\hat{s}_B,\hat{s}_G,x_L).$$

Es gibt bei Annahme der effizienten (perversen) Verhaltensregel also offensichtlich eine *Imitationsprämie* (*Nicht-Imitationsprämie*), deren Existenz dazu führt, dass der zweite Agent sein Verhalten an dem des ersten orientiert.[73]

---

[73] Neben dieser Imitations- bzw. Nicht-Imitationsprämie gibt es bei Annahme der effizienten bzw. perversen Verhaltensregel auch eine Belohnung für richtige bzw. falsche Entscheidungen. So fällt die Bewertung von Manager 2 immer höher aus, wenn das von ihm gewählte Verhalten – gegeben das Verhalten seines Vorgängers – ex-post betrachtet richtig bzw. falsch ist: Wegen der Annahme $p > 1/2$ gilt nämlich

$$\hat{\theta}(\hat{s}_G,\hat{s}_G,x_H) > \hat{\theta}(\hat{s}_G,\hat{s}_G,x_L) \text{ sowie } \hat{\theta}(\hat{s}_B,\hat{s}_G,x_H) > \hat{\theta}(\hat{s}_B,\hat{s}_G,x_L) \text{ bzw.}$$

$$\hat{\theta}(\hat{s}_G,\hat{s}_B,x_L) > \hat{\theta}(\hat{s}_G,\hat{s}_B,x_H) \text{ sowie } \hat{\theta}(\hat{s}_B,\hat{s}_B,x_L) > \hat{\theta}(\hat{s}_B,\hat{s}_B,x_H).$$

Als Folge des signalunabhängigen Verhaltens von Manager 2 können die Prinzipale aus der Beobachtung, dass sich beide Agenten identisch bzw. unterschiedlich verhalten, keinen Rückschluss auf das Signal von Manager 2 ziehen, wodurch ein *Up-Dating* der Wahrscheinlichkeit, dass Manager 2 klug ist, unmöglich wird. Rationaler Weise ist in dieser Hinsicht dann (sowohl im guten als auch im schlechten Zustand) vom ex-ante Wert θ auszugehen.

Zweiter Schritt: Beweis für Herdenverhalten bei Manager 2

Nachdem im ersten Schritt ausgeschlossen wurde, dass der zweite Agent bei seiner Entscheidung sein Signal in irgendeiner Weise berücksichtigt, wird im zweiten Schritt nun gezeigt, dass es für Manager 2 optimal ist, sich immer, das heißt unabhängig von seinem Signal, genau so zu entscheiden wie Manager 1. Essenziell für dieses Ergebnis ist, dass die effiziente Verhaltensregel als *Out-of-equilibrium Belief* verwendet wird, d. h. dass sich die Prinzipale eine Beobachtung, in der das Verhalten des zweiten vom Verhalten des ersten Agenten abweicht, dadurch erklären, dass Manager 2 der effizienten Verhaltensregel folgt. Sie schließen also aus der Beobachtung *IN* (bzw. *NI*), dass der erste Agent ein gutes und der zweite Agent ein schlechtes Signal (bzw. der erste Agent ein schlechtes und der zweite Agent ein gutes Signal) hatte. Folglich beträgt die Bewertung von Manager 2 im Zustand i (mit $i = H, L$) in diesen Fällen $\hat{\theta}(\hat{s}_G, \hat{s}_B, x_i)$ bzw. $\hat{\theta}(\hat{s}_B, \hat{s}_G, x_i)$; die entsprechenden Werte sind in (7-11) bzw. (7-16) angegeben.

Situation I

Zur Bestimmung des Verhaltens von Manager 2 gehen wir zunächst davon aus, dass Manager 1 investiert hat. Wenn Manager 2 dann ebenfalls investiert, beträgt seine Bewertung – unabhängig von seiner Informationssituation – wie zuvor erwähnt θ.

Würde er sich anders als sein Vorgänger *gegen* die Investition entscheiden, würden die Prinzipale daraus schließen, dass der erste Agent ein gutes und der zweite Agent ein schlechtes Signal hatte, so dass sich für die erwartete Bewertung von Manager 2 je nach Informationssituation (d. h. je nachdem, ob das wahre Signal des zweiten Agenten gut oder schlecht ist)

$$E\left[\hat{\theta}(\hat{s}_G, \hat{s}_B)\big|s_G, s_G\right] \text{ bzw. } E\left[\hat{\theta}(\hat{s}_G, \hat{s}_B)\big|s_G, s_B\right]$$

ergäbe; diese Werte sind in (7-12) bzw. (7-14) angegeben.

Da wegen $1/2 < p < 1$ bzw. $\theta > 0$ sowohl

$$\theta > \frac{16\theta p(1-p) + 2\theta(1-\theta)^2}{(1+\theta) \cdot \left(4\theta + 2(1-\theta)^2\right)} = E\left[\hat{\theta}(\hat{s}_G, \hat{s}_B) \middle| s_G, s_G\right] \text{ als auch}$$

$$\theta > \frac{\theta}{(1+\theta)} = E\left[\hat{\theta}(\hat{s}_G, \hat{s}_B) \middle| s_G, s_B\right]$$

gilt, wird Manager 2 – egal ob ihm ein gutes oder schlechtes Signal vorliegt – im Fall, dass sein Vorgänger investiert hat und abweichendes Verhalten durch die effiziente Verhaltensregel erklärt wird, ebenfalls investieren.

Situation N

Falls sich Manager 1 gegen die Investition entschieden hat und Manager 2 die Investition ebenfalls unterlässt, entspricht die Bewertung des zweiten Agenten (unabhängig davon, wie seine tatsächliche Informationssituation beschaffen ist) wieder ihrem ex-ante Wert θ.

Entscheidet sich Manager 2 hingegen für die Investition, schließen die Prinzipale daraus, dass der erste Agent ein schlechtes und der zweite Agent ein gutes Signal hatte, so dass die erwartete Bewertung im Fall der Informationssituation (s_B, s_G) bzw. (s_B, s_B) wie in (7-17) bzw. (7-18)

$$E\left[\hat{\theta}(\hat{s}_B, \hat{s}_G) \middle| s_B, s_G\right] \text{ bzw. } E\left[\hat{\theta}(\hat{s}_B, \hat{s}_G) \middle| s_B, s_B\right]$$

beträgt. Da auch hier – wieder mit denselben Begründungen wie in der zuvor analysierten Situation, in der Manager 1 investiert hat – sowohl

$$\theta > \frac{\theta}{(1+\theta)} = E\left[\hat{\theta}(\hat{s}_B, \hat{s}_G) \middle| s_B, s_G\right] \quad \text{als auch}$$

$$\theta > \frac{16\theta^2 p(1-p) + 2\theta(1-\theta)^2}{(1+\theta) \cdot \left(4\theta + 2(1-\theta)^2\right)} = E\left[\hat{\theta}(\hat{s}_B, \hat{s}_G) \middle| s_B, s_B\right]$$

gilt, ist es für Manager 2 optimal, im Fall, dass sich Manager 1 gegen die Investition entschieden hat und abweichendes Verhalten durch die effiziente Verhaltensregel erklärt wird, ebenfalls die Ablehnung zu wählen.

Zusammenfassung

Die Analyse in diesem Schritt hat gezeigt, dass Manager 2 sich in jeder möglichen Entscheidungssituation unabhängig von seinem eigenen Signal verhält und dieselbe Aktion wählt wie sein Vorgänger. Voraussetzung dafür ist, dass bei abweichendem Verhalten die effiziente Verhaltensregel unterstellt wird. Dies ist beim Beweis dieses sog. Herden-Gleichgewichts insofern plausibel, als für Manager 2 der Anreiz, vom Verhalten seines Vorgängers abzuweichen, größer ist, wenn sein eigenes Signal in einem positiven (statt negativen) Zusammenhang mit dem abweichenden Verhalten steht (vgl. SCHARFSTEIN UND STEIN (1990, 473)). Wenn der Anreiz abzuweichen allgemein durch die Differenz zwischen der erwarteten Bewertung im Fall des Abweichens und der Bewertung im Fall des Imitierens gemessen wird, gilt – falls der erste Agent investiert bzw. nicht investiert hat – unter den Annahmen des Modells

$$E\left[\hat{\theta}(\hat{s}_G,\hat{s}_B)\big|s_G,s_B\right]-\theta > E\left[\hat{\theta}(\hat{s}_G,\hat{s}_B)\big|s_G,s_G\right]-\theta \quad \text{bzw.}$$

$$E\left[\hat{\theta}(\hat{s}_B,\hat{s}_G)\big|s_B,s_G\right]-\theta > E\left[\hat{\theta}(\hat{s}_B,\hat{s}_G)\big|s_B,s_B\right]-\theta.$$

Da es beim zweiten Agenten aufgrund der Beobachtung des Verhaltens seines Vorgängers also zu einer Verhaltensänderung gegenüber einer Situation kommt, in der die Entscheidung allein aufgrund der privaten Information getroffen wird, liegt in diesem Ergebnis Herdenverhalten vor.[74]

Dritter Schritt: Bestimmung der optimalen Verhaltensregel für Manager 1

Bei der Herleitung des optimalen Verhaltens des zweiten Agenten wurde bisher davon ausgegangen, dass der erste Agent gemäß der effizienten Verhaltensregel entscheidet. Dass dies tatsächlich optimal ist, wird nun im dritten Schritt gezeigt.

Bei der Wahl des optimalen Verhaltens von Manager 1 gilt – wie auch bei Manager 2 – die ex-post Beurteilung durch die Prinzipale als Kriterium. Diese kann bei Manager 1 im Unterschied zu Manager 2 allerdings nur absolut erfolgen, da sich Manager 2 – gegeben, dass die zu beweisende Annahme hinsicht-

---

[74] In analoger Weise lässt sich im vorliegenden Modellrahmen auch die Existenz eines sog. Anti-Herden-Gleichgewichts erklären, in dem Manager 2 immer genau das Gegenteil von dem macht wie Manager 1; ein solches Gleichgewicht wird allerdings nur durch die perverse Verhaltensregel als *Out-of-equilibrium Belief* unterstützt, welche – wie oben erläutert wurde – weniger plausibel ist.

lich des Verhaltens von Manager 1 wirklich zutrifft – unabhängig von seinem Signal verhält und immer dasselbe macht wie sein Vorgänger. Das bedeutet, dass es bei der Evaluation von Manager 1 nur darauf ankommt, ob seine Entscheidung richtig oder falsch ist, während es keine Rolle spielt, welches Verhalten er im Vergleich zu seinem Kollegen wählt. Die aufgrund der Beobachtung des Verhaltens aktualisierte Wahrscheinlichkeit, dass der erste Agent klug ist, hängt also nur von seiner eigenen Entscheidung (bzw. dem daraus abgeleiteten Signal $\hat{s}_1$) und dem wahren Zustand x_i (mit $i = H, L$) ab. Sie wird mit $\hat{\theta}_1(\hat{s}_1, x_i)$ bezeichnet und ergibt sich allgemein als

$$\hat{\theta}_1(\hat{s}_1, x_i) = \Pr\left(klug \,|\, \hat{s}_1, x_i\right)$$

$$= \frac{\Pr\left(\hat{s}_1 \,|\, x_i, klug\right) \cdot \Pr\left(klug\right)}{\Pr\left(\hat{s}_1 \,|\, x_i, klug\right) \cdot \Pr\left(klug\right) + \Pr\left(\hat{s}_1 \,|\, x_i, dumm\right) \cdot \Pr\left(dumm\right)}.$$

Situation G

Zur Bestimmung des Verhaltens von Manager 1 gehen wir zunächst davon aus, dass er ein gutes Signal erhält. Wenn er sich in dieser Situation für eine Investition entscheidet, und die Prinzipale von der effizienten Verhaltensregel ausgehen, schließen sie daraus, dass ein gutes Signal vorlag, so dass die Bewertung des ersten Agenten im guten bzw. schlechten Zustand durch

$$(7\text{-}19) \qquad \hat{\theta}_1(\hat{s}_G, x_H) = \frac{\theta p}{\theta p + \frac{1}{2}(1-\theta)} \quad \text{bzw.} \quad \hat{\theta}_1(\hat{s}_G, x_L) = \frac{\theta(1-p)}{\theta(1-p) + \frac{1}{2}(1-\theta)}$$

gegeben ist. Unter Berücksichtigung der auf ein gutes Signal bedingten Eintrittswahrscheinlichkeiten für die beiden möglichen Zustände $\Pr\left(x_H \,|\, s_G\right)$ bzw. $\Pr\left(x_L \,|\, s_G\right)$ aus (7-4) bzw. (7-6) ergibt sich die erwartete Bewertung für Manager 1 im Fall einer Investition also durch

$$E\left[\hat{\theta}_1(\hat{s}_G) \,|\, s_G\right]$$

$$= \frac{\theta p}{\theta p + \frac{1}{2}(1-\theta)} \cdot \left(\theta p + \frac{1}{2}(1-\theta)\right) + \frac{\theta(1-p)}{\theta(1-p) + \frac{1}{2}(1-\theta)} \cdot \left(\theta(1-p) + \frac{1}{2}(1-\theta)\right)$$

$$= \theta.$$

Dieser Wert ist zu vergleichen mit der erwarteten Bewertung, die sich in derselben Situation durch eine Ablehnung erzielen lässt. Würde der erste Agent also bei Vorliegen eines guten Signals nicht investieren, würden die Prinzipale daraus schließen, dass er ein schlechtes Signal hatte, und die Bewertung würde im guten bzw. schlechten Zustand

$$(7\text{-}20) \quad \hat{\theta}_1\big(\hat{s}_B, x_H\big) = \frac{\theta(1-p)}{\theta(1-p) + \frac{1}{2}(1-\theta)} \text{ bzw. } \hat{\theta}_1\big(\hat{s}_B, x_L\big) = \frac{\theta p}{\theta p + \frac{1}{2}(1-\theta)}$$

betragen. Unter Berücksichtigung der oben angegebenen, auf das wahre (gute) Signal bedingten Eintrittswahrscheinlichkeiten für den guten bzw. den schlechten Zustand ergibt sich damit die erwartete Bewertung

$$E\Big[\hat{\theta}_1(\hat{s}_B)\big|s_G\Big]$$

$$= \frac{\theta(1-p)}{\theta(1-p) + \frac{1}{2}(1-\theta)} \cdot \big(\theta p + \tfrac{1}{2}(1-\theta)\big) + \frac{\theta p}{\theta p + \frac{1}{2}(1-\theta)} \cdot \big(\theta(1-p) + \tfrac{1}{2}(1-\theta)\big)$$

$$= \frac{\theta\big(1 - (1-2p)^2(2\theta - \theta^2)\big)}{1 - \theta^2(1-2p)^2}.$$

Da nun wegen $\theta < 1$ der Zusammenhang

$$(7\text{-}21) \qquad\qquad \theta > \frac{\theta\big(1 - (1-2p)^2(2\theta - \theta^2)\big)}{1 - \theta^2(1-2p)^2} \quad \text{bzw.}$$

$$E\Big[\hat{\theta}_1(\hat{s}_G)\big|s_G\Big] > E\Big[\hat{\theta}_1(\hat{s}_B)\big|s_G\Big]$$

gilt, entscheidet sich der erste Agent bei Vorliegen eines guten Signals eindeutig für die Investition.

Situation B

Wenn Manager 1 über ein schlechtes Signal verfügt, und sich dieser Information entsprechend gegen die Investition entscheidet, schließen die Prinzipale bei Annahme der effizienten Verhaltensregel auf ein schlechtes Signal, so dass die Bewertung des ersten Agenten im Fall einer Ablehnung im guten bzw. im schlechten Zustand $\hat{\theta}_1\big(\hat{s}_B, x_H\big)$ bzw. $\hat{\theta}_1\big(\hat{s}_B, x_L\big)$ beträgt. Wenn diese in (7-20) angegebenen Werte jeweils mit der auf ein schlechtes Signal bedingten Eintrittswahrscheinlichkeit für den guten bzw. schlechten Zustand $\Pr(x_H|s_B)$ bzw. $\Pr(x_L|s_B)$ aus (7-5) bzw. (7-6) gewichtet und addiert werden, ergibt sich die erwartete Bewertung im Fall einer Ablehnung bei Vorliegen eines schlechten Signals als

$$E\left[\hat{\theta}_1(\hat{s}_B)\middle|s_B\right]$$

$$=\frac{\theta(1-p)}{\theta(1-p)+\frac{1}{2}(1-\theta)}\cdot\left(\theta(1-p)+\frac{1}{2}(1-\theta)\right)+\frac{\theta p}{\theta p+\frac{1}{2}(1-\theta)}\cdot\left(\theta p+\frac{1}{2}(1-\theta)\right)$$

$$=\theta.$$

Im Fall einer Investition würden die Prinzipale entsprechend auf ein gutes Signal von Manager 1 schließen, so dass die Bewertung im guten bzw. schlechten Zustand durch $\hat{\theta}_1(\hat{s}_G,x_H)$ bzw. $\hat{\theta}_1(\hat{s}_G,x_L)$ aus (7-19) gegeben wäre, und der Erwartungswert der Bewertung unter Berücksichtigung der auf ein schlechtes Signal bedingten Eintrittswahrscheinlichkeiten für den guten bzw. den schlechten Zustand

$$E\left[\hat{\theta}_1(\hat{s}_G)\middle|s_B\right]$$

$$=\frac{\theta p}{\theta p+\frac{1}{2}(1-\theta)}\cdot\left(\theta(1-p)+\frac{1}{2}(1-\theta)\right)+\frac{\theta(1-p)}{\theta(1-p)+\frac{1}{2}(1-\theta)}\cdot\left(\theta p+\frac{1}{2}(1-\theta)\right)$$

$$=\frac{\theta\left(1-(1-2p)^2\left(2\theta-\theta^2\right)\right)}{1-\theta^2(1-2p)^2}$$

betragen würde. Wegen (7-21) ergibt sich nun, dass der Zusammenhang

$$E\left[\hat{\theta}_1(\hat{s}_B)\middle|s_B\right]>E\left[\hat{\theta}_1(\hat{s}_G)\middle|s_B\right]$$

gilt. Der erste Agent entscheidet sich bei Vorliegen eines schlechten Signals also eindeutig gegen die Investition.

Zusammen mit dem Ergebnis, dass Manager 1 bei Vorliegen eines guten Signals investiert, ist damit der Beweis dafür erbracht, dass die effiziente Verhaltensregel für Manager 1 tatsächlich optimal und somit Teil der gleichgewichtigen Lösung ist.

7.2.4 Zusammenfassung und Diskussion der Ergebnisse

Die Analyse hat ergeben, dass sich im vorliegenden Modellrahmen der erste Agent gemäß seinem Signal entscheidet, während der zweite Agent ohne Rücksicht auf seine private Information seinen Vorgänger imitiert. Dieses Verhalten, das in Abbildung 7-5 dargestellt ist, ist für jeden Agenten individuell rational; es ergibt sich schließlich aus der Maximierung der erwarteten (zukünftigen) Entlohnung der Manager.

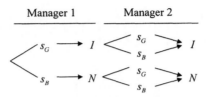

Abbildung 7-5: Entscheidungen in einer Welt mit Sorge um Reputation

Trotz der individuellen Rationalität kann das resultierende Ergebnis jedoch gesamtwirtschaftlich ineffizient sein, da infolge des Herdenverhaltens von Manager 2 dessen private Information nicht genutzt wird, obwohl sie für die Entscheidung grundsätzlich relevant ist. Eine mögliche Folge davon sind ex-ante ineffiziente Investitionsentscheidungen, durch die eine Maximierung der Unternehmensgewinne verfehlt wird. Dazu kann es allgemein kommen, wenn die Manager über unterschiedlich Signale verfügen, wenn also der erste Agent aufgrund eines guten Signals investiert und der zweite Agent sich trotz eines schlechten Signals ebenfalls für die Investition entscheidet, obwohl der ex-ante Erwartungswert der Investition negativ ist und $(x_H + x_L)/2 < 0$ gilt. Im anderen Fall kann es zu einer Ineffizienz kommen, wenn der erste Agent aufgrund eines schlechten Signals nicht investiert und der zweite Agent die Investition trotz eines guten Signals ebenfalls unterlässt, obwohl die Investition ex-ante einen positiven Erwartungswert besitzt, also $(x_H + x_L)/2 > 0$ gilt. In beiden Fällen ergibt sich aus der Entscheidung von Manager 2 gegenüber der first-best Lösung jeweils ein erwarteter Verlust (bzw. entgangener Gewinn) in Höhe von $\left| (x_H + x_L)/2 \right|$.

Besonders gravierend scheint dieses Ergebnis vor dem Hintergrund, dass es auch in einer allgemeineren Situation mit einer beliebigen Anzahl von Agenten bzw. Unternehmen gilt. Auch in diesem allgemeineren Fall wird ausschließlich das Signal des ersten Agenten genutzt und bekannt, während der überwiegende Teil der privaten Informationen ungenutzt und verborgen bleibt, da durch das signalunabhängige Verhalten des zweiten Agenten keine zusätzlichen Informationen offenbart werden, so dass auch der dritte wie alle weiteren Agenten in derselben Situation entscheiden wie der zweite und folglich unabhängig von ihren Signalen dem Verhalten ihrer Vorgänger folgen.[75] Der Grund dafür liegt darin, dass die Beobachtung der Vorgänger jeweils

(i) die individuelle Auszahlung in den einzelnen Zuständen, welche proportional zur Wahrscheinlichkeit ist, mit der ein Agent für klug gehalten wird, sowie

(ii) die Wahrscheinlichkeit, die dem Eintreten dieser Zustände beigemessen wird,

beeinflusst. Gegenüber den Kaskadenmodellen zeichnen sich die Reputationsmodelle also durch eine zusätzliche Payoff-Komponente (i) aus, die den Herden-Anreiz der bekannten Informations-Komponente (ii) verstärkt.

SCHARSTEIN UND STEIN (1990, 472) machen die positive Payoff-Externalität als Ursache für das auftretende Herdenverhalten verantwortlich, die sich in der sog. *Imitationsprämie* äußert und auf die Korrelation der Signale der klugen Manager zurückzuführen ist. Die Autoren beweisen ihre Aussage, indem sie zeigen, dass es im Fall unabhängiger Signale *nicht* zu Herdenverhalten kommt. Auch wenn ich nicht bestätigen kann, dass die Investitionsentscheidung des zweiten Agenten dann – wie SCHARFSTEIN UND STEIN (1990, 473) behaupten – *allgemein* von dessen privatem Signal abhängt (so dass es zu einem *Separating Equilibrium* kommt, in dem der zweite Agent bei Vorliegen eines guten Signals investiert und die Investition bei Vorliegen eines schlechten Signals unterlässt), gilt, dass insofern eine effiziente Lösung resultiert, als keiner der zwei betrachteten Agenten seine private Information völlig außer Acht lässt. Dies wird anhand der Ausführungen in Abschnitt 7.2.5 zum Fall mit unabhängigen Signalen gezeigt. Insbesondere ist die Entscheidung von Manager 2 – wie in einer Welt *ohne* Sorge um Reputation – effizient, was impliziert, dass er seine Entscheidung in den Situationen, in denen er aufgrund der ihm vorliegenden Informationen indifferent ist, in Abhängigkeit vom ex-ante Erwartungswert der Investition trifft.

---

[75] Das Phänomen, dass sich spätere Entscheidungen an vorangegangenen Entscheidungen orientieren, beschränkt sich im Übrigen nicht nur auf einen Mulit-Agent-Rahmen, sondern kann auch bei einzelnen Agenten beobachtet werden. PRENDERGAST UND STOLE (1996) zeigen in diesem Zusammenhang in einem Modell mit einem Agenten, dass es zu einer Imitation der eigenen früheren Entscheidungen kommen kann, weil eine Verhaltensänderung einer Korrektur früherer Entscheidungen gleichkommt und dadurch praktisch eigene Fehler eingestanden würden. Als Beispiel nennen sie Politiker, die sich – um ihre Glaubwürdigkeit zu wahren – kaum Meinungswechsel erlauben könnten.

Wie sich aus Abbildung 7-6 bzw. Abbildung 7-3 ergibt, kann zusammenfassend festgehalten werden, dass sich das Verhalten des zweiten Agenten im Fall unabhängiger Signale jedenfalls nicht unabhängig von seiner privaten Information ausschließlich am Verhalten seines Vorgängers orientiert, so dass beim zweiten Agenten kein Herdenverhalten auftritt, welches im Reputationsmodell mit zwei Agenten offensichtlich auf die Korrelation der Signale von klugen Agenten zurückzuführen ist.[76]

Dieser Aussage widersprechen OTTAVIANI UND SORENSEN (2000, 697-698). Sie sehen auch im Fall unabhängiger Signale Herdenverhalten beim zweiten Agenten, da seine Entscheidung keinen Aufschluss über seine private Information gibt, wenn dieser die Aktion mit dem höchsten ex-ante Erwartungswert wählt und diese gleichzeitig dem Verhalten seines Vorgängers entspricht. In der Tat ist in diesem Zusammenhang zutreffend, dass die Entscheidung des zweiten Agenten im Fall eines positiven (negativen) ex-ante Erwartungswerts der Investition uninformativ ist, wenn der erste Agent investiert (nicht investiert) hat; in diesen Fällen jedoch von Herdenverhalten zu sprechen, setzt – wie SCHARFSTEIN UND STEIN (2000, 705) erklären – eine weniger restriktive Definition von Herdenverhalten voraus, als sie selbst zugrunde legen. So sprechen SCHARFSTEIN UND STEIN (1990) gemäß ihrer strengen Definition nur dann von Herdenverhalten, wenn ein Agent *in allen möglichen Entscheidungssituationen* unabhängig von seinem Signal dasselbe Verhalten wählt wie sein Vorgänger. Demzufolge läge Herdenverhalten beim zweiten Agenten nur dann vor, wenn seine optimale Verhaltensregel dadurch beschrieben wird, dass er – unabhängig von seinem Signal – investiert, wenn Manager 1 investiert hat, bzw. nicht investiert, wenn Manager 1 nicht investiert hat. (Dies entspricht dem Ergebnis des Reputationsmodells mit korrelierten Signalen, das in Abbildung 7-5 zusammengefasst ist.) OTTAVIANI UND SORENSEN (2000) sprechen demgegenüber auch dann von Herdenverhalten, wenn sich ein Agent *in bestimmten Situationen* unabhängig von seinem Signal verhält, also zum Beispiel wenn Manager 2 im Fall eines positiven ex-ante Erwartungswerts – unabhängig von seinem Signal – investiert, wenn Manager 1 investiert hat, während er sich gemäß seinem Signal verhält, wenn Manager 1 nicht investiert hat (vgl. Abbildung 7-6).

Der Vollständigkeit halber soll abschließend darauf hingewiesen werden, dass Herdenverhalten in der strengen Definition auch mit unabhängigen Signalen auftreten kann. So wird im Reputationsmodell durch die Unabhängigkeitsannahme zwar die (positive) Payoff-Externalität beseitigt, wodurch die Einkommenskomponente, die sich auf die Imitationsprämie bezieht, bedeutungslos

---

[76] In diesem Zusammenhang gilt übrigens, dass eine *perfekte* Korrelation, wie sie von SCHARFSTEIN UND STEIN (1990) unterstellt wird, nicht entscheidend für das Ergebnis ist; wie GRAHAM (1999) zeigt, ergibt sich Herdenverhalten für jede beliebige positive Korrelation als ein mögliches Gleichgewicht.

wird. Folglich ist es für den zweiten Agenten nicht mehr in *jeder* Situation optimal, seinen Vorgänger nachzuahmen. Allerdings ist die Entlohnung der Manager nach wie vor (und mit unabhängigen Signalen ausschließlich) davon abhängig, ob ihre Entscheidung ex-post betrachtet richtig oder falsch ist. Daher spielt für den zweiten Agenten das Verhalten seines Vorgängers – ähnlich wie im Kaskadenmodell – weiterhin eine Rolle, insofern als es zur Bestimmung der a-posteriori Erfolgswahrscheinlichkeit verwendet wird. Dadurch kann es folglich trotz der unabhängigen Signale (etwa bei einem dritten Individuum) zu Herdenverhalten kommen. Als Auslöser fungiert dann allerdings eine Informations-Externalität, die darin besteht, dass der zweite Agent bei seiner Entscheidung nicht berücksichtigt, dass er durch sein Verhalten sein Signal offenbaren könnte, das wertvolle Information für seine Nachfolger darstellt.

7.2.5 Unabhängige Signale

Im Fall unabhängiger Signale bleibt es dabei, dass der erste Agent gemäß seinem Signal entscheidet, da für ihn in jedem Fall gilt, dass er aufgrund seiner absoluten Performance beurteilt wird. Er investiert also bei Vorliegen eines guten Signals und unterlässt die Investition, wenn er ein schlechtes Signal hat.

Der zweite Agent verfügt dadurch praktisch über zwei Signale, für die nun jedoch aufgrund der allgemeinen Unabhängigkeitsannahme der Signale, durch die sich die neuen Wahrscheinlichkeiten für verschiedene Signalkombinationen bei klugen Managern

$$\Pr\left(s_G, s_G \middle| x_H, klug, klug\right) = \Pr\left(s_B, s_B \middle| x_L, klug, klug\right) = p^2$$

$$\Pr\left(s_G, s_B \middle| x_H, klug, klug\right) = \Pr\left(s_B, s_G \middle| x_L, klug, klug\right) =$$

$$\Pr\left(s_B, s_G \middle| x_H, klug, klug\right) = \Pr\left(s_G, s_B \middle| x_L, klug, klug\right) = p(1-p) \text{ sowie}$$

$$\Pr\left(s_B, s_B \middle| x_H, klug, klug\right) = \Pr\left(s_G, s_G \middle| x_L, klug, klug\right) = (1-p)^2$$

ergeben, die Auftretenswahrscheinlichkeiten

$$\Pr\left(s_G, s_G \middle| x_H\right) = \Pr\left(s_B, s_B \middle| x_L\right) = \left(\theta p + \tfrac{1}{2}(1-\theta)\right)^2$$

$$\Pr\left(s_G, s_B \middle| x_H\right) = \Pr\left(s_B, s_G \middle| x_L\right) =$$

$$\Pr\left(s_B, s_G \middle| x_H\right) = \Pr\left(s_G, s_B \middle| x_L\right) = \left(\theta p + \tfrac{1}{2}(1-\theta)\right) \cdot \left(\theta(1-p) + \tfrac{1}{2}(1-\theta)\right) \text{ sowie}$$

$$\Pr\left(s_B, s_B \middle| x_H\right) = \Pr\left(s_G, s_G \middle| x_L\right) = \left(\theta(1-p) + \tfrac{1}{2}(1-\theta)\right)^2$$

gelten. Damit ergibt sich für die Beurteilung von Manager 2 im Fall, dass er investiert bzw. nicht investiert, wenn der erste Agent investiert hat, und die effiziente Verhaltensregel unterstellt wird (so dass aus der Beobachtung einer Investition (Ablehnung) auf ein gutes (schlechtes) Signal geschlossen wird) im guten bzw. im schlechten Zustand

$$\hat{\theta}\left(\hat{s}_G, \hat{s}_G, x_H\right) = \frac{2\theta p}{2\theta p + (1-\theta)} \quad \text{bzw.}$$

$$\hat{\theta}\left(\hat{s}_G, \hat{s}_G, x_L\right) = \frac{2\theta(1-p)}{2\theta(1-p) + (1-\theta)} \quad \text{sowie}$$

(7-22)

$$\hat{\theta}\left(\hat{s}_G, \hat{s}_B, x_H\right) = \frac{2\theta(1-p)}{2\theta(1-p) + (1-\theta)} \quad \text{bzw.}$$

$$\hat{\theta}\left(\hat{s}_G, \hat{s}_B, x_L\right) = \frac{2\theta p}{2\theta p + (1-\theta)}.$$

Falls der erste Agent *nicht* investiert hat, beträgt die Beurteilung von Manager 2 im Fall einer Investition bzw. einer Ablehnung im guten bzw. schlechten Zustand

$$\hat{\theta}\left(\hat{s}_B, \hat{s}_G, x_H\right) = \frac{2\theta p}{2\theta p + (1-\theta)} \quad \text{bzw.}$$

$$\hat{\theta}\left(\hat{s}_B, \hat{s}_G, x_L\right) = \frac{2\theta(1-p)}{2\theta(1-p) + (1-\theta)} \quad \text{sowie}$$

(7-23)

$$\hat{\theta}\left(\hat{s}_B, \hat{s}_B, x_H\right) = \frac{2\theta(1-p)}{2\theta(1-p) + (1-\theta)} \quad \text{bzw.}$$

$$\hat{\theta}\left(\hat{s}_B, \hat{s}_B, x_L\right) = \frac{2\theta p}{2\theta p + (1-\theta)}.$$

An dieser Stelle sei am Rande darauf hingewiesen, dass ein Vergleich dieser Werte zeigt, dass es *keine* Imitationsprämie mehr gibt, während richtige Entscheidungen weiterhin belohnt werden. So gilt zum einen

$$\hat{\theta}\left(\hat{s}_G, \hat{s}_G, x_H\right) = \hat{\theta}\left(\hat{s}_B, \hat{s}_G, x_H\right) \text{ und } \hat{\theta}\left(\hat{s}_B, \hat{s}_B, x_L\right) = \hat{\theta}\left(\hat{s}_G, \hat{s}_B, x_L\right) \text{ sowie}$$

$$\hat{\theta}\left(\hat{s}_G, \hat{s}_G, x_L\right) = \hat{\theta}\left(\hat{s}_B, \hat{s}_G, x_L\right) \text{ und } \hat{\theta}\left(\hat{s}_B, \hat{s}_B, x_H\right) = \hat{\theta}\left(\hat{s}_G, \hat{s}_B, x_H\right),$$

d. h. dass die Bewertung von Manager 2 – gegeben, dass sie richtig bzw. falsch ist – unabhängig davon ist, welches Verhalten er im Vergleich zu seinem Vorgänger wählt. Zum anderen gilt wegen $p > 1/2$

$$\hat{\theta}(\hat{s}_G,\hat{s}_G,x_H) = \hat{\theta}(\hat{s}_B,\hat{s}_G,x_H) = \hat{\theta}(\hat{s}_G,\hat{s}_B,x_L) = \hat{\theta}(\hat{s}_B,\hat{s}_B,x_L) =$$

$$= \frac{2\theta p}{2\theta p+(1-\theta)} > \frac{2\theta(1-p)}{2\theta(1-p)+(1-\theta)} =$$

$$\hat{\theta}(\hat{s}_G,\hat{s}_G,x_L) = \hat{\theta}(\hat{s}_B,\hat{s}_G,x_L) = \hat{\theta}(\hat{s}_G,\hat{s}_B,x_H) = \hat{\theta}(\hat{s}_B,\hat{s}_B,x_H),$$

woraus folgt, dass richtige Entscheidungen höher bewertet werden als falsche.

Zur Bestimmung des optimalen Verhaltens von Manager 2 sind dann für alle möglichen Situationen die erwarteten Bewertungen zu ermitteln. Dazu werden über die Bewertungen in den einzelnen Zuständen aus (7-22) und (7-23) hinaus die bedingten (Miss)Erfolgswahrscheinlichkeiten benötigt, die im Fall unabhängiger Signale durch

$$\Pr(x_H|s_G,s_G) = \frac{(2\theta p+(1-\theta))^2}{(2\theta p+(1-\theta))^2+(2\theta(1-p)+(1-\theta))^2},$$

(7-24) $\quad \Pr(x_H|s_G,s_B) = \Pr(x_H|s_B,s_G) = 1/2$ sowie

$$\Pr(x_H|s_B,s_B) = \frac{(2\theta(1-p)+(1-\theta))^2}{(2\theta p+(1-\theta))^2+(2\theta(1-p)+(1-\theta))^2}$$

bzw. die entsprechenden Gegenwahrscheinlichkeiten gegeben sind.

Situation I-G

Falls Manager 2 beobachtet, dass sein Vorgänger investiert hat, ihm also ein gutes Signal vorlag, und er selbst ebenfalls über ein gutes Signal verfügt, ergibt sich seine erwartete Beurteilung im Fall einer Investition, aus der die Prinzipale auf ein gutes Signal schließen, unter Verwendung der in (7-22) bzw. (7-23) sowie (7-24) angegebenen Wahrscheinlichkeiten als

$$E\left[\hat{\theta}(\hat{s}_G,\hat{s}_G)\big|s_G,s_G\right]$$

$$= \hat{\theta}(\hat{s}_G,\hat{s}_G,x_H)\cdot\Pr\left(x_H\big|s_G,s_G\right) + \hat{\theta}(\hat{s}_G,\hat{s}_G,x_L)\cdot\Pr\left(x_L\big|s_G,s_G\right)$$

$$= \frac{2\theta p}{2\theta p+(1-\theta)}\cdot\frac{\left(2\theta p+(1-\theta)\right)^2}{\left(2\theta p+(1-\theta)\right)^2+\left(2\theta(1-p)+(1-\theta)\right)^2}$$

$$+ \frac{2\theta(1-p)}{2\theta(1-p)+(1-\theta)}\cdot\frac{\left(2\theta(1-p)+(1-\theta)\right)^2}{\left(2\theta p+(1-\theta)\right)^2+\left(2\theta(1-p)+(1-\theta)\right)^2}.$$

Im Fall einer Ablehnung, aus der die Prinzipale auf ein schlechtes Signal schließen würden, ergäbe sich für die erwartete Bewertung von Manager 2

(7-25) $\quad E\left[\hat{\theta}(\hat{s}_G,\hat{s}_B)\big|s_G,s_G\right]$

$$= \hat{\theta}(\hat{s}_G,\hat{s}_B,x_H)\cdot\Pr\left(x_H\big|s_G,s_G\right) + \hat{\theta}(\hat{s}_G,\hat{s}_B,x_L)\cdot\Pr\left(x_L\big|s_G,s_G\right)$$

$$= \frac{2\theta(1-p)}{2\theta(1-p)+(1-\theta)}\cdot\frac{\left(2\theta p+(1-\theta)\right)^2}{\left(2\theta p+(1-\theta)\right)^2+\left(2\theta(1-p)+(1-\theta)\right)^2}$$

$$+ \frac{2\theta p}{2\theta p+(1-\theta)}\cdot\frac{\left(2\theta(1-p)+(1-\theta)\right)^2}{\left(2\theta p+(1-\theta)\right)^2+\left(2\theta(1-p)+(1-\theta)\right)^2}.$$

Ein Vergleich dieser beiden Erwartungswerte ergibt, dass für $p>1/2$

$$E\left[\hat{\theta}(\hat{s}_G,\hat{s}_G)\big|s_G,s_G\right] > E\left[\hat{\theta}(\hat{s}_G,\hat{s}_B)\big|s_G,s_G\right]$$

gilt, so dass Manager 2 in der vorliegenden Situation die Investition vorzieht.

Situation I-B

In analoger Weise ist vorzugehen, wenn Manager 2 im Unterschied zu der
eben betrachteten Situation bei einer Investition seines Vorgängers ein schlechtes Signal vorliegt. In diesem Fall ergeben sich die erwarteten Bewertungen im
Fall einer Investition bzw. einer Ablehnung, aus der die Prinzipale auf ein gutes
bzw. schlechtes Signal bei Manager 2 schließen, als

(7-26) $E\left[\hat{\theta}\left(\hat{s}_G,\hat{s}_G\right)\middle|s_G,s_B\right]$

$$= \hat{\theta}\left(\hat{s}_G,\hat{s}_G,x_H\right)\cdot\Pr\left(x_H\middle|s_G,s_B\right) + \hat{\theta}\left(\hat{s}_G,\hat{s}_G,x_L\right)\cdot\Pr\left(x_L\middle|s_G,s_B\right)$$

$$= \frac{2\theta p}{2\theta p+\left(1-\theta\right)}\cdot\frac{1}{2} + \frac{2\theta\left(1-p\right)}{2\theta\left(1-p\right)+\left(1-\theta\right)}\cdot\frac{1}{2} \text{ bzw.}$$

$E\left[\hat{\theta}\left(\hat{s}_G,\hat{s}_B\right)\middle|s_G,s_B\right]$

$$= \hat{\theta}\left(\hat{s}_G,\hat{s}_B,x_H\right)\cdot\Pr\left(x_H\middle|s_G,s_B\right) + \hat{\theta}\left(\hat{s}_G,\hat{s}_B,x_L\right)\cdot\Pr\left(x_L\middle|s_G,s_B\right)$$

$$= \frac{2\theta\left(1-p\right)}{2\theta\left(1-p\right)+\left(1-\theta\right)}\cdot\frac{1}{2} + \frac{2\theta p}{2\theta p+\left(1-\theta\right)}\cdot\frac{1}{2}.$$

Da diese beiden Erwartungswerte gleich groß sind, ist der zweite Agent in dieser Situation aufgrund seiner zu erwartenden Bewertung indifferent zwischen einer Investition und einer Ablehnung, so dass er seine Entscheidung vom ex-ante Erwartungswert der Investition abhängig macht und nur dann seinem Signal entsprechend *nicht* investiert, wenn die erwartete Auszahlung aus einer Investition ex-ante negativ ist. Ist der ex-ante Erwartungswert der Investition dagegen positiv, entscheidet sich Manager 2 auch bei Vorliegen eines schlechten Signals wie sein Vorgänger für die Investition.

Daraus ergibt sich, dass die Prinzipale im Fall eines positiven ex-ante Erwartungswerts der Investition aus der Beobachtung, dass der erste und der zweite Agent investiert haben, nicht auf das Signal des zweiten Agenten schließen können. Der Grund dafür liegt darin, dass sich Manager 2 in der vorliegenden Situation sowohl mit einem guten als auch mit einem schlechten Signal für die Investition entscheidet. Folglich ist die Annahme der effizienten Verhaltensregel bei der Beurteilung nicht angemessen. Die Bewertung von Manager 2 sollte daher auf Basis der ex-ante Wahrscheinlichkeit, mit der es sich bei ihm um einen klugen Manager handelt, erfolgen. Zu überprüfen ist also, ob das oben hergeleitete Verhalten dann immer noch optimal ist.

Wir gehen also davon aus, dass sich der zweite Agent im Fall, dass der ex-ante Erwartungswert der Investition positiv ist, im Gleichgewicht unabhängig von seinem Signal für die Investition entscheidet, wenn sein Vorgänger ebenfalls investiert hat, und seine Bewertung folglich θ beträgt. Falls nun wider Erwarten beobachtet werden sollte, dass er nicht investiert, wird – aufgrund der effizienten Verhaltensregel als *Out-of-equilibrium Belief* – geschlossen, dass Manager 2 ein schlechtes Signal vorlag. Die Beurteilung des zweiten Agenten beträgt dann im guten bzw. im schlechten Zustand

$$\hat{\theta}\left(\hat{s}_G,\hat{s}_B,x_H\right) \text{ bzw. } \hat{\theta}\left(\hat{s}_G,\hat{s}_B,x_L\right),$$

so dass sich unter Berücksichtigung der entsprechenden (Miss)Erfolgswahrscheinlichkeiten im Fall eines guten bzw. schlechten eigenen Signals die erwarteten Bewertungen

$$E\left[\hat{\theta}(\hat{s}_G,\hat{s}_B)\big|s_G,s_G\right] \text{ bzw. } E\left[\hat{\theta}(\hat{s}_G,\hat{s}_B)\big|s_G,s_B\right]$$

ergeben, die in (7-25) bzw. (7-26) angegeben sind. Da für diese sowohl

$$(7\text{-}27) \qquad E\left[\hat{\theta}(\hat{s}_G,\hat{s}_B)\big|s_G,s_G\right] < \theta \text{ als auch } E\left[\hat{\theta}(\hat{s}_G,\hat{s}_B)\big|s_G,s_B\right] < \theta$$

gilt, die ex-ante Bewertung also in jedem Fall die zu erwartende Bewertung bei abweichendem Verhalten übersteigt, ist es für Manager 2 tatsächlich optimal, sich in der betrachteten Situation unabhängig von seinem Signal zu verhalten und wie sein Vorgänger zu investieren. Hinsichtlich der Zusammenhänge in (7-27) wird zunächst gezeigt, dass für $p > 1/2$ die zweite Ungleichung erfüllt ist. Für eine Bestätigung der ersten Ungleichung reicht es dann aus zu zeigen, dass

$$(7\text{-}28) \qquad E\left[\hat{\theta}(\hat{s}_G,\hat{s}_B)\big|s_G,s_G\right] < E\left[\hat{\theta}(\hat{s}_G,\hat{s}_B)\big|s_G,s_B\right]$$

gilt. Dazu wird verwendet, dass sich die beiden Erwartungswerte in der Form

$$E\left[\hat{\theta}(\hat{s}_G,\hat{s}_B)\big|s_G,s_2\right]$$
$$= \hat{\theta}(\hat{s}_G,\hat{s}_B,x_H)\cdot \underbrace{\Pr\left(x_H\big|s_G,s_2\right)}_{\mu(s_G,s_2)} + \hat{\theta}(\hat{s}_G,\hat{s}_B,x_L)\cdot \underbrace{\Pr\left(x_L\big|s_G,s_2\right)}_{1-\mu(s_G,s_2)}$$

darstellen lassen und sich ausschließlich hinsichtlich der relevanten a-posteriori Erfolgswahrscheinlichkeit $\mu(s_G,s_2)$ unterscheiden, wobei wegen der Belohnung für richtige Entscheidungen, die $\hat{\theta}(\hat{s}_G,\hat{s}_B,x_H) < \hat{\theta}(\hat{s}_G,\hat{s}_B,x_L)$ impliziert,

$$\frac{dE\left[\hat{\theta}(\hat{s}_G,\hat{s}_B)\big|s_G,s_2\right]}{d\mu(s_G,s_2)} = \hat{\theta}(\hat{s}_G,\hat{s}_B,x_H) - \hat{\theta}(\hat{s}_G,\hat{s}_B,x_L) < 0$$

gilt, d. h. dass die erwartete Bewertung umso kleiner ist, je größer die auf die jeweils vorliegenden Informationen bedingte Erfolgswahrscheinlichkeit ist. Da (wieder wegen $p > 1/2$) schließlich $\Pr\left(x_H | s_G, s_G\right) > \Pr\left(x_H | s_G, s_B\right) = 1/2$ gilt, ist die erwartete Bewertung im Fall eines guten Signals beim zweiten Agenten kleiner als im Fall eines schlechten Signals, wodurch (7-28) bestätigt wird. Da also die beiden Ungleichungen in (7-27) erfüllt sind, ist es für Manager 2 in der Tat optimal, im Fall, dass der ex-ante Erwartungswert der Investition positiv ist und Manager 1 investiert hat, unabhängig von seinem Signal ebenfalls zu investieren.

Situation N-G

Ein entsprechendes Ergebnis wie in der vorigen Situation erhält man, wenn Manager 1 nicht investiert hat, ihm also ein schlechtes Signal vorlag, und Manager 2 über ein gutes Signal verfügt. In diesem Fall sind die erwarteten Bewertungen des zweiten Agenten bei einer Investition bzw. Ablehnung – wenn die Prinzipale daraus auf ein gutes bzw. ein schlechtes Signal von Manager 2 schließen – ebenfalls identisch; sie betragen

$$E\left[\hat{\theta}\left(\hat{s}_B, \hat{s}_G\right) | s_B, s_G\right] = \hat{\theta}\left(\hat{s}_B, \hat{s}_G, x_H\right) \cdot \Pr\left(x_H | s_B, s_G\right) + \hat{\theta}\left(\hat{s}_B, \hat{s}_G, x_L\right) \cdot \Pr\left(x_L | s_B, s_G\right)$$

$$= \frac{2\theta p}{2\theta p + (1-\theta)} \cdot \frac{1}{2} + \frac{2\theta(1-p)}{2\theta(1-p) + (1-\theta)} \cdot \frac{1}{2} =$$

$$E\left[\hat{\theta}\left(\hat{s}_B, \hat{s}_B\right) | s_B, s_G\right] = \hat{\theta}\left(\hat{s}_B, \hat{s}_B, x_H\right) \cdot \Pr\left(x_H | s_B, s_G\right) + \hat{\theta}\left(\hat{s}_B, \hat{s}_B, x_L\right) \cdot \Pr\left(x_L | s_B, s_G\right)$$

$$= \frac{2\theta(1-p)}{2\theta(1-p) + (1-\theta)} \cdot \frac{1}{2} + \frac{2\theta p}{2\theta p + (1-\theta)} \cdot \frac{1}{2},$$

so dass sich Manager 2 – gegeben dass die Prinzipale bei der Bewertung der Manager die effiziente Verhaltensregel unterstellen – bei seiner Entscheidung wieder am ex-ante Erwartungswert der Investition orientiert und nur dann gemäß dem ihm vorliegenden Signal investiert, wenn mit einer positiven Auszahlung zu rechnen ist.

Situation N-B

Falls Manager 2 schließlich ein schlechtes Signal hat, wenn sein Vorgänger nicht investiert hat, beträgt seine erwartete Bewertung im Fall einer Investition bzw. einer Ablehnung – sofern die Prinzipale aufgrund der Annahme der effizienten Verhaltensregel daraus wieder schließen, dass Manager 2 ein gutes bzw. schlechtes Signal vorlag –

$$E\left[\hat{\theta}\left(\hat{s}_B,\hat{s}_G\right)\big|s_B,s_B\right]$$

$$=\hat{\theta}\left(\hat{s}_B,\hat{s}_G,x_H\right)\cdot\Pr\left(x_H\big|s_B,s_B\right)+\hat{\theta}\left(\hat{s}_B,\hat{s}_G,x_L\right)\cdot\Pr\left(x_L\big|s_B,s_B\right)$$

$$=\frac{2\theta p}{2\theta p+\left(1-\theta\right)}\cdot\frac{\left(2\theta\left(1-p\right)+\left(1-\theta\right)\right)^2}{\left(2\theta p+\left(1-\theta\right)\right)^2+\left(2\theta\left(1-p\right)+\left(1-\theta\right)\right)^2}$$

$$+\frac{2\theta\left(1-p\right)}{2\theta\left(1-p\right)+\left(1-\theta\right)}\cdot\frac{\left(2\theta p+\left(1-\theta\right)\right)^2}{\left(2\theta p+\left(1-\theta\right)\right)^2+\left(2\theta\left(1-p\right)+\left(1-\theta\right)\right)^2}\quad\text{bzw.}$$

$$E\left[\hat{\theta}\left(\hat{s}_B,\hat{s}_B\right)\big|s_B,s_B\right]$$

$$=\hat{\theta}\left(\hat{s}_B,\hat{s}_B,x_H\right)\cdot\Pr\left(x_H\big|s_B,s_B\right)+\hat{\theta}\left(\hat{s}_B,\hat{s}_B,x_L\right)\cdot\Pr\left(x_L\big|s_B,s_B\right)$$

$$=\frac{2\theta\left(1-p\right)}{2\theta\left(1-p\right)+\left(1-\theta\right)}\cdot\frac{\left(2\theta\left(1-p\right)+\left(1-\theta\right)\right)^2}{\left(2\theta p+\left(1-\theta\right)\right)^2+\left(2\theta\left(1-p\right)+\left(1-\theta\right)\right)^2}$$

$$+\frac{2\theta p}{2\theta p+\left(1-\theta\right)}\cdot\frac{\left(2\theta p+\left(1-\theta\right)\right)^2}{\left(2\theta p+\left(1-\theta\right)\right)^2+\left(2\theta\left(1-p\right)+\left(1-\theta\right)\right)^2}\;.$$

Da hier – ähnlich wie in der ersten Situation I-G – wegen $p>1/2$

$$E\left[\hat{\theta}\left(\hat{s}_B,\hat{s}_B\right)\big|s_B,s_B\right]>E\left[\hat{\theta}\left(\hat{s}_B,\hat{s}_G\right)\big|s_B,s_B\right]$$

gilt, entscheidet sich Manager 2 in der vorliegenden Situation mit einem schlechten Signal eindeutig gegen die Investition. Da er dies im Fall eines negativen ex-ante Erwartungswerts der Investition jedoch auch bei Vorliegen eines guten Signals tut, kann in diesem Fall aus der Beobachtung, dass der erste und zweite Agent nicht investieren, nicht auf das Signal des zweiten Agenten geschlossen werden, so dass dessen Bewertung in diesem Fall der ex-ante Wahrscheinlichkeit, mit der ein Agent klug ist, entsprechen sollte.

Unter Berücksichtigung dieser Korrektur hinsichtlich der Bewertung von Manager 2 kann auf dieselbe Art und Weise, wie dies im Fall einer Investition beim ersten Agenten präsentiert wurde, auch in diesem Fall gezeigt werden, dass es für den zweiten Agenten in der Tat optimal ist, sich so wie sein Vorgänger zu verhalten, wenn der ex-ante Erwartungswert der Investition negativ ist. Hier gilt

$$\theta > E\left[\hat{\theta}(\hat{s}_B, \hat{s}_G) \middle| s_B, s_G\right] = E\left[\hat{\theta}(\hat{s}_G, \hat{s}_B) \middle| s_G, s_B\right] \text{ sowie}$$

$$\theta > E\left[\hat{\theta}(\hat{s}_B, \hat{s}_G) \middle| s_B, s_B\right] = E\left[\hat{\theta}(\hat{s}_G, \hat{s}_B) \middle| s_G, s_G\right].$$

Insgesamt ergibt sich im Fall unabhängiger Signale also auch in einer Welt *mit* Sorge um Reputation, dass beide Agenten – wie in einer Welt *ohne* Sorge um Reputation – insofern informationseffizient entscheiden, als sie sich an ihren Signalen bzw. am ex-ante Erwartungswert der Investition orientieren (vgl. Abbildung 7-3, die sich je nach Vorzeichen des ex-ante Erwartungswerts der Investition wie in Abbildung 7-6 dargestellt aufsplitten lässt).

Falls $\frac{1}{2}(x_H + x_L) > 0$:   Falls $\frac{1}{2}(x_H + x_L) < 0$:

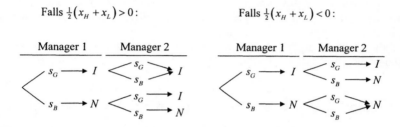

Abbildung 7-6: Entscheidungen mit unabhängigen Signalen

7.3 Effizienzerhöhende Maßnahmen

Das Grundproblem des Herdenverhaltens liegt auch im Reputationsmodell darin, dass nicht alle relevanten Informationen im Entscheidungsprozess genutzt werden, wodurch es zu ineffizienten Ergebnissen kommen kann.[77] Diese treten im Modell mit Sorge um Reputation in zwei speziellen Situationen auf, die sich aus einem Vergleich der Resultate im Reputationsmodell, die in Abbildung 7-5 zusammengefasst sind, mit der effizienten Lösung aus Abbildung 7-3 ergeben. Wie eine Betrachtung der beiden Abbildungen zeigt, sind dabei die Situationen betroffen, in denen

---

[77] Dass Herdenverhalten nicht allgemein effizienzmindernd sein muss, zeigt RAJAN (1994); der Fokus der vorliegenden Arbeit liegt jedoch auf Modellen, in denen Herdenverhalten Ineffizienzen verursacht.

- Manager 1 aufgrund eines guten Signals investiert hat, Manager 2 über ein schlechtes Signal verfügt und gleichzeitig der ex-ante Erwartungswert der Investition negativ ist, sowie

- Manager 1 aufgrund eines schlechten Signals nicht investiert hat, Manager 2 über ein gutes Signal verfügt und die Investition ex-ante lohnend ist.

In der ersten dieser Situationen entscheidet sich der zweite Agent im Reputationsmodell für die Investition, obwohl es für ihn in der gegebenen Situation effizient wäre, nicht zu investieren, während in der zweiten Situation genau das Gegenteil gilt.

Wie sich diese mit dem Herdenverhalten verbundenen Effizienzprobleme vermeiden lassen, soll im Folgenden erörtert werden. Dabei werden mögliche Maßnahmen aus den von SCHARFSTEIN UND STEIN (1990, 475) benannten „Countervailing Forces" abgeleitet, die dem Anreiz zum Herdenverhalten entgegenwirken.

7.3.1 Einführung einer gewinnabhängigen Entlohnungskomponente

Die erste von SCHARFSTEIN UND STEIN (1990, 475) erwähnte Kraft bezieht sich darauf, dass der Anreiz zum Herdenverhalten geringer ist, wenn die Manager nicht nur darauf bedacht sind, ihre Reputation zu maximieren, sondern durch ihre Entscheidung auch ein möglichst gutes Ergebnis für ihr Unternehmen erzielen wollen.[78] Dabei wird das Ziel der Gewinnmaximierung im Folgenden durch die Einführung einer gewinnabhängigen Entlohnungskomponente in die Zielfunktion der Manager integriert und speziell für die oben genannten Ineffizienz-Situationen, in denen das Signal des zweiten Agenten dem aus dem Verhalten seines Vorgängers abgeleiteten Signal widerspricht, gezeigt, dass Manager 2 seiner privaten Information folgt, anstatt seinen Vorgänger zu imitieren. Dabei wird unterstellt, dass der erste Agent nach wie vor effiziente Entscheidungen trifft.

Den Ausgangspunkt der Überlegungen bildet die Einsicht, dass Herdenverhalten im Reputationsmodell entsteht, weil Manager 2 bei Vorliegen eines vom Signal seines Vorgängers abweichenden Signals ungeachtet seiner privaten Information dasselbe Verhalten wählt wie sein Vorgänger. Der Grund dafür liegt darin, dass die erwartete Bewertung von Manager 2 in diesen Fällen bei der

---

[78] Auch GUL UND LUNDHOLM (1995, 1042) schlagen zur Vermeidung von *Reputational Herding* vor, die Interessen der Manager an die des Unternehmens zu binden.

Wahl desselben Verhaltens höher ist als bei der Wahl eines abweichenden Verhaltens. Wie bereits in Abschnitt 7.2.3 festgestellt wurde, gilt ja allgemein

$$E\left[\hat{\theta}\left(\hat{s}_G,\hat{s}_G\right)\big|s_G,s_B\right] > E\left[\hat{\theta}\left(\hat{s}_G,\hat{s}_B\right)\big|s_G,s_B\right] \text{ sowie}$$

$$E\left[\hat{\theta}\left(\hat{s}_B,\hat{s}_B\right)\big|s_B,s_G\right] > E\left[\hat{\theta}\left(\hat{s}_B,\hat{s}_G\right)\big|s_B,s_G\right] \text{ bzw.}$$

(7-29)
$$E\left[\hat{\theta}\left(\hat{s}_G,\hat{s}_G\right)\big|s_G,s_B\right] - E\left[\hat{\theta}\left(\hat{s}_G,\hat{s}_B\right)\big|s_G,s_B\right] =$$

$$E\left[\hat{\theta}\left(\hat{s}_B,\hat{s}_B\right)\big|s_B,s_G\right] - E\left[\hat{\theta}\left(\hat{s}_B,\hat{s}_G\right)\big|s_B,s_G\right] := \rho > 0.$$

Ex-ante ergibt sich durch Herdenverhalten also ein Reputationsgewinn für Manager 2 in Höhe der Differenz zwischen der erwarteten Bewertung im Fall einer Imitation und der erwarteten Bewertung bei abweichendem Verhalten. Da sich dieser Reputationsgewinn ρ im Modell direkt in einer höheren erwarteten (zukünftigen) Entlohnung niederschlägt, entscheidet sich Manager 2 – sofern er nur auf seine Reputation bedacht ist, weil seine Entlohnung ausschließlich von seinem Reputationswert abhängt – ungeachtet seines Signals für dasselbe Verhalten wie sein Vorgänger. Wählte er das Verhalten, das ihm sein Signal nahe legt und das gleichzeitig vom Verhalten des ersten Agenten abweicht, verzichtete er auf eine erwartete Auszahlung in Höhe von $R = \omega(\rho)$, wobei $\omega(.)$ die Entlohnungsfunktion beschreibt.

Hängt die Entlohnung der Manager dagegen nicht nur von ihrem jeweiligen Reputationswert ab, sondern ist sie darüber hinaus – etwa über eine Gewinnbeteiligung – auch an den Unternehmenserfolg gekoppelt, ergibt sich die erwartete Auszahlung eines Managers proportional zur gewichteten Summe aus seinem erwarteten Reputationswert und seinem (in entsprechender Weise transformierten) erwarteten Gewinnanteil.[79] Die Maximierung des erwarteten Lohns ist dann äquivalent zur Maximierung dieser gewichteten Summe, die im Fall einer Investition allgemein durch

$$(1-\lambda)\cdot E\left[\hat{\theta}\left(\hat{s}_1,\hat{s}_2\right)\big|s_1,s_2\right] + \lambda\cdot\beta E\left[x\big|s_1,s_2\right]$$

---

[79] Durch die erwähnte Transformation soll der Gewinnanteil auf einen Wert zwischen null und eins gebracht werden, um eine Vergleichbarkeit mit dem Reputationswert zu erreichen, der eine Wahrscheinlichkeit darstellt und daher ebenfalls zwischen null und eins liegt. Diesen Zweck erfüllt im Weiteren der Faktor β.

gegeben ist, wobei λ das Gewicht der gewinnabhängigen Entlohnungskomponente bezeichnet. Im Fall einer Ablehnung der Investition beträgt der zweite Term null, da sich die Gewinnsituation des Unternehmens durch die Entscheidung des Managers dann ja nicht ändert.

Für diese Zielfunktion ist nun zu zeigen, dass unter bestimmten Voraussetzungen erreicht werden kann, dass Manager 2 seiner privaten Information folgt, selbst wenn sein Signal im Widerspruch zum Verhalten seines Vorgängers steht. Er soll also

- nicht investieren, wenn er über ein schlechtes Signal verfügt und Manager 1 aufgrund eines guten Signals investiert hat, bzw.

- investieren, wenn er über ein gutes Signal verfügt und Manager 1 aufgrund eines schlechten Signals die Investition unterlassen hat.

In beiden Situationen gilt gleichermaßen, dass der erwartete Gewinn, der mit einer Investition verbunden ist, $E\left[x|s_G,s_B\right]=E\left[x|s_B,s_G\right]=E\left[x\right]=\left(x_H+x_L\right)/2$ beträgt und also dem ex-ante Erwartungswert der Investition entspricht, da die verfügbare Information des zweiten Agenten jeweils aus einem guten und einem schlechten Signal besteht.

Situation 1

Mit der oben eingeführten Gewinnkomponente ist die erwarte Auszahlung des zweiten Agenten in der ersten der beiden oben genannten Situationen (in der Manager 1 also ein gutes Signal hat und der Manager 2 ein schlechtes) proportional zu

$$(1-\lambda)\cdot E\left[\hat{\theta}\left(\hat{s}_G,\hat{s}_G\right)\middle|s_G,s_B\right]+\lambda\cdot\beta E\left[x\right] \text{ bzw.}$$

$$(1-\lambda)\cdot E\left[\hat{\theta}\left(\hat{s}_G,\hat{s}_B\right)\middle|s_G,s_B\right]+\lambda\cdot 0 .$$

Dabei bezieht sich der erste Ausdruck auf den Fall, in dem Manager 2 entgegen seinem eigenen Signal seinem Vorgänger folgt und investiert, während der zweite Ausdruck dem Fall zugeordnet ist, in dem Manager 2 seinem Signal entsprechend und vom Verhalten des ersten Agenten abweichend nicht investiert. Gegeben diese Werte entscheidet sich der zweite Agent im beschriebenen Szenario also genau dann dafür, sich in Übereinstimmung mit seinem Signal zu verhalten und nicht zu investieren, wenn die Bedingung

$$(1-\lambda)\cdot E\left[\hat{\theta}(\hat{s}_G,\hat{s}_B)\middle|s_G,s_B\right] > (1-\lambda)\cdot E\left[\hat{\theta}(\hat{s}_G,\hat{s}_G)\middle|s_G,s_B\right] + \lambda\cdot\beta E[x]$$

erfüllt ist. Dies ist wegen (7-29) äquivalent zu

(7-30) $\qquad (1-\lambda)\cdot(-\rho) > \lambda\cdot\beta E[x]$ bzw. $E[x] < \underbrace{\frac{(1-\lambda)}{\lambda\cdot\beta}(-\rho)}_{<0}$,

das heißt dazu, dass der ex-ante Erwartungswert der Investition negativ und betragsmäßig hinreichend groß ist. Dieses Ergebnis leuchtet sofort ein: Es besagt ja, dass Manager 2 davon abgehalten werden kann, trotz eines schlechten Signals seinem Vorgänger zu folgen und zu investieren, wenn der ex-ante Verlust im Fall einer Investition hinreichend hoch ist.

Situation 2

In der zweiten oben genannten Situation, in der Manager 1 also aufgrund eines schlechten Signals nicht investiert hat und Manager 2 über ein gutes Signal verfügt, beträgt die Zielgröße des zweiten Agenten im Fall einer Imitation seines Vorgängers (Ablehnung) bzw. bei abweichendem, aber signalkonformem Verhalten (Investition)

$$(1-\lambda)\cdot E\left[\hat{\theta}(\hat{s}_B,\hat{s}_B)\middle|s_B,s_G\right] + \lambda\cdot 0 \qquad \text{bzw.}$$

$$(1-\lambda)\cdot E\left[\hat{\theta}(\hat{s}_B,\hat{s}_G)\middle|s_B,s_G\right] + \lambda\cdot\beta E[x].$$

Manager 2 entscheidet sich also genau dann gegen eine Imitation seines Vorgängers, wenn

$$(1-\lambda)\cdot E\left[\hat{\theta}(\hat{s}_B,\hat{s}_G)\middle|s_B,s_G\right] + \lambda\cdot\beta E[x] > (1-\lambda)\cdot E\left[\hat{\theta}(\hat{s}_B,\hat{s}_B)\middle|s_B,s_G\right]$$

gilt. Dies ist (wieder wegen (7-29)) äquivalent zur Forderung

(7-31) $\qquad (1-\lambda)\cdot(-\rho) > -\lambda\cdot\beta E[x]$ bzw. $E[x] > \underbrace{\frac{(1-\lambda)}{\lambda\cdot\beta}\rho}_{>0}$, also dazu, dass der ex-ante Erwartungswert der Investition positiv und hinrei-chend groß ist. Auch diese Bedingung ist intuitiv plausibel: Sie besagt, dass sich Manager 2 bei Vorliegen eines guten Signals für die Investition entscheidet, auch wenn sein Vorgänger nicht investiert hat, falls der ex-ante Gewinn im Fall einer Investition hinreichend hoch ist.

Zusammenfassung

Falls eine gewinnabhängige Entlohnungskomponente (mit einem beliebi-gen Gewicht) existiert, unterbleibt das ineffiziente Herdenverhalten, wenn der ex-ante Erwartungswert der Investition betragsmäßig hinreichend groß ist. Dies ergibt sich aus den Bedingungen (7-30) und (7-31), aus denen ebenfalls abge-leitet werden kann, dass signalkonformes Verhalten bei Manager 2 in den be-trachteten Problemsituationen für eine *gegebene* Höhe des ex-ante Erwartungs-werts der Investition erreicht werden kann, falls das Gewicht der gewinnab-hängigen Entlohnungskomponente hinreichend hoch gewählt wird. Dies folgt wiederum aus einer Umformung der Bedingung (7-30) bzw. (7-31):

$$\lambda \cdot \beta \left| E[x] \right| > (1-\lambda) \cdot \rho = \rho - \lambda \rho \Leftrightarrow \lambda > \frac{\rho}{\rho + \beta \left| E[x] \right|}.$$

Mit einem hinreichend hohen Gewicht für die gewinnabhängige Entlohnungs-komponente kann beim zweiten Agenten also insgesamt ein effizientes Ver-halten erreicht werden, das sich schließlich wie in Abbildung 7-3 dargestellt be-schreiben lässt.

7.3.2 Existenz eines Alternativeinkommens

Als eine weitere Möglichkeit, durch die der Anreiz zum Herdenverhalten reduziert werden kann, nennen SCHARFSTEIN UND STEIN (1990, 476) die Exis-tenz eines Alternativeinkommens L. Wenn dieses die Höhe der Entlohnung von Manager 2 im *Worst Case*[80] übersteigt, bietet es praktisch eine Absicherung für den Fall, dass er sich von seinem Vorgänger abweichend für die ex-post falsche Alternative entscheidet. Die Autoren schreiben, dass sich also mit einem hinrei-chend hohen Alternativeinkommen

---

[80] Da die Höhe der Entlohnung proportional zum Reputationswert ist, der (aufgrund der Belohnung für richtige Entscheidungen und der Imitationsprämie) am höchsten ist, wenn beide Agenten dieselbe, ex-post richtige Aktion wählen, ergibt sich die niedrigste Entlohnung (Worst Case) für Manager 2, wenn sein Verhalten von dem seines Vorgängers abweicht und sich schließlich als falsch erweist.

(7-32)
$$L > \omega\left(\hat{\theta}\left(\hat{s}_G, \hat{s}_B, x_H\right)\right) = \omega\left(\hat{\theta}\left(\hat{s}_B, \hat{s}_G, x_L\right)\right)$$

in den beiden oben genannten Problemsituationen die Differenz zwischen der erwarteten zukünftigen Entlohnung im Fall einer Imitation und der Entlohnung im Fall von abweichendem (aber signalkonformem) Verhalten verringern lässt. Diese Differenz beträgt ohne das Alternativeinkommen beispielsweise im Fall, dass der erste Agent aufgrund eines schlechten Signals nicht investiert hat und der zweite ein gutes Signal hat,

$$R = \omega(\rho) = \omega\left(E\left[\hat{\theta}\left(\hat{s}_B, \hat{s}_B\right)\big|s_B, s_G\right]\right) - \omega\left(E\left[\hat{\theta}\left(\hat{s}_B, \hat{s}_G\right)\big|s_B, s_G\right]\right)$$

$$= \frac{1}{2} \cdot \left[\omega\left(\hat{\theta}\left(\hat{s}_B, \hat{s}_B, x_H\right)\right) + \omega\left(\hat{\theta}\left(\hat{s}_B, \hat{s}_B, x_L\right)\right) - \omega\left(\hat{\theta}\left(\hat{s}_B, \hat{s}_G, x_H\right)\right) - \omega\left(\hat{\theta}\left(\hat{s}_B, \hat{s}_G, x_L\right)\right)\right].$$

Es sinkt wegen (7-32), wenn aufgrund der Existenz eines Alternativeinkommens der letzte Term in der eckigen Klammer durch L ersetzt wird. Die Existenz eines Alternativeinkommens schmälert somit den Anreiz zum Herdenverhalten, da durch eine Imitation gegenüber signalkonformem Verhalten nur noch ein geringeres zusätzliches Einkommen zu erwarten ist. Imitationen werden schließlich gänzlich unterbleiben, wenn R den Wert null erreicht. Ohne es allgemein zu belegen oder wenigstens an einem Beispiel zu zeigen, schreiben die Autoren an der zitierten Stelle, dass durch die Existenz eines Alternativeinkommens die Anzahl der Parameterkonstellationen zurückgeht, für die Herdenverhalten auftritt.

Bei der Bestimmung einer expliziten Lösung zur Vermeidung von Herdenverhalten durch ein Alternativeinkommen ist einerseits zu beachten, L hoch genug zu wählen, so dass es für den zweiten Agenten unattraktiv ist, seinen Vorgänger zu imitieren, wenn sein Signal dem Verhalten des Vorgängers widerspricht. Andererseits darf L aber auch nicht zu hoch sein, so dass der zweite Agent im Fall, dass sein Signal das Verhalten des Vorgängers bestätigt, weiterhin seiner privaten Information folgt. Durch diese beiden Bedingungen, die gleichzeitig nur für bestimmte Kombinationen von p und θ erfüllt sind, lässt sich die Menge der potenziellen L-Werte eingrenzen. Für diese ist dann zu überprüfen, welche Einkommenssituationen vom ermittelten Alternativeinkommen betroffen sind, und ob das Ergebnis dieser Überprüfung mit der Annahme übereinstimmt, dass L nur das Worst-Case Einkommen ersetzt. Gegebenenfalls ist die Prozedur erneut durchzuführen, bis ein passendes L gefunden ist.

Gesetzt den Fall, dass ein solches Alternativeinkommen existiert, kann signaläquivalentes Verhalten bei Manager 2 erreicht werden, d. h. dass sich Manager 2 schließlich (wie in Abbildung 7-7 dargestellt) in Übereinstimmung mit seinem Signal entscheidet.

Gegenüber der Lösung im reinen Reputationsmodell, in dem Herdenverhalten auftritt, kann die Effizienz also auch durch die Existenz eines Alternativeinkommens erhöht werden, das bewirkt, dass aus dem Verhalten beider Manager auf ihre Signale geschlossen werden kann.

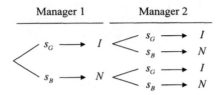

Abbildung 7-7: Signaläquivalentes Verhalten

7.3.3 Superstar-Effekt

Eine dritte Möglichkeit zur Vermeidung von Herdenverhalten sehen SCHARFSTEIN UND STEIN (1990, 476) in der Berücksichtigung der *relativen* Qualifikation eines Managers[81], durch die es zu einer Extra-Entlohnung für den besseren der beiden Manager kommt. Das bedeutet, dass das Gehalt eines Managers um eine pauschale Prämie $\wp$ aufgestockt wird, wenn er als einziger eine richtige Entscheidung getroffen hat. Da ihn dies gegenüber dem anderen Manager als besonders qualifiziert ausweist, wird diese Maßnahme als *Superstar-Effekt* bezeichnet. Der Anreiz zum Herdenverhalten sinkt dabei, weil Manager 2 nur dann die Chance hat, zum Superstar gekürt zu werden und die entsprechende (zusätzliche) Prämie zu erhalten, wenn er *als einziger* die richtige Entscheidung trifft. Durch die Superstar-Prämie kann schließlich signaläquivalentes Verhalten beim zweiten Agenten erreicht werden, sofern sie entsprechend bemessen ist.[82]

Wie bei der Bestimmung von $\wp$ vorzugehen ist, wird im Folgenden am Beispiel vorgeführt, in dem der erste Agent investiert hat. (Im Fall einer Ablehnung gelten die Argumente analog.)

---

[81] Die relative Performance der Manager ist auch bei ZWIEBEL (1995) entscheidend für deren Entlohnung; im Unterschied zum vorliegenden Modell ergibt sich dabei jedoch Herdenverhalten bei Managern mittlerer Qualifikation, weil die Gefahr, falsch evaluiert und als gering qualifiziert eingestuft zu werden, was mit enormen Nutzenverlusten verbunden ist, bei abweichendem Verhalten vergleichsweise groß ist.

[82] EFFINGER UND POLBORN (2001) zeigen, dass mit einer zu hohen Prämie (in unserem Kontext) quasi übers Ziel hinaus geschossen wird; im Fall einer hinreichend hohen Prämie kommt es zu *Anti-Herding*, bei dem der zweite Agent immer das Gegenteil von seinem Vorgänger macht.

Bei der Festlegung der Prämienhöhe ist zunächst zu beachten, dass die Prämie hoch genug sein muss, so dass Manager 2 bei Vorliegen eines dem Verhalten seines Vorgängers widersprechenden Signals seiner privaten Information folgt, anstatt den ersten Agenten zu imitieren. Dies wird erreicht, wenn seine Auszahlung im Fall einer Imitation höchstens so groß ist wie bei signalkonformem Verhalten. Im Fall, dass der erste Agent investiert hat, also ein gutes Signal hatte, und der zweite Agent über ein schlechtes Signal verfügt, muss also

$$\overbrace{\Pr\left(x_H \middle| s_G, s_B\right)}^{=\frac{1}{2}} \cdot \omega\left(\hat{\theta}\left(\hat{s}_G, \hat{s}_G, x_H\right)\right) + \overbrace{\Pr\left(x_L \middle| s_G, s_B\right)}^{=\frac{1}{2}} \cdot \omega\left(\hat{\theta}\left(\hat{s}_G, \hat{s}_G, x_L\right)\right) <$$

$$\underbrace{\Pr\left(x_H \middle| s_G, s_B\right)}_{=\frac{1}{2}} \cdot \omega\left(\hat{\theta}\left(\hat{s}_G, \hat{s}_B, x_H\right)\right) + \underbrace{\Pr\left(x_L \middle| s_G, s_B\right)}_{=\frac{1}{2}} \cdot \left[\omega\left(\hat{\theta}\left(\hat{s}_G, \hat{s}_B, x_L\right)\right) + \wp\right] \text{ bzw.}$$

(7-33)
$$\omega^{-1}\left(\wp\right) > \underbrace{\left[\hat{\theta}\left(\hat{s}_G, \hat{s}_G, x_H\right) - \hat{\theta}\left(\hat{s}_G, \hat{s}_B, x_H\right)\right]}_{(i)}$$

$$+ \underbrace{\left[\hat{\theta}\left(\hat{s}_G, \hat{s}_G, x_L\right) - \hat{\theta}\left(\hat{s}_G, \hat{s}_B, x_L\right)\right]}_{(ii)}$$

gelten. Außerdem muss gewährleistet sein, dass Manager 2 im betrachteten Fall (wenn der erste Agent also investiert hat) bei Vorliegen eines guten Signals ebenfalls seiner Information folgt und investiert. Dies geschieht, wenn seine Auszahlung bei einer Investition höher ist als bei einer Ablehnung, wenn also

$$\overbrace{\Pr\left(x_H \middle| s_G, s_G\right)}^{=:\mu_{GG}} \cdot \omega\left(\hat{\theta}\left(\hat{s}_G, \hat{s}_G, x_H\right)\right) + \overbrace{\Pr\left(x_L \middle| s_G, s_G\right)}^{=\left(1-\mu_{GG}\right)} \cdot \omega\left(\hat{\theta}\left(\hat{s}_G, \hat{s}_G, x_L\right)\right) >$$

$$\underbrace{\Pr\left(x_H \middle| s_G, s_G\right)}_{=\mu_{GG}} \cdot \omega\left(\hat{\theta}\left(\hat{s}_G, \hat{s}_B, x_H\right)\right) + \underbrace{\Pr\left(x_L \middle| s_G, s_G\right)}_{=\left(1-\mu_{GG}\right)} \cdot \left[\omega\left(\hat{\theta}\left(\hat{s}_G, \hat{s}_B, x_L\right)\right) + \wp\right] \text{ bzw.}$$

(7-34)
$$\omega^{-1}\left(\wp\right) < \frac{\mu_{GG}}{\left(1-\mu_{GG}\right)} \cdot \underbrace{\left[\hat{\theta}\left(\hat{s}_G, \hat{s}_G, x_H\right) - \hat{\theta}\left(\hat{s}_G, \hat{s}_B, x_H\right)\right]}_{(i)}$$

$$+ \underbrace{\left[\hat{\theta}\left(\hat{s}_G, \hat{s}_G, x_L\right) - \hat{\theta}\left(\hat{s}_G, \hat{s}_B, x_L\right)\right]}_{(ii)}$$

erfüllt ist. Um signaläquivalentes Verhalten beim zweiten Agenten zu erreichen, müssen also die beiden angegebenen Bedingungen gleichzeitig erfüllt sein. Da einerseits wegen $\mu_{GG} = \Pr\left(x_H \mid s_G, s_G\right) > 1/2$ gilt, dass der Faktor vor der ersten eckigen Klammer (*i*) auf der rechten Seite von Bedingung (7-34) größer als eins ist, und der Term in dieser Klammer (*i*) wegen $\hat{\theta}\left(\hat{s}_G, \hat{s}_G, x_H\right) > \hat{\theta}\left(\hat{s}_G, \hat{s}_B, x_H\right)$ allgemein positiv ist, folgt

$$(i) + (ii) < \frac{\mu_{GG}}{\left(1 - \mu_{GG}\right)} \cdot (i) + (ii),$$

d. h. dass die rechte Seite der Bedingung (7-33) kleiner ist als die der Bedingung (7-34). Folglich kann ein $\wp$ gefunden werden, das beide Bedingungen gleichzeitig erfüllt. Eine Superstar-Prämie $\wp$, durch die signaläquivalentes Verhalten erreicht werden kann, ist also so zu wählen, dass

$$\hat{\theta}\left(\hat{s}_G, \hat{s}_G, x_H\right) - \hat{\theta}\left(\hat{s}_G, \hat{s}_B, x_H\right)$$

$$+ \hat{\theta}\left(\hat{s}_G, \hat{s}_G, x_L\right) - \hat{\theta}\left(\hat{s}_G, \hat{s}_B, x_L\right) < \omega^{-1}\left(\wp\right) < \frac{\mu_{GG}}{\left(1 - \mu_{GG}\right)} \cdot \left[\hat{\theta}\left(\hat{s}_G, \hat{s}_G, x_H\right) - \hat{\theta}\left(\hat{s}_G, \hat{s}_B, x_H\right)\right]$$

$$+ \hat{\theta}\left(\hat{s}_G, \hat{s}_G, x_L\right) - \hat{\theta}\left(\hat{s}_G, \hat{s}_B, x_L\right)$$

gilt. Im Reputationsmodell kann die Effizienz also auch durch eine entsprechend ausgestaltete Superstar-Prämie erhöht werden.

7.3.4 Berücksichtigung weiterer Quellen für Reputation

Als eine letzte Kraft, durch die der Anreiz zum Herdenverhalten abgeschwächt wird, nennen SCHARFSTEIN UND STEIN (1990, 476) eine Verbreiterung der Definition für die Qualifikation (Fähigkeit) der Manager. Wenn sich diese nicht nur – wie im Modell – darauf bezieht, aus einer gegebenen Menge an Alternativen die beste zu auszuwählen, sondern auch berücksichtigt, inwiefern ein Manager in der Lage ist, neue (bessere) Alternativen ausfindig zu machen, wird eher unterschiedliches Verhalten zu beobachten sein, da die Manager für ihre Kreativität nur dann Reputation erwerben können, wenn sie neue Wege beschreiten.

7.3.5 Anordnung simultaner Entscheidungen

Abschließend sei noch auf eine Maßnahme verwiesen, die im Zusammenhang mit den Kaskadenmodellen bereits erwähnt und in Abschnitt 7.2.2 kurz erläutert wurde. So verweisen auch SCHARFSTEIN UND STEIN (1990, 478) im Kontext der Anwendungssituation unternehmerischer Entscheidungen darauf, dass die vorhandenen Informationen nutzbar gemacht werden können, indem simultane Entscheidungen erzwungen werden, bei denen die Manager ihre Empfehlungen gleichzeitig abgeben. Im Anwendungsfall könnte das zum Beispiel durch eine schriftliche Abstimmung im Rahmen eines Meetings erfolgen. Dabei spiegeln die Aussagen der Manager ihre private Information jeweils perfekt wider, so dass der Prinzipal alle vorhandenen Informationen erlangt und schließlich eine fundierte Entscheidung treffen kann. Auch wenn dieses Instrument nicht, wie bereits an früherer Stele erwähnt wurde, in jeder beliebigen Situation angewendet werden kann, erscheint es vor allem im Bezug auf Entscheidungen innerhalb eines Unternehmens aufgrund einer überschaubaren Anzahl an Beteiligten als probates Mittel, das einfach und kostengünstig eingesetzt werden kann.

8 Wirtschaftspolitische Implikationen

Bevor aus den in der vorliegenden Arbeit analysierten Modellen Schluss-folgerungen hinsichtlich des (staatlichen) Handlungsbedarfs gezogen und Aus-sagen darüber gemacht werden, welche Bedeutung Herden-Phänomene für die ökonomische Realität haben, erfolgt eine kurze Zusammenfassung der Modell-ergebnisse aus den Kapiteln 3 bis 7.

8.1 Bewertende Zusammenfassung der Modellergebnisse

In den Kapiteln 3 bis 7 wurden durchweg Situationen betrachtet, in denen (eine gegebene Anzahl von) Agenten nacheinander über dasselbe Problem ent-scheiden, wobei sich grundsätzlich aufgrund individuell verschiedener Präferen-zen bzw. Informationen unterschiedliches Verhalten einstellen könnte. Durch die Modellanalysen konnte jedoch bestätigt werden, dass es für *spätere* Agenten einen Anreiz gibt, *frühere* Agenten bedingungslos (also unabhängig von der ei-genen Präferenz bzw. Information) zu imitieren. Als Ursachen für solches Her-denverhalten wurden Payoff- und/oder Informations-Externalitäten diagnosti-ziert. Der Anreiz, dasselbe Verhalten wie seine Vorgänger zu wählen, ergibt sich also entweder dadurch, dass die individuellen Auszahlungen positiv miteinander korreliert sind, insofern als sie höher ausfallen, wenn alle dasselbe machen, und/oder dadurch, dass aus der Beobachtung des Verhaltens von anderen Rück-schlüsse auf deren private Informationen gezogen werden können, wodurch die eigene Informationssituation verbessert wird. Da es also möglich ist, dass die individuellen Entscheidungen bei Berücksichtigung des Verhaltens von anderen anders ausfallen als im Fall isolierter Entscheidungen, kann Herdenverhalten auftreten. Dabei kann es zu Ineffizienzen kommen, weil individuelle Präferen-zen bzw. Informationen außer Acht gelassen werden.

In den Kapiteln 3 bis 5 wurde Herdenverhalten aufgrund von Payoff-Exter-nalitäten erörtert. Dabei wurde in Kapitel 3 zunächst herausgearbeitet, dass Her-denverhalten voraussetzt, dass die Strategien der Spieler Komplemente sind. Dies ist insbesondere dann der Fall, wenn Situationen betrachtet werden, in de-nen Netzwerk-Effekte vorhanden sind. In diesem Zusammenhang wurden v. a. im Kontext der Anwendung von Technologien verschiedene Modelle darge-stellt, wobei der Begriff *Technologie* im weitesten Sinne zu verstehen ist und neben Produktionsverfahren, Betriebssystemen oder Rechtsvorschriften auch Währungen, Fremdsprachen oder Rechtschreibregeln meinen kann.

Allgemein können die in Kapitel 3 enthaltenen Modelle mit Payoff-Exter-nalitäten dadurch auf einen Nenner gebracht werden, dass jeweils eine binäre Entscheidung zwischen den Handlungsalternativen A und B zu treffen ist, wobei A und B als zwei alternative Technologien, eine alte und eine neue Technologie oder auch als Club-Beitritt bzw. kein Club-Beitritt interpretiert werden können. Unabhängig von der Anwendungssituation wurde in allen Modellen gleichermaßen ermittelt, dass die Agenten sog. *Bandwagon-Strategien* anwenden, bei denen sie ihr Verhalten am Verhalten von anderen orientieren. Die möglicherweise mit dieser Komplementarität einhergehende Vernachlässigung der individuellen natürlichen Präferenzen lässt sich dabei dadurch erklären, dass es aufgrund von Netzwerk-Effekten zu Payoff-Interdependenzen kommt, bei denen die individuellen Auszahlungen höher sind, wenn sich die Agenten identisch entscheiden. Dies verursacht letztlich Herdenverhalten, das insofern ineffiziente Ergebnisse bewirken kann, als bei den individuellen Entscheidungen längerfristige Aspekte außer Acht gelassen werden. In der Folge kann es dazu kommen, dass sich schließlich eine unterlegene Alternative durchsetzt, wobei die Unterlegenheit auch darin zum Ausdruck kommen kann, dass ex post kein hinreichender Konsens über das Ergebnis herrscht. Darauf stellt insbesondere DIXIT (2003) ab, dessen Club-Modell besonders hervorzuheben ist, da es in einfacher Weise die für das Entstehen von Herdenverhalten wesentlichen Elemente vereint, die auch in den anderen Modellen enthalten sind.

Die Kapitel 4 und 5 beschäftigen sich mit zwei weiteren, spezielleren Modellen zum Herdenverhalten aufgrund von Payoff-Externalitäten. Dabei handelt es sich zum einen um *Bank Runs* à-la DIAMOND UND DYBVIG (1983) und zum anderen um *Investigative Herding* nach FROOT, SCHARFSTEIN UND STEIN (1992). Auch in diesen Fällen ergibt sich aufgrund einer Payoff-Interdependenz, dass die optimale Strategie von (einigen) Agenten darin besteht, sich genauso zu verhalten wie die anderen. Dies gilt im Bank-Run Modell insofern, als frühes Abheben eines Geduldigen die Reserven der Bank und damit den zu erwartenden Auszahlungsbetrag für andere geduldige Bankkunden mindert, die mit ihrer Abhebung abwarten. Wenn also erwartet wird, dass die anderen früh abheben, ist es für einen Geduldigen das Beste, ebenfalls früh abzuheben. Durch dieses Herdenverhalten kann es ohne reale Gründe – ausschließlich aufgrund von pessimistischen Erwartungen – zu einem Liquiditätsproblem der Bank kommen, das schließlich dazu führt, dass finanzielle Mittel vorzeitig aus langfristigen Projekte abgezogen werden (müssen), und einzelne Kunden aufgrund von Liquidationsverlusten schließlich leer ausgehen.

Beim *Investigative Herding* wird die Entscheidung bezüglich der Beschaffung von Informationen betrachtet, die als Basis für kurzfristige Investitionen dienen, bei denen die einzelnen Positionen glattgestellt werden, bevor der Fundamentalwert des Assets realisiert wird. Der Gewinn eines Engagements ist daher durch die Veränderung des Assetpreises bestimmt, die während der Halteperiode stattfindet. Gegeben die Erwartung, dass die anderen Agenten aufgrund einer bestimmten Information handeln und den Preis dadurch in eine bestimmte Richtung bewegen, kann ein betrachteter Agent nur dann gewinnen, wenn es ihm gelingt, eine entsprechende Position einzunehmen, *bevor* die Transaktionen der anderen ausgeführt werden. Dazu muss seine Entscheidung auf derselben Information beruhen wie die der anderen, so dass es einen Anreiz gibt, dieselben Informationen zu beschaffen.

In Kapitel 6 wurde unter Ausschluss von Payoff-Externalitäten erklärt, wie es bei sequenziellen Entscheidungen mit unvollständiger Information der einzelnen Individuen durch Beobachtungslernen zu Herdenverhalten kommen kann. Essenziell in den sog. *Kaskadenmodellen* ist, dass die Individuen jeweils die Entscheidungen (jedoch nicht die (binären) Signale) ihrer Vorgänger beobachten können und Informationen ableiten, die sie bei ihrer eigenen Entscheidung verwenden. Wenn die abgeleiteten Signale (öffentliche Information) dabei die private Information dominieren, wird letztere vernachlässigt und schlicht das Verhalten der Vorgänger imitiert. Dadurch werden keine weiteren privaten Informationen offengelegt, so dass alle weiteren Entscheidungen auf Basis der (wenigen) bisher bekannten Signale getroffen werden. Insgesamt gelangen auf diesem Weg zu wenig Informationen in den allgemeinen Entscheidungsprozess, was eine potenzielle Ineffizienz verursacht. Über das Grundmodell hinaus wurden verschiedene Modellvariationen und -erweiterungen betrachtet, an denen gezeigt wurde, dass es für das Auftreten von Herdenverhalten zunächst notwendig ist, dass die privaten Informationen überhaupt relevant sind, während die Verhaltensannahme bei Indifferenz der Individuen sowie die Höhe der ex-ante Erfolgswahrscheinlichkeit keine qualitativen Veränderungen der Modellergebnisse bewirken, so dass es unter entsprechenden Bedingungen unabhängig von der konkreten Formulierung dieser beiden Modellbausteine zur Kaskadenbildung bzw. zu Herdenverhalten kommt. Außerdem wurde dargelegt, dass Herdenverhalten auch mit stetig modellierten Signalen zu beobachten ist. Da sich in diesem Fall jedoch keine Kaskaden bilden können, kann es durch hinreichend extreme Signale jederzeit zum Abbruch einer Sequenz von identischem Verhalten kommen. Verhaltenstrends können darüber hinaus auch im Fall von binären Signalen beendet werden, wenn es Individuen (sog. Experten) gibt, deren Signale bekanntermaßen eine höhere Präzision besitzen als die der übrigen Agenten. Gleichzeitig besteht jedoch die Gefahr, dass ein Experte einen Trend manifestiert. Dabei gilt insbesondere, dass die Kaskadenbildung und damit auch Herdenverhalten durch einen sog. *Fashion-Leader* Effekt gefördert wird, wenn ein Experte in einer Situation auftritt, in der *noch keine* Kaskade besteht. Eine generelle Vermeidung von Kaskaden lässt sich im Fall einer exogenen Zugfolge durch flexible Preise erreichen, welche die bereits verwendeten Signale aufnehmen. Dadurch wird eine effiziente Nutzung der Informationen möglich, so dass die Ineffizienzen aus dem Grundmodell behoben werden. Ein entgegengesetzter Effekt, nämlich eine Erhöhung der Ineffizienz gegenüber dem Grundmodell, kann sich bei endogener Zugfolge einstellen, also wenn die Individuen nicht nur die Entscheidung an sich treffen, sondern auch den Zeitpunkt für ihre Entscheidung wählen. Neben einer ineffizienten Informationsnutzung kann es dabei auch zu einer Verzögerung der Entscheidungen kommen, durch die aufgrund einer Gegenwartspräferenz der Individuen zusätzliche Einbußen entstehen.

In Kapitel 7 wurden schließlich Payoff- und Informations-Externalitäten kombiniert, wobei es allgemein zu einer Verstärkung der Effekte aus dem einfachen Kaskadenmodell kommt. Dies wurde insbesondere an einem Reputationsmodell gezeigt, in dem sequenzielle Investitionsentscheidungen von zwei Typen von Agenten (*klug* bzw. *dumm*) betrachtet werden. Dabei liegt unvollständige Information vor. Allerdings erhalten die einzelnen Agenten Signale (unterschiedlicher Präzision) und können darüber hinaus jeweils ihre Vorgänger beobachten. In einem Rahmen mit zwei Agenten ist der Anreiz zum Herdenverhalten dabei darauf zurückzuführen, dass die Auszahlung des zweiten Agenten aufgrund einer unterstellten Korrelation der Signale von klugen Managern bei identischem Verhalten beider Agenten höher ist als bei unterschiedlichen Aktionen. Aufgrund der daraus resultierenden unbedingten Imitation des ersten durch den zweiten Agenten lassen sich die Ergebnisse auch auf einen n-Agenten-Rahmen übertragen, in dem es schließlich auch ohne die Korrelationsannahme aufgrund einer Informations-Externalität (wie im Kaskadenmodell) zu Herdenverhalten kommen kann. Im Ergebnis werden dabei jeweils Ineffizienzen verursacht, weil potenziell relevante Signale vernachlässigt werden und folglich von allen die falsche Alternative gewählt wird.

8.2 Herdenverhalten als Ursache für Marktversagen

Wie in den einzelnen Kapiteln detailliert herausgearbeitet wurde, entstehen durch Herdenverhalten (zumindest potenziell) Ineffizienzen. Durch den Marktmechanismus kann bei Vorliegen von Herdenverhalten also nicht gewährleistet werden, dass das bestmögliche Ergebnis erreicht wird. Daher stellt sich die Frage, ob im Herdenverhalten eine neue – bisher in der entsprechenden Literatur nicht aufgeführte – Ursache für Marktversagen gesehen werden kann.

Wenn man sich bei der Beantwortung dieser Frage darauf besinnt, dass Herdenverhalten seinerseits auf die Existenz von Payoff- bzw. Informations-Externalitäten zurückzuführen ist, muss man Herdenverhalten als eigenständigen Marktversagensgrund wohl ablehnen und damit schließen, dass Herdenverhalten schlichtweg ein Externalitäten-Problem ist. Das damit verbundene Marktversagen hat folglich eine altbekannte Ursache.

Verglichen mit typischen Externalitäten-Phänomenen, wie etwa dem Umweltproblem, macht sich beim Herdenverhalten allerdings insofern ein Unterschied bemerkbar, als das Ergebnis einzelner Entscheidungen wiederum das Handeln anderer beeinflusst, wodurch sich individuelle Fehler kumulieren und schließlich über einen Multiplikatoreffekt im Marktversagen münden können. Die mit Herdenverhalten verbundenen Probleme sind also in gewisser Weise vielschichtiger als bei einfachen Externalitäten, so dass Herdenverhalten schließlich als *besonderes* Externalitäten-Problem zu verstehen ist. Dies gilt umso mehr, als es in den entsprechenden Situationen aufgrund der Pfadabhängigkeit des Ergebnisses nicht notwendigerweise zu Ineffizienzen kommen muss: Während die Existenz eines typischen negativen externen Effekts *immer* dazu führt, dass *zu viel* produziert wird und einer anderen Wirtschaftseinheit dadurch ein Schaden entsteht, kann es bei Vorliegen von Externalitäten, die zu Herdenverhalten führen, gerade durch dieses Herdenverhalten zum (ex post) effizienten Ergebnis kommen – vorausgesetzt es wird der „richtige" Weg beschritten. Dies kann grundsätzlich immer dann passieren, wenn die Spielstruktur des *Assurance Game* vorliegt, wie es etwa im Beispiel der Technologie-Anwendung der Fall ist. Da Externalitäten im Zusammenhang mit Herdenverhalten also einen speziellen Charakter haben, ändern sich auch die Überlegungen zur Entscheidung über die Notwendigkeit zum Einsatz und die Auswahl von geeigneten wohlfahrtserhöhenden Maßnahmen im Fall eines Marktversagens.

8.3 Notwendigkeit und Möglichkeiten für Staatseingriffe im Zusammenhang mit Herdenverhalten

Aufgrund der potenziellen Ineffizienzen infolge von Herdenverhalten sind wohlfahrtserhöhende Maßnahmen prinzipiell angezeigt. Dabei steht grundsätzlich das übliche Instrumentarium zur Behebung von Ineffizienzen bei externen Effekten zur Verfügung (vgl. Kapitel 2.4). Da im Zusammenhang mit Herdenverhalten aber aufgrund der großen Anzahl von (meist unbekannten) Akteuren private Lösungen wie Fusionen und Coase-Verhandlungen in Verbindung mit privaten Kompensationszahlungen in der Regel nicht durchführbar sind, reduziert sich das Spektrum der effizienzsteigernden Möglichkeiten auf staatliche Eingriffe. Dabei ist allerdings – im Unterschied zum Fall von traditionellen externen Effekten – über die bloße Feststellung einer Externalität hinaus die Berücksichtigung der Gesamtsituation notwendig.

Im Zusammenhang mit Netzwerk-Effekten gilt dabei, dass es wenig sinnvoll ist danach zu streben, Herdenverhalten zu *verhindern*, da in diesem Fall die Vorteile eines Netzwerks ungenutzt blieben. Aufgrund der langfristigen Überlegenheit einer der Alternativen ist es jedoch geboten, den Entscheidungsprozess in die „richtige" Richtung zu lenken. Dazu bietet sich aus theoretischer Sicht – wie in Kapitel 3 analysiert wurde – eine Steuer an, die (konditional) von jedem Agenten erhoben wird, der das unerwünschte Verhalten wählt, wodurch die relativen Vorteile der zur Verfügung stehenden Alternativen entsprechend verändert werden. Entscheidend für den Erfolg ist dabei jedoch, dass hinreichend früh gehandelt wird. Dies liegt daran, dass der Anreiz zu einheitlichem Verhalten im Fall von Payoff-Externalitäten umso stärker wird, je mehr Agenten be-

reits einem Trend folgen. Daher wird es umso schwieriger, eine Umkehr zu er-
wirken, je länger ein Trend andauert.

Auch wenn das zuletzt genannte Problem im Fall von Informations-Externalitäten nicht gegeben ist und die Anreizsituation für jedes Individuum in einer
Kaskade identisch ist, so dass eine Kaskade jederzeit durch relativ wenig entsprechende Zusatzinformation umgekehrt werden kann, sind hier ebenfalls so
früh wie möglich Maßnahmen zu ergreifen, um ein effizientes Ergebnis zu erreichen, bei dem alle verfügbaren Informationen genutzt werden. Eine Notwendigkeit dazu ergibt sich insbesondere bei einmaligen Entscheidungen, bei denen
eine automatische Korrektur falscher Entscheidungen durch Lernen aus Erfahrung nicht möglich ist. Eine Erhöhung der Informationseffizienz kann dabei
theoretisch durch Maßnahmen wie die Einführung einer Offenlegungspflicht für
die individuellen Signale, ein Beobachtungsverbot im Hinblick auf die Entscheidungen der Vorgänger, öffentliche Informationskampagnen oder ein pretiales Anreizsystem erreicht werden. Da diese einzelnen Maßnahmen aber mit
Problemen wie der Gefahr von *Cheap Talk*, der Unmöglichkeit eines vollständigen Beobachtungsausschlusses, einem hohen Kontrollaufwand bzw. der grundsätzlichen Finanzierbarkeit verbunden sind, ist jeweils im Einzelfall abzuwägen,
welche Maßnahme – falls überhaupt – eingesetzt werden soll.

Über diese spezifischen Schwierigkeiten bei der Umsetzung der jeweiligen
Instrumente hinaus ergibt sich insbesondere im internationalen Kontext, der bei
Investitionsentscheidungen häufig vorliegt, das Problem eines fehlenden Souveräns, der zum (all)umfassenden Einsatz der erforderlichen Maßnahmen legiti-
miert ist. Außerdem fehlten einem solchen Souverän wohl – genau wie einer
nationalen Autorität und den einzelnen Agenten – die erforderlichen Informationen, um rechtzeitig feststellen zu können, worin (vor allem im Bezug auf Payoff-Externalitäten infolge von Netzwerk-Effekten) die langfristig beste Alternative besteht.

Aufgrund der genannten Punkte können die tatsächlichen Erfolgschancen
effizienzerhöhender Maßnahmen bei Vorliegen von Herdenverhalten pessimistisch beurteilt werden. Doch auch wenn die einzelnen Maßnahmen schließlich
ohne die erwähnten spezifischen Probleme umgesetzt werden könnten, kann es
bei ihrer Auswahl auf einer vorgelagerten Stufe zu Schwierigkeiten kommen.
Wie BIKHCHANDANI UND SHARMA (2001, 282) konstatieren, ist es im Hinblick
auf die Auswahl der zu ergreifenden Korrekturmaßnahmen wichtig, die jeweiligen Gründe für das Herdenverhalten zu spezifizieren. Ein Problem, das sich in
diesem Zusammenhang in der Realität stellt, ist, dass die Ursachen für Herdenverhalten in der Regel nicht klar voneinander abzugrenzen sind. So liegen laut
HIRSHLEIFER (1995) in realen Anwendungssituationen, in denen Konformität zu
beobachten ist, meist gleichzeitig Informationstransfers, Payoff-Interaktionen,
Sanktionen für Abweichler und direkte Konformitätspräferenz (Gruppenzwang)
vor, die es erschweren, das richtige Mittel zu wählen.

Beim Einsatz staatlicher Instrumente zur Steuerung von Herdenverhalten können aber noch grundsätzlichere Schwierigkeiten auftreten, nämlich insofern, als es aufgrund der Beobachtung von konformem Verhalten nicht möglich ist, Herdenverhalten von gleichgerichtetem Verhalten zu unterscheiden, das durch identische Präferenzen oder Informationen der Individuen gerechtfertigt ist. Wenn Herdenverhalten aber nicht als solches identifiziert werden kann, können auch Ineffizienzen nicht erfasst werden, wodurch gleichzeitig die Rechtfertigung für staatliches Handeln brüchig wird. Aus diesen Gründen ist daher das (enttäuschende) Fazit zu ziehen, dass Herdenprobleme wohl nicht in den Griff zu bekommen sind.

8.4 Relevanz der Herdenproblematik für die ökonomische Realität

Wenn Herdenverhalten praktisch nicht behandelt werden kann, ist zum Schluss zu überlegen, welche Bedeutung Herden-Phänomene in der Wirklichkeit überhaupt haben. Falls Herdenverhalten nämlich weitgehend nur in ökonomisch irrelevanten Zusammenhängen auftreten würde, wäre das Resultat, dass die damit verbundenen Probleme praktisch nicht gelöst werden können, einfach hinzunehmen. Wo taucht Herdenverhalten in der Realität also auf?

Wie aus den Erklärungsansätzen hervorgeht, kann es grundsätzlich zu rationalem Herdenverhalten kommen, wenn Payoff-Interaktionen und/oder Informations-Spillovers zwischen den einzelnen Akteuren vorliegen. Dies ist zum Beispiel im Zusammenhang mit der Anwendung von Technologien der Fall. Die Beispiele aus dieser Kategorie scheinen ökonomisch tatsächlich relevant zu sein, da sie aufgrund der selbstverstärkenden Wirkung und der langen Horizonte eine große Tragweite besitzen. Allerdings liegt das Problem bei der Vermeidung der potenziellen Ineffizienzen darin, dass ex ante nur schwer abzusehen ist, wo die langfristig beste Lösung liegt. (Dies ist selbst ex post häufig nur schwer zu bestimmen, da bei einem fairen Vergleich eine *identische Entwicklung* der zu bewertenden Alternativen fingiert werden muss.) Wer hätte zum Beispiel bereits vor zwanzig Jahren vorhersagen können, welche Probleme sich im Zusammenhang mit dem Windows-Betriebssystem ergeben würden, so dass die Anwendung von Anfang an hätte vermieden werden sollen? Vor diesem Hintergrund wird auch eine weitere Unwägbarkeit klar, die sich bei Technologien ergibt, nämlich das Problem sich im Zeitablauf verändernder Umstände. Am Beispiel von Windows bezieht sich dies vor allem darauf, dass gerade die Probleme der Sicherheitslücken und der damit verbundenen Gefahren aus dem Internet vor zwanzig Jahren unmöglich abzusehen waren, weil sich das Internet selbst erst in der jüngsten Vergangenheit entwickelt hat. Insgesamt kann bei der Technologiewahl also auch durch staatliche Eingriffe ex ante kein besseres Ergebnis erzielt werden, als auf dem Markt erreicht wird. Die Lösung ist daher letztlich diesem zu überlassen.

Eine Gefahr, die mit einer solchen Marktlösung jedoch verbunden ist, besteht in der Manipulationsmöglichkeit. Diese ergibt sich dadurch, dass durch Entscheidungen am Anfang eines Entwicklungsprozesses Fakten geschaffen werden, durch die nachfolgende Wirtschaftseinheiten aufgrund der Netzwerk-Effekte praktisch zur Nachahmung des vorgezeigten Verhaltens gezwungen werden. Dieses Problem wurde bereits im Zusammenhang mit dem Dixit-Modell aus Abschnitt 3.5 anhand der Bildung einer Währungsunion (oder einer ähnlichen Koalition) besprochen. Dabei können die ersten Entscheider einen Prozess in Gang setzen, dem sich andere nicht entziehen können, und ebenfalls beitreten. Ein aktuelles Beispiel dazu findet sich im Bereich der Hochschulpolitik. So werden momentan in vielen Fächern Bachelor- und Masterstudiengänge eingeführt, obwohl dies bei genauer Betrachtung nur von wenigen Involvierten durchweg gutgeheißen wird. Da es die genannten Abschlüsse jedoch bereits an anderen Hochschulen gibt, muss sich wohl jede Universität dieser Entwicklung über kurz oder lang im Hinblick auf ihre (inter)nationale Wettbewerbsfähigkeit anschließen.

Einen ähnlichen Anpassungsdruck kann man sich auch im Zusammenhang mit internationalen Vereinbarungen über Sicherheitsstandards oder auch die internationale Kooperation beim Klimaschutz vorstellen. Ein Unterschied ergibt sich allerdings insofern, als die Manipulationsmöglichkeit, durch die einzelne Vorreiter als gute Vorbilder stärker zögernde Nationen unter Zugzwang setzen, dabei nicht negativ, sondern positiv genutzt werden kann, insofern als durch das Zustandekommen eines Abkommens ein langfristig anzustrebendes Ergebnis (wie die Reduktion schädlicher Treibhausgase) erreicht wird.

Weitere Anwendungssituationen für Herdenverhalten betreffen Modeerscheinungen, die in ihrer Reinform jedoch ökonomisch wenig relevant scheinen, da zum einen die Reichweite dieser Trends meist – räumlich wie zeitlich – begrenzt ist und zum anderen die Wohlfahrtswirkungen bei der Wahl der einen oder anderen Alternative kaum voneinander abweichen dürften. (So ist es wohl kaum wohlfahrtsschädlich, wenn Jugendliche Schlaghosen statt Karottenjeans tragen.) Die Bedeutung von Herdenverhalten bei der Inanspruchnahme von Dienstleistungen (Restaurant, Friseur, Arzt etc.) dürfte sich ebenfalls in Grenzen halten, da einer weitreichenden Imitation in diesen Fällen in der Realität meist durch Kapazitätsbegrenzungen natürliche Schranken gesetzt sind.

Damit konzentrieren sich die relevanten Anwendungen aus dieser Kategorie offensichtlich auf den Investitionsbereich. Während sich die dargestellten Modelle in diesem Zusammenhang in erster Linie auf Realinvestitionen beziehen, spielt Herdenverhalten in der Realität allerdings vor allem im Hinblick auf Finanzspekulation eine Rolle, also beim Kauf bzw. Verkauf von Wertpapieren oder Währungen, der ausschließlich durch die Erwartung motiviert ist, dass die eingenommene Position nach einer entsprechenden Preisentwicklung mit Gewinn glattgestellt werden kann. Das Problem, das sich dabei ergibt, liegt darin, dass solche Spekulationen weitere spekulative Transaktionen nach sich ziehen, ohne dass diese durch das Vorliegen von entsprechenden Informationen zu rechtfertigen sind. Durch dieses Herdenverhalten werden folglich die Preise in sog. *Bubbles* von den Fundamentalwerten weg bewegt, wodurch deren Aussagekraft und damit die Funktion des Marktes beeinträchtigt wird. Dennoch ist es rational, mit der Herde zu gehen, solange man davon ausgeht, dass der Preis weiter steigt und man selbst den Markt wieder rechtzeitig verlassen kann, bevor die Bubble platzt. (Spekulative Bubbles können übrigens auch im Zusammenhang mit Immobilien und Kunstgegenständen sowie speziellen Gütern wie Edelmetallen, insbes. Gold oder auch Tulpenzwiebeln wie während der Tulpenmanie des 17. Jahrhunderts entstehen.) Unabhängig vom betroffenen Markt verursacht Herdenverhalten in jedem Fall aber insofern Probleme, als die Volatilität des Marktpreises zunimmt, wodurch es zu einer Destabilisierung der entsprechenden Märkte kommt. Dies kann – vor allem wenn Finanz- bzw. Devisenmärkte betrachtet werden – erhebliche realwirtschaftliche Auswirkungen haben.[83] Um gerade vor diesem Hintergrund die Funktionsweise der Märkte zu verbessern, wurde in letzter Zeit wieder vermehrt der Einsatz einer sog. *Tobin-Steuer* diskutiert, die als Transaktionssteuer vor allem kurzfristige Spekulationen vermindern soll. TOBIN (1978) hat dazu ursprünglich auf Devisenmärkte bezogen vorgeschlagen, durch eine moderate Steuer „Sand ins Getriebe" spekulativer Märkte zu streuen. Da Spekulation in der Realität jedoch nicht von fundamental orientierten Geschäften unterschieden werden können, würde eine solche Steuer aber nicht notwendigerweise spekulative, sondern generell wenig gewinnversprechende Transaktionen unterbinden, auch wenn sie kurzfristige Engagements stärker betrifft als langfristige. TERZI (2003) kommt daher zu dem Schluss, dass der Erfolg einer Transaktionssteuer im Hinblick auf die Begrenzung von spekulativem Herdenverhalten anzuzweifeln ist. Darüber hinaus gibt es bei der Umsetzung dieser Maßnahme, die sich auf einen internationalen Rahmen erstrecken müsste – wie bereits erwähnt wurde – Probleme, die aufgrund eines fehlenden Souveräns die politische Durchsetzbarkeit betreffen.

---

[83] BELKE UND SETZER (2004) legen dazu in einem Überblicksartikel dar, dass Währungskrisen v. a. in Ländern der Emerging Markets auf Herdenverhalten nach dem Muster von Informationskaskaden zurückgeführt werden können, wobei alle Individuen rational handeln und dadurch eine spekulative Attacke herbeiführen.

9 Schlussbemerkung

Die vorliegende Arbeit beschäftigt sich mit der Frage, wie Herdenverhalten erklärt werden kann, wenn angenommen wird, dass alle Agenten rational handeln, und inwieweit dadurch Marktversagen verursacht wird. Die zentralen Ergebnisse der dazu durchgeführten Modellanalysen sind, dass rationale Erklärungsansätze auf der Existenz von Payoff- bzw. Informations-Externalitäten gründen, wobei sich die beiden Ursachen im Hinblick auf den Anreiz zum Herdenverhalten gegenseitig verstärken, wenn sie gemeinsam vorliegen. Wenn es infolge von Herdenverhalten also zu Marktversagen kommt, ist dies letztlich auf eine alt bekannte Ursache zurückzuführen, nämlich externe Effekte. Eine Besonderheit liegt dabei jedoch darin, dass Herdenverhalten – auch wenn die ursächliche(n) Externalität(en) permanent vorhanden sind – nicht notwendigerweise zu Ineffizienzen führt, sondern ganz im Gegenteil auch wohlfahrtserhöhend wirken kann. Voraussetzung dafür ist, dass die Weichen für den allgemeinen Entscheidungsprozess „richtig" gestellt sind – oder auch richtig gestellt *werden*.

In diesem Zusammenhang soll abschließend betont werden, dass die Entwicklung des Entscheidungsprozesses nicht nur von einer wohlwollenden, dazu legitimierten Instanz (mit dem Ziel der Wohlfahrtsmaximierung) beeinflusst werden kann. Vielmehr gilt, dass sich auch einzelne Agenten die Mechanik des Herdenverhaltens (zur Maximierung ihres persönlichen Vorteils) zunutze machen können. Der Einfluss, den *frühe* Entscheidungen auf spätere haben, kann dabei sowohl von direkt involvierten Individuen, als auch von zunächst unbeteiligten Dritten zur Manipulation bzw. Nötigung anderer missbraucht werden. Diese Ansätze wurden bereits im Zusammenhang mit Clubs und Kaskaden angesprochen und stellen meiner Meinung nach ein separates Problem im Zusammenhang mit Herdenverhalten dar. Eine tiefergehende Untersuchung dieser kriminellen Facetten des Herdenverhaltens könnte ein interessanter Gegenstand künftiger Forschung sein, der über die Diskussion um die unmittelbaren Effizienzeigenschaften und Wohlfahrtswirkungen von Herdenverhalten hinausgeht, die in der vorliegenden Arbeit analysiert wurden.

Literaturverzeichnis

ALEXANDER-COOK, K., D. BERNHARDT UND J. ROBERTS (1998): Riding free on the signals of others, *Journal of Public Economics*, 67, 25-43.

ANDERSON, L. R. UND CH. A. HOLT (1996): Classroom Games: Information Cascades, *Journal of Economic Perspectives*, 10, 4, 187-193.

ARTHUR, W. B. (1989): Competing Technologies, Increasing Returns, and Lock-Ins by Historical Events, *Economic Journal*, 99, 1, 116-131.

ATKINSON, A. B. UND J. E. STIGLITZ (1980): *Lectures on Public Economics*, McGraw Hill, London u. a.

AVERY, C. N. UND J. A. CHEVALIER (1999): Herding over the career, *Economics Letters*, 63, 327-333.

AVERY, C. UND P. ZEMSKY (1995): Multidimensional Uncertainty and Herd Behavior in Financial Markets, *American Economic Review*, 88, 4, 724-748.

BANERJEE, A. (1992): A simple model of herd behavior, *Quarterly Journal of Economics*, 107,3, 797-817.

BARBERIS, N. UND R. THALER (2002): A Survey of Behavioral Finance, *NBER Working Paper No. 9222*, 75 Seiten.

BELKE, A. UND R. SETZER (2004): Contagion, Herding and Exchange Rate Instability – A Survey, *Hohenheimer Diskussionsbeiträge*, Nr. 234/2004.

BERNDT, E. R., R. S. PINDYCK UND P. AZOULAY (1999): Network Effects and Diffusion in Pharmazeutical Markets: Antiulcer Drugs, *NBER Working Paper No. 7024*, 31 Seiten.

BIKHCHANDANI, S., D. HIRSHLEIFER UND I. WELCH (1992): A Theory of Fads, Fashion, Custom, and Cultural Change as Informational Cascades, *Journal of Political Economics*, 100, 5, 992-1026.

BIKHCHANDANI, S., D. HIRSHLEIFER UND I. WELCH (1998): Learning from the Behavior of Others: Conformity, Fads, and Informational Cascades, *Journal of Economic Perspectives*, 12, 3, 151-170.

BIKHCHANDANI, S. UND S. SHARMA (2001): Herd Behavior in Financial Markets, *IMF Staff Papers*, 47, 3, 279-310.

BOUMNY, K., VERGNAUD, J.-C., WILLINGER, M. UND A. ZIEGELMEYER (1998): Information Externalities and Learning with Sequential Interactions, in: Cohendet, P. u. a. (Hrsg.): *The Economics of Networks – Interaction and Behaviours*, Springer, Berlin u. a., 307-324.

BRENNAN, M. J. (1990): Latent Assets, *Journal of Finance*, 45, 3, 709-730.

BRU, L. UND X. VIVES (2002): Informational Externalities, Herding, and Incentives, *Journal of Institutional and Theoretical Economics*, 158, 91-105.

BRUNNERMEIER, M. K. (2001): *Asset Pricing under Asymmetric Information – Bubbles, Crashes, Technical Analysis, and Herding*, Oxford University Press, Oxford.

BUCHHOLZ, W. (1994): Marktversagen, in: Geigant, F., F. Haslinger, D. Sobotka und H. M. Westphal (Hrsg.): *Lexikon der Volkswirtschaft*, 6. Auflage, Verlag Moderne Industrie, Landsberg/Lech, 580-582.

BULOW, J. I., J. D. GEANAKOPLOS UND P. D. KLEMPERER (1985): Multimarket Oligolpoly: Strategic Substitutes and Complements, *Journal of Political Economy*, 93, 3, 488-511.

CANTERBERY, E. R. (1999): Irrational Exuberance and Rational Speculative Bubbles, *The International Trade Journal*, 13, 1, 1-33.

CHAMLEY UND GALE (1994): Information Revelation and Strategic Delay in a Model of Investment, *Econometrica*, 62, 1065-85.

CHARI, V. UND R. JAGANNATHAN (1988): Banking Panics, Information, and Rational Expectations Equilibrium, *Journal of Finance*, 43, 3, 749-761.

CHARI, V. V. UND P. J. KEHOE (2003): Financial Crisis as Herds: Overturning the Critiques, *NBER Working Paper No. 9658*, 32 Seiten.

CHEN, Y. (1999): Banking Panics: The Role of the First-Come, First-Served Rule and Information Externalities, *Journal of Political Economy*, 107, 5, 946-968.

CHOI, J. P. (1997): Herd behavior, the "penguin effect", and the suppression of informational diffusion: an analysis of informational externalities and payoff interdependency, *RAND Journal of Economics*, 28, 3, 407-425.

COOPER, R., D. V. DELONG, R. FORSYTHE UND TH. W. ROSS (1992): Communication in Coordination Games, *Quarterly Journal of Economics*, 107, 2, 739-771.

COOPER, R. UND TH. W. ROSS (1998): Bank runs: Liquidity costs and investment distortions, *Journal of Monetary Economics*, 41, 1, 27-38.

DASH, M. (2001): *Tulpenwahn – Die verrückteste Spekulation der Geschichte*, 2. Auflage, Econ Ullstein List, München.

DEVENOW, A. UND I. WELCH (1996): Rational herding in financial economics, *European Economic Review*, 40, 603-615.

DIAMOND, D. W. UND P. H. DYBVIG (1983): Bank Runs, Deposit Insurance, and Liquidity, *Journal of Political Economy*, 91, 3, 401-419.

DIXIT, A. (2003): Clubs with Entrapment, *American Economic Review*, 93, 5, 1824-1829.

DOWD, K. UND D. GREENAWAY (1993): Currency Competition, Network Externalities and Switching Costs: Towards an Alterative View of Optimum Currency Areas, *Economic Journal,* 103, 1180-1189.

DREHMANN, M., J. OECHSSLER UND A. ROIDER (2002): Herding and Contrarian Behavior in Financial Markets – An Internet Experiment, *Bonn Econ Discussion Paper 25/2002*, 56 Seiten.

ECONOMIDES, N. (1996): The Economics of Networks, *International Journal of Industrial Organization*, 14, 673-699.

EFFINGER, M. R. UND M. K. POLBORN (2001): Herding and anti-herding: A model of reputational differentiation, *European Economic Review*, 45, 385-403.

ECONOMIST (1994): Yes, ten million people can be wrong, *The Economist*, 18. Februar 1994, 330: 7851, 79.

FARRELL, J. UND G. SALONER (1985): Standardization, compatibility, and innovation, *Rand Journal of Economics*, 16, 1, 70-83.

FARRELL, J. UND G. SALONER (1986): Installed Base and Compatibility: Innovation, Product Preannouncements, and Predation, *American Economic Review*, 76, 940-955.

FREIXAS, X. UND J.-CH. ROCHET (1999): *Microeconomics of Banking*, 4th printing, MIT Press, Cambridge u. a.

FRITSCH, M., TH. WEIN UND H.-J. EWERS (1999): *Marktversagen und Wirtschaftspolitik: mikroökonomische Grundlagen staatlichen Handelns*, 3. Auflage, Vahlen, München.

FROOT, K. A., D. S. SCHARFSTEIN UND J. C. STEIN (1992): Herd on the Street: Informational Inefficiencies in a Market with Short-Term Speculation, *Journal of Finance*, 47, 4, 1461-1484.

GALE, D. (1995): Dynamic coordination games, *Economic Therory*, 5, 1-18.

GALE, D. (1996): What have we learned from social learning?, *European Economic Review*, 40, 617-628.

GOLDBERG, J. UND R. VON NITZSCH (2000): *Behavioral Finance – Gewinnen mit Kompetenz*, 3. Auflage, FinanzBuch Verlag, München.

GONTERMANN, A. (2003): *Die realwirtschaftliche Bedeutung von Banken*, Peter Lang Europäischer Verlag der Wissenschaften, Frankfurt am Main u. a.

GRAHAM, J. R. (1999): Herding among Investment Newsletter: Theory and Evidence, *Journal of Finance*, 54, 1, 237-268.

GRANT, S., KING, S. UND B. POLAK (1996): Information Externalities, Share-Price Based Incentives and Managerial Behaviour, *Journal of Economic Surveys*, 10, 1, 1-21.

GRAVELLE, H. UND R. REES (2004): *Microeconomics*, 3rd edition, Prentice Hall, Harlow, Englang u. a.

GROSSMAN, S. J. UND J. E. STIGLITZ (1980): On the Impossiblity of Informationally Efficient Markets, *American Economic Review*, 70, 3, 393-408.

GUL, F. UND R. LUNDHOLM (1995): Endogenous Timing and the Clustering of Agents' Decisions, *Journal of Political Economy*, 103, 5, 1039-1066.

GÜMBEL, A. (1999): Trading on Short-Term Information, *Oxford Financial Research Center*, Working Paper 1999-FE-10, 41 Seiten.

HIRSHLEIFER, D. (1995): The blind leading the blind – social influence, fads and informational cascades, in: Tommasi, M. und K. Ierulli: *The new economics of human behavior*, Cambridge University Press, Cambridge u. a., 188-215.

HIRSHLEIFER, D., A. SUBRAHMANYAM UND S. TITMAN (1994): Security Analysis and Trading Pattern When Some Investors Receive Information Before Others, *Journal of Finance*, 49, 5, 1665-1698.

HIRTH, H. UND A. WALTER (2001): Rationales Herdenverhalten, *Wirtschaftswissenschaftliches Studium*, 30, 1, 17-22.

HIRTH, H. UND A. WALTER (2002): Investition, Imitation und Reputation, *Betriebswirtschaftliche Forschung und Praxis*, 54, 1, 35-47.

HOLLER, M. J. UND G. ILLING (1996): *Einführung in die Spieltheorie*, 3. Auflage, Springer, Berlin.

HOLMSTRÖM, B. (1999): Managerial Incentive Problems: A Dynamic Perspective, *Review of Economic Studies*, 66, 169-182.

HOTELLING, H. (1929): Stabiliy in Competition, *Economic Journal*, 39, 41-57.

HUCK, S. UND J. OECHSSLER (2000): Informational cascades in the laboratory: Do they occur for the right reasons?, *Journal of Economic Psychology*, 21, 661-671.

HUNG, A. A. UND CH. R. PLOTT (2001): Information Cascades: Replication and an Extension to Majority Rule and Conformity-Rewarding Institutions, *American Economic Review*, 91, 5, 1508-1520.

JACKLIN, C. UND S. BHATTACHARYA (1988): Distinguishing Panics and Information-bades Bank Runs: Welfare and Policy Implications, *Journal of Political Economy*, 96, 3, 568-592.

KATZ, M. L. UND C. SHAPIRO (1985): Network Externalities, Competition, and Compatibiltity, *American Economic Review*, 75, 3, 424-440.

KEYNES, J. M. (1936): *The General Theory of Employment, Interest, and Money*, published 1997, Prometheus Books, Amherst, New York.

KHANNA, N. (1998): Optimal Contracting with Moral Hazard and Cascading, *Review of Financial Studies*, 11, 3, 559-596.

KYLE, A. S. (1985): Continuous Auctions and Insider Trading, *Econometrica*, 53, 6 1315-1335.

LAFFONT, J. J. (1989): *The economics of uncertainty and information*, MIT Press, Cambridge, Mass. u. a.

LEE, I. H. (1993): On the Convergence of Informational Cascades, *Journal of Economic Theory*, 61, 395-411.

LEE, I. H. (1998): Market Crashes and Informational Avalanches, *The Review of Economic Studies*, 65, 741-759.

LOHMANN, S. (1994): The Dynamics of Informational Cascades: The Monday Demonstrations in Leipzig, East Germany, 1989-91, *World Politics*, 47, 42-101.

MAS-COLELL, A., M. D. WHINSTON UND J. R.GREEN (1995): *Microeconomic Theory*, Oxford University Press, New York.

O'HARA, M. (1996): *Market Microstructure Theory*, Blackwell, Cambridge, Massachusetts.

OTTAVIANI, M. UND P. SORENSEN (2000): Herd Behavior and Investment: Comment, *American Economic Review*, 90, 3, 695-706.

PALLEY, TH. I. (1995): Safety in numbers: A model of managerial herd behavior, *Journal of Economic Behavior and Organization*, 28, 443-450.

PIERDZIOCH, CH. UND G. STADTMANN (2002): Informationskaskaden – Ein Anreiz zur Manipulation von Musikcharts?, *Wirtschaftswissenschaftliches Studium*, 31, 10/02, 579-582.

PINDYCK, R. S. UND D. L. RUBINFELD (2003): *Mikroökonomie*, 5. Auflage, Pearson, München.

POSTLEWAITE, A. UND X. VIVES (1987): Bank Runs as an Equilibrium Phenomenon, *Journal of Political Economy*, 95, 3, 485-91.

PRENDERGAST, C. UND L. STOLE (1996): Impetuous Youngsters and Jaded Old-Timers: Acquiring a Reputation for Learning, *Journal of Political Economy*, 104, 6, 1105-1134.

RABIN, M. (1998): Psychology and Economics, *Journal of Economic Literature*, 36, 1, 11-46.

RABIN, M. (2002): A persepective on psychology and economics, *European Economic Review*, 46, 657-685.

RAJAN, R. G. (1994): Why Bank Credit Policies Fluctuate: A Theory and Some Evidence, *Quarterly Journal of Economics*, 109, 2, 399-442.

RICHTER, W. F. UND W. WIEGARD (1993): Zwanzig Jahre „Neue Finanzwissenschaft" – Teil 1: Überblick und Theorie des Marktversagens, *Zeitschrift für Wirtschafts- und Sozialwissenschaften*, 113, 169-224.

ROIDER, A. (2002): Informational Externalities, Herding, and Incentives – Comment, *Journal of Institutional and Theoretical Economics*, 158, 106-109.

SCHARFSTEIN, D. S. UND J. C. STEIN (1990): Herd Behavior and Investment, *American Economic Review*, 80, 3, 465-479.

SCHARFSTEIN, D. S. UND J. C. STEIN (2000): Herd Behavior and Investment: Reply, *American Economic Review*, 90, 3, 705-706.

SHILLER, R. (1995): Conversation, Information, and Herd Behavior, *AEA Papers and Proceedings*, 85, 2, 181-185.

SHILLER, R. J. (2000): *Irrationaler Überschwang – Warum eine lange Baisse an der Börse unvermeidlich ist*, Campus Verlag, Frankfurt, New York.

STIGLITZ, J. E. UND B. SCHÖNFELDER (1989): *Finanzwissenschaft*, 2. Auflage, Oldenburg, München u. a.

TERZI, A. (2003): Is a transactionstax an effective means to stabilize the foreign exchange market?, Universitá degli Studi di Bergamo, Dipartimento di Scienze Economiche, *Working Paper* 2003, No. 3, 17 Seiten.

TIROLE, J. (1988): *The Theory of Industrial Organization*, 10th printing, MIT Press, Cambridge u. a.

TOBIN, J. (1978): A proposal for International Monetary Reform, *Eastern Economic Journal*, 4, 3-4, 153-159.

TRUEMAN, B. (1994): Analyst Forecasts and Herding Behavior, *Review of Financial Studies*, 7, 1, 97-124.

VARIAN, H. R. (1995): *Grundzüge der Mikroökonomie*, 3. Auflage, Oldenburg, München, Wien.

WELCH, I. (1992): Sequential Sales, Learning, and Cascades, *The Journal of Finance*, 47, 2, 695-732.

WELCH, I. (2000): Herding among security analysts, *Journal of Financial Economics*, 58, 369-396.

WILLINGER, M. UND A. ZIEGELMEYER (1998): Are more Informed Agents able to shatter Information Cascades in the Lab?, in: Cohendet, P. u. a. (Hrsg.): *The Economics of Networks – Interaction and Behaviours*, Springer, Berlin u. a., 291-305.

YOUNG, P. H. (1996): The Economics of Convention, *Journal of Economic Perspectives*, 10, 2, 105-122.

YOUNG, P. H. (1998): Social norms and economic welfare, *European Economic Review*, 42, 821-830.

ZHANG, J. (1997): Strategic delay and the onset of investment cascades, *Rand Journal of Economics*, 28, 1, 188-205.

ZWIEBEL, J. (1995): Corporate Conservatism and Relative Compensation, *Journal of Political Economy*, 103, 1, 1-25.